"十四五"职业教育国家规划教材 "十四五"技工教育规划教材

浙江省普通高校"十三五"新形态教材 浙江省高职院校"十四五"重点立项建设教材

市政道路工程施工

（活页式）

第二版

主　编◎张雪丽
副主编◎陈亿琳
参　编◎金　力　毛来女

北京大学出版社
PEKING UNIVERSITY PRESS

内 容 简 介

本书以市政道路工程具体的施工任务及施工过程为依据,将市政道路工程施工整合、序化为 7 个项目。本书内容包括:市政道路施工图的识读与会审、市政道路路基施工、市政道路基层施工、市政道路沥青路面面层施工、市政道路水泥混凝土路面面层施工、附属工程施工、市政道路养护。

本书可作为高职高专道路与桥梁专业、市政工程技术等市政工程类相关专业的教学用书,同时也可供市政公用工程技术人员学习、参考。

图书在版编目(CIP)数据

市政道路工程施工/张雪丽主编. —2 版. —北京: 北京大学出版社,2021.4
高职高专土建专业 "互联网+"创新规划教材
ISBN 978-7-301-32080-8

Ⅰ. ①市… Ⅱ. ①张… Ⅲ. ①市政工程—道路工程—工程施工—高等职业教育—教材 Ⅳ. ①U415.12

中国版本图书馆 CIP 数据核字(2021)第 055027 号

书　　　名	市政道路工程施工　(第二版) SHIZHENG DAOLU GONGCHENG SHIGONG(DI-ER BAN)
著作责任者	张雪丽　主编
策划编辑	杨星璐　刘健军
责任编辑	伍大维
数字编辑	蒙俞材
标准书号	ISBN 978-7-301-32080-8
出版发行	北京大学出版社
地　　　址	北京市海淀区成府路 205 号　100871
网　　　址	http://www.pup.cn　新浪微博:@北京大学出版社
电子邮箱	编辑部 pup6@pup.cn　总编室 zpup@pup.cn
电　　　话	邮购部 010-62752015　发行部 010-62750672　编辑部 010-62750667
印　刷　者	北京市科星印刷有限责任公司
经　销　者	新华书店 787 毫米×1092 毫米　16 开本　25.75 印张　606 千字 2016 年 5 月第 1 版 2021 年 4 月第 2 版　2025 年 1 月第 6 次印刷(总第 9 次印刷)
定　　　价	59.00 元　(活页式)

未经许可,不得以任何方式复制或抄袭本书之部分或全部内容。
版权所有,侵权必究
举报电话: 010-62752024　电子邮箱: fd@pup.cn
图书如有印装质量问题,请与出版部联系,电话: 010-62756370

第二版前言

《市政道路工程施工》于2016年5月出版,在多年使用过程中,发现了一些需要修正的问题;同时,随着建筑行业的迅速发展,一些在编写第一版教材时依据的与道路工程相关的设计、施工、养护规范或标准陆续进行了修订或更替,如《城市道路工程设计规范》(CJJ 37—2012),在2016年做了局部修订;《城镇道路养护技术规范》(CJJ 36—2006)被《城镇道路养护技术规范》(CJJ 36—2016)替代;新编制发布了《彩色沥青混凝土》(GB/T 32984—2016)、《城市道路工程技术规范》(GB 51286—2018);等等。所以,《市政道路工程施工》第二版在保留教材原有特色的同时,结合行业发展变化和教材使用过程中反馈的情况,做了如下几方面的调整。

(1) 根据现行有效的设计、施工、养护规范或标准的内容调整了教材相关的内容,以保证教材内容的适时性、准确性和规范性。

(2) 针对教材使用过程中反馈的信息,进一步加强了教材内容与配套图集和学习任务单间的相关度,采用"边教边学、边练边做"的方式更好地开展教学,将理论运用到实际,有效地帮助师生组织并完成各项课程任务。

(3) 教材的编制不仅注重纸质的表现形式,还提供了多种生动、有趣的表现形式,如视频、图片、动画等,以满足不同类型读者的需求。

(4) 教材配套的网络资源丰富。建设了大量的微课视频、课程拓展资料、课程作业、测验练习、考试、学习互动等内容和环节,有利于师生组织线上线下的混合式教学、翻转课堂等多种教学形式,同时也为"时时可以学、处处可以学"的多种学习方式提供了条件。

此外,本教材在修订过程中,还融入了党的二十大精神,突出了对职业素养的培养。

本教材由杭州科技职业技术学院张雪丽担任主编,杭州科技职业技术学院陈亿琳担任副主编,杭州市路桥集团有限公司金力和杭州钜亿建设工程有限公司毛来女参编。本教材各项目的具体编写分工如下:张雪丽编写项目2、项目3、项目5和学习任务单,陈亿琳编写项目1、项目4、项目6,金力编写项目7,毛来女编写道路工程验收资料的电子素材。全书由张雪丽负责统稿。本教材在编写过程中得到了杭州市路桥集团有限公司、浙江交通职业技术学院、浙江大学有关领导和专家的大力支持,同时参考和借鉴了有关专著、网站上有关作者的资料,在此一并向他们表示衷心的感谢。

由于编者水平所限,教材中疏漏和不足之处在所难免,恳请广大读者批评指正。

编 者

中国大学MOOC
慕课国家
精品课程

国家职业
智慧教育
平台课程

资源索引

北京大学出版社
活页式创新教材使用说明

为积极响应 2019 年国务院颁布的《国家职业教育改革实施方案》相关政策，本书采用活页式创新形式。与现在普遍采用的胶装教材不同，本书的内页是活动的，方便用书老师和读者根据实际情况进行调整。

本活页式创新教材的主要特点如下。

一、活"教"
★ 任课老师可根据自身情况随时调整教学顺序。
★ 任课老师可根据教学需要更新教学内容，添加教辅资料。
★ 任课老师可收集课后作业，评分后返给学生。

二、活"学"
★ 学生可将做好的笔记随时添加到教材对应位置，方便复习。
★ 学生可自行添加学习辅助资料，如论文、试卷等。
★ 学生上课不用带整本书，只带当节课需要的内容即可，简单方便。
★ 学生可根据自我学习进度随时调整学习顺序。

三、活"用"
★ 随书赠送一份活页式教材附件，内有装订环（3 大 3 小）、笔记页、封皮。
★ 装订环用于装订活页式教材，大环用于装订整本书或多数页，小环用于装订零散页。
★ 笔记页用于做笔记。
★ 封皮用于装订时放在首页进行保护。

目　　录

项目1　市政道路施工图的识读与会审 1
- 任务1.1　市政道路施工图总说明识读 3
- 能力训练及习题 7
- 学习任务单 9
- 任务1.2　道路平面图识读 11
- 能力训练及习题 27
- 学习任务单 29
- 任务1.3　道路纵断面图识读 31
- 能力训练及习题 41
- 学习任务单 43
- 任务1.4　道路横断面图识读 45
- 能力训练及习题 61
- 学习任务单 63
- 任务1.5　道路交叉施工图识读 65
- 能力训练及习题 79
- 学习任务单 81
- 任务1.6　市政道路附属设施 83
- 能力训练及习题 91
- 学习任务单 93
- 任务1.7　市政道路施工图审核与会审 95
- 能力训练及习题 101
- 学习任务单 103

项目2　市政道路路基施工 105
- 任务2.1　路基施工准备 107
- 能力训练及习题 131
- 学习任务单 133
- 任务2.2　路基土石方施工 135
- 能力训练及习题 153
- 学习任务单 155
- 任务2.3　挡土墙施工 157
- 能力训练及习题 161
- 学习任务单 165
- 任务2.4　软土路基处理施工 167
- 能力训练及习题 171
- 学习任务单 173
- 任务2.5　路基工程施工质量控制与验收 175
- 能力训练及习题 181
- 学习任务单 183

项目3　市政道路基层施工 185
- 任务3.1　道路基层施工准备 187
- 能力训练及习题 193
- 学习任务单 195
- 任务3.2　道路基层施工 197
- 能力训练及习题 207
- 学习任务单 209
- 任务3.3　道路基层施工质量控制与验收 211
- 能力训练及习题 217
- 学习任务单 219

项目4　市政道路沥青路面面层施工 221
- 任务4.1　沥青路面面层施工准备 223
- 能力训练及习题 229
- 学习任务单 231
- 任务4.2　沥青路面面层现场施工 233
- 能力训练及习题 250
- 学习任务单 252
- 任务4.3　特殊沥青路面面层施工 254
- 能力训练及习题 262
- 学习任务单 264
- 任务4.4　沥青路面面层施工质量控制与验收 266
- 能力训练及习题 275
- 学习任务单 277

项目5　市政道路水泥混凝土路面面层施工 279
- 任务5.1　水泥混凝土路面面层施工准备 281

　　能力训练及习题 …………………………… 295
　　学习任务单 ………………………………… 297
　任务 5.2　普通混凝土路面面层施工 …… 299
　　能力训练及习题 …………………………… 311
　　学习任务单 ………………………………… 313
　任务 5.3　其他类型水泥混凝土路面
　　　　　　面层施工 ………………………… 315
　　能力训练及习题 …………………………… 321
　　学习任务单 ………………………………… 323
　任务 5.4　水泥混凝土路面面层施工质量
　　　　　　控制与验收 ……………………… 325
　　能力训练及习题 …………………………… 329
　　学习任务单 ………………………………… 331
项目 6　附属工程施工 ………………………… 333
　任务 6.1　路缘石和人行道铺装施工 …… 335
　　能力训练及习题 …………………………… 345

　　学习任务单 ………………………………… 347
　任务 6.2　附属工程质量控制与验收 …… 349
　　能力训练及习题 …………………………… 357
　　学习任务单 ………………………………… 359
项目 7　市政道路养护 ………………………… 361
　任务 7.1　市政道路路基养护 …………… 363
　　能力训练及习题 …………………………… 371
　　学习任务单 ………………………………… 373
　任务 7.2　市政道路路面养护 …………… 375
　　能力训练及习题 …………………………… 385
　　学习任务单 ………………………………… 387
　任务 7.3　附属设施养护 ………………… 389
　　能力训练及习题 …………………………… 397
　　学习任务单 ………………………………… 399
参考文献 ………………………………………… 401

项目 1　市政道路施工图的识读与会审

能力目标

（1）能正确识读市政道路施工图。
（2）能依据技术标准校核市政道路施工图，能与设计方进行技术沟通。
（3）能参与组织市政道路施工图会审，编写施工图会审纪录。

项目导读

本项目从市政道路的基本知识开始，分别介绍了市政道路平面、纵断面、横断面、平面及立体交叉、附属设施等相关知识，以及相应施工图纸的识读、审核与会审。

项目任务

（1）根据本书配套图集《市政工程施工图案例图集》中的路-1～路-19模拟图纸会审会议。
（2）根据市政道路施工图会审的会议流程组织会议。
（3）模拟与会各方单位代表，根据施工图客观地提出施工图中的问题。
（4）做好市政道路施工图会审现场记录。
（5）项目成果为市政道路施工图会审记录一份。

项目1 市政道路施工图的识读与会审

任务1.1 市政道路施工图总说明识读

市政道路是修建在市区，路两侧有连续建筑物，用地下管沟排除地面水，采用连续照明，横断面上布置有人行道的道路。市政道路施工的任务是将施工图中所示的结构物准确地修筑在规定的位置上，要做到这一点，首先必须正确地识读市政道路施工图，这是本项目的中心任务与训练目标。

1.1.1 市政道路的分级

市政道路按其在道路网中的地位、交通功能及服务功能，我国将市政道路划分为快速路、主干路、次干路、支路四个等级。

道路分级

① 快速路：又称城市快速交通干道，主要为城市中大量、长距离、快速交通服务，属于城市交通主干道。快速路是大城市交通运输的主动脉，也是城市与高速公路联系的通道。

② 主干路：又称城市主干道，为连接城市各主要分区的干线道路，是市政道路网的主要骨架，以交通功能为主。

③ 次干路：是市政道路网中的区域性干道，与主干路结合组成市政道路网，起集散交通的作用，兼有服务功能。

④ 支路：又称城市一般道路或地方性道路，为次干路与居民区、工业区、市中心区的连线，用于解决局部区域的交通，以服务功能为主。

拓展讨论

1. 请查阅相关资料，了解雄安新区的市政道路建设现状。
2. 党的二十大报告指出，加强城市基础设施建设，打造宜居、韧性、智慧城市。请从城市基础设施建设中市政道路工程的角度，讨论在城镇化进程中如何打造宜居、韧性、智慧城市？

育人元素 现代化 可持续发展

1.1.2 市政道路的主要设计依据

1. 设计速度

设计速度是道路设计时确定几何线形（包括平曲线半径、纵坡、视距等）的基本要素，指在气候良好、交通密度低的条件下，一般驾驶员在路段上能保持安全、舒适行驶的车速，即汽车运行只受道路本身条件的影响时，中等驾驶技术的驾驶员能保持安全顺适行驶的最大行驶速度。

我国市政道路设计速度应符合表 1-1 的规定。

表 1-1 我国市政道路设计速度

道路等级	快速路			主干路			次干路			支路		
设计速度/（km/h）	100	80	60	60	50	40	50	40	30	40	30	20

▌拓展讨论▐

1. 举例平时生活中看到的道路设计速度的标志。
2. 设计速度的大小受哪些因素影响？
3. 引起各种交通事故的主要原因分析

育人元素　法律意识　安全意识

2. 设计车辆

控制道路几何设计的关键因素是行驶车辆的物理性能和各种车辆的组成比例。目前按国家车辆标准生产出来的车辆类型较多，所以只能依据道路交通功能、主要服务对象和车种组成来确定几类作为设计车辆。我国现行规范规定市政道路设计所采用的设计车辆分为小客车、大型车、铰接车。

3. 道路设计年限

道路设计年限包括为确定路面宽度而采用的道路远期交通量年限和为确定路面结构而采用的路面结构设计使用年限两种。

（1）在确定道路横断面车行道宽度时，应将道路远期交通量年限作为道路设计年限的指标。在道路设计年限内，车行道的宽度应满足道路交通增长的要求，保证车辆能安全、舒适、通畅地行驶。现行设计规范规定的道路远期交通量年限：快速路、主干路为 20 年，次干路为 15 年，支路为 10~15 年。

（2）路面结构设计使用年限是路面结构在正常设计、正常施工、正常使用、正常维护下的预期目标使用年限。不同路面结构类型应选用不同的设计使用年限，以保证在设计使用年限内具有足够的强度。路面结构设计使用年限应与路面等级、面层类型及交通量相适应。现行设计规范规定的路面结构设计使用年限：快速路、主干路为 15~30 年，次干路为 15~20 年，支路为 10~20 年。

1.1.3　市政道路的组成与特点

道路组成

一般情况下，在市政道路两侧建筑红线之间，市政道路由以下不同功能部分组成。

① 机动车道。供各种车辆行驶的车行道，其中有汽车、电车、摩托车等。

② 非机动车道。供自行车、三轮车、平板车、兽力车等行驶的车道。

③ 人行道。专供行人步行交通的通行带。

④ 分隔带。在车行的路面上设置的划分车辆运行路线的带状设施，起到分隔不同类

型、不同行驶方向、不同行驶速度车辆的作用,同时具有卫生、防护和美化的作用。

⑤ 排水系统。用以排除地面水的街沟、边沟、雨水口等。

⑥ 公共停车场和公交车停靠站。市政道路静态交通必不可少的场所。

⑦ 交叉口和广场。供车辆和行人集散及改变交通方式或方向的场所。

⑧ 沿街地上设施。如照明灯柱、架空电线杆、给水栓、邮筒、清洁箱、接线柱等。

⑨ 地下各种管线。如电缆、燃气管、热力管、给水管、污水管等。

⑩ 交通管理设施。包括交通信号灯、各种交通标志和标线,以及安全岛、护栏、隔离墩等。

与公路相比较,市政道路具有功能多样、组成复杂,车辆多、类型杂、车速差异大,行人交通量大,道路交叉点多,沿路两侧建筑密集、艺术要求高,市政道路规划、设计的影响因素多,政策性强等特点。

拓展讨论

党的二十大报告指出,坚持人民城市人民建、人民城市为人民,提高城市规划、建设、治理水平。根据上文介绍的市政道路的特点,试讨论市政道路对城市规划、建设、治理提出了哪些要求?

育人元素 现代化

1.1.4 市政道路设计阶段

道路工程基本建设项目一般采用两阶段设计,即初步设计和施工图设计。对于技术简单、方案明确的小型建设项目,也可采用一阶段设计,即施工图设计;对于技术复杂、基础资料缺乏或不足的建设项目,以及建设项目中的特大桥、互通式立体交叉、隧道等工程,必要时需采用三阶段设计,即初步设计、技术设计和施工图设计。

市政道路施工图总说明识读

能力训练及习题

能力训练

识读某市政道路施工图总说明,见《市政工程施工图案例图集》中的路-1。

(1) 目的。使学生进一步熟悉、掌握市政道路施工图总说明的内容。

(2) 能力要求。要求学生在认真识读市政道路施工图总说明后,能正确地描述市政道路施工图总说明反映的内容,了解工程概况、设计依据、技术要求等,并认识到识读市政道路施工图总说明时不能草率。

习题

一、选择题

1. 城市中起骨架作用,为连接城市各主要分区的干线道路,以交通功能为主的道路称为( )。
   A. 快速路　　　　B. 主干路　　　　C. 次干路　　　　D. 支路
2. 我国市政道路按其在道路网中的地位、交通功能及服务功能分为( )。
   A. 快速路　　　　B. 主干路　　　　C. 次干路
   D. 街坊路　　　　E. 支路
3. 为城市中大量、长距离、快速交通服务的市政道路为( )。
   A. 快速路　　　　B. 主干路　　　　C. 次干路　　　　D. 支路
4. 为次干路与居民区、工业区、市中心区的连线的市政道路是( )。
   A. 快速路　　　　B. 主干路　　　　C. 次干路　　　　D. 支路
5. 道路工程基本建设项目一般采用( )。
   A. 一阶段设计　　B. 两阶段设计　　C. 三阶段设计　　D. 四阶段设计

二、简答题

1. 与公路相比较,市政道路的特点体现在哪些方面?
2. 一套市政道路施工图通常由哪些图纸组成?

在线答题

项目1 市政道路施工图的识读与会审

学习任务单

◆ **学习目标**

熟悉道路的等级、设计基本指标等内容，熟悉道路施工图总说明的内容。

◆ **学习地点**

实训室。

◆ **学习准备**

《市政工程施工图案例图集》、市政道路设计相关规范、互联网资源、多媒体设备等。

◆ **学习过程**

一、了解什么是道路？道路对我们生活的影响？

每个小组通过实地或网络收集道路图片3张，要求每张图片下标注该道路的名称、等级、长度等信息。若道路图片为照片形式，则应将照片以图片形式插入，并保证清晰度。每个小组派代表进行课堂交流。

二、阅读《市政工程施工图案例图集》中的路-1，填写阅读成果。

1. 了解该工程的设计依据有哪些？列出现行有效的与市政道路工程相关的主要设计规范（列出名称和编号）。

2. 了解工程的技术标准。

本道路的等级：

设计速度：

设计轴载：

路面结构类型：

设计年限：

3. 了解道路工程平面设计、纵断面设计、横断面设计的概况并做简要摘录。

4. 收集并列出现行市政道路工程施工质量验收和评定采用的相关规范标准（列出名称和编号）。

任务1.2　道路平面图识读

本任务是在读懂道路施工图总说明的基础上，了解道路平面设计的规定和要求，掌握平面线形要素的应用，掌握直线、圆曲线、缓和曲线设计的基本方法，以及平曲线的超高与加宽的知识，能运用知识分析具体的道路平面案例。

1.2.1　直线

道路是一个三维空间的实体，路线是道路中心线（以下简称中线）的空间位置。路线在水平方向的投影称为路线平面；沿中线竖直剖切再行展开则是路线的纵断面；中线上任意一点的法向切面是道路在该点的横断面。设计一条道路，对于平面、纵断面、横断面三方面，既要综合考虑，又要分别处理。

直线

平面和纵断面设计应符合市政路网规划、道路红线、道路功能等要求，并应综合考虑土地利用、文物保护、环境景观、征地拆迁等因素。

平面和纵断面应与地形、地物、地质、水文、地域气候、地下管线、排水等要求结合，并应符合各级道路的技术指标，应与周围环境相协调，线形应连续、均衡。

道路平面线形由直线、平曲线组成，平曲线由圆曲线、缓和曲线组成。为使道路线形适应汽车行驶轨迹要求，达到安全、舒适的目的，市政道路一般采用直线+圆曲线+直线（简单型）或者直线+缓和曲线1+圆曲线+缓和曲线2+直线（基本型）的组合方式，如图1.1、图1.2所示。

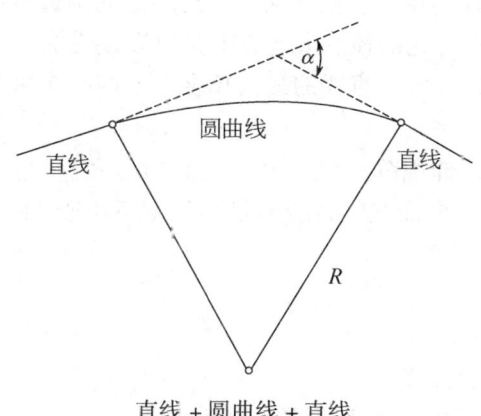

直线+圆曲线+直线
图1.1　简单型

其他市政道路平面线形

直线是两点间距离最短的线段。它具有线形直捷、布设方便、行车视距良好、行车平稳等优点。在市政道路、桥梁、交叉口、隧道等路段，采用直线线形显然是极为有利的。但直线线形也存在一些缺点：直线不能适应地形变化，不便于避让障碍；直线过长容易使驾驶员产生麻痹而放松警惕，从而

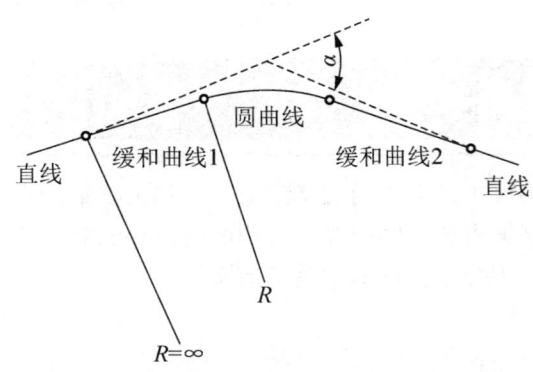

直线＋缓和曲线1＋圆曲线＋缓和曲线2＋直线

图1.2 基本型

导致行车事故；在直线路段上夜间行车时，对向行车灯光眩目不利安全。故在路线设计中长直线应限制使用。

作为平面线形要素之一的直线，在道路设计中使用最为广泛。在道路线形设计时，一般应根据路线所处地带的地形、地物条件，驾驶员的视觉、心理条件，以及保证行车安全等因素，对直线的最大长度和最小长度有所控制。

1. 直线的最大长度

从理论上来讲，合理的直线长度应根据驾驶员的心理反应和视觉效果来确定，但目前这一问题尚在研究之中。根据各国的普遍经验，如日本和德国，一般规定直线的最大长度不超过$20V$（V为设计速度，以km/h计）。我国地域辽阔，地形千变万化，对于直线的长度很难做出统一规定，加之在混合交通的道路上，超车、会车、错车及避让非机动车和行人的机会较多，驾驶员的感觉各不相同。根据在不同道路上的调查显示，直线的最大长度，在城镇及其附近或其他景色有变化的地点大于$20V$是可以接受的，在景色单调的地点最好控制在$20V$以内。故在道路设计中，直线的最大长度最好控制在$20V$以内。

2. 直线的最小长度

我国《城市道路路线设计规范》（CJJ 193—2012）规定：当$V\geqslant 60$km/h时，同向曲线间直线的最小长度为$6V$，反向曲线间直线的最小长度不小于$2V$。当$V<60$km/h时，可不受前述限制。

拓展讨论

1. 道路平面由哪三要素组成？
2. 道路平面为什么慎重选用直线的最大长度？
3. 分析判断实际道路工程的直线最大长度与最小长度。

育人元素 科学精神 规范意识 实战能力

3. 直线运用应注意的情况

① 采用直线时应特别注意其与地形、地物的关系，在运用直线并决定其长度时，不宜采用长直线。

② 长直线或长直线下坡尽头的平曲线，除曲线的半径、超高、视距等必须符合规定要求外，还必须采取设置标志、增加路面抗滑能力等安全措施。

③ 长直线上坡不宜过长，因为长直线加陡坡，下坡时容易超速行车；直线上的纵坡一般应小于3%。

④ 长直线应与大半径凹曲线配合为宜，这样可以使呆板的直线得到一些缓和或改善。

⑤ 直线的长度也不宜过短，特别是同向圆曲线间不得设置短的直线。

1.2.2 圆曲线

圆曲线是道路平面走向改变方向时，所设置的连接两相邻直线段的圆弧形曲线。圆曲线线形布设方便，能很好地适应地形，避让障碍，与地形配合得当可获得圆滑、舒顺、美观的路线，又能降低工程造价。而且，这种线形可使行车景观不断变化，能让驾驶员保持适度的警惕，增加行车安全性，也可起到诱导行车视线的作用。但圆曲线的选择切不可迁就地形，造成半径过小而影响行车安全。

圆曲线

1. 圆曲线半径

汽车由于受到离心力的作用，可能会产生横向滑移或横向倾覆，因此汽车在小半径曲线路段行驶时，容易发生横向失稳。所以，在平面曲线设计中，应首先研究如何选择圆曲线半径。

圆曲线半径指标可由车辆在曲线上行驶时的受力情况建立平衡方程求得。圆曲线半径的计算公式如下。

$$R = \frac{V^2}{127(\mu \pm i)} \tag{1-1}$$

式中　i①——路面横坡度，无超高时为路拱横坡度，有超高时为超高横坡度；
　　　μ②——横向力系数（μ取0.1时，汽车行驶稳定性、乘客舒适性、运营经济性均能得到保证）。

2. 圆曲线半径的标准

由式(1-1)可以看出，R是由设计速度V、路面横坡度i和横向力系数μ所决定的。为了使R能达到所要求的道路等级，V应取规定的设计速度值，而i和μ的取值则视R值的不同使用要求而定。

---

① 由于超高横坡度大于或等于路拱横坡度，因此为了在公式或图形表示中有所区分，不引起误解，在特指超高横坡度时用i_c表示，从i过渡到i_c的路拱横坡度用i_b表示。

② μ的取值主要从以下三个方面考虑。
　a. 汽车行驶稳定性。μ=0.15时，在干燥与潮湿路面均可以较高的速度行驶；μ=0.067时，路面结冰也能安全行驶。
　b. 乘客舒适性。μ≤0.10时，不感到有曲线存在，很平稳；μ=0.15时，略感到有曲线存在，尚平稳；μ=0.2时，已感到有曲线存在，稍感到不平稳；μ=0.35时，感到有曲线存在，已感到不平稳；μ=0.4时，非常不稳定，站立不稳有倾倒的危险。
　c. 运营经济性。μ≤0.10时，轮胎磨耗及燃料消耗增加较小。

综合分析，为了满足设计人员对平曲线半径不同的使用目的与要求，《城市道路工程设计规范》（CJJ 37—2012）中规定了几种圆曲线最小半径，见表 1-2。

表 1-2 圆曲线最小半径

设计速度/(km/h)		100	80	60	50	40	30	20
不设超高最小半径/m		1600	1000	600	400	300	150	70
设超高最小半径/m	一般值	650	400	300	200	150	85	40
	极限值	400	250	150	100	70	40	20

在道路平面设计时，应根据沿线的地形、地物特点，尽量选用较大半径的圆曲线，以便车辆安全、舒适地行驶。在选用圆曲线半径时，既要满足技术上合理，又要满足经济上适用；既不能盲目采用高标准而过分地增加工程量，也不能仅考虑眼前的通行要求而采用低标准（不利于今后道路改造）。

1.2.3 缓和曲线

缓和曲线是设置在直线与圆曲线之间或大圆曲线与小圆曲线之间，由直线向圆曲线或由较大圆曲线向较小圆曲线过渡的线形，是道路平面线形要素之一。它的主要特征是曲率变化均匀。

设置缓和曲线的作用有：① 便于驾驶员操纵转向盘，使驾驶员有足够的时间和距离来操作方向盘，让汽车按行车理论轨迹线顺畅地驶入或驶出圆曲线；② 满足乘客乘车舒适与稳定的需要；③ 满足超高、加宽缓和段的过渡，利于平稳行车；④ 与圆曲线配合得当，增加线形美观。

缓和曲线的形式有回旋线、双纽线、三次抛物线等。现在我国普遍使用的是回旋线。回旋线的曲率由小到大，随弧长做直线变化，曲线和曲率都是连续的，它能提供一条连续的圆滑线，这就为曲率由 $\rho=0$ 变化到 $\rho=1/R$ 提供了几何条件。回旋线的曲率随曲线长度成比例变化，不仅可以使线形更加美观，而且与驾驶员匀速转动方向盘由圆曲线驶入直线或者由直线驶入圆曲线的轨迹线相符合。

其基本公式为

$$Rl = A^2 \tag{1-2}$$

式中 R——回旋线上某点的曲率半径，m；
  l——回旋线上起点到原点的曲线长，m；
  A——回旋线参数。

1. 缓和曲线的最小长度

缓和曲线应有足够的长度，以使乘客感觉舒适，保证驾驶员操纵所需的时间，保证线形圆滑、顺适等，所以应规定缓和曲线的最小长度。《城市道路工程设计规范》规定了市政道路的缓和曲线最小长度。

2. 缓和曲线的省略

在市政道路上，当圆曲线半径小于不设缓和曲线的最小半径时，如果设计速度 $V \geqslant$

40km/h，则应设置缓和曲线；如果设计速度 $V<40$km/h，则可设置直线缓和段。而当圆曲线半径大于不设缓和曲线的最小半径时，直线和圆曲线可以径向连接。

《城市道路工程设计规范》所规定的市政道路不设缓和曲线的最小圆曲线半径和最小长度见表1-3。

表1-3 市政道路不设缓和曲线的最小圆曲线半径和最小长度

设计速度/(km/h)	100	80	60	50	40	30	20
不设缓和曲线的最小圆曲线半径/m	3000	2000	1000	700	500	—	—
不设缓和曲线的最小长度/m	85	70	50	45	35	25	20

1.2.4 平曲线半径的选择及其要素计算

平曲线指的是在平面线形中路线转向处曲线的总称，包括圆曲线和缓和曲线。平曲线用于连接两根直线，使车辆能够从一根直线过渡到另一根直线。

1. 平曲线半径的选用原则

平曲线半径的选择在平面设计中是一个值得重视的问题。一般来说，应结合当地的地形、经济等具体情况和要求来确定。对各个等级的道路平曲线，原则上应尽可能采用较大的半径，以提高道路的使用质量。平曲线半径的选用应遵循圆曲线半径的选用原则。一般来说，选择平曲线半径主要考虑两点因素：一是道路的等级和它所要求的设计速度；二是地形、地物的条件。根据这两点因素来选定一个较大的比最小半径大一些的平曲线半径，尽可能选用大于或等于不设超高的平曲线最小半径值。当地形条件受限制时，可采用设超高最小半径一般值；当地形特别困难时，方可采用设超高最小半径极限值。平曲线半径最大半径不宜超过10000m。

通过计算得到的平曲线半径值一般应采用整数。当半径在125m以下时，应取5的整倍数；在125~250m时，应取10的整倍数；在250~1000m时，应取50的整倍数；在1000m以上时，应取100的整倍数。零碎之数除设置复曲线可用外，一般因不便于测设计算，都不采用。

2. 平曲线各要素计算

当平曲线的半径 R 和路线转折角 α 确定后，即可进行平曲线各要素的计算。当只有圆曲线时，其几何要素如图1.3所示。当设有缓和曲线时，还需确定缓和曲线的长度 L_h 值，如图1.4所示。按照几何关系可计算平曲线各要素，见表1-4。

表1-4 平曲线要素公式

只有圆曲线			设置缓和曲线		
要素名称	符号	公式	要素名称	符号	公式
切线长 m	T	$T=R\tan\dfrac{\alpha}{2}$	切线长 m	T	$T_0=q+(R+p)\tan\dfrac{\alpha}{2}$

续表

	只有圆曲线			设置缓和曲线	
曲线长/m	L	$L = \dfrac{\pi}{180°} R\alpha$	曲线长/m	L	$L_0 = R(\alpha - 2\beta_0)\dfrac{\pi}{180°} + 2L_c$
外距/m	E	$E = R\left(\sec\dfrac{\alpha}{2} - 1\right)$	外距/m	E	$E_0 = (R+P)\sec\dfrac{\alpha}{2} - R$

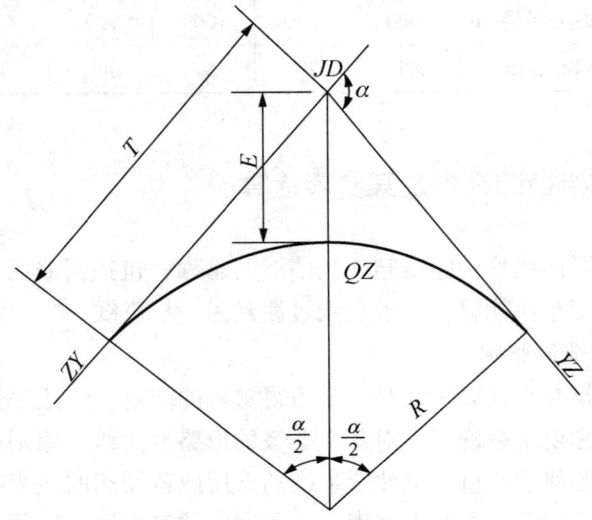

JD—转角点（交点）；ZY—圆曲线起点（直圆点）；
QZ—圆曲线中点（曲中点）；YZ—圆曲线终点（圆直点）

图 1.3　圆曲线几何要素

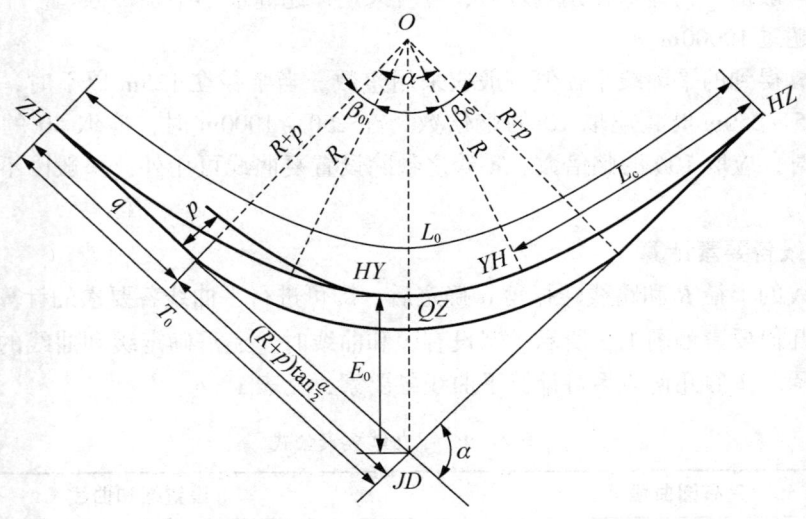

ZH—第一缓和曲线起点（直缓点）；HY—第一缓和曲线终点（缓圆点）；
QZ—圆曲线中点（曲中点）；YH—第二缓和曲线起点（圆缓点）；
HZ—第二缓和曲线终点（缓直点）

图 1.4　缓和曲线的设置及有关常数

项目1 市政道路施工图的识读与会审

$$p = \frac{L_h^2}{24R} - \frac{L_h^4}{2688R^3} \quad (1-3)$$

$$q = \frac{L_h}{2} - \frac{L_h^3}{240R^2} \quad (1-4)$$

$$\beta_0 = \frac{L_h}{2R} \times \frac{180°}{\pi} \quad (1-5)$$

式中 p——圆曲线内移值，m；
  q——内移前圆曲线的起点到缓和曲线起点的距离，m；
  β_0——缓和曲线角，(°)。

在这些公式中，有时是先已知某些要素条件，根据这些要素条件再反求出所需要的平曲线半径值，看是否能满足地形、地物及所需要设计速度的要求；若不符合要求，则需重新调整原有数据，重新计算，直至符合要求为止，见例1-1。

根据已知交点桩号和计算出的平曲线几何要素值，平曲线主点桩号与里程校核公式见表1-5。

表1-5 平曲线主点桩号与里程校核公式

只有圆曲线			设置缓和曲线		
要素名称	符号	公式	要素名称	符号	公式
直缓点	ZH	$JD - T_0$	直圆点	ZY	$JD - T$
缓圆点	HY	$ZH + L_h$	—	—	—
曲中点	QZ	$ZH + L_0/2$	曲中点	QZ	$ZY + L/2$
圆缓点	YH	$ZH + L_0 - L_h$	—	—	—
缓直点	HZ	$YH + L_h$	圆直点	YZ	$YZ = ZY + L$
校正值	J_0	$2T_0 - L_0$	校正值	J	$2T - L$
主点桩号里程校核		$JD = QZ + J_0/2$	主点桩号里程校核		$JD = QZ + J/2$

【例1-1】某城市次干道，红线宽度为30m，设计速度为30km/h，路线须跨越一条河流，要求桥头至少有60m的直线段，由桥头到路线交点的距离已知为120m，转角为38°，如图1.5所示。试求路中线最大可能的圆曲线半径值。

解：作为城市次干道，其设计速度为30km/h，可不设缓和曲线。由图1.5可知最大切线长 $T_{max} = 120 - 60 = 60(m)$，由此可得满足地形要求的最大圆曲线半径为

$$R_{max} = T_{max} \cot \frac{\alpha}{2} = 60 \times \cot \frac{38°}{2} \approx 174(m)$$

满足设计速度要求所需的圆曲线半径公式为

$$R = \frac{V^2}{127(\mu \pm i)}$$

取横向力系数 $\mu = 0.1$，路面横坡度 $i = 2\%$，假定车辆行驶于平曲线外侧，则

$$R = \frac{V^2}{127(\mu - i)} = \frac{30^2}{127 \times (0.1 - 2\%)} \approx 89(m)$$

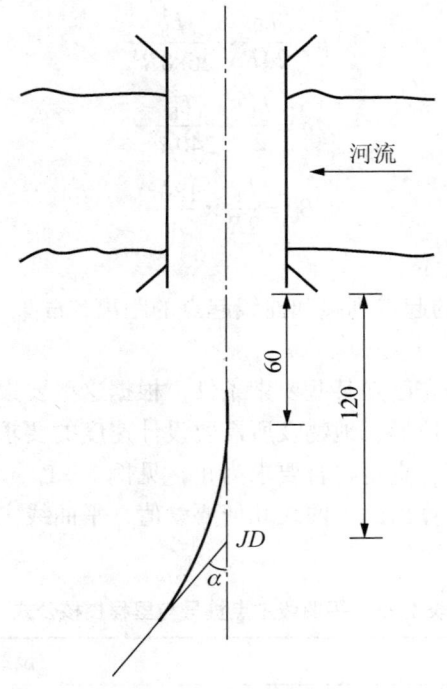

图1.5 某城市次干道

由上题计算结果可知,满足地形要求所能提供的最大圆曲线半径为174m,而满足设计速度要求的最小半径为89m。因此,最后选用 $R=170$m 作为圆曲线半径。

【例1-2】某城市快速路如图1.6所示,有一弯道 $R=250$m,JD 的桩号为 K2+300,转角 $\alpha=36°30'00''$,试计算该曲线上设置缓和曲线后的5个基本桩号。

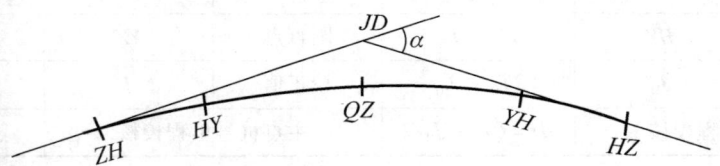

图1.6 某城市快速路

解:① 缓和曲线长度 L_h 的确定。

快速路设计速度为80km/h,《城市道路工程设计规范》中规定对应的缓和曲线最小长度为70m,现采用75m。

② 计算圆曲线内移值 p。

$$p = \frac{L_h^2}{24R} - \frac{L_h^4}{2688R^3} = \frac{75^2}{24 \times 250} - \frac{75^4}{2688 \times (250)^3} \approx 0.94(\text{m})$$

③ 计算内移前圆曲线的起点到缓和曲线起点的距离 q。

$$q = \frac{L_h}{2} - \frac{L_h^3}{240R^2} = \frac{75}{2} - \frac{75^3}{240 \times (250)^2} \approx 37.47(\text{m})$$

④ 求缓和曲线角 β_0。

$$\beta_0 = \frac{L_h}{2R} \times \frac{180°}{\pi} = \frac{75}{2 \times 250} \times \frac{180°}{\pi} \approx 8°35'40''$$

⑤ 求切线长 T_0。

$$T_0 = q + (R+p)\tan\frac{\alpha}{2} = 37.47 + (250 + 0.94) \times \tan\frac{36°30'00''}{2} \approx 120.22(\text{m})$$

⑥ 求曲线总长 L_0。

$$L_0 = R(\alpha - 2\beta_0)\frac{\pi}{180°} + 2L_c = 250 \times (36°30'00'' - 2 \times 8°35'40'') \times \frac{\pi}{180°} + 2 \times 75$$
$$\approx 234.26(\text{m})$$

⑦ 计算5个主点桩号。

JD	K2 + 300
$-) T_0$	120.22
ZH	K2 + 179.78
$+) L_h$	75.00
HY	K2 + 254.78
$+) (L_0 - L_h)$	159.25
HZ	K2 + 414.04
$-) L_h$	75.00
YH	K2 + 339.04
$-) (1/2 L_0 - L_h)$	42.13
QZ	K2 + 296.91

校正值 $J_0 = 2T_0 - L_0 = 2 \times 120.22 - 234.26 = 6.18(\text{m})$。由 QZ 桩号算出的 JD 桩号 K2 + 296.91 + 6.18/2 = K2 + 300，与原来的 JD 桩号相同，说明计算无误。

3. 平曲线最小长度

平曲线长度包括圆曲线的长度和缓和曲线的长度。当汽车在平曲线上行驶时，如果曲线很短，则驾驶员操作方向盘频繁，这在高速驾驶的情况下是相当危险的。因此，平曲线的长度除了应满足平曲线的转弯半径 R 和路线转角 α 等几何因素外，还应满足另外两方面的要求：一是使驾驶员有足够的时间从容地操作方向盘，一般曲线长至少要有 6s 的路程（市政道路圆曲线最小长度见表 1-6）；二是保证缓和曲线的最小长度，缓和曲线由于曲率的变化引起了离心力的变化，而所产生的离心加速度不应超过规定的数值，以保证乘客的舒适（市政道路平曲线最小长度见表 1-6）。

表 1-6 市政道路圆曲线与平曲线最小长度

设计速度/(km/h)		100	80	60	50	40	30	20
圆曲线最小长度/m		85	70	50	40	35	25	20
平曲线最小长度/m	一般值	260	210	150	130	110	80	60
	极限值	170	140	100	85	70	50	40

为了使路线顺直,在地形等条件许可的情况下,应尽量使路线转角小一些,但当转角过小($\alpha \leqslant 7°$)时,往往容易引起驾驶员在视觉上产生急弯的错觉,此时应设置较长的平曲线,以使驾驶员感到道路是顺适地转弯的。市政道路转角$\alpha \leqslant 7°$时平曲线最小长度见表1-7。

表1-7　市政道路转角$\alpha \leqslant 7°$时平曲线最小长度

设计速度/(km/h)	100	80	60	50	40	30	20
平曲线最小长度/m	1200/α	1000/α	700/α	600/α	500/α	350/α	280/α

注:表中的α为道路转角(°)。当$\alpha < 2°$时,按$\alpha = 2°$计算。

1.2.5　平曲线超高和加宽

1. 超高的概念

在弯道上,当汽车沿着双向横坡的外侧车道行驶时,由于车重的水平分力与离心力的方向相同,且均指向曲线外侧,影响行车的横向稳定,因此,为了使汽车能够在弯道上不减速,获得一个向着平曲线内侧的自重分力以抵消一部分离心力的作用,也为了使乘客在弯道上没有不舒服的感觉,使汽车能安全地行驶,就需要把该部分路面做成向曲线内侧倾斜的单向坡面,这就称为平曲线的超高,如图1.7(a)所示。

超高应设置在全部圆曲线($HY \sim YH$)范围内,这段设有单向超高横坡的路段称为全超高路段,其内各断面形式都相同,也可称为全超高断面。从直线段的双坡断面向圆曲线的单向超高横坡断面逐渐过渡须有一个渐变的过渡段,即图1.7(b)中的L_e段——超高缓和段。一般情况下,圆曲线两端的超高缓和段是对称的,因此平曲线上路面超高设计是由三部分组成的。

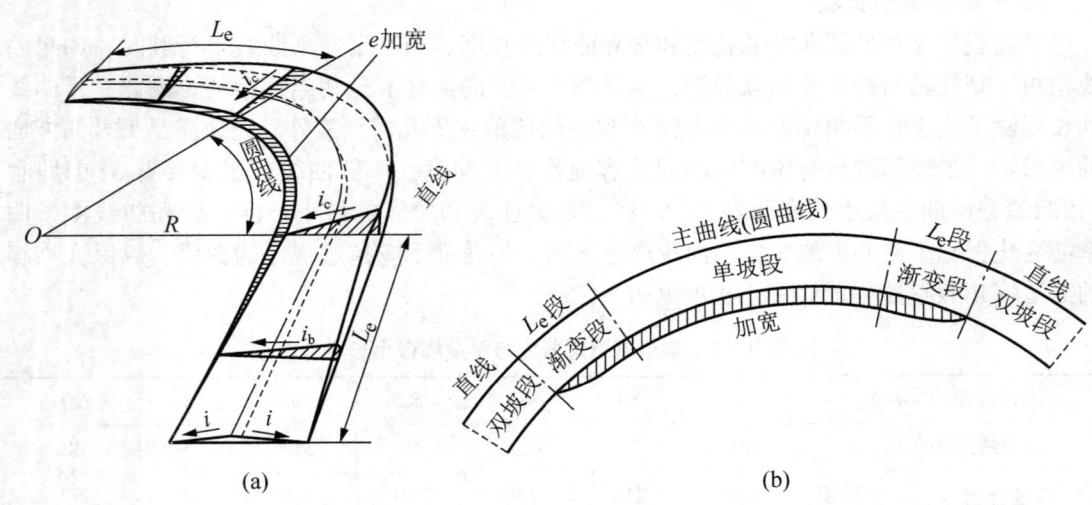

(a)　　　　　　　　　　　　(b)

i—未设超高时的路拱横坡度;i_c—超高横坡度;i_b—从i过渡到i_c过程中的路拱横坡度
(a) 超高加宽示意图;(b) 超高加宽平面图
图1.7　平曲线上路面的超高加宽示意图

2. 超高横坡度

超高横坡度可通过式(1-1)推导算出,将i用i_c代替并取"+"号,表示车辆在平曲线内侧行驶,可得

$$i_c = \frac{V^2}{127R} - \mu \qquad (1-6)$$

对某一确定的道路来说,设计速度V和横向力系数μ是确定的,超高横坡度就只随平曲线半径R的变化而变化,R越小,所需的超高横坡度就越大;但如果超高横坡度过大,当汽车以等于或低于设计速度的速度在弯道上行驶或停车时,汽车就有向弯道内侧滑动的危险,所以《城市道路工程设计规范》规定了市政道路最大超高横坡度,见表1-8。

表1-8 市政道路最大超高横坡度

设计速度/(km/h)	100, 80	60, 50	40, 30, 20
最大超高横坡度/%	6	4	2

反之,R越大,所需要的超高横坡度就越小,当R大到一定程度时,就不需要设置超高了,此时汽车即使在弯道外侧行驶也是很安全的。

当按式(1-6)计算出的超高横坡度小于路拱横坡度时,为了计算和施工的方便,应设置等于路拱横坡度的超高。

3. 超高的过渡方式

超高的过渡方式应根据地形状况、车道数、超高横坡度值、横断面形式、排水状况、路容路貌等因素决定,按其超高旋转轴在道路横断面组成中的位置可分为以下几种情况。

(1) 无分隔带的超高过渡方式

① 当超高横坡度等于路拱横坡度时,将外侧车道绕路中线旋转,直至达到超高横坡度值。

② 当超高横坡度大于路拱横坡度时,有以下三种超高过渡方式。

a. 绕内边缘旋转:先将外侧车道绕路中线旋转,待达到与内侧车道构成单向横坡后,整个断面再绕未加宽前的内侧车道边缘旋转,直至达到超高横坡度值,如图1.8(a)所示。一般新建工程多采用此种方式。

b. 绕中线旋转:先将外侧车道绕路中线旋转,待达到与内侧车道构成单向横坡后,整个断面再一同绕路中线旋转,直至达到超高横坡度值,如图1.8(b)所示。一般改建工程多采用此种方式。

c. 绕外边缘旋转:先将外侧车道绕外边缘旋转,与此同时,内侧车道随路中线的降低而相应降坡,待达到单向横坡度值后,整个断面仍绕外侧车道边缘旋转,直至达到超高横坡度值,如图1.8(c)所示。此种方式仅在特殊设计时采用。

(2) 有分隔带的超高过渡方式

当道路有分隔带时,其超高的过渡方式有以下三种。

① 绕中央分隔带中线旋转,如图1.9(a)所示。

② 绕中央分隔带边缘旋转,如图1.9(b)所示。

③ 绕各自行车道中线旋转,如图1.9(c)所示。

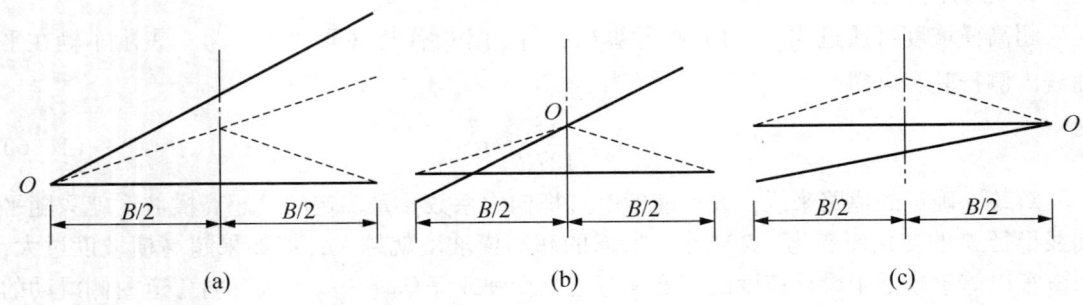

(a) 绕内边缘旋转；(b) 绕中线旋转；(c) 绕外边缘旋转

图 1.8　无分隔带的超高过渡方式

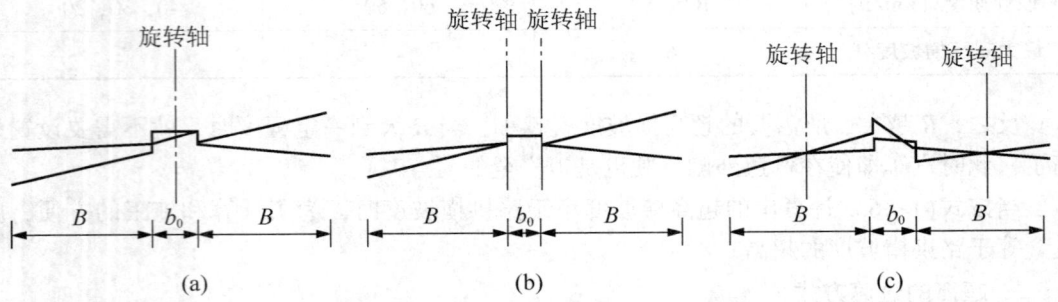

(a) 绕中间带中线旋转；(b) 绕中央分隔带边缘旋转；(c) 绕各自行车道中线旋转

图 1.9　有分隔带的超高过渡方式

市政道路单幅路路面宽度及三幅路机动车道路面宽度宜绕中线旋转；双幅路路面宽度及四幅路机动车道路面宽度宜绕中央分隔带边缘旋转，使两侧行车道各自成为独立的超高横断面。

4. 加宽的概念

汽车在弯道上行驶时，汽车前轮的轨迹半径和后轮的轨迹半径不同，汽车前轮可以自由地转动一定的角度，而后轮只能直行，不能随便转动。因此汽车在弯道上行驶时前后轮迹不会重叠，内后轮轮迹底弧线半径比外前轮轮迹底弧线半径小一些。当汽车沿内侧车道行驶时，如果转弯半径较小，汽车的前轮轮迹在道路上，而内后轮轮迹则可能落到侧石线上。另外，汽车在弯道上行驶时，其轨迹也是很不稳定的，有较大的摆动和偏移。在这种情况下，弯道内侧的路面就应该加宽，如图 1.10 所示。《城市道路工程设计规范》中规定，当道路圆曲线半径小于或等于 250m 时，应在圆曲线内侧加宽。市政道路路面加宽后，人行道或路肩也应相应加宽，以保证行人的交通和路容的美观。

一般在圆曲线（$HY \sim YH$）范围部分是全加宽段，而直线段的加宽值为零，所以在全加宽段的前后必须分别设置一段加宽过渡段，此过渡段即为加宽缓和段。加宽缓和段一般设在紧接圆曲线起点和终点的直线上。在地形困难地段，允许将加宽缓和段的一部分插入曲线，但插入曲线长度不得超过加宽缓和段长度的一半。

5. 超高、加宽、缓和曲线长度关系

行车道的超高缓和段或加宽缓和段一般应从缓和曲线起点开始设置。为保证排水，超

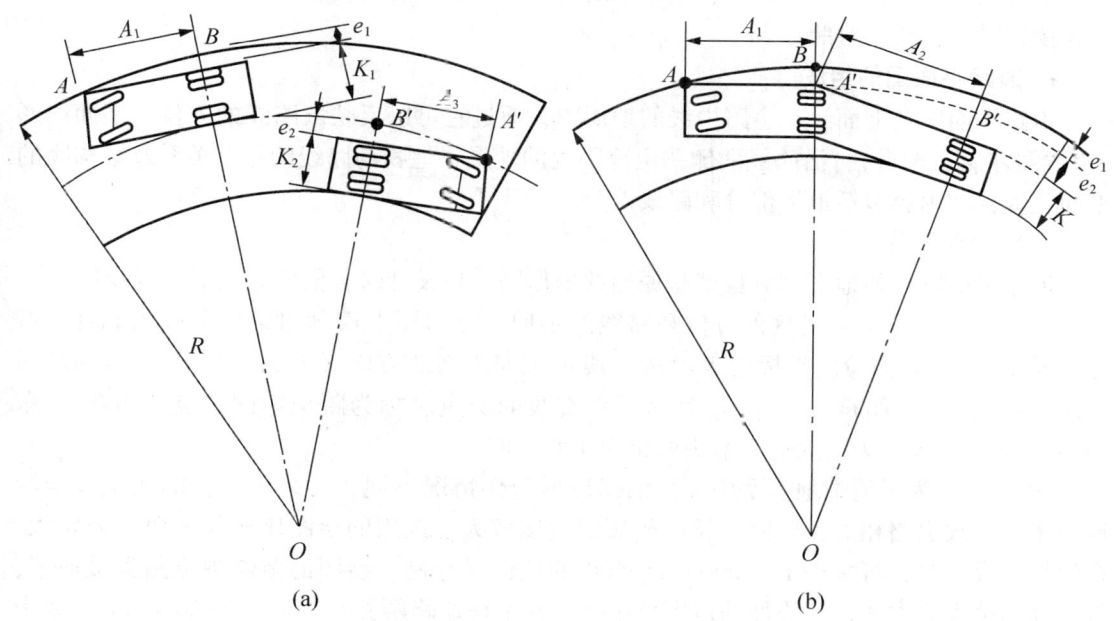

(a)单车行驶;(b)半拖车行驶
图 1.19　平曲线上路面的加宽

高缓和段也可以从缓和曲线的某一点开始设置。超高缓和段长度 L_e 应符合有关设计要求。

① 设置缓和曲线或超高缓和段时,加宽缓和段长度应采用与缓和曲线或超高缓和段长度相同的值。

② 不设缓和曲线或超高缓和段但有加宽时,加宽一侧路面加宽值的渐变率为 1:30~1:15,且长度不得小于 10m。

拓展讨论

1. 当平曲线半径较小时可以采取哪些工程技术措施保证行车安全?
2. 如果受到地形限制无法采取工程技术措施保证行车安全时,还可以有哪些措施?

育人元素　专业能力　创新意识

1.2.6　道路平面图识读要点

道路是建筑在大地表面的带状构造物,它的中线是一条空间曲线。道路路线具有狭长、高差大、弯曲多等特点,因此道路工程路线图的表示方法与一般工程图不完全相同,有自己的一些特殊画法与规定。它是用道路平面图作为平面图,道路纵断面图和道路横断面图分别代替立面图和侧面图,即道路工程路线图主要是由道路平面图、道路纵断面图和道路横断面图三个部分组成。通过三个方面的图示来说明路线的平面位置、线形状况、沿线两侧一定范围内的地形和地物、纵断面的高程和坡度、路基宽度和边坡、土壤地质、沿线构造物的位置及其与路线的相互关系。

值得注意的是，道路平面图、道路纵断面图和道路横断面图大都各自画在单独的图纸上，读图时可以相互对照。

1. 道路平面图的组成

道路平面图是上面绘有道路中线的地形图，通过它可以反映出路线的方位，平面线形（直线和左、右弯道），沿路线两侧一定范围内的地形、地物与路线的相互关系及结构物的平面位置，其内容包括地形部分和路线部分。

（1）地形部分

道路平面图中的地形部分也就是原始的地形图。在设计时，借助它在纸上定线移线。

① 方位。为了表示地区的方位和路线的走向，地形图上需画出坐标网或指北针。符号"⊥"通常是方位的坐标网表示法，其 X 轴向为南北方向（上为北），Y 轴向为东西方向（右为东）。如符号"⊥"表示两垂直线的交点坐标为距坐标网原点北 300m、东 200m。符号"⊕"为指北针，箭头所指为正北方向。

② 比例。为了清晰地表示图样，根据地形起伏情况不同，可采用相应的比例来绘制地形图。市政道路相对于公路，长度较短而宽度较大，选用的绘图比例尺一般比公路大。在做技术设计时，可采用1∶1000～1∶500 的比例尺绘制。绘图的范围视道路等级而定，等级高的范围应大些，等级低的范围可小些，通常在道路两侧红线以外各 20～50m，或中线两侧各 50～100m，特殊情况则在任务书中有具体说明。

③ 地物。地物如河流、农田、房屋、桥梁、铁路等是用图例来表示的。

④ 地形。路线所在地带的地势起伏情况是用等高线来表示的。等高线的间距代表两点之间的水平距离。地势平坦的市政道路一般不在其平面图上绘制等高线，其地势可在道路纵断面图中表示出来。

（2）路线部分

道路平面图中的路线部分是由一系列直线段和曲线段组成的，如图 1.11 所示。

① 桩号。道路平面图中以点画线来表示道路的中线（设计线）。路线的长度用里程表示，里程桩号的标注应在道路中线上从路线起点到终点，按从小到大、从左往右的顺序排列。公里桩宜标注在路线前进方向的左侧，用"K×××"表示其公里数，用阿拉伯数字表示百米数。

② 平曲线。路线的平面线形有直线和曲线两种，其中曲线又包含圆曲线和缓和曲线。对于曲线型路线的道路转弯处，在平面图中是用交点 JD 来表示的，并沿前进方向按顺序将交点编号，如图 1.11 所示，如 JD_8 表示第 8 号交点。α 角为路线转向的偏角，它是沿路线前进方向向左（−）或向右（＋）偏转的角度。还有圆曲线设计半径 R、切线长 T、曲线长 L、外距 E，以及设有缓和曲线段的路线的缓和曲线长 L_h 都可在路线平面图中的曲线表中查得。道路平面图中对圆曲线还需标出 ZY、QZ、YZ 的位置，对带有缓和曲线段的路线则需标出 ZH、HY 和 YH、HZ 的位置。

③ 结构物和控制点。在道路平面图中还须标示出道路沿线的工程构造物和控制点，如桥涵、三角点和水准点等工程图中的常用图例，结合表格可从道路平面图上了解道路沿线工程构造物的位置、类型和分布情况，以及控制点的坐标和高程。

④ 车道线。道路的车道线是道路平面图的重要内容。在路幅宽度内，有机动车道、非机动车道等。在平面图中绘有各种车道线的位置、宽度，以及车道之间的分隔带、路缘

带等。

⑤ 人行道、人行横道线、交通岛按设计位置绘制。

⑥ 地上、地下管线和排水设施。各处的地上、地下管线（雨水进水口、窨井、排水沟等）的位置和走向都应在图中标出。一般另绘排水管线平面图来清晰表示。

⑦ 交叉口。平面交叉口与立体交叉口虽然有专门的交叉口设计图，但在道路平面图中也应该按平面图的比例尺画出并详细注明交叉口的各路去向、交叉角度、平曲线元素及路缘石转弯半径。

一张完整的道路平面图，除了可清楚而正确地表达上述设计内容外，还可对某些细部设施或构件画出大样图。最后在图中的空白处做一些简要的工程说明，如工程范围、采用的坐标系、引用的水准点位置等。

2. 识读内容及其识读顺序

识读图纸内容可按下列顺序进行。

① 先看清道路平面图中的控制点、坐标网（或指北针方向）及画图所采用的比例。图 1.11 所示为某市政道路其中某一标段的平面图，比例为 1:1000。

② 查看地形图，了解道路所处区域的地形、地物分布情况。

③ 查看图纸右上角的角标，了解该平面图共有几张图纸，所看这一张是其中的哪一张。图 1.11 所示右上角写明 $\frac{1}{6}$，表明该标段平面图共有 6 张，所看的这张是其中的第 1 张。

④ 查看道路中线与规划红线，了解道路平面走向和道路总宽度。

⑤ 了解平曲线的设置情况及平曲线要素。图 1.11 中 JD_8 处的圆曲线设计半径为 1500m，桩号为 K2+948.579，切线长为 154.628m，圆曲线长为 308.167m，ZY 点桩号为 K2+793.951，YZ 点桩号为 K3+102.118，外距为 7.949m。

⑥ 查看车行道、人行道、绿化带、公交车停靠站等的布置和尺寸。

⑦ 查看交叉口设置情况。图 1.11 有一个十字形平面交叉口。

⑧ 注意路线与其他道路、铁路、河流交叉的位置。

⑨ 查看地上、地下管线和排水设施。要特别注意从图例中的构筑物地面符号，判断地上、地下管线的位置和走向，结合实地调查（记录这些管线的长短、粗细、埋深等），并把这些资料作为施工设计阶段防止损坏原有地下设施的依据。

⑩ 与前后道路平面图拼接起来后，了解道路在平面图中的总体布置情况。

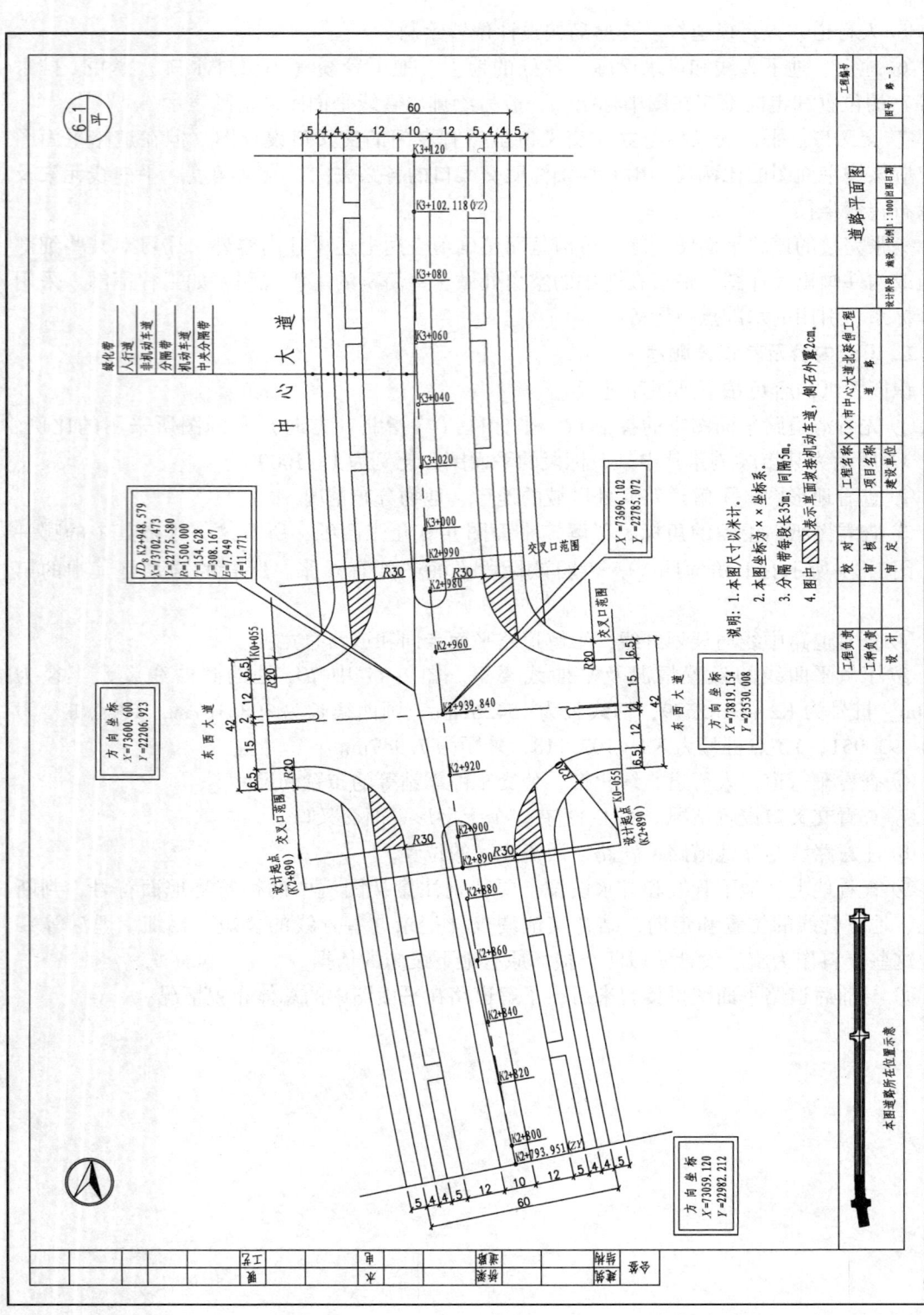

图 1.11 某市政道路其中某一标段的平面图

能力训练及习题

能力训练

识读某市政道路平面图，见《市政工程施工图案例图集》中的路-3。

(1) 目的。使学生进一步熟悉并掌握市政道路平面图的内容和识图方法。

(2) 能力要求。要求学生在识读道路平面图后能正确地描述市政道路平面图反映的内容，如路线的走向、平面线形、地形、地物及其他各种设施的位置。

(3) 准备。准备一张市政道路平面图，复习市政道路平面图的内容和表示方法。

(4) 步骤。

① 查阅图纸的说明、比例，了解该图的尺寸单位、坐标系分别是什么，以及图纸采用的比例是多少。

② 查看图纸右上角的角标，了解该平面图共有几张，所看的这一张是其中的第几张图。

③ 看清平面图中的控制点、坐标网（或指北针方向）。

④ 看地形图，了解道路所处区域的地形、地物分布情况。

⑤ 查看道路中线与规划红线，了解道路平面走向和道路总宽度。

⑥ 查阅平曲线的设置情况及平曲线要素。

⑦ 查看车行道、人行道，了解它们的宽度。

⑧ 查看交叉口设置情况。

习题

一、选择题

1. 《城市道路工程设计规范》规定，当道路圆曲线半径小于或等于（   ）时，应在圆曲线内侧加宽。

   A. 250m   B. 一般最小半径

   C. 极限最小半径   D. 不设超高最小半径

2. 道路弯道上设置超高的目的主要是（   ）。

   A. 克服离心力   B. 路面排水

   C. 美观   D. 便于施工

3. 关于平曲线半径的选择，说法错误的是（   ）。

   A. 在道路定线过程中，道路平曲线半径应根据市政道路等级、地形和地物条件综合选定

   B. 一般情况下，道路的平曲线半径应小于或等于《城市道路工程设计规范》不设超高的最小半径的规定

   C. 各级道路的平曲线原则上应尽量采用较大的半径，以提高道路的使用质量

   D. 当地形、地物条件特别困难时，方采用设超高最小半径值

4. 下列选项（   ）不是缓和曲线的特征。

A. 曲率不发生变化，便于车辆行驶
B. 离心加速度逐渐变化，旅客感觉舒适
C. 超高横坡度逐渐变化，行车更加平稳
D. 与圆曲线配合得当，增加线形美观

5. 道路弯道加宽一般在（　　）进行。
   A. 外围　　　　　B. 内侧　　　　　C. 两侧　　　　　D. 边侧
6. 缓和曲线线形常采用（　　）线形。
   A. 回旋曲线　　　　　　　　　　　B. 二次抛物线
   C. 螺旋线　　　　　　　　　　　　D. 直线

二、计算题

1. 某市政道路设计速度 $V=50$km/h，路拱横坡度为 1.5%，横向力系数采用 0.04，试计算不设超高圆曲线最小半径（取 50m 的整数倍）。

2. 某市一城市主干路，设计速度为 50km/h，设有一弯道，取曲线半径 $R=300$m，交点 JD 的桩号为 K7+374.65，偏角 $\alpha=48°20'30''$，试计算该曲线上设置缓和曲线后的 5 个主点桩号。

在线答题

项目1　市政道路施工图的识读与会审

学习任务单

◆ **学习目标**

能按道路平面图的识读步骤读懂平面图的内容，了解道路平面图的生成过程。

◆ **学习地点**

实训室、室外实训场。

◆ **学习准备**

《市政工程施工图案例图集》《城市道路工程设计规范（2016年版）》《城市道路路线设计规范》、互联网资源、多媒体设备等。

◆ **学习过程**

一、阅读《市政工程施工图案例图集》中的路-3，填写阅读成果。

1. 本道路施工图的尺寸单位、坐标系分别是什么？

2. 本道路平面图共有几张？从平面图的哪个标识中获得？如何知道现在识读的这一张是第几张图？

3. 列出本道路工程施工平面线形的控制点。

序号	控制点		坐标	
	名称	桩号	x	y

4. 简单描述本道路工程所处区域的地形、地貌情况。

5. 本道路工程的总宽度是多少？是如何构成的？

6. 将本道路工程平曲线设置情况及要素填入下表。

平曲线位置	交点桩号	A/(°)	R/m	T/m	E/m

7. 将与本道路工程相交道路的平面位置情况填入下表。

相交道路名称	交点坐标		方向坐标			
			东		西	
	x	y	x	y	x	y

8. 试分析本道路工程 JD_8 处的圆曲线半径设置的合理性（写清分析过程和依据）。

9. 试复核本道路工程 JD_8 处的圆曲线要素计算与主桩号设置的正确性。

圆曲线要素	计算公式	计算值/m	设计图上数值/m	复核结论
圆曲线设计半径 R/m				
圆曲线切线长 T/m				
圆曲线曲线长 L/m				
圆曲线外距 E/m				

二、简单绘制校园内一定长度（100m 左右）某条道路的平面简图。

1. 图幅尺寸为 A4。
2. 比例：道路长度方向为 1：2000，道路宽度方向为 1：500（可根据实际道路情况做适当调整，以清晰美观为宜）。
3. 需清晰绘出道路边线、人行道（有则绘）、车行道线、道路中线。
4. 特别注意线形间的连接变化，进一步掌握平面线形的要素。

任务1.3　道路纵断面图识读

本任务是了解道路纵断面设计的规定和要求,掌握道路纵坡设计方法与标准及竖曲线设计计算,能运用所学知识分析具体的道路纵断面案例。

1.3.1　纵坡与坡长

通过道路中线的竖向剖面,称为纵断面。它主要反映路线起伏、纵坡与原地面的切割情况。道路的纵断面是由不同的上坡段、下坡段(统称坡段)和连接相邻两坡段的竖曲线组成的,即道路路线在纵断面上是一条有起伏的空间线,其基本线形由坡度线和竖曲线组成。相邻两坡度线的交点称为变坡点,变坡点前后两坡度线坡度之差称为变坡角。在变坡点处应设竖曲线,按坡度转折形式的不同,竖曲线可分为凹形竖曲线和凸形竖曲线,其大小用半径和水平长度表示。

××中心大道纵断面图

道路纵断面设计是在纵断面图上决定坡度、坡长、竖曲线半径等数值及做有关的计算工作等。其主要任务就是根据汽车的动力特性、道路等级、地形、地物、水文地质等因素,综合考虑路基稳定、排水及工程经济性等要求,以达到行车安全迅速、运输经济合理、行驶舒适的目的。

道路的纵坡度一般用符号 i_z 表示(图1.12),其值可按下式计算。

$$i_z = \frac{H_2 - H_1}{L} \times 100\% \quad (1-7)$$

式中　H_1、H_2——以路线前进方向为序的坡线两端点的高程,m;

　　　i_z——道路的纵坡度(道路的横坡度和纵坡度均习惯用符号 i 表示,在实际应用中要注意区分。为了不混淆,本任务中道路横坡度的符号仍用 i 表示,纵坡度用 i_z 表示);

　　　L——坡线两端点间的水平距离,称坡线长度,简称坡长,m。

道路的纵坡度按路线前进方向,上坡时 i_z 为"+",下坡时 i_z 为"-"。

1. 纵坡设计

(1) 最大纵坡度

最大纵坡度是指在纵断面设计中,各级道路允许采用的最大坡度值。由于汽车牵引力有一定的限制,故纵坡度不能采用太大值,而必须对最大纵坡度加以限制。

市政道路纵坡设计应结合其自身特点,确定最大纵坡度。市政道路车行道线、人行道线均与道路中线纵坡相同,如道路纵坡度过大,将使临街建筑物地坪高程难与人行道纵坡协调而影响街景;道路纵坡度过大还不利于地下管线的敷设;考虑到自行车的爬坡能力,最大纵坡度应不大于2.5%。因此,我国《城市道路工程设计规范》规定的市政道路机动车道最大纵坡度见表1-9。

表1-9 市政道路机动车道最大纵坡度

设计速度/(km/h)	100	80	60	50	40	30	20
最大纵坡度/% 一般值	3	4	5	5.5	6	7	8
最大纵坡度/% 极限值	4	5	6	6	7	8	8

（2）最小纵坡度

市政道路最小纵坡度应能保证排水和防止管道淤塞所必需的最小纵坡度，其值为0.3%。如遇特殊困难，其纵坡度必须小于0.3%时，则应设置锯齿形边沟或采取其他排水设施。

2. 坡长设计

坡长是指变坡点间的水平直线距离，坡长限制主要是指对较陡纵坡的最大长度和一般纵坡的最小长度加以限制。

（1）最大坡长

根据汽车的动力性能可知，道路纵坡度的大小及其坡长对汽车的行驶影响很大，特别是长距离的陡坡对汽车行驶非常不利。若纵坡的坡段太长，上坡时，汽车因克服坡度阻力而采用低速挡行驶，会使发动机过热，水箱沸腾，行驶无力，最终导致发动机受磨损甚至熄火停驶；而下坡时，则会因坡度过陡、坡段过长而频繁制动，多次制动易使制动器失灵甚至造成车祸。因此，对纵坡度较大的坡段，其最大坡长必须加以限制。《城市道路工程设计规范》规定的市政道路最大坡长见表1-10。

表1-10 市政道路最大坡长

设计速度/(km/h)	100	80	60			50			40		
纵坡度/%	4	5	6	6.5	7	6	6.5	7	6.5	7	8
最大坡长/m	700	600	400	350	300	350	300	250	300	250	200

（2）最小坡长

最小坡长的限制主要是从汽车行驶平顺性的要求考虑的。道路设计应尽量减少纵坡转折以满足行车平顺性，如果坡长过短，变坡点增多，汽车行驶在连续起伏地段产生的超重与失重频繁变化，会导致乘客感觉不舒适，因此一般应保证汽车在坡道上行驶时间为9～15s；同时，当坡度差较大时还容易造成视觉的阻断，从而影响行车安全性；此外，从路容美观、相邻两竖曲线的设置和纵断面视距等方面考虑也要求坡长有一定的限制。《城市道路工程设计规范》规定的市政道路最小坡长见表1-11。

表1-11 市政道路最小坡长

设计速度/(km/h)	100	80	60	50	40	30	20
最小坡长/m	250	200	150	130	110	85	60

（3）缓和坡段

在纵断面设计中，当陡坡的长度达到限制坡长时，应安排一段缓坡，用以恢复在陡坡上降低的速度，同时也可以减轻上坡时汽车的机件磨损，这一段缓坡称为缓和坡段。

从下坡安全考虑，缓和坡段可以降低下坡时制动器的过高温度，以保证行车安全。汽车在缓和坡段上加速行驶，理论上缓和坡段的长度应适应这个加速过程的需要。

《城市道路工程设计规范》规定：道路连续上坡或下坡，应在不大于表1-10规定的纵坡长度之间设置缓和坡段。缓和坡段的纵坡度不应大于3%，其长度应符合表1-12最小坡长的规定。

1.3.2 合成坡度

合成坡度是指在设有超高的平曲线上，路线纵坡度与超高横坡度或不设超高的路面横坡度所组成的坡度。其计算公式为

$$i_H = \sqrt{i^2 + i_z^2} \tag{1-8}$$

式中　i_H——合成坡度，%；
　　　i_z——路线纵坡度，%；
　　　i——超高横坡度或路面横坡度，%。

在有平曲线的坡道上，最大坡度在纵坡度和超高横坡度的合成方向上。若合成坡度过大，当车速较慢或汽车停在弯道上时，汽车可能沿合成坡度的方向产生侧滑或打滑；同时若遇到急弯陡坡，汽车可能会在短时间内向合成坡度方向下坡，因合成坡度比纵坡度和横坡度都大，汽车会突然加速，冲出弯道而产生事故。因此将合成坡度控制在一定范围之内，目的是尽可能地避免急弯和陡坡的不利组合，防止因合成坡度过大而引起的横向滑移和行车危险，保证车辆在弯道上安全而顺适地行驶。

我国《城市道路工程设计规范》规定市政道路的合成坡度应小于或等于表1-12的规定。

表1-12　合成坡度

设计速度/(km/h)	100、80	60、50	40、30	20
合成坡度/%	7.0	7.0	7.0	8.0

注：积雪或冰冻地区道路的合成坡度应小于或等于6.0%。

1.3.3 竖曲线

为保证汽车安全、顺适及视距的需要而在变坡点处设置的纵向曲线为竖曲线，如图1.12所示。

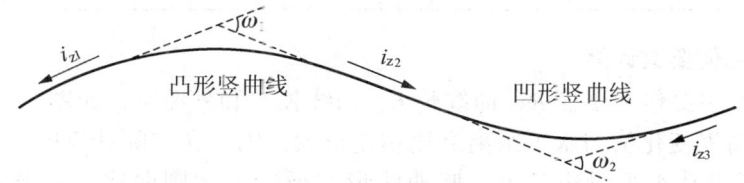

图1.12　竖曲线示意图

变坡点前后两坡度线间的变坡角用符号 ω 表示，其值可按下式计算。

$$\omega = i_{z1} - i_{z2} \tag{1-9}$$

式中　ω——变坡角的度数，以弧度计；

i_{z1}、i_{z2}——变坡点前后坡度线的纵坡度，以小数计，上坡取"+"，下坡取"-"。

按式(1-9)计算结果，ω 为"+"时曲线开口朝下，称为凸形竖曲线，在纵断面图上用符号"⌒"表示；ω 为"-"时曲线开口朝上，称为凹形竖曲线，用符号"⌣"表示。

竖曲线的形式可采用抛物线或圆曲线，在使用范围上二者几乎没有差别。我国相关规范规定各级道路在变坡点处均应设置竖曲线，竖曲线形式宜采用圆曲线。

由于在纵断面上只计水平距离和竖直高度，斜线不计角度而计坡度，因此，竖曲线的切线长与曲线长是其在水平面上的投影。

1. 竖曲线设计标准

（1）竖曲线的最小半径

纵面线形的优劣很大程度上取决于竖曲线半径的大小。为使行车舒适，在不过分增加土石方数量的情况下，应尽量采用较大半径。

凸形竖曲线半径的选定应能提供汽车所需要的视距，以保证汽车能安全迅速地行驶。凹形竖曲线主要为缓和行车时汽车的颠簸和振动而设置，汽车沿凹形竖曲线路段行驶时，在重力方向会受到离心力作用而发生颠簸和引起弹簧负荷增加。凹形竖曲线最小半径的主要控制依据是使离心力不致过大。

（2）竖曲线的最小长度

当竖曲线两端直线坡段的坡度差很小时，即使半径较大，竖曲线的长度也有可能较小，此时汽车在竖曲线段倏忽而过，冲击增大，会让乘客感到不适；从视觉上也会感到线形突然转折。因此，汽车在竖曲线上行驶时的时间不能太短，以此来控制竖曲线长度。市政道路竖曲线最小半径与竖曲线最小长度应符合表 1-13 的规定。

表 1-13　市政道路竖曲线最小半径与竖曲线最小长度

设计速度/(km/h)		100	80	60	50	40	30	20
凸形竖曲线最小半径/m	一般值	10000	4500	1800	1350	600	400	150
	极限值	6500	3000	1200	900	400	250	100
凹形竖曲线最小半径/m	一般值	4500	2700	1500	1050	700	400	150
	极限值	3000	1800	1000	700	450	250	100
竖曲线最小长度/m	一般值	210	170	120	100	90	60	50
	极限值	85	70	50	40	35	25	20

2. 竖曲线几何要素计算

竖曲线要素主要包括半径 R、曲线长 L、切线长 T 和外距 E，如图 1.13 所示。因纵坡度很小，而高程变化值与水平距离之比相差很大，因而在实际计算时，均假定曲线长 L、切线长 T 等于其水平投影长度。竖曲线形式通常采用圆曲线，各要素的计算公式如下。

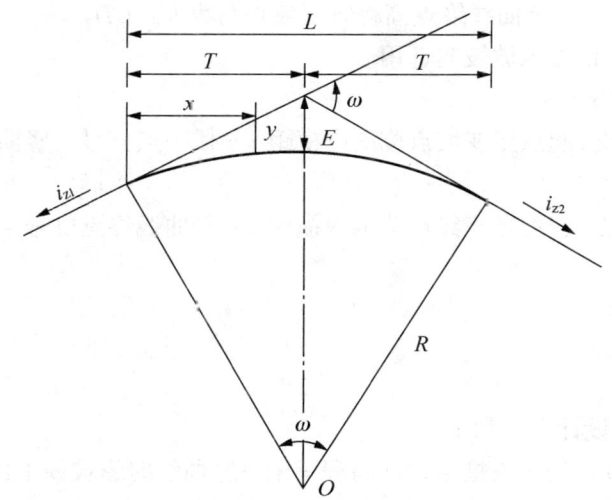

图 1.13 竖曲线要素

$$L = R\omega \quad (1-10)$$

$$T = \frac{L}{2} = \frac{R\omega}{2} \quad (1-11)$$

$$E = \frac{T^2}{2R} = \frac{1}{4}T\omega = \frac{1}{8}R\omega^2 \quad (1-12)$$

$$y = \frac{x^2}{2R} \quad (1-13)$$

式中　R——竖曲线的半径，m；

　　　L——竖曲线的曲线长，m；

　　　T——竖曲线的切线长，m；

　　　E——竖曲线的外距，m；

　　　ω——竖曲线变坡角（两相邻纵坡的纵坡度的代数差，以小数计，在竖曲线要素计算时取其绝对值）；

　　　y——竖曲线上任意点到切线的纵距，即竖曲线上任意点与坡线的高差，也称改正值，m；

　　　x——横距，竖曲线上任意点与竖曲线起点或终点的水平距离，m。

3. 竖曲线内任一里程桩号处设计高程计算

在纵断面图上，有两条主要的线：一条是地面线，它是通过道路中线原地面各点的连线，地面线上各点的高程称为地面高程；另一条是设计线，设计线上各点的高程称为设计高程。

（1）计算竖曲线起点和终点的桩号

$$竖曲线起点桩号 = 变坡点桩号 - T \quad (1-14)$$

$$竖曲线终点桩号 = 变坡点桩号 + T \quad (1-15)$$

（2）计算竖曲线起点和终点的高程

$$竖曲线起点高程 = 变坡点高程 h_变 \pm Ti_1 \quad (1-16)$$

$$\text{竖曲线终点高程} = \text{变坡点高程} h_变 \pm Ti_2 \quad (1-17)$$

式中"+"或"-"根据纵坡坡向选用。

(3) 竖曲线横距 x

竖曲线(左半支)起点至变坡点范围内横距 x = 任一点桩号 - 竖曲线起点桩号

$$(1-18)$$

竖曲线(右半支)变坡点至终点范围内横距 x = 竖曲线终点桩号 - 任一点桩号

$$(1-19)$$

(4) 竖曲线纵距 y

$$y = \frac{x^2}{2R} \quad (1-20)$$

竖曲线内各点的设计高程如下。

凸形竖曲线：任一点桩号设计高程 = 未设竖曲线时纵坡线上的高程 $-y$ （1-21）

凹形竖曲线：任一点桩号设计高程 = 未设竖曲线时纵坡线上的高程 $+y$ （1-22）

【例1-3】已知某城市主干路，其设计速度为60km/h，设计纵坡度分别为 $i_{z1}=2\%$，$i_{z2}=-1\%$，变坡点桩号为K0+475，变坡点设计高程为 $h_变=20.00\text{m}$，$R=5000\text{m}$，试计算曲线各要素及竖曲线内任一桩号高程。

解：(1) 计算各要素。

$$\omega = i_{z1} - i_{z2} = 2\% - (-1\%) = 3\% \text{（凸形）}$$

$$L = R\omega = 5000 \times 3\% = 150(\text{m})$$

$$T = L/2 = 150 \div 2 = 75(\text{m})$$

$$E = \frac{T^2}{2R} = \frac{75^2}{2 \times 5000} \approx 0.56(\text{m})$$

(2) 计算各点高程，填写竖曲线设计标高计算表（表1-14）。

为了便于施工，在竖曲线上一般每隔20m设一整桩，各桩号的设计高程计算如下。

竖曲线起点桩号：(K0+475) - T = K0+475-75 = K0+400

高程 $h_起 = h_变 - T \times i_{z1} = 20.00 - 75 \times 2\% = 18.50(\text{m})$

桩号 K0+420，$h_1 = h_起 + 20 \times i_{z1} - y_1 = 18.50 + 20 \times 2\% - \dfrac{20^2}{2 \times 5000} = 18.86(\text{m})$

桩号 K0+440，$h_2 = h_起 + 40 \times i_{z1} - y_2 = 18.50 + 40 \times 2\% - \dfrac{40^2}{2 \times 5000} = 19.14(\text{m})$

桩号 K0+460，$h_3 = h_起 + 60 \times i_{z1} - y_3 = 18.50 + 60 \times 2\% - \dfrac{60^2}{2 \times 5000} = 19.34(\text{m})$

变坡点 K0+475，$h_4 = h_变 - E = 20.00 - 0.56 = 19.44(\text{m})$

竖曲线终点桩号：K0+475+T = K0+475+75 = K0+550

终点高程 $h_终 = h_变 - T \times i_{z2} = 20.00 - 75 \times 1\% = 19.25(\text{m})$

桩号 K0+530，$h_7 = h_终 + 20 \times i_{z2} - y_7 = 19.25 + 20 \times 1\% - \dfrac{20^2}{2 \times 5000} = 19.41(\text{m})$

桩号 K0+510，$h_6 = h_终 + 40 \times i_{z2} - y_6 = 19.25 + 40 \times 1\% - \dfrac{40^2}{2 \times 5000} = 19.49(\text{m})$

桩号 K0+490，$h_5 = h_终 + 60 \times i_{z2} - y_5 = 19.25 + 60 \times 1\% - \dfrac{60^2}{2 \times 5000} = 19.49(\text{m})$

表 1-14 竖曲线设计标高计算表

桩号	横距/m	纵距/m	未设竖曲线高程/m	竖曲线高程/m	备注
K0+400	0	0	18.50	18.50	起点
K0+420	20	0.04	18.90	18.86	
K0+440	40	0.16	19.30	19.14	
K0+460	60	0.36	19.70	19.34	
K0+475	75	0.56	20.00	19.44	竖曲线
K0+490	60	0.36	19.85	19.49	
K0+510	40	0.16	19.65	19.49	
K0+530	20	0.04	19.45	19.41	
K0+550	0	0	19.25	19.25	终点

1.3.4 锯齿形边沟设计

所谓锯齿形边沟设计，即在保持侧石顶面线与道路中线平行的条件下，交替地改变侧石顶面线与平石（或路面）之间的高度，在最低处设置雨水进水口，并使进水口处的路面横坡度放大，在雨水口之间的分水点处高程最高，该处的横坡度便最小，使车行道两侧平石的纵坡度随着进水口和分水点之间高程的变化而变化。这样边沟的纵坡就会由升坡变为降坡，再变为升坡，如此连续交替。其边沟的纵坡就变为锯齿形，所以称之为锯齿形边沟。

1. 设置锯齿形边沟的目的

我国大部分城市的地形都较为平坦，在市政道路设计中，为了减少填挖方量，保证道路中线高程与两侧建筑物高程的衔接，有时不得不采用很小甚至水平的纵坡度。这样对行车是有利的，但对于纵向排水不利。尽管设置了横坡，但纵坡度过小会使纵向排水不畅，特别是在暴雨或多雨季节，会使路面积水，因此在纵坡度很小时要采用适当的方法进行排水。锯齿形边沟设计是解决路面排水的一种有效方法，如图 1.14 所示。

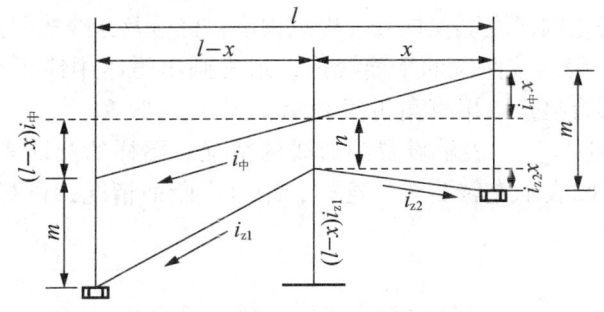

图 1.14 锯齿形边沟进水口布置图

2. 设置锯齿形边沟的条件

当市政道路的纵坡大于 0.3% 时，可以靠边沟自然排水，一般边沟的纵坡度应与道路中线保持一致。

《城市道路工程设计规范》规定：当道路中线纵坡度小于 0.3% 时，可在道路两侧车行道边缘 1~3m 范围内设置锯齿形边沟或采取其他排水设施。

1.3.5 道路纵断面图识读要点

道路纵断面图反映路线所经过的中心地面起伏情况与设计高程之间的关系，把它与平面图结合起来就能反映道路路线在空间中的位置。

道路纵断面图主要反映道路沿纵向（即道路中线前进方向）的设计高程变化、道路设计坡长和坡度、原地面高程、地质情况、填挖方情况、平曲线要素、竖曲线等。如图 1.20 所示，图中水平方向表示道路长度，垂直方向表示高程，一般垂直方向的比例按水平方向比例放大 10 倍，如水平方向为 1：1000，则垂直方向为 1：100。图中粗实线表示路面设计高程线，反映道路中线高程；不规则细折线表示沿道路中线的原地面线，根据中心里程桩号的地面高程连接而成，与设计路面线结合反映道路大致的填挖情况。在设计线纵坡变化处（变坡点），均应按规定设置竖曲线，以利于汽车行驶。竖曲线分为凸形和凹形两种，分别用符号"⌒""⌣"表示，并在其上标注竖曲线的半径 R、切线长 T 和外距 E 等诸要素。符号中的水平直线的起止点，表示了竖曲线的始点和终点，直线段的变坡点为竖曲线的变坡点，过变坡点画一铅垂线，铅垂线两侧的数字分别为变坡点的高程和里程桩号。

当路线上设有桥涵、通道和立体交叉等人工构筑物时，应在其相应设计里程和高程处，按图例绘制并注明构筑物名称、种类、大小和中心里程桩号。

图 1.15 所示为某市政道路纵断面设计图，图中主要表示内容如下。

① 坡度及距离：是指设计高程线的纵向坡度和其水平距离。表中对角线表示坡度方向，由下至上表示上坡，由上至下表示下坡，坡度标在对角线上方，距离标在对角线下方，单位为 m。

② 路面高程：注明各里程桩号的路面中心设计高程，单位为 m。

③ 路基高程：为路面设计高程减去路面结构层厚度，单位为 m。

④ 原地面高程：根据测量结果填写各里程桩号处路面中心的原地面高程，单位为 m。

⑤ 填挖高：反映设计路基高程与原地面高程的高差，单位为 m。

⑥ 里程桩号：按比例标注里程桩号、构筑物位置桩号及路线控制点桩号等。

⑦ 直线与曲线：表示该路段的平面线形，通常画出道路中线示意图，如用"———"表示直线段，平曲线的起止点用直角折线表示，用"⌒"和"⌣"表示设置缓和曲线的情况，用"⌐"和"⌙"表示设置圆曲线的情况。图样的凸凹表示曲线的转向，上凸表示右转曲线，下凹表示左转曲线。这样，结合纵断面情况，可想象出该路线的空间情况。

项目1 市政道路施工图的识读与会审

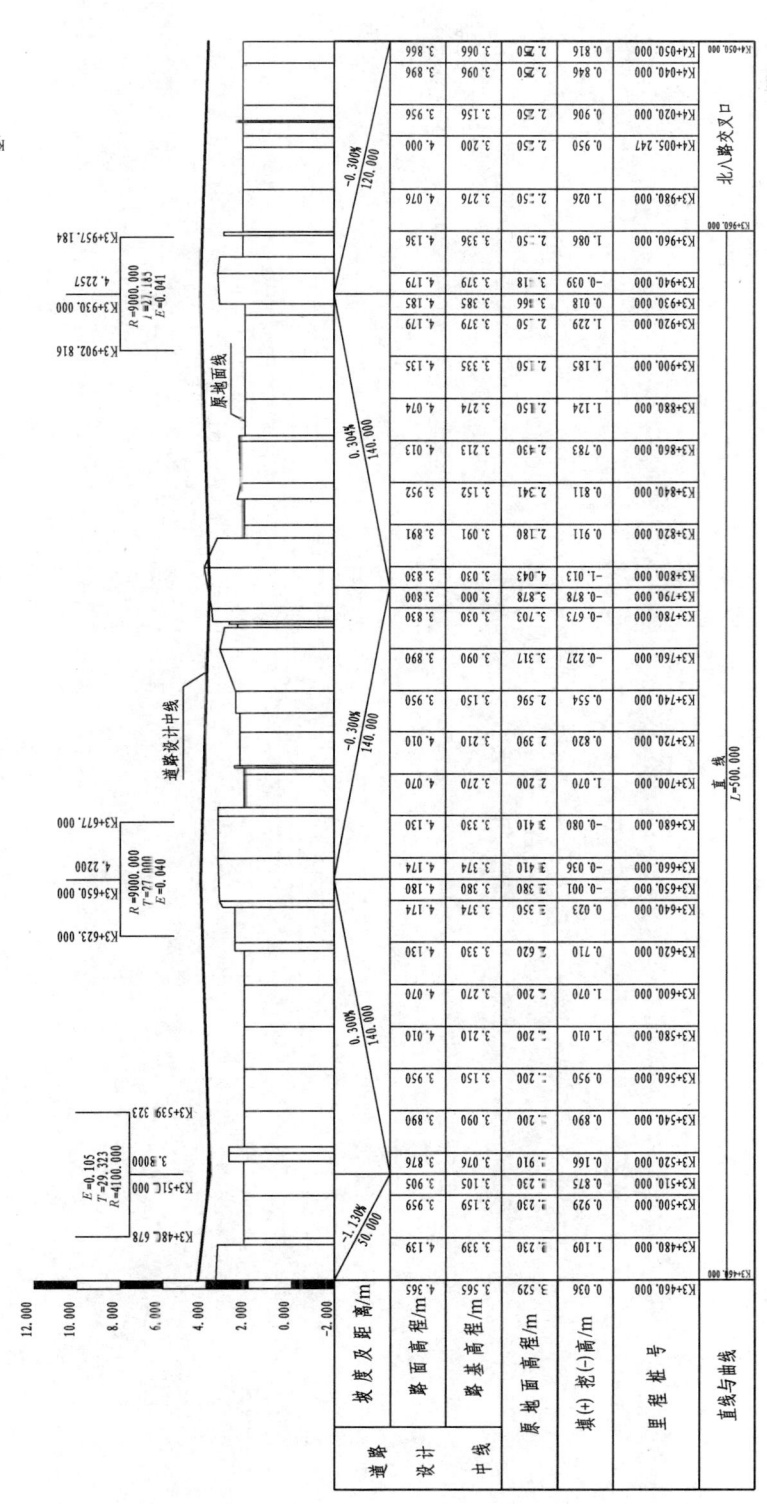

图 1.15 某市政道路纵断面设计图(单位:m)

能力训练及习题

能力训练

识读某市政道路纵断面图，见《市政工程施工图案例图集》中的路-5。

（1）目的。使学生进一步熟悉并掌握市政道路纵断面图的内容和识图方法。

（2）能力要求。要求学生能准确描述市政道路纵断面图反映的内容。

（3）准备。准备一张市政道路纵断面图；复习市政道路纵断面图的内容和表示方法。

（4）步骤。

① 看清水平、垂直方向采用的比例与水准点位置。

② 看地面线，了解沿路线纵向的地势起伏情况及土质分布。

③ 看设计线，了解沿路线纵向的分布情况（包括坡度和坡长）。

④ 比较设计线与地面线，了解路线填挖情况。

⑤ 看清设置竖曲线的位置及竖曲线要素。

⑥ 了解沿路线纵向其他工程构筑物的分布情况及其主要内容。

⑦ 了解竖曲线与平曲线的配合关系。

（5）注意事项。注意在读图过程中，应紧密结合测设数据表与图样部分，把市政道路纵断面图中体现出来的内容一一读懂、读透。

习 题

一、选择题

1. 竖曲线线形采用的是（　　）。
   A. 回旋线　　　B. 抛物线　　　C. 圆曲线　　　D. 螺旋线

2. 道路纵断面图上最主要反映的两条线是（　　）。
   A. 地面线和设计线　　　B. 地面线和水平线
   C. 设计线和水平线　　　D. 地面线和等高线

3. 通过道路中线的竖向剖面称为道路的（　　）。
   A. 纵断面　　　B. 横断面　　　C. 水平面　　　D. 铅垂面

4. 纵断面图上表示原地面高程起伏变化的高程线称为（　　）。
   A. 设计高程　　　B. 填挖高度　　　C. 原地面高程　　　D. 原始高程

5. 工程设计中对中线各点要求达到的高程称为（　　）。
   A. 设计高程　　　B. 填挖高度　　　C. 原地面高程　　　D. 原始高程

6. 道路路线在纵断面上是一条有起伏的空间线，其基本线形由（　　）组成。
   A. 平曲线和圆曲线　　　B. 竖曲线和折线
   C. 直线和回旋线　　　D. 坡度线和竖曲线

二、计算题

1. 某市主干路，其纵坡度分别为 $i_{z1} = -2.5\%$、$i_{z2} = 1.5\%$，变坡点桩号为 K1+520，设计高程为 429.00m。由于受地下管线和地形的限制，变坡点处竖曲线的高程要求不低于

429.30m、不高于429.40m，试确定竖曲线的半径，并计算 K1+515、K1+520、K1+535 处的设计高程。

2. 某市次干道设计速度 $V=45$km/h，其纵坡度分别为 $i_{z1}=-1.0\%$、$i_{z2}=-2.5\%$，变坡点桩号为 K0+620，变坡点设计高程为 9.00m，竖曲线半径 $R=4000$m，试计算竖曲线要素及 K0+600、K0+630 处的设计高程。

在线答题

项目1　市政道路施工图的识读与会审

学习任务单

◆ 学习目标

能按道路纵断面图的识读步骤读懂纵断面图的内容，了解道路纵断面图的生成过程。

◆ 学习地点

实训室、室外实训场。

◆ 学习准备

《市政工程施工图案例图集》《城市道路工程设计规范（2016年版）》《城市道路路线设计规范》、互联网资源、多媒体设备等。

◆ 学习过程

一、阅读《市政工程施工图案例图集》中的路-5，填写阅读成果。

1. 道路纵断面图水平、垂直方向采用的比例与水准点位置（有则找到图上位置）。

2. 观察地面线，了解沿路线纵向的地势起伏情况及土质分布。

3. 识读道路纵断面设计线，了解路线沿纵向的分布情况（包括坡度和坡长）。

桩号范围	坡长/m	坡度/%

4. 比较设计线与地面线，了解路线的填、挖情况。

5. 看清设置竖曲线的位置及竖曲线要素。

竖曲线变坡点桩号	竖曲线形式	R/m	T/m	E/m	备注

6. 试分析本道路工程的坡度及坡长的设置是否符合规范要求（写清分析过程和依据）。

二、对《市政工程施工图案例图集》中的路-5 的道路纵断面竖曲线进行竖曲线放样高程计算（至少一个凸形、一个凹形）。

1. 桩号_____竖曲线高程计算。

竖曲线形式	相邻两坡坡度	桩号	x/m	y/m	切线高程/m	竖曲线高程/m	备注

计算过程：

2. 桩号_____竖曲线高程计算。

竖曲线形式	相邻两坡坡度	桩号	x/m	y/m	切线高程/m	竖曲线高程/m	备注

任务1.4 道路横断面图识读

本任务是了解道路横断面设计的规定和要求、道路横断面的组成及位置和尺寸,掌握道路横断面设计方法、路基土石方数量的计算与调配方法,能运用本节所学知识识读道路横断面图。

1.4.1 道路横断面的组成

道路是具有一定宽度的带状构筑物。在垂直道路中线的方向上所作的竖向剖面称为道路横断面。

市政道路横断面由车行道、路侧带、分车带、路缘石等部分组成。近期规划横断面宽度通常称为路幅宽度;远期规划道路用地总宽度则称为红线宽度。红线是指城市中的道路用地和其他用地的分界线。道路两侧建筑房屋的台阶、门厅、风雨棚、阳台等均属红线之外的范围,如图1.16所示。

1. 车行道

在市政道路上供各种车辆行驶的路面部分统称为车行道。供汽车、无轨电车、摩托车等机动车行驶的部分称为机动车道;供自行车、三轮车、板车等非机动车行驶的部分称为非机动车道。

(1) 机动车道

在车行道上供单一纵列车辆安全行驶的地带,称为一条车道。一条机动车道的宽度决定于设计车辆外廓宽度、横向安全距离,以及以不同车速行驶时的车辆摆动宽度等。不同车种和不同行驶车速要求有不同车道宽度与之适应。《城市道路工程设计规范》规定一条机动车道最小宽度应符合表1-15的规定。

表1-15 一条机动车道最小宽度

车型及车道类型	设计速度/(km/h)	
	>60	≤60
大型车或混行车道/m	3.75	3.50
小客车专用车道/m	3.50	3.25

(2) 非机动车道

各种车辆具有不同的横向宽度和相应的平均车速。《城市道路工程设计规范》规定,一条非机动车道宽度:自行车为1m,三轮车为2m。

与机动车道合并设置的非机动车道,车道数单向不应少于2条,宽度不应小于2.5m。非机动车专用道路面宽度应包括车道宽度及两侧路缘带宽度,单向不宜小于3.5m,双向不宜小于4.5m。

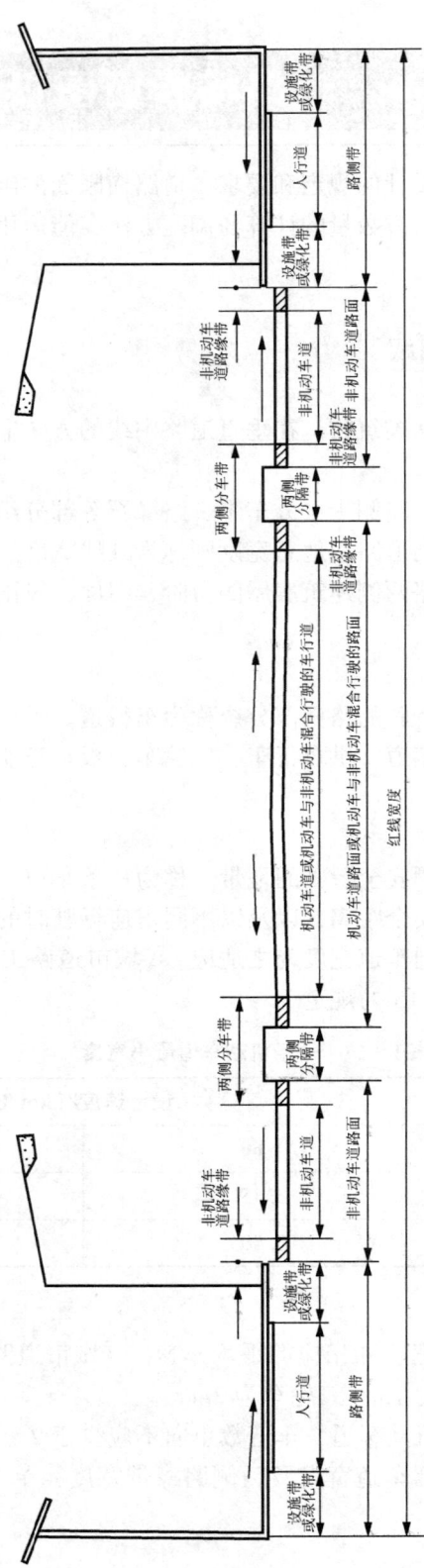

图 1.16 市政道路标准横断面图(三块板)

2. 路侧带

路侧带的主要功能是满足步行交通的需要，同时也应满足绿化布置、地上杆柱、地下管线、交通标志、信号设施、护栏等公用附属设施安置的需要。路侧带的宽度，应包括人行道、设施带、绿化带等的宽度。

（1）人行道宽度

我国由于人口众多、用地紧张、居住密度较大、客运交通尚不发达等原因，步行交通所占比重较大，因此，在规划或设计人行道时，应考虑人行道具有足够宽度，如宽度不足，势必导致行人侵占车行道而影响交通安全和顺畅。

人行道宽度必须满足行人安全顺畅通过的要求，并应设置无障碍设施。《城市道路工程设计规范》规定人行道最小宽度应符合表1-16的规定。

表1-16 人行道最小宽度

项 目	人行道最小宽度/m	
	一般值	最小值
各级道路	3.0	2.0
商业或公共场所集中路段	5.0	4.0
火车站、码头附近路段	5.0	4.0
长途汽车站	4.0	3.0

（2）人行道的布置

人行道通常对称布置在道路两侧，受地形、地物限制时，可不等宽或不在一个平面上。

此外，路侧带宽度还需考虑设施带和绿化带的宽度。设施带指道路两侧的行人护栏、照明灯柱等。行人护栏一般采用钢管，不设基座的宽度为0.25m，设基座的宽度为0.5m。照明灯柱含基座宽度为1~1.5m。人行道用地困难处的绿化带可与设施带合并，但应避免各种设施与树木间纵向的干扰。绿化带净宽度灌木丛为0.8~1.5m，单行乔木为1.5~2.0m。方形树池每边净宽为1.5m，矩形树池的尺寸为1.2m（净宽）×1.8m（净长）。

拓展讨论

1. 人行道的宽度主要受哪些因素影响？
2. 人行道为什么往往不和车行道布置在同一平面上？

育人元素 公共服务 人文关怀

3. 分车带

多幅路横断面范围内，沿道路纵向设置的带状非行车部分称为分车带。分车带的作用是分隔车流，安设交通标志、公用设施、绿化等。此外，还可供设置公交车停靠站、在交叉口为增设车行道提供场地及保留远期车行道拓宽的可能。分车带由分隔带及两侧路缘带组成。

分车带分为中间分车带和两侧分车带两类。中间分车带通常在高速公路、一级公路与城市快速路上，用来分隔对向车流、防止车辆互撞，以保障交通安全。两侧分车带用以分隔机动车和非机动车。市政道路分车带最小宽度见表1-17。当分隔带较宽时,分隔带上的绿化可采用高大直立乔木,但树冠底部至地面应高于3.5m,以保证机动车通行净空;当分隔带较狭窄时,可用灌木、草皮,或围以绿篱、金属或预制混凝土图案护栏,切忌种植高度大于0.7m的灌木丛,以免妨碍行车视线。

表1-17 市政道路分车带最小宽度

类 别		中间分车带		两侧分车带	
设计速度/(km/h)		≥60	<60	≥60	<60
分隔带最小宽度/m		1.50	1.50	1.50	1.50
路缘带宽度/m	机动车道	0.50	0.25	0.50	0.25
	非机动车道	—	—	0.25	0.25
分车带最小宽度/m		2.50	2.00	2.50(2.25)	2.00

注:两侧分车带宽度中,括号外为两侧均为机动车道时的取值;括号内数值为一侧为机动车道,另一侧为非机动车道时的取值。

固定式分隔带一般用路缘石围砌,高出路面10~20cm,在人行横道及公交车停靠站处分隔带应予铺装。

此外,在旧城或市中心用地紧张的道路上,常用活动式分隔带作为组织车辆分向、分流的交通设施。活动式分隔带用混凝土柱、铁柱或石柱做成,柱与柱之间缀以铁链或钢管。这种隔离墩的高度为0.7m,占路面宽度为0.3~0.5m。在繁忙的商业大街上,由于路幅宽度不足,还可用占路面宽度仅0.1~0.15m的高护栏(1.2~1.3m高)。活动式分隔带的优点在于,根据交通组织的变动,可做灵活调整,但不及固定式分隔带美观。新建道路分隔带宜采用由侧石围砌的绵长绿化带,其宽度应适应绿化布置、树木生长的基本要求,以及地上杆线、交通标志布设的需要。分隔带的连绵长度,以分隔机动车和非机动车、保证交通安全、提高通行能力为目的,取80~150m长为宜;特殊情况下,也不得小于停车视距。此外,在道路上重要的公共建筑、街坊出入口处,交叉路口处,过长路段需增设人行横道处均应中断分隔带。近交叉口的分隔带端部,当交叉口转弯半径较小时,应自人行横道线外缘起缩进不小于15m的距离,以利渠化分流。

4. 路缘石

路缘石是设在路面边缘与横断面其他组成部分分界处的标石,如人行道边部的路缘石,分隔带、交通岛、安全岛等四周的路缘石,以及路面与路肩分界处的路缘石,如图1.17所示。

路缘石的形式有立式、斜式与平式。立式(侧石)用于市政道路车行道路面的两侧。顶面高出路面边缘10~20cm,通常为15cm,为保证隧道、桥梁、线形弯曲或陡峻路段的行车安全,可加高至25~40cm,主要起到保障行人、车辆交通安全的作用。斜式或平式适用于出入口、人行道两端及人行横道两端,便于儿童车推行、轮椅及残疾人车通行。平式(平石)铺砌在路面与侧石之间,如图1.17所示,其顶面与路面平齐,有标定路面范围、整齐路容的作用,特别是沥青类路面有方便路面碾压施工及保护路面边缘的作用。当道路纵坡度小于0.3%时，可利用平石纵向做成锯齿形边沟，以利路面排水。

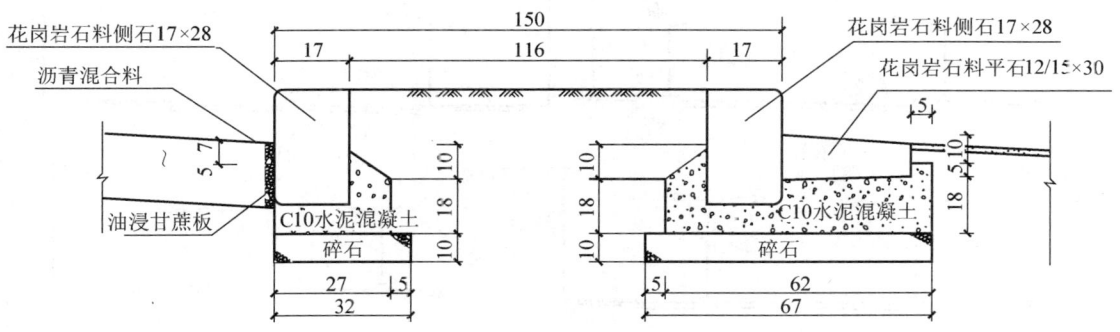

图1.17　路缘石（单位：cm）

路幅的宽度除满足交通功能外，还应结合地形、沿街建筑物高度等综合分析确定，以创造亲切的横断面空间环境，使横断面尺寸与两侧的建筑体量、高度相协调。

拓展讨论

1. 路缘石布置在哪里？起到什么作用？
2. 为什么道口路缘石要做成曲线形？
3. 侧石为什么不能高出路面边缘太多？

育人元素　公共服务　人文关怀

1.4.2　道路横断面的四种基本形式

道路横断面根据交通组织特点的不同，可分为下列四种基本形式。

（1）一块板（单幅路）

所有的车辆在同一个车行道上混合行驶，车行道完全不设分隔，以路面划线标志组织或不做划线标志，车行道布置在道路中央，如图1.18（a）所示。

道路横断面

（2）两块板（两幅路）

由中间一条分隔带（或分隔墩）将一块板形式的车行道分为单向行驶的两个车行道，在交通组织上起分流渠化作用，分向行驶。但机动车和非机动车仍然混合行驶。在两行驶的车行道上，可划分快、慢车分道线，分流行驶；也可不划分道线，快、慢车混合行驶，如图1.18（b）所示。

××中心大道标准横断面图

（3）三块板（三幅路）

由两条分隔带（或分隔墩）把车行道分成三部分，中间为双向行驶的机动车道，两侧均为单向行驶（行驶方向相反）的非机动车道，如图1.18（c）所示。

（4）四块板（四幅路）

由三条分隔带（或分隔墩）把车行道分成四部分，中间两条为单向行驶的机动车道，机动车道两侧为单向行驶的非机动车道，如图1.18（d）所示。

根据我国各地的具体情况，对于四种基本形式的使用效果各有不同，现把道路横断面

049

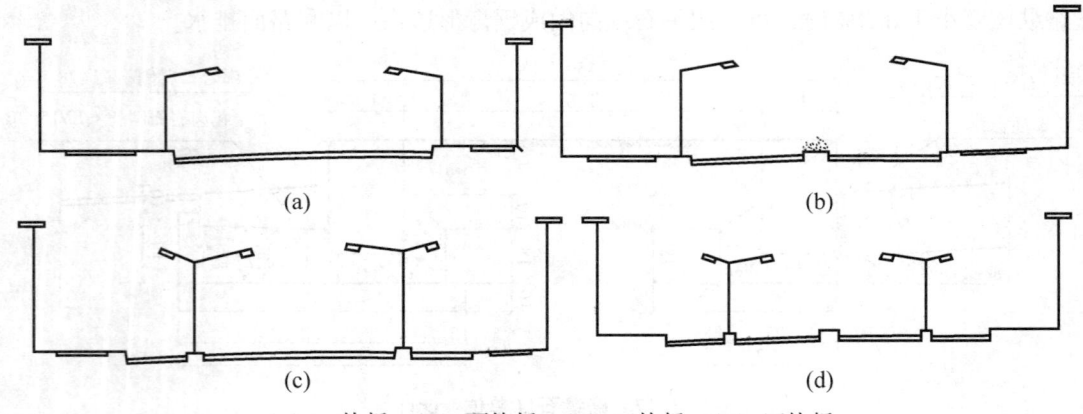

（a）一块板；（b）两块板；（c）三块板；（d）四块板
图 1.18 道路横断面的四种基本形式

的四种基本形式从以下几个方面进行分析比较。

① 交通安全。三块板和四块板有利于解决机动车与非机动车相互干扰（易产生交通事故）的问题，同时在人过街时起着安全岛的作用。但三块板和四块板在公交车停靠站处，乘客上下车须穿越非机动车道，有所不便。

② 行车速度。一块板和两块板是机动车和非机动车混合行驶，容易互相干扰，车速不易提高，但对于机动车和非机动车分道行驶的三块板和四块板的形式，由于互不干扰，各行其道，车速一般较高。

③ 照明。板块越多，照明越易布置。三块板和四块板均能较好处理绿化种植与照明灯柱之间的矛盾，能使照度均匀，可提供良好的夜间行车环境，因而能减少因照明不良引起的交通事故，提高夜间行车速度。

④ 绿化遮阴。三块板和四块板可布置多排绿化，遮阴面大，绿化系数高，尤其是在夏季，能为行人和各种车辆行驶创造较舒适的环境，同时也有利于保护路面，防止沥青路面软化或泛油，以及水泥混凝土路面胀缩开裂和翘曲等。

⑤ 环境保护。三块板的机动车道在道路中间，由于绿化带的隔离作用，噪声对行人和沿街居民的影响较小，同时，也为道路的空间构成创造了条件。

⑥ 造价。在交通量相同的情况下，一块板占地少、投资省；三块板特别是四块板用地较多、工程费用也较高，但有利于地下管线的敷设，并且机动车道和非机动车道可以采用不同厚度的路面。

通过以上分析可知，道路横断面的四种基本形式各有其优缺点，因此必须结合具体情况，对主要技术经济指标进行比较，因地制宜地选用。

1.4.3 路拱

1. 路拱横坡度的取值

路拱即路面的横向断面做成中央高于两侧，具有一定坡度的拱起形状。其倾斜的大小以百分率表示。

路拱横坡度主要是指车行道横坡度，其值的确定应有利于保障行车安全和路面排水。

路拱横坡度的大小主要视路面类型、表面平整度、当地气候（降雨量）与道路纵坡度大小情况等而定，在确定路拱横坡度时应考虑以下因素。

（1）横向排水

它与路面结构类型和气候条件有关。车行道面层越粗糙，雨（雪）水在路面流动越缓慢，路拱横坡度就要做得大一些。路拱设计横坡度可根据路面种类和当地自然条件，按表 1-17 中的数值采用。在一般情况下，干旱地区可取低值，多雨地区宜取高值。

表 1-17 路拱设计横坡度

路面面层类型		路拱设计横坡度 $i/\%$
水泥混凝土		1.0~2.0
沥青混凝土		
沥青碎石		
沥青贯入式碎（砾）石		1.5~2.0
沥青表面处治		
砌块路面	混凝土预制块	2.0
	天然石材	

（2）道路纵坡度

当确定路拱横坡度时，要考虑道路纵坡度的大小，以控制合成坡度。如果道路纵坡度较大，则路拱横坡度宜用小值；反之，路拱横坡度可大些。

（3）车行道宽度

车行道宽则路拱横坡度应选用小值，否则路拱各点间的高度太大，会影响行车和道路横断面的视觉效果。所以，在设计中，应算出路拱各点间的高度和横坡度，从而检查是否都满足排水、行车和美观的要求。

（4）车速

在交通量大、车速高的道路上，路拱设计横坡度宜采用较大值，以利于排水，防止因车速高使雨水形成雾状，影响驾驶员视线，并避免路面雨水形成薄膜使汽车滑移；非机动车道路拱一般采用单面坡，坡度可根据路面面层类型按表 1-18 选用；人行道路拱横坡度考虑行人安全、排水及两侧建筑高程配合，市政道路中人行道路拱横坡度宜采用 1%~2% 的单面坡。

2. 车行道路拱形式及选择

车行道路拱曲线所采用的基本形式有抛物线形、直线形、直线接抛物线形、折线形等。

（1）抛物线形路拱

① 标准抛物线形路拱（图 1.19）

其计算公式为

$$y = \frac{x^n i}{B^{n-1}} \qquad (1-23)$$

式中 B——单向车行道路面宽度，m；

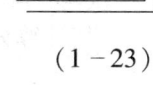

××中心大道路拱大样图

i——路拱横坡度，以小数计；
x——横距，m；
y——纵距，m；
n——抛物线方次。

抛物线形路拱，中间平，两边陡，利于雨水排除。采用这种路拱的缺点是：当路面较宽时，在车行道中线附近的路拱横坡度过于平缓不利于排水，而在路旁的路拱横坡度偏大又不利于行车。因此，抛物线形路拱仅适用于路面宽度小于 12.0m 的道路。

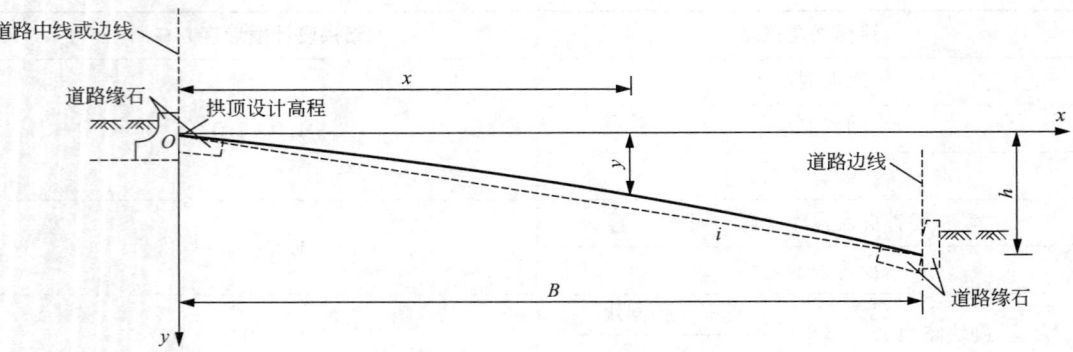

h—路拱中心高出路面边缘的高度（$h = Bi$）

图 1.19 标准抛物线形路拱

② 修正二次抛物线形路拱
其计算公式为

$$y = \frac{2h}{B^2}x^2 + \frac{h}{B}x \tag{1-24}$$

式中 B——车行道的宽度；
h——路拱中心高出路面边缘的高度，$h = B/2i$；
其余符号意义同抛物线形路拱。

修正二次抛物线形路拱，其路拱横坡度的变化较均匀，路中与路边的路拱横坡度也较适中，有利于排水和行车。修正二次抛物线形路拱常用于碎石路面，也适用于路面宽度在 14m 以下的沥青路面。

③ 修正三次抛物线形路拱
其计算公式为

$$y = \frac{4h}{B^3}x^3 + \frac{h}{B}x \tag{1-25}$$

修正三次抛物线形路拱符合迅速排水的要求，改善了路中心部分路拱横坡度过于平缓的缺点。在路拱横坡度 $i < 3\%$ 的条件下，能够保证行车的安全，因而适用于路面宽度在 14m 以上的沥青路面。

(2) 直线形路拱（图 1.20）
其计算公式为

$$y = xi \tag{1-26}$$

直线形路拱形式简单，有利于施工。它的缺点是中间会形成屋脊形，因而适用于路拱横坡度小的刚性路面,如水泥混凝土路面和大型预制块铺装路面,还适用于有中央分隔带的道路、宽度较小的城市支路及单向排水的非机动车道。

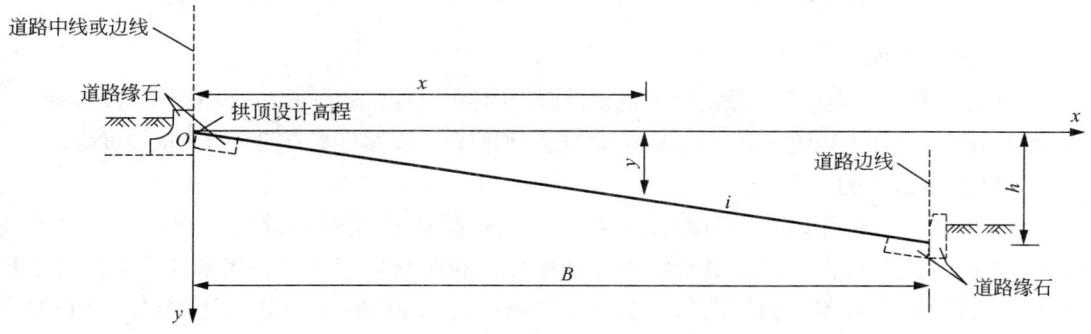

图 1.20　直线形路拱

(3) 直线接抛物线形路拱(图 1.21)

直线接抛物线形路拱两旁是直线,在路拱中线附近加设抛物线。它的优点是汽车轮胎与路面的接触较平均,路面磨耗较小;其缺点是排水效果不及抛物线形路拱流畅。

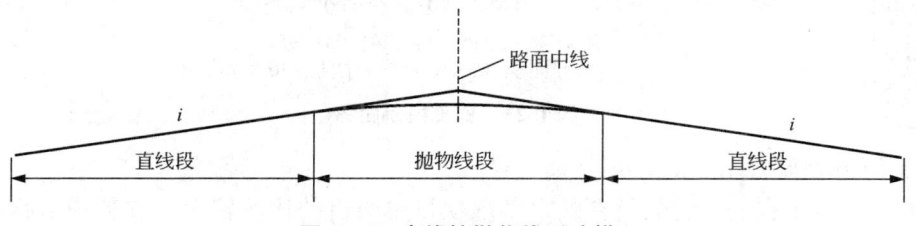

图 1.21　直线接抛物线形路拱

为更好地改善车行道中部的行车条件,便于施工,通常在两直线路拱中插入缓和曲线或圆曲线。该形式路拱常用于路面宽度超过 20m 的柔性路面。

(4) 折线形路拱(图 1.22)

折线形路拱是车行道横坡由若干段短折线组成的路拱,每一折线段的路拱横坡度由路中心向侧石逐渐增大。其优点是直线段较短,施工时容易摊压得平顺,也可按车行道宽度来选择转折点,较符合设计、施工和养护的要求;其缺点是在转折点处有尖锋凸出,不利于行车。该形式路拱适用于市政道路中的水泥混凝土路面(就地现浇或大型预制铺砌)。

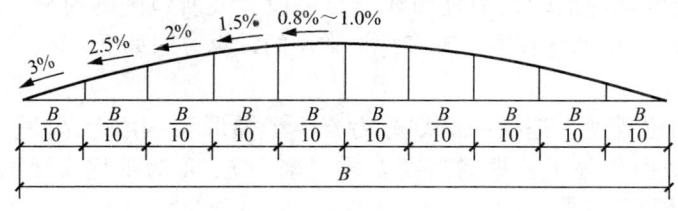

图 1.22　折线形路拱

1.4.4　路基土石方计算

1. 标准横断面

在道路设计中,表示各路段的代表性设计横断面称为标准横断面,一般采用1∶100或1∶200的比例尺。在图上应绘出各个组成部分的宽度和位置,以及排水方向、路拱横坡度等。

2. 施工横断面图

施工横断面图是在现状横断面图的基础上,根据道路纵断面设计里程桩号、设计高程,以相同的比例尺,把设计横断面图(即标准横断面图)套上去,用来计算土石方工程量和施工放样的工程图。施工横断面图一般常采用1∶100或1∶200的比例尺绘制在厘米方格纸上,如图1.23所示。

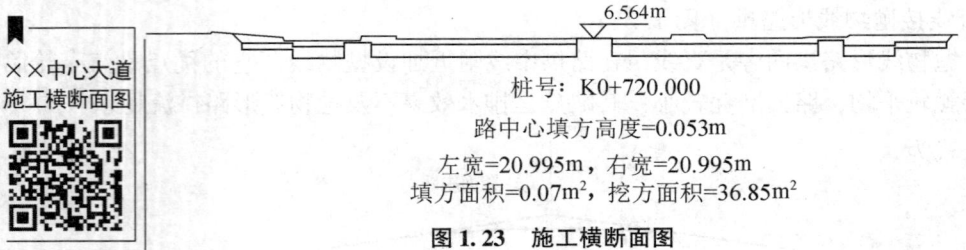

图 1.23　施工横断面图

3. 土石方计算

路基土石方工程的工程数量在整个工程项目中所占的比例较大,它影响道路的造价、工期、用地等许多方面,是主要技术经济指标之一。土石方计算的主要任务是计算每千米路段的土石方数量和全线总土石方数量,为编制工程概(预)算、确定合理的施工方案及计量支付提供依据。

由于自然地面起伏多变,填挖方体积不可能是一个简单的几何体,若依实际地面起伏变化情况来进行土石方数量的计算,不仅繁杂,而且实用意义不大。因此,在道路的测设过程中,土石方的计算通常采用近似方法,计算精度按工程的要求确定。一般情况下,横断面的面积以 m^2 为单位,取小数点后两位;土石方的体积以 m^3 为单位,取至整数。

(1) 横断面面积的计算

路基横断面上的填挖面积是原地面线与路基设计线所包围的面积。填方面积 A_T、挖方面积 A_W、横断面面积的计算方法有多种,常用的计算方法如下。

① 积距法。

积距法是按单位宽度 b 把横断面划分为若干个梯形和三角形条块,如图1.24所示,则每个小块的近似面积等于其平均高度 h_i 乘以横距 b,A 为平均横断面面积的总和,如图1.24所示。其计算公式为

$$A = h_1 b + h_2 b + \cdots + h_n b = b \sum_{i=1}^{n} h_i \tag{1-27}$$

式中　A——横断面面积,m^2;

b——横断面所分成的三角形或梯形条块的宽度,通常取为1m或2m;

h_i——横断面所分成的三角形或梯形条块的高度,m。

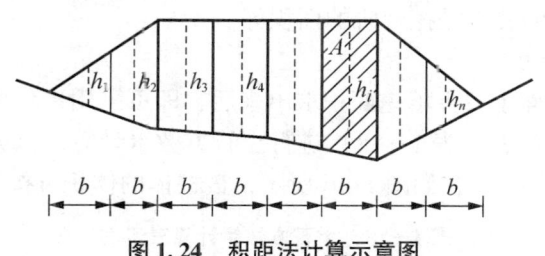

图 1.24 积距法计算示意图

由此可见,积距法求面积在实际操作中就转化为将条块宽度 b 乘以累计高度 $\sum_{i=1}^{n} h_i$,其乘积即为填方或挖方的面积。积距法也可以用米格纸折成窄条作为量尺,每量一次 h_i 在窄条上画好标记,从开始到最后标记的累计距离就是累计高度 $\sum_{i=1}^{n} h_i$,然后乘以条块宽度 b,即为所求面积。

② 坐标法。

建立如图 1.25 所示的坐标系,给定多边形各顶点的坐标,由解析几何可得多边形面积的计算公式为

$$A = \frac{1}{2} \sum_{i=1}^{n} (x_i y_{i+1} - x_{i+1} y_i) \qquad (1-28)$$

式中 x_i、y_i——分别为设计线和地面线围成面积的各顶点的坐标,m。

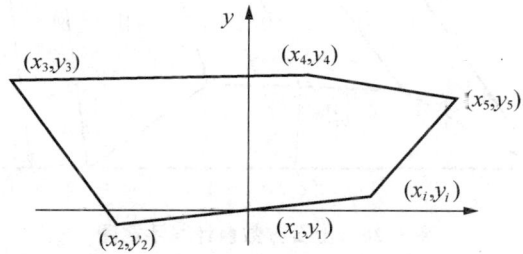

图 1.25 坐标法计算示意图

坐标法计算精度较高,但方法较繁,适用于计算机计算。

③ 几何图形法。

当横断面地面线较规则时,可分成几个规则的几何图形,如三角形、矩形和梯形,然后分别计算面积,即可求出总面积。

④ 混合法。

在一个填方或挖方面积较大的横断面设计图中,同时采用几何图形法和积距法,可以加快计算速度。

在横断面面积的计算中应注意以下几个问题。

a. 填方或挖方的面积应分别计算。

b. 填方或挖方的土石方也应分别计算,因为其造价不同。

c. 有些情况下横断面上某一部分的面积可能既是挖方面积,又是填方面积。例如,遇到淤泥既要挖除,又要回填其他材料;当地面自然坡度较陡时,按《城市道路路基设计规

范》(CJJ 194—2013) 的要求需挖台阶的面积等。

(2) 土石方数量计算

在所有中桩的横断面土石方填挖面积求出来后，即可采用平均横断面法，这种方法通常是利用土石方数量计算表（表1-18）进行土石方数量计算。该方法是假定相邻两横断面间为一棱柱体，其间距为 L，如图 1.26 所示，棱柱体的体积可按下式计算。

表 1-18 土石方数量计算表示例

桩号	距离/m	面积/m²		土方/m³		本桩利用体积/m³	填缺体积/m³	挖余体积/m³
		挖方	填方	挖方	填方			
K0+73.159	6.841	50.00	500.00	684	2808	684	2124	0
K0+080.000	20.437	150.00	320.91	4598	4301	4301	0	297
K0+100.437		300.00	100.00					
K0+120.000	19.563	200.00	250.00	4891	3424	3424	0	1467
K0+127.714	7.714	76.22	238.90	1065	1886	1065	821	0
合计	/	726.22	909.81	11238	12419	9474	2945	1764

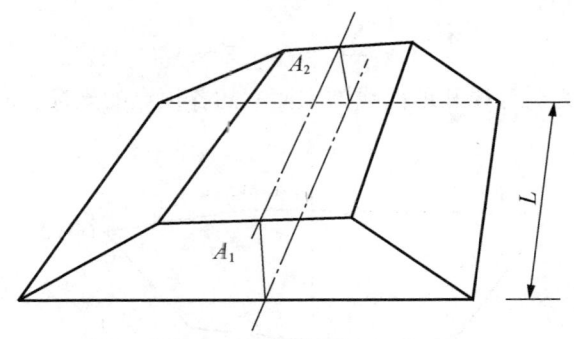

图 1.26 土石方数量计算示意图

$$V = \frac{A_1 + A_2}{2}L \tag{1-29}$$

式中 A_1、A_2——相邻桩号两填方面积或者两挖方面积，m²，A_1、A_2 分别大于或等于零。

1.4.5 道路横断面图识读要点

道路横断面设计成果主要包括道路标准横断面图、路基施工横断面图和道路土石方数量计算表，下面主要介绍道路标准横断面图和路基施工横断面图的识读。

1. 道路标准横断面图识读

道路标准横断面图一般采用1:100或1:200的比例尺，用细点画线表示道路中线，用粗实线表示车行道、人行道，注明构造分层情况，并标明路拱横坡度。绿地、河流、树木、灯柱等用相应的图例标出。

道路标准横断面图识读要注意把握以下几点。

① 机动车道、非机动车道、人行道、分隔带、绿化带宽度尺寸等。
② 路拱横坡度和坡向。
③ 照明灯柱及植树绿化位置。
④ 文字注释：不同标准横断面图标有所在路段和起止桩号，对各组成部分必要的说明，或有关各断面设计的统一文字说明。

2. 路基施工横断面图识读

为了满足行车要求，路基有些部分高出原地面需要开挖，有些部分低于原地面需要填筑，因此路基断面各不相同。典型的路基有填方路基、挖方路基和半填半挖路基等。填方路基称为路堤，路堤典型横断面图如图1.27所示。挖方路基称为路堑，由于路堑破坏了原地层的平衡，因此路基与边坡的稳定性需要重视。路堑典型横断面图如图1.28所示。半填半挖路基的几种典型横断面如图1.29所示，它是路堤和路堑的综合形式，若处理得当，路基稳定可靠，是一种比较经济的横断面形式。

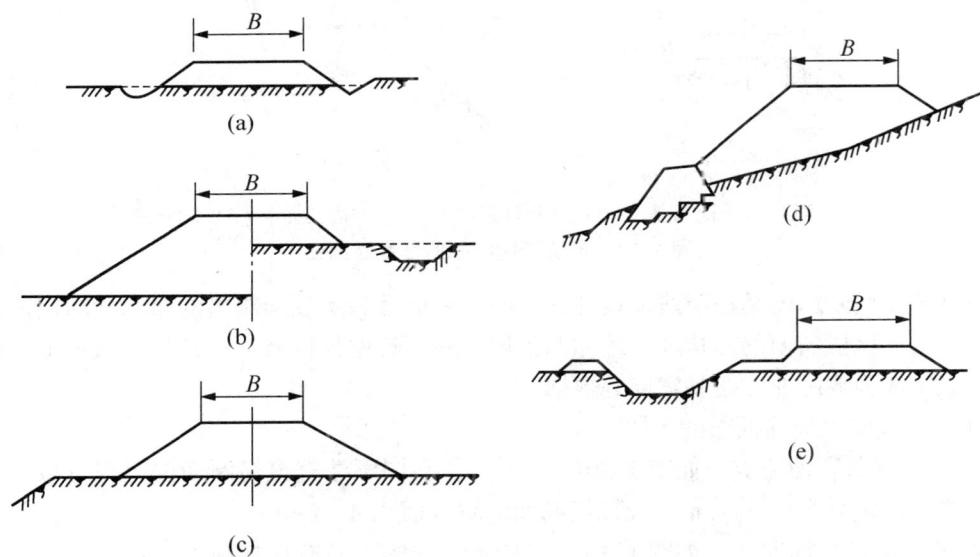

(a) 矮路堤；(b) 一般路堤；(c) 沿河路堤；(d) 护脚路堤；(e) 挖渠填筑路堤

图1.27 路堤典型横断面图

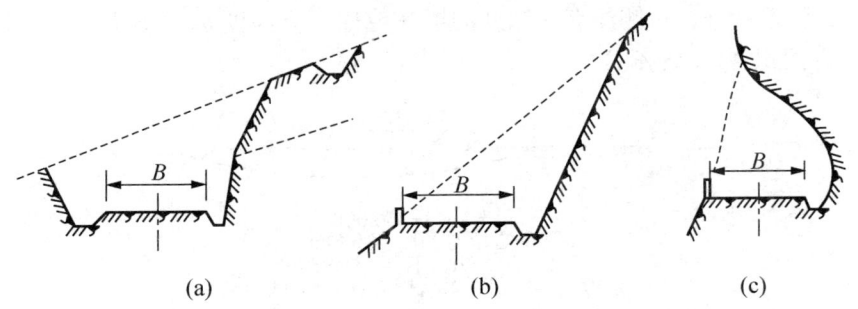

(a) 挖方路基；(b) 台口式路基；(c) 半山路堑

图1.28 路堑典型横断面图

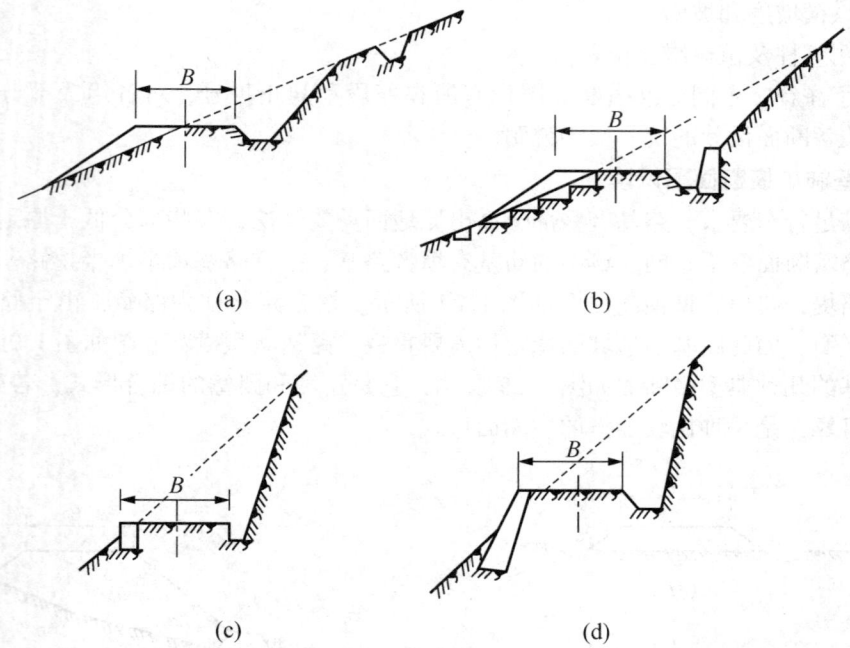

(a) 一般半填半挖路基；(b) 矮挡墙路基；(c) 护肩路基；(d) 砌石路基

图 1.29　半填半挖路基典型横断面图

路基施工横断面图是按照路基设计表中的每一桩号和参数绘制出的路基横断面图。图中除表示出了该横断面的形状外，还标明了该横断面的里程桩号、中桩处的填挖值、填挖面积、以中线为界的左右路基宽度等数据。

（1）路基施工横断面图的形式

① 填方路基，即路堤。如图 1.30(a) 所示，在图下注有该横断面的里程桩号，右侧注有中线处的填方高度 h_T（m）及该横断面的填方面积 A_T（m^2）。

② 挖方路基，即路堑。如图 1.30(b) 所示，在图下注有该横断面的里程桩号，右侧注有中线处的挖方高度 h_W（m）及该横断面的挖方面积 A_W（m^2）。

③ 半填半挖路基。这种路基是前两种路基的综合，如图 1.30(c) 所示，在图下仍注有该横断面的里程桩号，右侧注有中线处的填（或挖）方高度 h_T（或 h_W）及该横断面的填（或挖）方面积 A_T（或 A_W）。

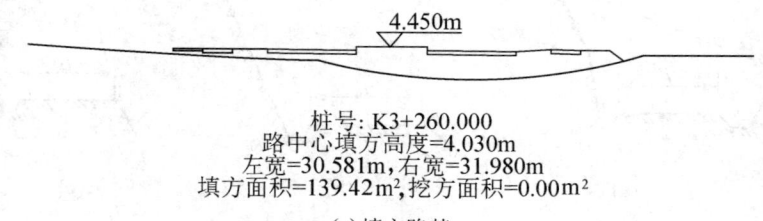

(a) 填方路基

图 1.30　路基施工横断面图

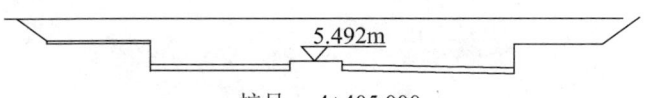

桩号　　4+405.000
路中心挖方高度=4.196m
左宽=29.017m　右宽=31.129m
填方面积=0.00m²　挖方面积=231.20m²

(b)挖方路基

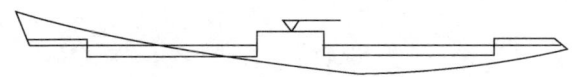

桩号　　1+740.000
路中心挖方高度=0.674m
左宽=29.287m　右宽=28.781m
填方面积=37.89m²　挖方面积=22.91m²

(c)半填半挖路基

图 1.30　路基施工横断面图（续）

（2）路基施工横断面图的识读要点

顺桩号由下往上、从左往右，了解每一桩号处的路基高程、路基边坡、填（或挖）方高度及填（或挖）方面积。

能力训练及习题

能力训练

识读某市政道路标准横断面图，见《市政工程施工图案例图集》中的路-6、路-7，以及市政道路路基施工横断面图（路-18）。

(1) 目的。使学生进一步掌握道路横断面图的组成、道路横断面图的内容和识图方法。

(2) 能力要求。要求学生能准确描述道路横断面图反映的内容。

(3) 准备。准备市政道路标准横断面图，复习道路横断面图的组成和表示方法；准备市政道路施工横断面图，复习道路施工横断面图的布置和内容。

(4) 步骤。

① 查阅图名、图纸说明、比例。

② 查阅道路横断面图上红线宽度、车行道、人行道、绿化带、照明等各组成部分的位置和宽度。

③ 查看道路路拱横坡度、路拱形式和路拱曲线大样。

④ 查阅道路施工横断面图的填挖和拆迁界线。

(5) 注意事项。要注意近期和远期道路横断面图的关系。

习题

1. 一条机动车道的宽度主要由（　　）因素确定。
   A. 车身宽度　　　　　　　　B. 行车速度
   C. 道路等级　　　　　　　　D. 分隔带宽度
2. 在确定市政道路横断面布置形式时，城市快速路适宜选择（　　）断面形式。
   A. 一块板　　　　　　　　　B. 两块板
   C. 三块板　　　　　　　　　D. 四块板
3. 市政道路横断面设计一般用的地形图的比例尺是（　　）。
   A. 1∶1000　　　　　　　　 B. 1∶500
   C. 1∶100　　　　　　　　　D. 1∶50
4. 设计一条城市自行车道的宽度应为（　　）m。
   A. 1.5　　　　　　　　　　 B. 1.0
   C. 0.8　　　　　　　　　　 D. 0.6
5. 下面哪种形式不是市政道路横断面的常见形式？（　　）
   A. 单幅路　　　　　　　　　B. 两幅路
   C. 四幅路　　　　　　　　　D. 五幅路
6. 市政道路路侧带不包括（　　）。
   A. 人行道　　　　　　　　　B. 车行道
   C. 绿化带　　　　　　　　　D. 公用设施带

7. 请结合本任务所学知识,完善表 1-20。

表 1-20 路基土石方数量计算表

桩号	挖方面积/m²	填方面积/m²	挖方平均面积/m²	填方平均面积/m²	距离/m	挖方体积/m³	填方体积/m³	本桩利用体积/m³	填缺体积/m³	挖余体积/m³
K0+300	0	33.60	/	/	/			/	/	/
K0+350	33.60	21.20								
K0+368.45	42.50	10.20								
K0+380	52.80	0								
合计	/	/	/	/						

在线答题

学习任务单

◆ **学习目标**

能按道路横断面图的识读步骤读懂道路横断面图的内容,了解道路横断面图的生成过程。

◆ **学习地点**

实训室、室外实训场。

◆ **学习准备**

《市政工程施工图案例图集》《城市道路工程设计规范(2016年版)》《城市道路路线设计规范》、互联网资源、多媒体设备等。

◆ **学习过程**

一、阅读《市政工程施工图案例图集》中的路-6、路-18,填写阅读成果。

1. 本工程标准横断面设计图的比例为_____;施工横断面的比例为_____。

2. 本工程机动车道、非机动车道、人行道、分车带等各组成部分的宽度各是多少?

横断面组成部分名称	宽度/m

3. 按宽度方向1:500比例绘制本工程的标准横断面图。

4. 本工程照明灯柱及植树绿化布置的位置。

5. 本工程的标准横断面形式是哪一种?

6. 路基施工横断面图的作用是什么？

7. 根据小组分工试计算桩号＿＿＿＿＿＿处的横断面控制点的高程。

桩号： 中心线处高程/m：	计算公式	控制高程/m
中央分隔带边缘线		
机动车道边缘线		
两侧分隔带边缘线		
非机动车道边缘线		
侧石顶面线		
人行道边缘处		

8. 根据小组分工情况计算桩号＿＿＿＿＿至＿＿＿＿＿的土方量。

路基土方计算表

桩号	挖方面积/m^2	填方面积/m^2	挖方平均面积/m^2	填方平均面积/m^2	距离/m	挖方体积/m^3	填方体积/m^3	本桩利用体积/m^3	填缺体积/m^3	挖余体积/m^3
合计	/	/	/	/						

二、选取校园内道路不同的标准横断面组成，进行现场实测并进行横断面示意图的绘制。

1. 图幅尺寸为 A4，合理布置不同形式的 4 个断面。
2. 道路宽度方向比例为 1：200，横断面高程比例不做要求（以合理、清晰、美观表达为宜）。
3. 需清晰绘出横断面变化明显的尺寸和坡向。

任务1.5 道路交叉施工图识读

本任务是了解道路平面交叉口的常见形式，道路立体交叉的要求与分类，识读道路平面交叉口施工图和道路立体交叉施工图。

道路系统是由各种不同方向的道路所组成的，由于道路纵横交错，不可避免地会形成道路交叉，即两条或两条以上道路的交会。根据各相交道路在交叉点的高程，可将道路交叉分为平面交叉和立体交叉两种类型。一般相交道路在同一平面上的交叉称为平面交叉，交叉处称为交叉口（交叉口是道路系统的重要组成部分，是道路交通的咽喉）；相交的道路分别在不同平面上的交叉称为立体交叉。

1.5.1 道路平面交叉

1. 平面交叉的形式

平面交叉的形式按几何形状可分为十字形、T形及其演变而来的X形、Y形、错位、环形（图1.31）等；按布置形式一般可分为加铺转角式、分道转弯式、加宽路口式和环形四类。

（1）加铺转角式交叉

以圆曲线构成加宽来连接交叉道路的路基和路面的交叉形式称为加铺转角式交叉，可按交叉路线的情况和需要，选用如图1.31(a)～(d)所示的布设形式。此类平面交叉形式简单、占地少、造价低、设计方便，但行车速度低、通行能力弱，适用于交通量小、车速低、转弯车辆少的三级、四级公路或地方道路。若斜交不大，也可用于转弯交通量较小的主要道路与次要道路交叉。

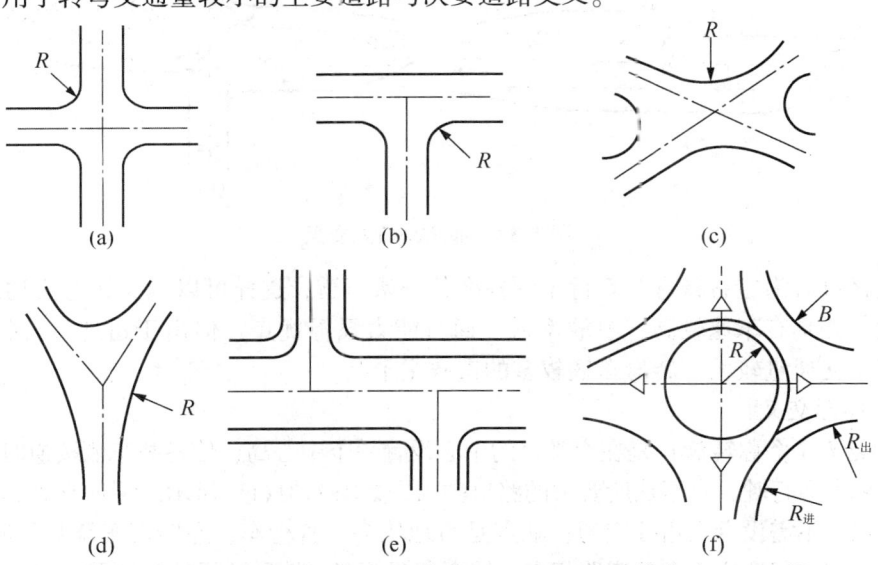

(a) 十字形；(b) T形；(c) X形；(d) Y形；(e) 错位；(f) 环形

图1.31 道路平面交叉的形式

(2) 分道转弯式交叉

利用在路面上画线,设分隔器、分隔带或交通岛等限制行车路线,使不同类型、车速和行驶方向的车辆顺着指定方向通过交叉口,这种交叉形式称为分道转弯式交叉,如图1.32所示。分道转弯式交叉对转弯车辆,尤其是右转弯车辆的行驶速度和通行能力都能有所提高,适用于车速较高、转弯车辆较多的一般道路,或斜交、畸形交叉。

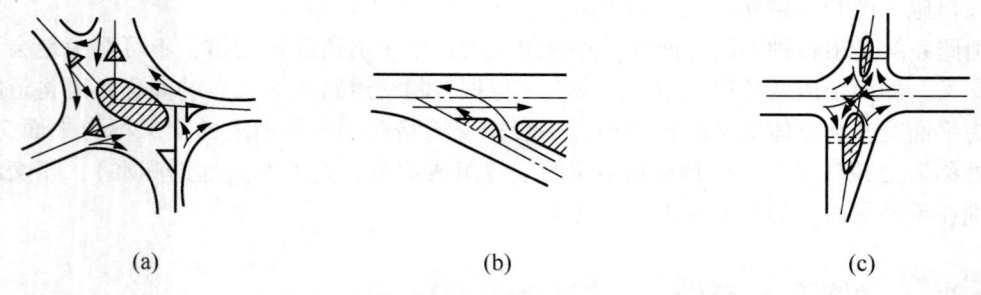

图1.32 分道转弯式交叉

若设置各种交通岛则面积不宜过小,一般三角形交通岛任何一边不小于2.5m;长条形交通岛的宽和长一般分别不小于1.2m及4~6m。交通岛上可以绿化,但不宜种植影响驾驶员视线的植物。

(3) 加宽路口式交叉

由于交通量大,为避免转弯车辆阻塞直行车辆和其他交叉道路的车辆,可以采用加宽路口增设转弯车道、变速车道或附加车道等措施,这种交叉可以单增右转弯或左转弯车道,也可以同时增设左转弯和右转弯车道,如图1.33所示。

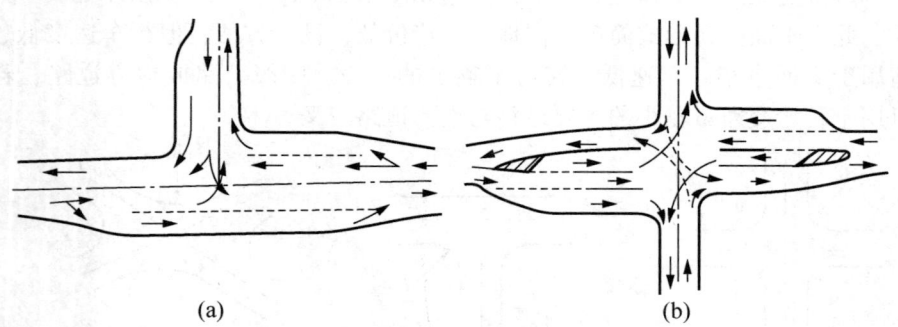

图1.33 加宽路口式交叉

加宽路口后为左右转弯及直行车辆各准备一条车道,这样可以减少转弯交通对直行交通的干扰,并具有车速较高、事故率低、通行能力强等优点,但由于占地多、投资较大,主要适用于交通量较大、转弯车辆较多的市政主干路。

(4) 环形交叉

环形交叉(俗称转盘)是在交叉口的中心设置一个中心岛,使各类车辆按逆时针方向绕中心岛做单方向行驶,直至从所要去的路口驶出,如图1.31(f)所示。环形交叉的优点是能消除冲突点,不需设专人指挥交通;缺点是占地较多,直行车、左转弯车绕行的距离较长。因此,环形交叉仅适用于多条道路相交,转弯车辆较多,地形开阔且较为平坦的情况。

中心岛的形状一般多用圆形,有时也用圆角方形和菱形;主次道路相交时宜采用椭圆形;交角不等的畸形交叉可采用复合曲线形。

中心岛的大小应根据交织段需要的长度而定。所谓交织就是两条车流汇合交换位置后又分离的过程。环道上相邻路口之间有足够的距离,使进环和出环的车辆在环道上均可在合适的机会相互交织连续行驶,该段距离称为交织段长度。中心岛半径必须满足两个路口之间最小交织段长度的要求。

一般环道上设计 3~4 条车道,每条车道宽 3.50~3.75m。靠近中心岛的一条车道作绕行之用,最靠外侧的一条车道供右转弯之用,中间的 1~2 条车道为交织之用。

2. 平面交叉口交错点（图 1.34）

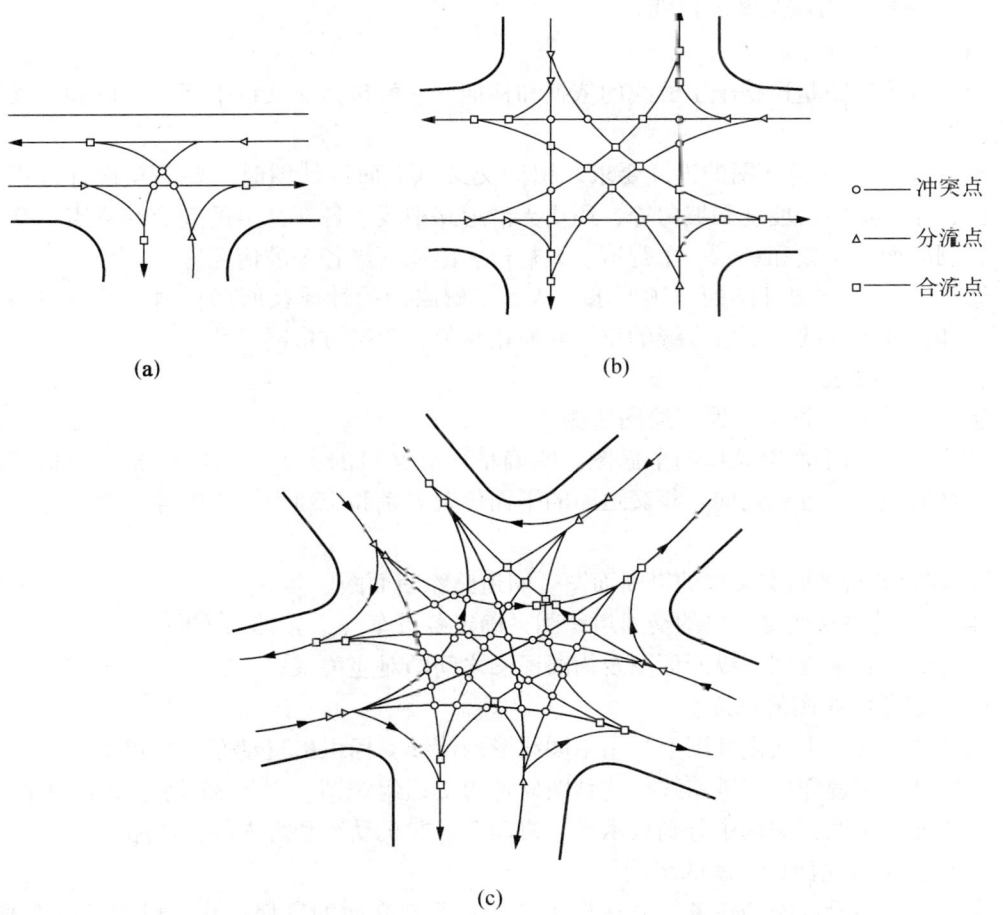

(a) 三路交叉口;(b) 四路交叉口;(c) 五路交叉口

图 1.34 平面交叉口交错点

注:图中箭线表示车流。

进出交叉口的车辆,由于行驶方向不同,车辆与车辆之间的交错方式也不尽相同,可能产生的交错点(存在碰撞可能的点)的性质也不一样。同一行驶方向的车辆向不同方向分离行驶的地点称为分流点;来自不同行驶方向的车辆以较小的角度,向同一方向汇合行驶的地点称为合流点;来自不同行驶方向的车辆以较大的角度相互交叉的地点称为冲突点。这三类交错点都存在相互挤撞或碰撞的可能,并且是影响交叉口行驶速度、通行能力和发生交通事故的主要原因。

减少或消灭冲突点的措施如下。

① 实行交通管制。在交叉口设置交通信号灯或由交通警察指挥，使发生冲突的车流从通行时间上错开。

② 采用渠化交通。在交叉口内合理布置交通岛、交通标志和标线或增设车道等，引导各方向车流沿一定路线行驶，减少车辆之间的相互干扰，如环形交叉。

③ 修建立体交叉。将相互冲突的车流从空间上分开，各行其道，使其互不干扰。这是解决交叉口交通问题最彻底的办法。

3. 平面交叉口施工图的识读

（1）识读要求

交叉口施工图是道路施工放线的依据和标准，一般包括交叉口平面设计图和交叉口立面设计图。

① 交叉口平面设计图的识读要求。识读交叉口平面设计图时，要了解设计范围、施工范围、相交道路的坡度和坡向等，还要弄清道路中线、各交叉点的起点和终点、交叉加桩与控制断面的位置和桩号、车行道、人行道、路缘石半径等的情况。

② 交叉口立面设计图的识读要求。认真了解路面的性质及所用材料，掌握旧路现况等高线和设计等高线，了解胀缝的位置和所用材料，明确方格网尺寸。

（2）识读步骤

① 查阅图名、图样说明、绘图比例。

② 查阅道路平面交叉口的平面图。明确平面交叉口的类型、道路情况（包括道路中线、道路的地理位置和走向、相交道路的平面位置关系和交通组织措施等）及交通岛的设置位置等。

③ 查阅道路平面交叉口的纵断面图。同道路纵断面图。

④ 查阅道路平面交叉口的交通组织图。确定各行车（人）路线方向。

要特别注意平面图、纵断面图及横断面图之间的对应关系。

（3）交通组织图的识读

在道路交叉口平面设计图上，用不同线形的箭线，标识出机动车、非机动车和行人等在交叉口处必须遵守的行进路线，这种图样称为交通组织图。图1.35是与图1.11配套的交叉口交通组织图，图例中分别表示出了机动车、非机动车和行人的行进路线线形。

（4）交叉口立面设计图的识读

交叉口立面设计图的任务是表达交叉口处路面在立面的高程变化，以保证行车平顺、排水通畅。交叉口立面设计图的表示方法有以下几种。

① 坡度法 [图1.36(a)]。较简单的交叉口可仅标注控制点高程、排水方向及其坡度，排水方向可采用单边箭头表示。

② 等高线法 [图1.36(b)]。用等高线表示的平面交叉口，等高线宜用细实线表示，并每隔四条用中粗实线绘制一条设计等高线。

③ 网格法 [图1.41(c)]。用网格法表示的平面交叉口，其高程数值宜标注在网格交点的右上方并加括号。若各测点高程的整数部分相同时可省略整数位，小数点前可不加"0"定位，整数部分在图中注明。

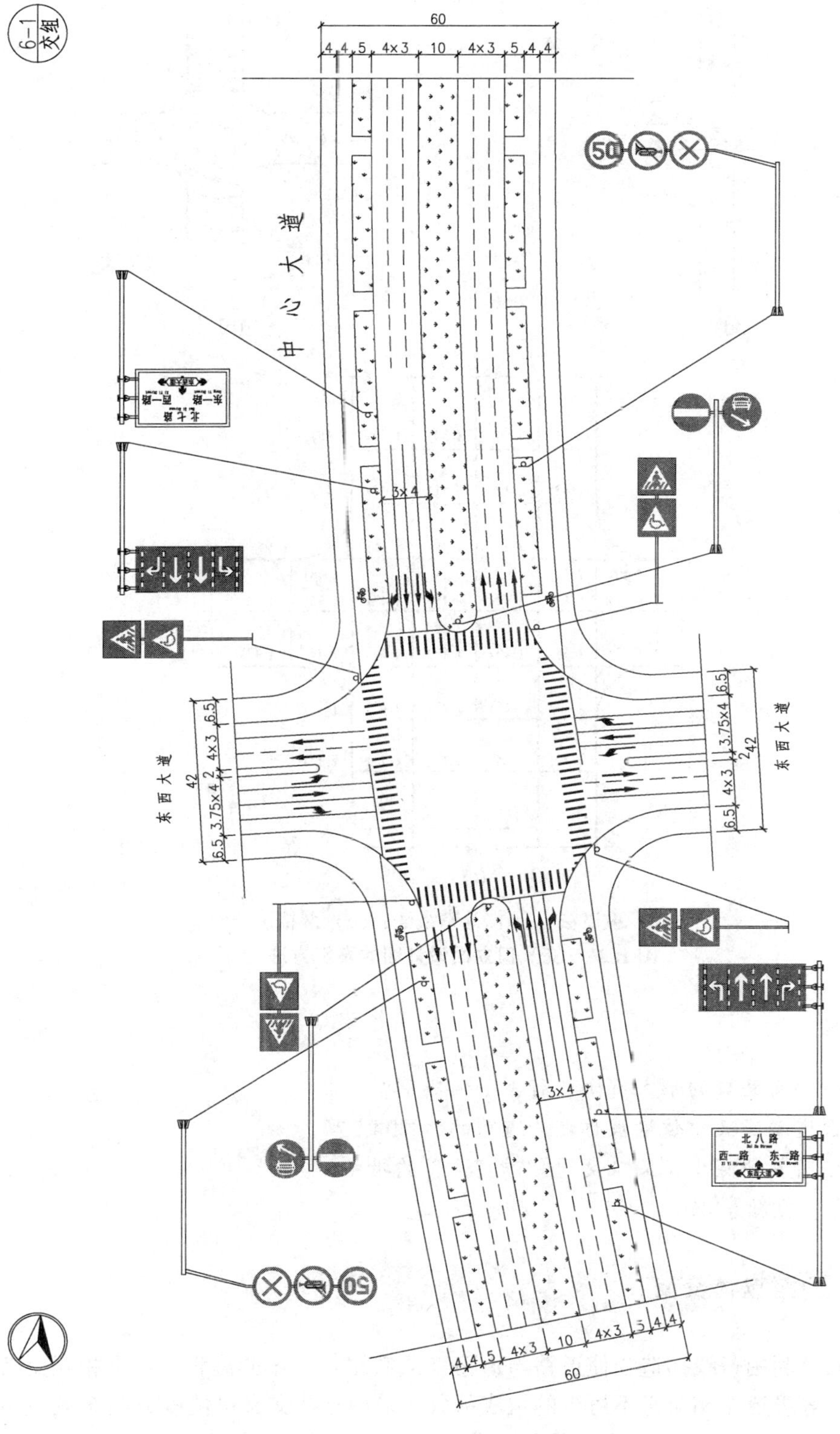

项目1 市政道路施工图的识读与会审

图 1.35 某交叉口交通组织图

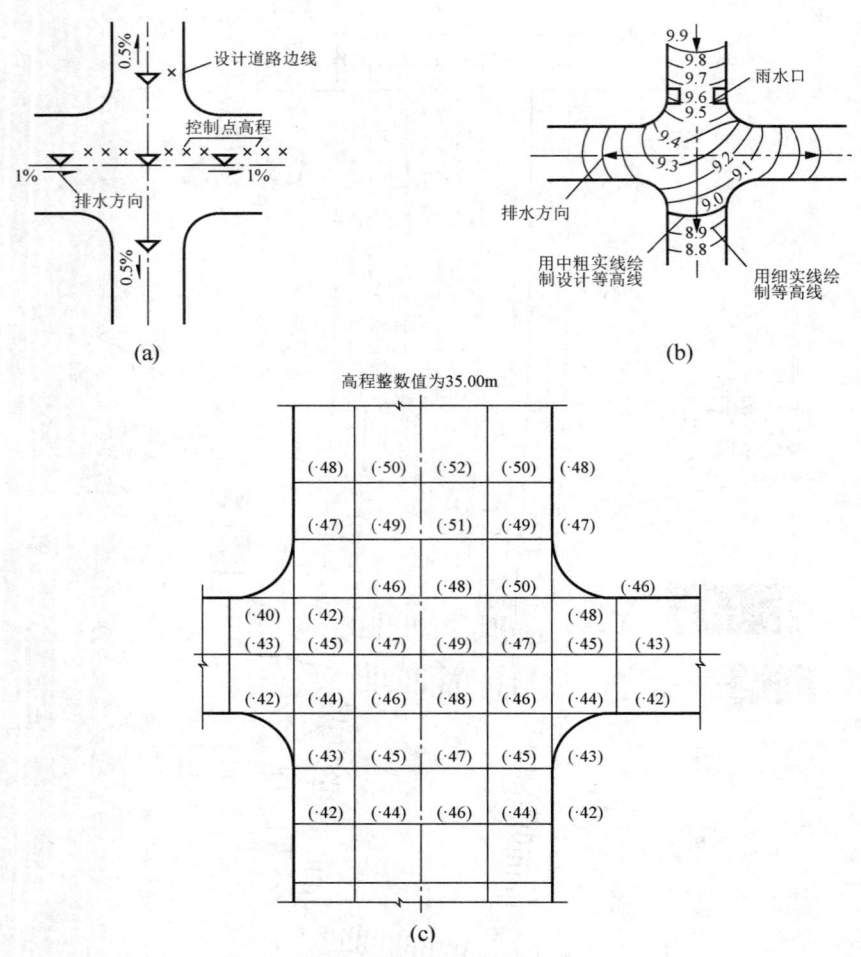

(a) 坡度法；(b) 等高线法；(c) 网格法

图1.36　交叉口立面设计图的表示方法

拓展讨论

1. 道路平面交叉口的形式有哪几种，如何判别？
2. 为什么道路交叉口位置被称之为道路的"咽喉"？
3. 是否还有其他减少交叉口交通"冲突点"的措施？

育人元素　创新意识

1.5.2　道路立体交叉

立体交叉是利用跨线构造物使道路与道路（或铁路）在不同高程条件下相互交叉的连接方式，是高等级道路相交必不可少的组成部分。采用立体交叉可使各方向车流在不同高程的平面上行驶，消除或减少了冲突点，同时车流可连续运行，从而提高道路的通行能力，节约运行时间和燃料消耗，控制相交道路车辆的出入，减少对高速道路的干扰。

1. 立体交叉的组成

立体交叉主要包括以下几个组成部分，如图1.37所示。

① 跨线构造物。跨线构造物是立体交叉实现车流空间分离的主体构造物，包括设于地面以上的跨线桥（上跨式）及设于地面以下的地道（下穿式）。

② 正线。正线是组成立体交叉的主体，指相交道路的直行车行道，主要包括连接跨线构造物两端到地坪高程的引道和交叉范围内引道以外的直行路段。

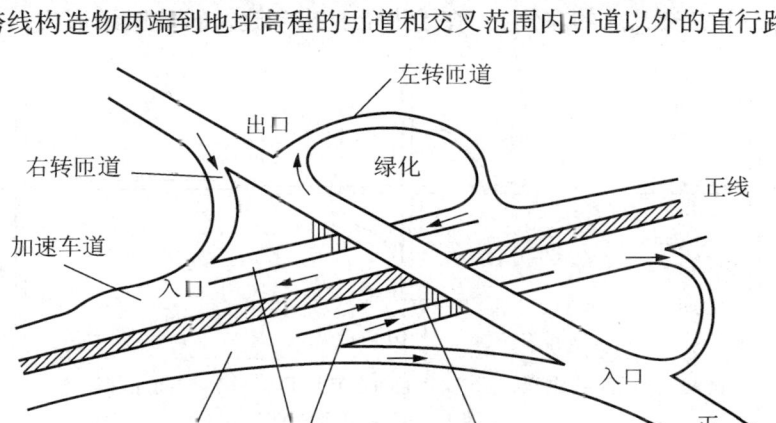

图1.37　立体交叉的组成

③ 匝道。它是立体交叉的重要组成部分，是指供上下相交道路转弯车辆行驶的连接道。互通式立交匝道形式分右转匝道和左转匝道两大类。

A. 右转匝道。直接从主线右转弯驶出的匝道，主要包括定向右转匝道、半定向右转匝道、环形右转匝道三种。

a. 定向右转匝道：车辆直接实施右转，如图1.38(a)所示。

b. 半定向右转匝道：又称迂回定向匝道，主要是为了减少占地，车辆沿环形左转匝道迂回右转，如图1.38(b)所示。

c. 环形右转匝道：车辆并入环形左转匝道实施右转，如图1.38(c)所示。

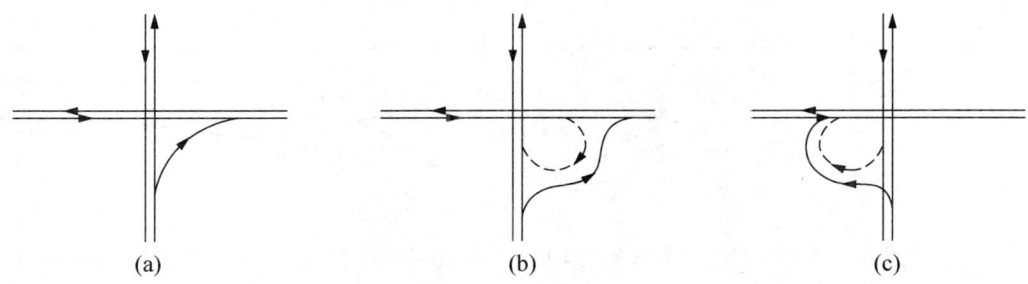

(a) 定向右转匝道；(b) 半定向右转匝道；(c) 环形右转匝道

图1.38　右转匝道

B. 左转匝道。左转匝道主要包括环形左转匝道、半定向左转匝道、定向左转匝道三种。

a. 环形左转匝道：为了实施车辆左转行驶，从主线行车道右侧驶离主线后，大约向右转270°，构成环形左转匝道，如图1.39(a)所示。

b. 半定向左转匝道：又称迂回定向匝道。为了实施车辆左转行驶，从主线行车道右侧驶离主线后，前进方向大致不变，跨过相应道路然后向左转的匝道形式，如图1.39(b)所示。

c. 定向左转匝道：为了实施车辆左转行驶，从主线行车道右侧驶离主线（一般驶出偏离角度较小，并在交叉点的左侧），在干道上直接实施左转的匝道形式，如图1.39(c)所示。

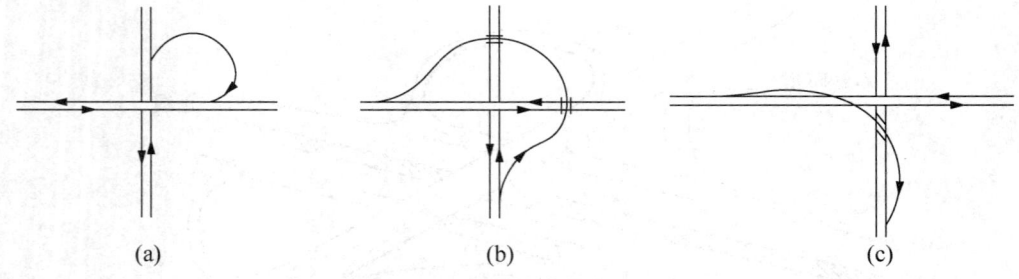

(a) 环形左转匝道；(b) 半定向左转匝道；(c) 定向左转匝道
图1.39 左转匝道

④ 出入口。由正线驶出进入匝道的道口为出口，由匝道驶入正线的道口为入口。

⑤ 变速车道。为适应车辆变速行驶的需要，而在正线右侧的出入口附近设置的附加车道称为变速车道。其中，出口端的为减速车道，入口端的为加速车道。其典型形式有平行式和直接式两种，如图1.40所示。

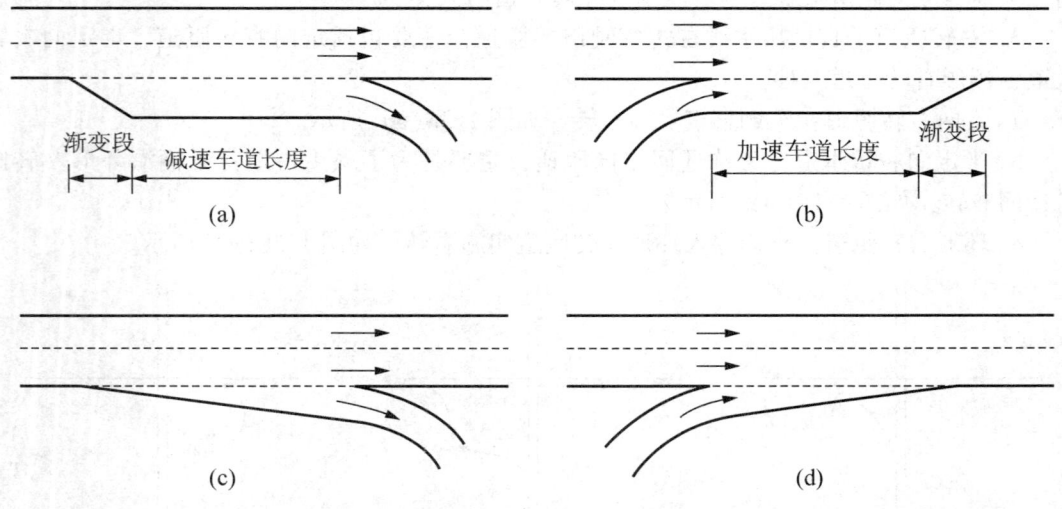

(a) 平行式减速车道；(b) 平行式加速车道；(c) 直接式减速车道；(d) 直接式加速车道
图1.40 变速车道的典型形式

a. 平行式。平行式是在正线外侧平行增设的一条附加车道。其特点是车道划分明确，行车容易辨认。与直接式相比，平行式强调减速车道的起点，三角段部分虽然与车辆的行驶轨迹相符合，但在通过整个减速车道时，必须走S形路线。平行式与实际行驶状态是不相符合的。原则上加速车道一般采用平行式,因加速车道较长,平行式容易布置。平行式变速车道端部应设渐变段与正线连接。

b. 直接式。不设平行路段,由正线斜向渐变加宽,形成一条与匝道连接的附加车道,其特点是线形平顺并与行车轨迹吻合,对行车有利,但起点不易识别。原则上减速车道一般采用直接式;另外,较短的加速车道或双车道的变速车道也应采用直接式。

2. 立体交叉的作用

无论何种形式的立体交叉,所要解决的问题都是消除或部分消除各向车流的冲突点,也就是将冲突点处的各向车流组织到空间的不同高度上,使各向车流分道行驶,从而保证各向车流在任何时间都连续行驶,提高交叉处的通行能力和安全舒适性。

3. 立体交叉的分类

立体交叉按交通功能划分为分离式立体交叉和互通式立体交叉两类。

(1) 分离式立体交叉

分离式立体交叉是指采用上跨或下穿方式相交的立体交叉,如图1.41所示。车辆只能直行通过交叉处,不能互相转道。分离式立体交叉仅设跨线构造物一座,使相交道路空间分离,上下道路无匝道连接。这类立体交叉结构简单、占地少、造价低,但相交道路的车辆不能转弯行驶,仅适用于高速道路与铁路或次要道路之间的交叉。

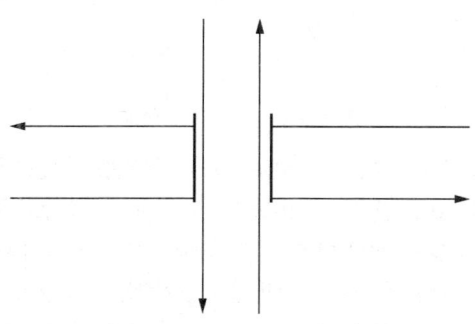

图1.41 分离式立体交叉

(2) 互通式立体交叉

互通式立体交叉不仅设跨线构造物使相交道路空间分离,而且上下道路有匝道连接,可供转弯车辆行驶。这类立体交叉形式可使车辆转弯行驶,全部或部分消灭了冲突点,各方向行车干扰较小,但其结构复杂、占地多、造价高。

互通式立体交叉的类型较多,基本类型有以下几种。

① 喇叭形立体交叉。喇叭形立体交叉如图1.42所示,是三路立体交叉的代表形式,可分为A式和B式。经环形左转匝道驶入主线(或正线)时为A式,驶出时为B式。其特点是结构简单,只需一座构造物,投资较小;所有匝道均自右侧接入干道的行车道,无冲突点和交织,通行能力强,行车安全;造型美观,行驶方向容易识别。

② Y形立体交叉。Y形立体交叉如图1.43所示,其特点是正线与立交匝道作为一体设计,行驶方向最易识别;无交织,无冲突点,行车安全;方向明确,路径便捷,通行能力强;正线外侧占地宽度较小,但需要构造物多,造价较高。

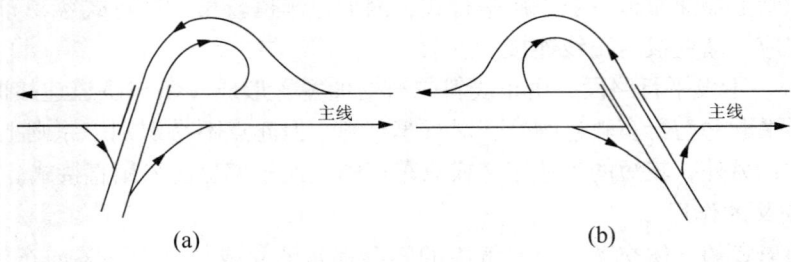

（a）A 式；（b）B 式

图 1.42　喇叭形立体交叉

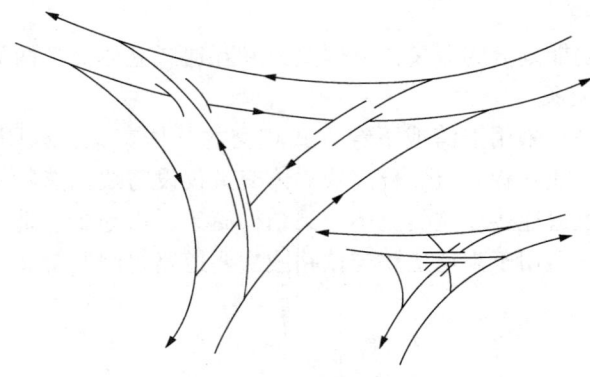

图 1.43　Y 形立体交叉

③ 部分苜蓿叶形立体交叉。当主要道路与次要道路相交或用地受到限制时，可减少匝道数而采用部分苜蓿叶形立体交叉，如图 1.44 所示。部分苜蓿叶形立体交叉仅需一座跨线桥，用地和工程费用较少；远期可扩建为完全苜蓿叶形立体交叉，但次线上存在平面交叉，有停车等待和错线运行的可能；在匝道上发生交织车流或对向车流，左转的车辆须环绕匝道从左侧驶入主要车流，这些情况都会影响行车安全和行车速度。所以，部分苜蓿叶形立体交叉只有交通量小、可分期改建为完全苜蓿叶形立体交叉时才采用。但部分苜蓿叶形立体交叉可保证主要道路直行交通畅通，适用于主要道路与次要道路相交的交叉口。

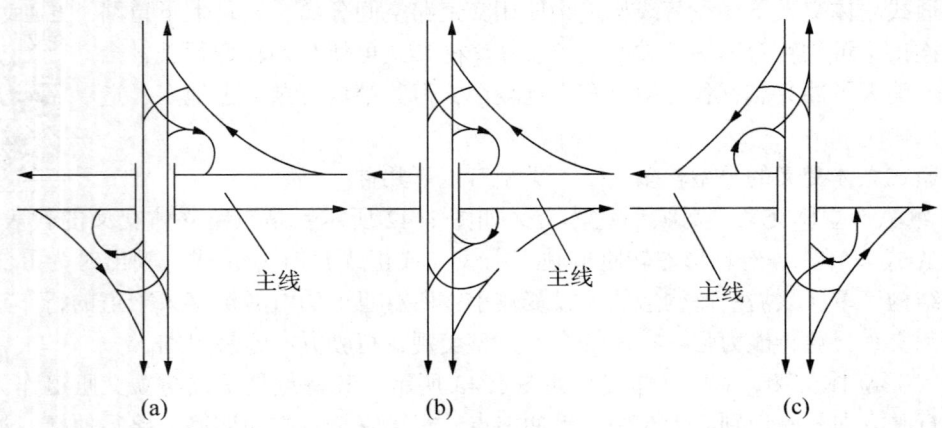

图 1.44　部分苜蓿叶形立体交叉

④ 完全苜蓿叶形立体交叉。两条主要的道路相交可采用完全苜蓿叶形立体交叉，如图1.45所示。它是在中央部分修建跨线桥，用8条单向交通的匝道来连接2条相交道路，直行、左右转弯的车流各有其独立的车道，可连续行驶，各向车流互不干扰，行车安全；但这种立体交叉占地面积大，左转绕行距离较长，环形匝道的适应车速较低，且桥上下存在交织；多用于高速道路之间的立体交叉，而在城市内因受用地限制很难采用。因其形式美观，如果在城市外围的环路上采用，加之适当进行绿化，也是较为合适的。布设时为消除主线上的交织、避免双重出口、使标志简化及提高立体交叉的通行能力和行车安全，可加设集散车道。

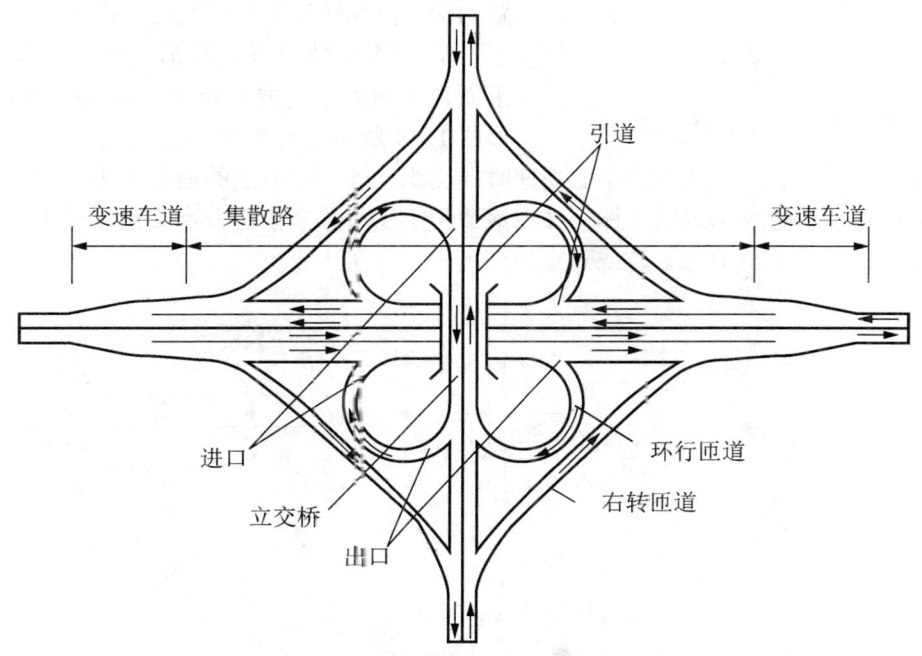

图1.45　完全苜蓿叶形立体交叉

⑤ 菱形立体交叉。主要道路与次要道路相交时可采用菱形立体交叉，如图1.46所示。同其他形式的立体交叉相比，这种形式的立体交叉能保证主线直行车辆快速畅通，转弯车辆绕行距离较短，用地少，造价低，主要道路行驶方向只有一个出口，易被驾驶员识别，匝道近似直线，平面线形好。但匝道与次要道路连接处为平面交叉，其干扰大，限制了匝道与次要道路的通过能力，布设时应将平面交叉设在次线上。

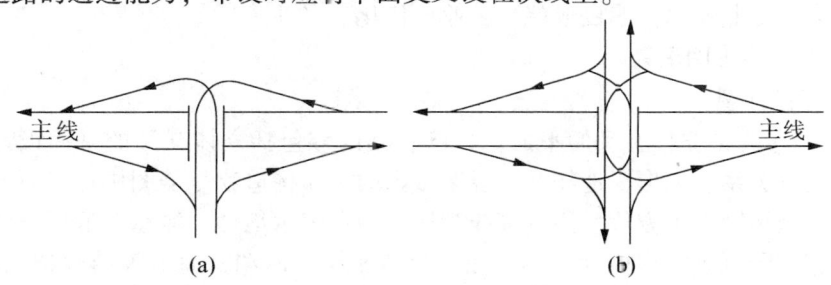

图1.46　菱形立体交叉

⑥定向式立体交叉。定向式立体交叉是使直行、右行和左转的车辆均沿着比较顺捷的行车道和专用单向匝道行驶，所有相交道路均立体交叉，如图1.47所示。这种形式的立体交叉各方向运行都有专用匝道、自由流畅、转向明确、无冲突点、无交织、通行能力强、适应车速高。但其占地面积大、层多桥长、造价高，在城区很难实现。定向式立体交叉适用于高速公路与高速公路相交，且左转车流特别大的立体交叉。

⑦环形立体交叉。环形立体交叉是由环形平面交叉加主干路的上跨或下穿构造物构成的，如图1.48所示。环形立体交叉能保证主干路上的车流连续行驶，转向车流沿着中心岛逆时针交织行驶，环道上的通行能力与行车速度受交织断面的限制。这种形式的立体交叉占地面积小，可分期修建，当交通量增大后可将另一条主干路的直行车辆通过上跨或下穿分离出去。

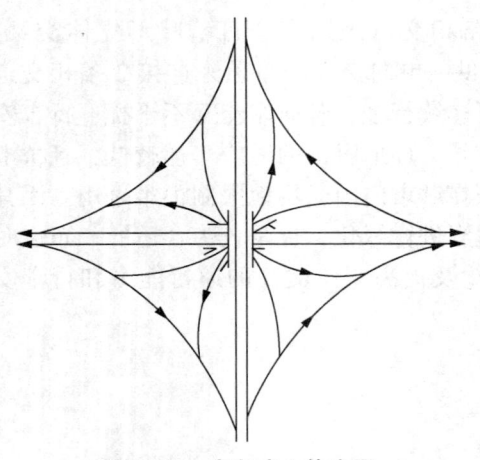

图1.47 定向式立体交叉

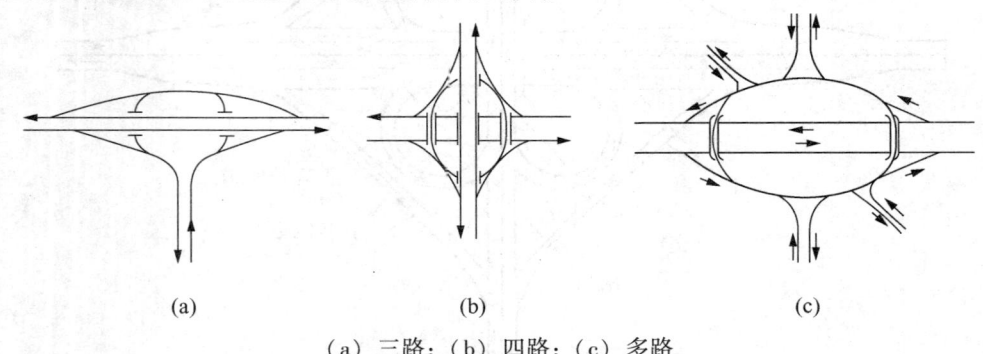

（a）三路；（b）四路；（c）多路

图1.48 环形立体交叉

拓展讨论

1. 道路立体交叉由哪几部分组成？各部分的作用是什么？
2. 道路立体交叉的形式有哪几种，各有什么特点？
3. 同学们参观或乘车经过的大型立体交叉有哪些？交流体会和感受。

育人元素 专业能力　建设成就　工业现代化

4. 立体交叉施工图识读

（1）平面设计图

图1.49所示为某立体交叉的平面设计图，其内容包括立体交叉的平面设计形式、各组成部分的位置关系、地形、地物及建设区域内的附属构造物。从图中可以看出，本图用指北针与大地坐标网表示方位，用等高线和地形测点表示地形，城镇、低压电线和临时便道等地物用相应图例表示得极为详尽。图中沿线桥梁、涵洞、通道等结构物均按类编号，以引出线标注。该立体交叉的交叉方式为主线下穿式，平面几何图样为双喇叭形，交通组织类型为双向互通式。

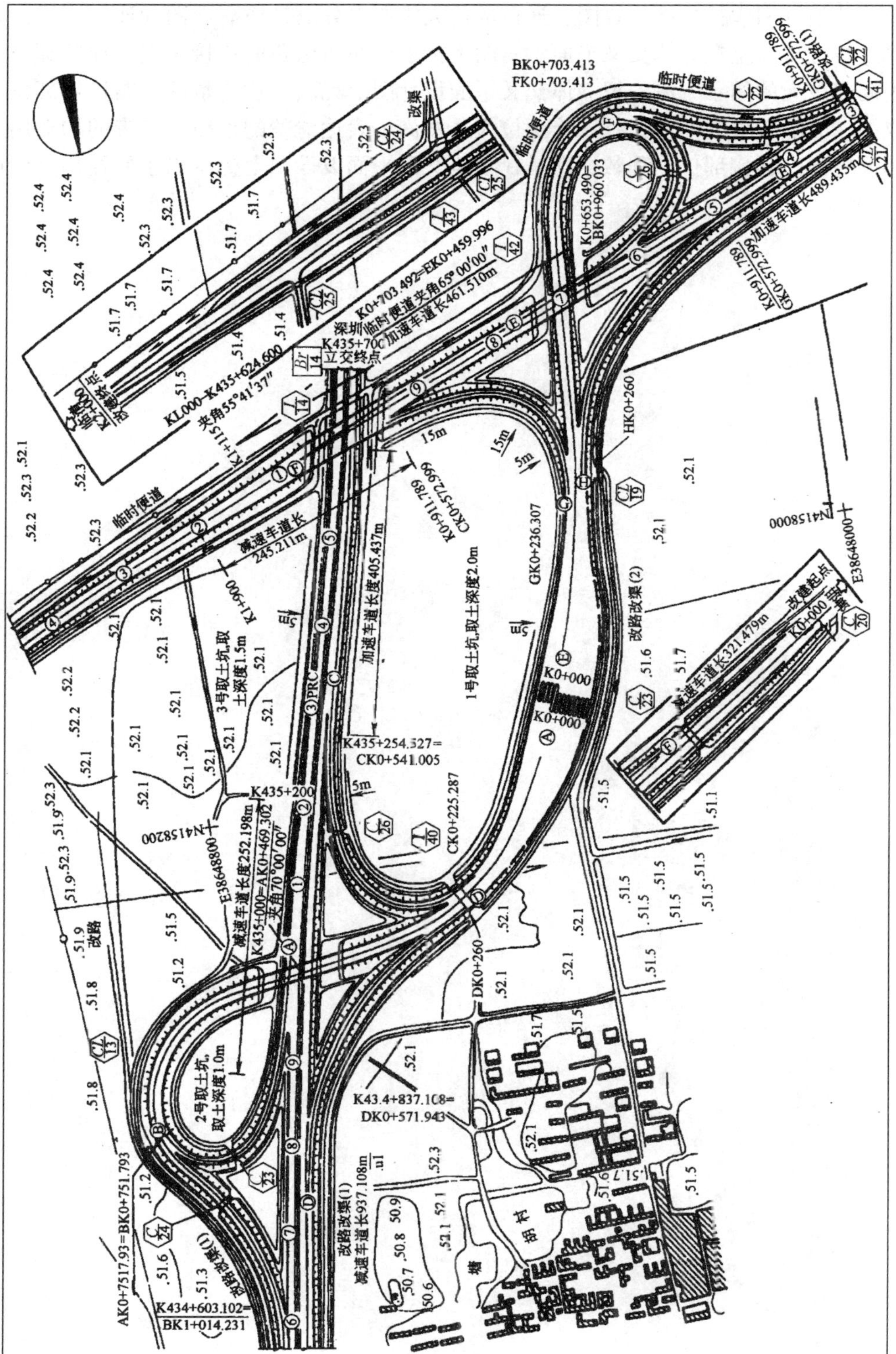

图 1.49 某立体交叉的平面设计图

(2) 连接部位设计图

连接部位设计图包括连接位置图、连接部位大样图、分隔带横断面图和连接部位高程数据图。连接位置图是在立体交叉平面示意图上标示出两条道路的连接位置。连接部位大样图是用局部放大的图示方法，把立体交叉平面设计图上无法表达清楚的道路连接部位单独绘制成图。分隔带横断面图是将连接部位大样图尚未表达清楚的道路分隔带的构造用更大的比例尺绘出。连接部位高程数据图是在立体交叉平面设计图上标示出主要控制点的设计高程。

项目1 市政道路施工图的识读与会审

能力训练及习题

能力训练

识读某市政道路平面交叉口施工图,见《市政工程施工图案例图集》中的路-17。

(1) 目的。使学生进一步熟悉和掌握市政道路平面交叉口的识图方法。

(2) 能力要求。要求学生能准确描述道路平面交叉口施工图反映的内容。

(3) 准备。准备一张市政道路平面交叉口施工图;掌握道路平面交叉口的类型与识图方法。

(4) 步骤。

① 查阅图名、图纸说明、比例。

② 查阅道路平面交叉口平面图。明确道路平面交叉口的类型、道路情况(包括道路中线、道路的地理位置和走向、相交道路的平面位置关系等),以及交通岛的设置位置等。

③ 查阅道路平面交叉口的立面设计图,明确交叉口处路面在立面的高程变化。

(5) 注意事项。要注意道路交叉平面图、纵断面图和横断面图之间的对应关系。

习题

一、选择题

1. 匝道是用来连接( )的通道。
   A. 十字平面交叉   B. 分离式立体交叉上下道路
   C. 互通式立体交叉上下道路   D. 立体交叉的主体构造物

2. 不采用任何措施的平面交叉口上,产生冲突点最多的是( )车辆。
   A. 直行   B. 左转弯   C. 右转弯   D. 都有可能

3. 互通式立体交叉分类中不包括( )。
   A. 部分互通式立体交叉   B. 完全互通式立体交叉
   C. 环形立体交叉   D. 分离式立体交叉

4. 立体交叉是利用跨线构造物使道路与道路在不同( )相互交叉的连接方式。
   A. 位置   B. 高程   C. 长度   D. 距离

二、简答题

1. 何谓环形交叉的交织与交织段长度?

2. 减少或消灭交叉口冲突点的措施?

3. 交叉口立面设计图的表示方法有哪几种?

在线答题

项目1　市政道路施工图的识读与会审

学习任务单

◆ **学习目标**

能按道路交叉施工图的识读步骤读懂道路交叉施工图的内容，了解道路交叉施工图的生成过程。

◆ **学习地点**

实训室、室外实训场。

◆ **学习准备**

《市政工程施工图案例图集》《城市道路工程设计规范（2016年版）》《城市道路路线设计规范》、互联网资源、多媒体设备等。

◆ **学习过程**

一、阅读《市政工程施工图案例图集》中的路-17，填写阅读成果。

1. 本工程给出了哪几条道路的交叉施工图？

2. 描述本道路工程交叉的情况（无法从图中识读的内容用"/"表示）。

相交道路的名称	中心线交点坐标		交叉平面类型（按几何形状）	交叉平面类型（按布置方式）	相交道路宽度/m	相交道路纵坡/%			
	x	y				东	南	西	北

3. 注意事项：要注意道路交叉平面图、纵断面图和横断面图之间的对应关系。

二、绘制校园内道路不同形式的交叉口平面简图。

1. 图幅大小A4，合理布置不同形式的4个交叉口平面图。如能直接判断交叉口竖向形式则一并在图上进行示意，并标注出位置。

2. 比例不做要求（清晰、美观即可）。

3. 需清晰绘出相交中心线，示意出路缘石转弯半径。

任务1.6 市政道路附属设施

本任务介绍道路交通标志、标线,以及路缘石坡道、盲道等的相关知识,要求学会识读市政道路交通设施图和市政道路无障碍设施图。

1.6.1 交通管理设施

市政道路交通管理设施是按照交通组织设计对道路实施交通管理而设置的交通标志、交通标线、交通信号设备等。

××中心大道交通组织图

1. 交通标志

交通标志是用图案、符号和文字传递特定信息,用以管理交通的安全设施。交通标志一般设置在路侧或道路上方。交通标志应使交通参与者在很短的时间内就能看到、认识并完全明白其含义,而采取正确的措施。所以交通标志必须具有良好的视认性、易读性、公认性。交通标志有三要素,即颜色、形状、符号。我国现代的道路交通标志分主标志和辅助标志两大类,共100种。

(1) 主标志

主标志按其含义可分为四种:警告标志、禁令标志、指示标志和指路标志。

① 警告标志。警告标志共23种,是警告车辆、行人注意危险地点的标志。其形状为顶角朝上的等边三角形,其颜色为黄底、黑边、黑图案,如图1.50所示。

图1.50 警告标志

② 禁令标志。禁令标志共35种,是禁止或限制车辆、行人交通行为的标志。其形状分为圆形和顶角向下的等边三角形,其颜色,除个别标志外,多为白底、红圈、红杠、黑图案、图案压杠,如图1.51所示。

图1.51 禁令标志

③ 指示标志。指示标志共17种,是指示车辆、行人行进的标志。其形状分为圆形、长方形和正方形,其颜色为蓝底、白图案,如图1.52所示。

④ 指路标志。指路标志共20种,是传递道路方向、地点、距离信息的标志,如

图 1.52 指示标志

图 1.53 所示。其形状,除地点识别标志外,多为长方形和正方形;其颜色,除里程碑、百米桩和公路界碑外,一般道路为蓝底、白图案,高速公路为绿底、白图案。

图 1.53 指路标志

（2）辅助标志

辅助标志共 5 种,是附设在主标志下,起辅助说明作用的标志,这种标志不能单独设立和使用。辅助标志按其用途又分为表示时间、表示车辆种类、表示区域距离、表示警告和禁令理由的辅助标志及组合辅助标志等几种。其形状为长方形,其颜色为白底、黑字、黑边框。此外,还有一种可变交通信息标志,它根据道路检测到的情况（如占道施工、阻塞、流量、流向的变化等）,把某种信息及时显示出来,传达给车辆驾驶人员和行人。

2. 交通标线

交通标线是由各种路面标线、箭头、文字、立面标记、突起路标和路面边线轮廓标等组成的交通安全设施。它的作用是管制和引导交通,可以和交通标志配合使用,也可以单独使用。交通标线按其功能可分为纵向标线、横向标线和其他交通安全设施线,共 7 类 21 种,其中标线 17 种,其他交通安全设施如路栏、锥形交通路标、导向标和道口标注 4 种。

路面标线应根据道路断面形式、路宽及交通管理的需要画定,路面标线形式有车行道中线、车行道边缘线、车行道分界线、停止线、人行横道线、减速让行线、导流标线、车行道宽度渐变段标线、停车位标线、停靠站标线、出入口标线、导向箭头、路面文字或图形标记等,如图 1.54 所示。

3. 交通信号设备

市政道路主、次干道交叉口一般都设置有交通信号设备,用来指挥交叉口的交通。交叉口的交通信号设备有指挥信号灯、人行横道信号灯、黄色警示灯。

① 指挥信号灯是指挥交叉口各路口车辆通行的信号灯,常设在交叉口中央、进入交叉口的路口停止线前,或交叉口出口一侧。

② 人行横道信号灯主要设置在交通繁杂的交叉口或路段,用以保证行人安全有序地

横过车行道。

③ 黄色警示灯是夜间停止使用指挥信号灯指挥交通后,提醒车辆、行人注意前方是交叉口而设置的。黄色警示灯可以悬吊于交叉口中央上空,也可以利用指挥信号灯的黄灯来代替。

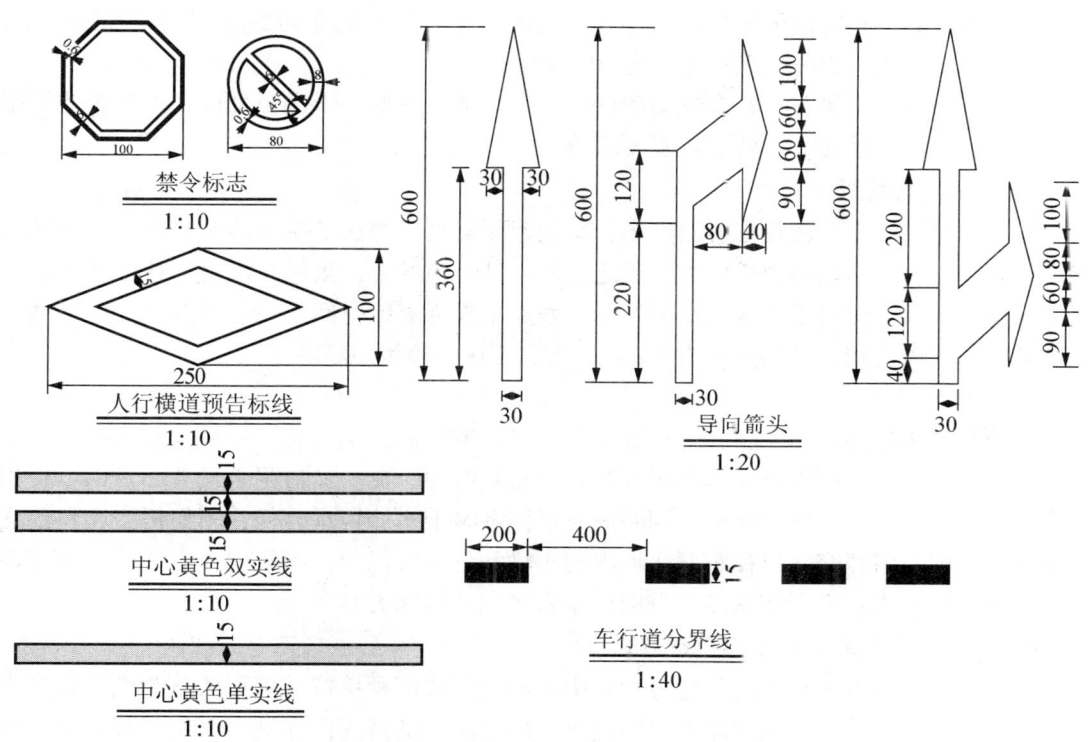

图1.54 路面标线尺寸图(单位:cm)

拓展讨论

党的二十大报告指出,推进新型工业化,加快建设制造强国、质量强国、航天强国、交通强国、网络强国、数字中国。目前,我国在新能源汽车、智能辅助驾驶技术等方面取得了非常瞩目的成就,为适应这一发展趋势,试讨论交通管理设施应如何在高压充电站、物联网、高精度地图等技术领域配套升级?

育人元素 科技发展 创新精神

1.6.2 市政道路公交车停靠站的布置

1. 公交车停靠站的布置

公共交通站点的布置,包括首末站、中途停靠站,特别是中途停靠站的布置,将直接影响居民乘车的便捷程度、车辆运行速度和道路的通行能力。停靠站布置合理并能相对固定，可使客运能力与客运负荷协调，保证交通安全。同时，应采取有力措施，加固停靠站的路面，以防止其过早损坏。

为了减少车辆行程和工时浪费，公共交通车辆一般分别停放在交通路线的首末站，即始发站或到达站。公共交通首末站也是车辆掉头、待发的场地，应设置回车场及司售人员休息室。回车场应设在客流集散的主流方向同侧，其出入口不得直接与快速路、主干路相接。环形回车时，车行道的最小转弯半径，应不小于公共交通车辆最小转弯半径的两倍，公共汽车一般为 25~35m，无轨电车为 30~40m。

公交车停靠站主要布置在客流集散点，如火车站、商场、干道交叉口、工矿企业等附近，有时还要考虑地形、特殊的治安要求等。

2. 停靠站的间距

停靠站间距过小，就意味着站点多，车辆速度不高，增加了乘客乘车的时间，且频繁制动、起动，轮胎与燃料消耗也大；反之，停靠站间距过大，虽然车辆运行速度提高，乘客上车时间减少，但对于乘客上车则不便，增加了乘客步行时间。一般认为，市区公共交通车辆中途停靠比较合理的间距为 500m 左右，郊区一般为 1000m 左右。

3. 停靠站设点

道路交叉口附近的站位，宜安排在交叉口出口道一侧，距交叉口为 50~100m。

交叉口停靠站的布置有对称布置和非对称布置两种。在交叉口附近设置站点时，应根据直行与转弯车辆的客流量而定，同时应考虑使乘客乘车、换车方便；不妨碍交叉口的交通和安全，即不阻挡交叉口视距三角形内的车辆和行人的视线；不影响停车线前车辆的停车候驶和通行能力；不影响站点本身的行车秩序和通行能力等。

4. 停靠站在道路平面上的布置方式

公交车停靠站按其设置的位置分为路中式和路侧式两种；按几何形状分为港湾式和直线式两种。有中央分隔带的道路可采用路中式停靠站。港湾式停靠站不直接侵扰道路主线机动车辆的通行能力，可保证交通安全，使用较广泛，其几何构造如图 1.55 所示。当条件受限时可用直线式停靠站。

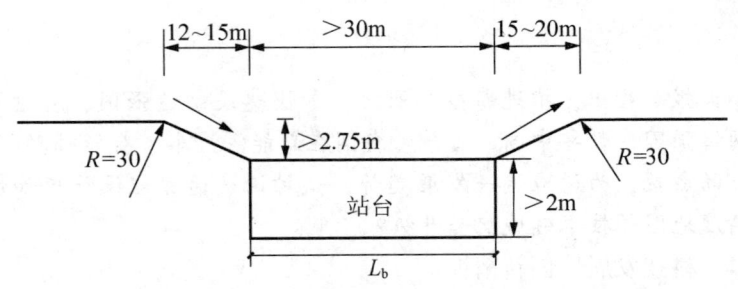

停靠站

图 1.55 港湾式停靠站几何构造

注：$L_b = n(l_b + 2.5)$。公式中 L_b 为公共汽（电）车停靠站站台长度（m）；
n 为同时在站台停靠的公交车辆数；l_b 为公交车辆长度，一般为 15~20m。

1.6.3 市政道路停车场的布置

1. 停车场布置的基本要求

为使车辆有固定的停放地点，避免妨碍交通和影响市容，应在城市适当地点划定面积，供车辆停放。停车场的具体地点，除设置在交通枢纽点、城市出入口、工业仓库区、商业中心、文化体育中心、集贸市场、公园及风景区等地外，还应结合道路系统在城市环路与放射干路交会处附近，留出合理的停车场，以避免过境车辆不必要地穿越市区，加重市区道路负担。停车场的位置不得靠近城市干路的交叉口。当不得已时，其出入口应远离交叉口，最好距停车线100m以上。值得注意的是停车场出入口不宜设在主干路上，且不得设在人行横道、公交车停靠站及桥隧的引道上。

停车场

2. 停车场在道路上的布置形式

① 沿路缘石线停车场。沿路缘石线停车场通常设置在与主要干道相交的次要道路上。

② 港湾式路边停车场。港湾式路边停车场是指在道路一侧或两侧有足够宽度的绿化带内做成的港湾式停车道。

③ 利用分隔带停车场。当机动车道与非机动车道之间有较宽的分隔带时，可利用其地盘布置停车道。

④ 道路外的港湾式停车场。沿路缘石线停车比较普遍，但会占用车行道的面积；在绿化带中设置停车道的方式，用地紧凑，但出入停车场时对交通有一定的干扰；沿道路停车是在没有停车场情况下的一种勉强措施。相比前述方式，以在道路外设置港湾式停车场最为安全，停放车辆也多，适用于车型复杂，并有大量车流、人流集散的地方。

选择停车场在道路上的布置形式时，主要应考虑有便利的出入口，且在倒车、转向时，不妨碍主要的车流和人流。

1.6.4 市政道路无障碍设施

建设无障碍设施，是为老、弱、病、残、幼等社会成员提供方便的重要措施，是现代城市建设的一项必不可少的内容，是社会进步的重要标志。市政道路无障碍设施主要是指道路、桥梁、人行道、人行天桥、人行地道、公交站点、公共绿地等的相应设施，其主要包括以下几种。

市政道路无障碍设施

拓展讨论

1. 在道路上设置无障碍设施的目的？
2. 设置在人行道里常见的无障碍设施有哪几种？
3. 列举在日常生活中经常观察到的无障碍设施设置和应用不合理、不人性化的现象有哪些？

育人元素 公共服务 人文关怀

1. 缘石坡道

缘石坡道是设置于各种路口、出入口和人行横道处,使乘轮椅者避免缘石与路面高差带来的通行障碍,方便乘轮椅者出行的一种坡道。图1.56所示为交叉口三面坡路缘石坡道。

××中心大道缘石坡道设计大样图

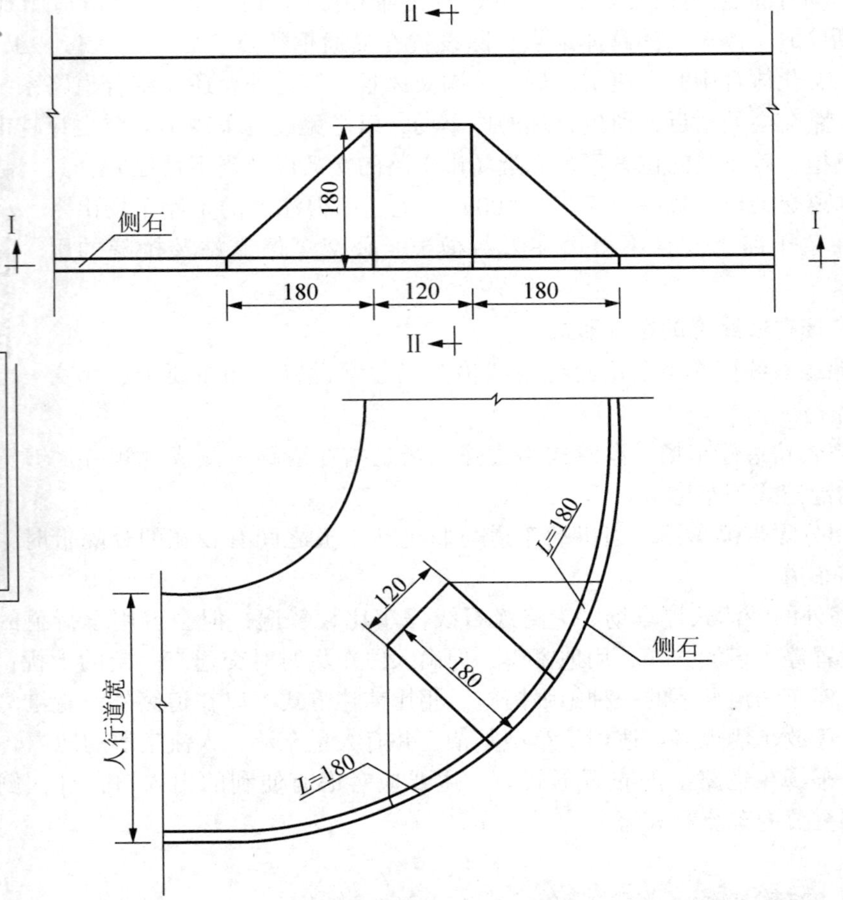

图1.56 交叉口三面坡缘石坡道(单位:cm)

2. 盲道

盲道是在人行道上铺设一种固定形态的地面砖,使视残者产生不同的脚感,引导视残者向前行走、辨别方向安全到达目的地的通道。盲道应与相邻人行道铺面的颜色或材质形成差异。盲道分为行进盲道和提示盲道两种。图1.57所示为行进盲道尺寸,图1.58所示为提示盲道尺寸。

3. 轮椅坡道

轮椅坡道是在坡度和宽度,以及地面、扶手、高度等方面符合乘轮椅者行进要求的坡道。

4. 无障碍机动车停车位

无障碍机动车停车位应设置在地面坡度小于1∶50,通行方便、路线短的位置,停车位的一侧设置宽度大于1.2m与停车位无高差的轮椅坡道。无障碍机动车停车位数量根据停车场的数量确定。

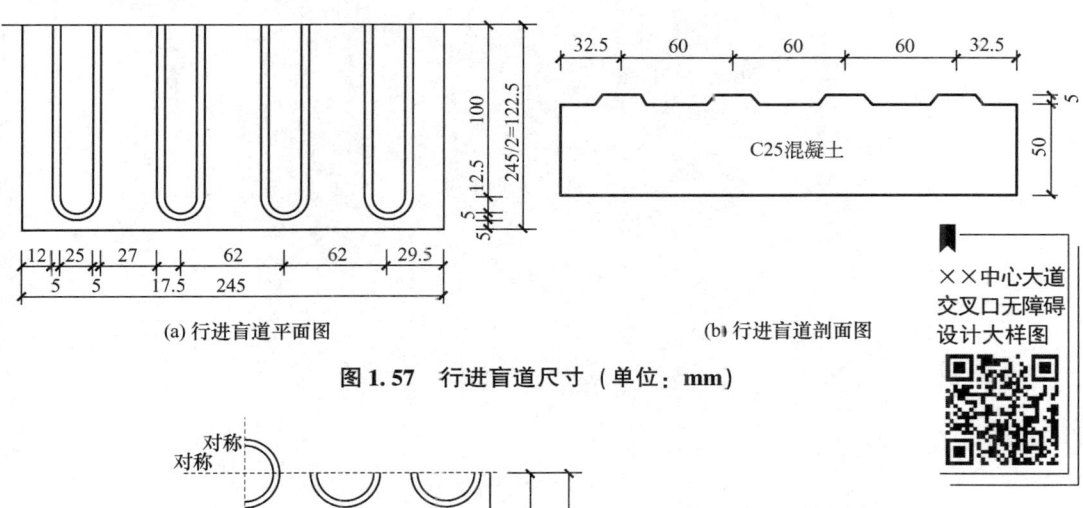

(a) 行进盲道平面图　　　　　　(b) 行进盲道剖面图

图 1.57　行进盲道尺寸（单位：mm）

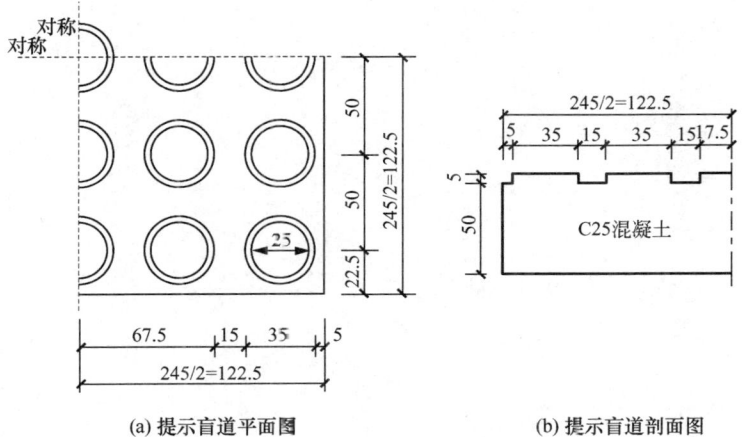

(a) 提示盲道平面图　　　　　　(b) 提示盲道剖面图

图 1.58　提示盲道尺寸（单位：mm）

××中心大道交叉口无障碍设计大样图

××中心大道提示盲道设置大样图

××中心大道盲道块材大样图

能力训练及习题

能力训练

识读某市政道路附属设施图,见《市政工程施工图案例图集》中的路-11~路-16。
(1) 目的。使学生进一步熟悉和掌握市政道路附属设施图的内容和识读方法。
(2) 能力要求。要求学生能准确描述道路附属设施图反映的内容。
(3) 准备。准备一张市政道路附属设施图,复习道路附属设施图的内容和表示方法。

习题

一、选择题

1. (　　) 不属于交通标志的主标志。
   A. 警告标志　　B. 辅助标志　　C. 禁令标志　　D. 指示标志
2. (　　) 不是交通标志的要素。
   A. 颜色　　B. 长度　　C. 形状　　D. 符号
3. (　　) 是在人行道上铺设一种固定形态的地面砖,使视残者产生不同的脚感,诱导视残者向前行走、辨别方向安全到达目的地的通道。
   A. 盲道　　B. 缘石坡道　　C. 轮椅坡道　　D. 盲文站牌
4. 盲道分为行进盲道和 (　　) 两种。
   A. 上下盲道　　B. 提示盲道　　C. 斜坡盲道　　D. 警告盲道
5. (　　) 是设置于各种路口出入口和人行横道处,使乘轮椅者避免了缘石与路面高差带来的通行障碍,方便乘轮椅者出行的一种坡道。
   A. 盲道　　B. 缘石坡道　　C. 轮椅坡道　　D. 盲文站牌

二、简答题

1. 市政道路包括哪些交通管理设施?
2. 公交港湾式停靠站的优点有哪些?

在线答题

项目1 市政道路施工图的识读与会审

学习任务单

◆ **学习目标**

熟悉市政道路附属设施的种类、作用、要求,学会识读市政道路交通设施图和市政道路无障碍设施图。

◆ **学习地点**

实训室、室外实训场。

◆ **学习准备**

《市政工程施工图案例图集》、互联网资源、多媒体设备等。

◆ **学习过程**

阅读《市政工程施工图案例图集》中的路-11,填写阅读成果。

对本工程用到哪些道路附属设施进行分类描述。

任务1.7 市政道路施工图审核与会审

看懂施工图的目的是指导实际施工,有效地从事现场经营和管理。阅读施工图一般从本岗位施工生产、经营管理实际需要入手,读懂意图,从而监督和指导操作。对于各高级工种、技术管理人员不仅要看懂各工种的复杂施工图,还要求能审核图纸。学习施工图的关键是要领会设计者意图,从读图中审核图纸,发现问题、提出问题并向设计部门提出建议,确保按图施工的质量,降低工程造价。

本任务的重点是要在学会识读市政道路施工图的基础上,提高看图水平,在理解设计者意图的同时审核图纸,并掌握施工图会审的作用、过程和内容,以及会审资料的填写。

1.7.1 施工图审核

从工程施工角度出发,阅读和校核施工图,以了解设计意图,熟悉设计图内容,提出有关设计图中的疑问和建议,对平面、纵断面、横断面设计图纸可能存在的不相符之处进行校核。

1. 通读工程的全套施工图

了解工程全貌、工程规模、主要工程项目和内容、主要工程数量、工程概(预)算等。

拓展讨论

1. 在道路上设置无障碍设施的目的?
2. 设置在人行道里常见的无障碍设施有哪几种?
3. 列举在日常生活中经常观察到的无障碍设施设置和应用不合理、不人性化的现象有哪些?

育人元素　公共服务　人文关怀

2. 中线里程的校核

由于里程桩号的连续性,若整个路线中有一处桩号有问题,则在其后的各里程桩号必然出现断链而影响全局,因此,必须重视这项校核工作。

当各交点均有已知坐标时,可用坐标反算的方法,核算各交点的间距与转折角是否有误;当各交点没有坐标值时,则应由路线起点起,先校核各交点处的曲线要素(L、T、R、E、A 及校正值 J)与各主点桩号均无误后,再用式(1-37)与式(1-38)校核各交点间距与路线终点桩号是否正确。

(1)交点间距 D_{ij} 的计算与校核

$JD_7 \sim JD_8$ 间距离为

$$D_{78} = JD_8 桩号 - JD_7 桩号 + J_7 \tag{1-37}$$

计算校核如下。

$$D_{78} = JD_8 桩号 - YZ_7 + T_7 \tag{1-38}$$

(2) 线路总长度的计算校核

当线路起点桩号为 K0+000 时,则

线路总长度的计算校核 = $\sum D$(各交点间距的总和) - $\sum J$(各交点处校正值的总和)

3. 平面图线形设计

平面图线形设计包括街道(路基)宽度,道路两侧建筑物、建筑设施的情况,路口设计、沿线桥涵和附属构筑物的设计情况,地上房屋、树木、杆线、田地等的拆迁情况,地下管缆设置和原有管缆情况等。

4. 纵断面图的纵断线形设计

纵断线形设计包括纵坡度及其坡长,竖曲线最小半径,最小竖曲线长度,沿线土质、水文情况,桥涵过街管缆等附属构筑物位置、高程,原有建筑、设施基底高程等。在纵断面图上的路口,校核广场、停车场、支线等的高程衔接是否一致。

5. 横断面图的横断线形设计

横断线形设计包括路面结构,标准横断面、规划横断面、原路横断面相互关系等。

当路有几种不同的设计标准横断面时,可以从路线桩号的起点至终点,按顺序用相应的标准横断面对平面图进行校核。在同一种横断面布置的路段中,校核各组成部分的宽度施工中线、规划中线、原路中线、路拱横坡度、路面结构、地下管线位置、高程,该标准横断面的起止桩号与平面图是否相符,同一种路面结构的使用范围与平面图中所示路段是否一致。

在横断面与平面图对照中,同时检查相应路段的纵断面图、平面曲线与纵坡段的关系,最小平曲线半径与最大纵坡度重合时对施工测量的要求,坡向、坡度在平面图中出入口的处理方式。

横断面图与纵断面图对照,校核填挖方中心高度、路边建(构)筑物和设施的基底高程与横断面高程的关系。

1.7.2　施工图会审

施工图会审,又称图纸会审,是指以会议的形式集中解决施工图中存在的使用功能和技术经济等疑难问题。其目的有两方面:一是使施工单位和各参建单位熟悉设计图纸,了解工程特点和设计意图,找出需要解决的技术难题,并制定解决方案;二是解决图纸中存在的一般性问题,如图纸设计深度能否满足施工需要,材料说明及必要的尺寸标注是否具体,构件之间的尺寸或高程是否出现矛盾,构造是否合理,技术上是否可行并便于施工等,减少图纸差错,完善图纸的设计质量,提高建造速度和管理水平,达到功能实用、技术先进、经济合理的目标。

施工图是工程施工和竣工验收的主要资料。施工图设计质量是业主或建设单位十分关心和关注的,是参建各方的共同责任。施工图会审通常是指由建设单位组织施工单位、监理单位,以及材料、设备供货等相关单位共同参与,在收到审查合格的施工图设计文件后,进行的全面、细致的审查和熟悉施工图纸的活动。

施工图会审是施工准备阶段的重要内容之一,未经施工图会审的工程项目不得开工。

1. 施工图会审的内容

① 图纸是否无证设计或越级设计；图纸是否经设计单位正式签署。

② 地质勘探资料是否齐全。

③ 设计图纸与说明是否符合当地要求。

④ 专业图纸之间，平面图与纵断面图及横断面图之间有无矛盾；尺寸标注有无遗漏。

⑤ 平面图与纵断面图之间、纵断面图与横断面图之间、图与表之间的材料规格、强度等级、材质、数量、坐标、高程数据是否一致，是否有错、漏、缺。

⑥ 图纸上的前后表述是否一致，如路幅划分与说明不符、结构断面厚度不一致等。

⑦ 路面高程和排水管道的高程与已有道路的高程衔接处理是否合理。

⑧ 设计是否造成施工困难，如新型材料的选用是否造成实施困难、管道的位置施工工序是否满足不了工期的要求、桥梁空洞中的模板是否难以拆除等。

⑨ 施工图中所列各种标准图册施工单位是否具备。

⑩ 材料来源有无保证，能否代换；图纸中所要求的条件能否满足；新材料、新技术的应用是否有问题。

⑪ 地基处理方法是否合理，是否存在不能施工、不便于施工的技术问题，或容易导致质量、安全、工程费用增加等方面的问题。

⑫ 工艺管道、电气线路、设备装置与建筑物之间或相互之间有无矛盾，布置是否合理。

2. 施工图会审的程序

施工图会审应在开工前进行。如施工图纸在开工前未全部到齐，可先进行分部工程施工图会审。

施工图会审的一般程序：业主或监理方主持人发言→设计方图纸交底→施工方、监理方代表提问题→逐条研究→形成会审记录文件→签字、盖章后生效。

施工图会审前必须组织预审。阅图中发现的问题应归纳汇总，会上派一代表为主发言，其他人可视情况适当解释、补充。

施工方及设计方应有专人对提出和解答的问题做好记录，以便核查。

整理成为施工图会审记录，由各方代表签字盖章认可。

3. 施工图会审的要求

下列人员必须参加施工图会审：建设方的现场负责人及其他技术人员；设计院总工程师、项目负责人及各专业设计负责人；监理单位项目总监、副总监及各个专业监理工程师；施工单位项目经理、项目副经理、项目总工程师及各专业技术负责人；其他相关单位的技术负责人。

施工图会审应在单位工程开工前完成，以确保工程质量和工程进度，避免返工和浪费；当施工图由于客观原因不能满足工程进度时，可分阶段组织会审；施工图会审由主持单位做好详细记录，较重要的或有原则性的问题应经监理公司、建设单位会签后，由设计代表签署解决意见，并不再另办设计变更；委托外单位加工、订货用的图纸，应由委托单位的工程管理部门进行审核后交出；加工单位提出的设计问题由委托单位提交设计单位处理解决。

设计交底与施工图会审的通常做法是，设计文件完成后，设计单位将设计图纸移交建设单位，报经有关部门批准后，建设单位将设计图纸发给承担施工阶段监理的监理单位和施工单位。由建设单位组织参建各方进行施工图会审，并整理成会审问题清单，在设计交底前一同交给设计单位。承担设计阶段监理的监理单位组织设计单位做交底准备，并对会审问题清单拟定解答。设计交底一般以会议形式进行，先进行设计交底，后转入施工图会审问题解答，通过设计、监理、施工三方或参建多方研究协商，确定存在的图纸问题和各种技术问题的解决方案。

设计交底应由设计单位整理会议纪要，施工图会审应由监理单位整理会议纪要，与会各方会签。设计交底与施工图会审中涉及设计变更的，尚应按监理程序办理设计变更手续。设计交底会议纪要、施工图会审会议纪要一经各方签认，即成为施工和监理的依据，作为监理文件由建设单位和监理单位长期存档。

设计交底记录（表1-21）和施工图会审记录（表1-22），作为施工文件由建设单位、设计单位、施工单位长期保存，监理单位短期保存，城建档案馆存档。

表1-21 设计交底记录

工程名称		建设单位	
设计单位			
施工单位		监理单位	

交底内容：

建设单位签章		设计单位签章	
项目负责人：	年 月 日	项目负责人：	年 月 日
施工单位签章		监理单位签章	
技术负责人：	年 月 日	总监理工程师：	年 月 日

表1-22 施工图会审记录

工程名称			
建设单位		设计单位	
施工单位		监理单位	
图纸名称及图号	主要内容		结论意见
建设单位签章 项目负责人：　　　　年　月　日		设计单位签章 项目负责人：　　　　年　月　日	
施工单位签章 技术负责人：　　　　年　月　日		监理单位签章 总监理工程师：　　　　年　月　日	

　　施工图会审记录是施工文件的重要组成部分，和施工图纸具有同等效力，所以施工图会审记录的管理办法和发放范围同施工图，应认真实施。施工图会审记录要填写一式五份。施工图会审记录也可用于施工单位的技术负责人组织单位内部的施工技术人员对施工图设计文件进行全面学习和审核。施工图会审记录由主持单位保留并发放，施工单位保留一份各专业施工图会审记录，以备后期施工时查阅。

　　在施工图设计文件交予建设单位投入使用前或使用后，均会出现由于建设单位要求，或现场施工条件的变化，或国家政策法规的改变原因而引起的设计变更。设计变更必须征得建设单位同意并且办理书面变更手续，凡涉及施工图审查内容的设计变更还必须报请原审查机构审查后再批准实施。设计变更通知单（表1-23）由建设单位永久保存，施工单位、设计单位长期保存，城建档案馆存档。

表 1-23 设计变更通知单

工程名称		变更单编号	
建设单位		施工单位	
设计单位		相关图号	

变更内容及简图：

设计人：   年 月 日

设计单位意见： 　　　　签字（公章）： 　　　　　　　　年 月 日	建设单位意见： 　　　　签字（公章）： 　　　　　　　　年 月 日

施工图审批机构意见：

　　　　　　　　　　　　　　　　　　　　　　　　　　签字（公章）：
　　　　　　　　　　　　　　　　　　　　　　　　　　　　　年 月 日

能力训练及习题

能力训练

1. 审核某市政道路施工图。
（1）目的。使学生进一步掌握市政道路施工图的审核方法。
（2）能力要求。要求学生能审核市政道路施工图。
（3）准备。准备一套市政道路施工图；复习市政道路施工图的组成和识读方法。
（4）审核要点。
① 审核道路图纸是否完整齐全。
② 审核道路标准是否符合城市规划和交通需求，计算设计速度是否符合规定。
③ 审核道路平面图与纵断面图之间、纵断面图与横断面图之间、图与表之间的材料规格、强度等级、材质、数量、坐标、高程数据是否一致，是否有错、漏、缺。
④ 审核图纸中的尺寸与说明是否齐全、一致。

2. 模拟市政道路施工图会审会议。
（1）目的。使学生进一步掌握市政道路施工图的会审方法。
（2）能力要求。要求学生能进行市政道路施工图会审。
（3）准备。准备一套市政道路施工图；复习市政道路施工图的识读和审核方法。
（4）会审目标。
① 能编制施工图会审程序及组织施工图会审现场。
② 能做好会审现场记录。
③ 能客观提出施工图中的一般问题及施工中有待解决的问题。
④ 能编制市政道路施工图会审纪要文件。

习 题

一、选择题

1. 施工图会审记录是（ ）的重要组成部分，和施工图纸具有同等效力，所以施工图会审记录的管理办法和发放范围同施工图，应认真实施。
　　A. 施工文件　　　B. 设计文件　　　C. 招投标文件　　　D. 监理文件

2. 设计变更必须征得（ ）同意并且办理书面变更手续。
　　A. 监理单位　　　B. 施工单位　　　C. 代建单位　　　D. 建设单位

3. 设计变更中凡涉及施工图审查内容的设计变更还必须报请（ ）审查后再批准实施。
　　A. 原审查机构　　B. 施工单位　　　C. 代建单位　　　D. 建设单位

二、简答题

1. 对中心大道工程的线路总长度进行计算校核。
2. 施工图会审的目的是什么？
3. 施工图会审的一般程序有哪些？
4. 哪些人员必须参加施工图会审？

在线答题

项目1 市政道路施工图的识读与会审

学习任务单

◆ 学习目标

能从工程施工角度出发，阅读和校核施工图，了解设计意图，熟悉设计图内容，提出有关设计图中的疑问和建议，能对平、纵、横设计图纸可能存在的不相符之处进行校核。

◆ 学习地点

实训室。

◆ 学习准备

《市政工程施工图案例图集》《城市道路工程设计规范（2016年版）》《城市道路路线设计规范》、互联网资源、多媒体设备等。

◆ 学习过程

一、阅读《市政工程施工图案例图集》，准备以下图纸会审问题。

1. 是否无证设计或越级设计；图纸是否经设计单位正式签署。
2. 地质勘探资料是否齐全。
3. 设计图纸与说明是否符合当地要求。
4. 专业图纸之间、平纵横图之间有无矛盾；尺寸标注有无遗漏。
5. 平面图与纵断面图之间、纵断面图与横断面图之间、图与表之间的材料规格、强度等级、材质、数量、坐标、高程数据是否一致，是否有错、漏或缺。
6. 图纸上的前后表述是否一致，出现概率较大的是路幅划分与说明不符、结构断面厚度前后不一致等。
7. 路面高程和排水管道的高程与已有道路的高程衔接处理是否合理。
8. 设计是否造成施工困难等。例如，新型材料的选用是否造成实施困难，管道的位置施工工序是否能满足工期的要求，桥梁空洞中的模板是否难以拆除等。
9. 施工单位是否具备施工图中所列的各种标准图册。
10. 材料来源有无保证，能否代换；图中所要求的条件能否满足；新材料、新技术的应用是否有问题。
11. 地基处理方法是否合理，是否存在不能施工、不便于施工的技术问题，或容易导致质量、安全、工程费用增加等方面的问题。
12. 工艺管道、电气线路、设备装置与建筑物之间或相互间有无矛盾，布置是否合理。

二、组织图纸模拟会审会议，填写图纸会审记录。

图纸会审记录

工程名称			
建设单位		设计单位	
施工单位		监理单位	

续表

图纸名称及图号	主要内容	结论意见

建设单位签章	设计单位签章
项目负责人：　　　　年　月　日	项目负责人：　　　　年　月　日
施工单位签章	监理单位签章
技术负责人：　　　　年　月　日	总监理工程师：　　　年　月　日

项目 2　市政道路路基施工

能力目标

(1) 能读懂路基施工图。
(2) 会查阅施工技术规范,能进行道路路基施工技术方案的编制。
(3) 会查阅验收规范等资料,能对路基工程进行质量控制与验收。

项目导读

路基施工

项目从路基施工准备工作开始,分别介绍路基土石方施工、挡土墙施工、软土路基处理施工及路基工程的施工质量控制与验收等内容,并以实际道路工程路基施工为例,借助多媒体设备、实训设备、实训现场、实操教学,进一步强化实践性,遵循"做中学、学中做"的理念,融理、实为一体。

项目任务

(1) 根据本书配套图集《市政工程施工图案例图集》中的路-8、路-9 进行道路路基施工准备工作,重点包括技术准备、现场准备、物资准备、测量放样等。
(2) 根据工程特点和工程现场实际条件,结合路基的构造特点,采用合理的施工方法、选择合适的施工机械、组织好施工工艺流程、提出保证施工质量和安全的施工技术措施及施工注意事项。
(3) 根据规范要求提出该路基工程的施工质量控制并检查验收项目和实施。
(4) 项目成果为路基施工技术方案一份。

任务2.1 路基施工准备

路基是按照道路路线位置和横断面要求修筑的带状结构物。路基施工准备是路基施工的基础,路基施工前应熟悉路基施工图所包括的内容,各部分的主要尺寸及相互关系,明确施工前的准备工作与内容,掌握路基施工的测量放样工作。

2.1.1 路基结构图识读

1. 路基的断面类型

路基是路面的基础,承受由路面传来的行车荷载,贯通道路的全线,具有路线长、工程数量大,穿越不同地貌、地质、水文及街区地段的特点,因此具有不同的断面类型。

路基典型的横断面介绍及示意图可参见本书第1.4.5节,在此不做重复讲解。

拓展讨论

1. 城市道路与公路路基横断面由哪几部分组成?
2. 城市道路与公路路基横断面组成的异同?
3. "路肩"的作用是什么?为什么称"路肩"为"生命线"?

育人元素 规范与道德 法律意识 安全意识

2. 路基宽度、高度和边坡坡度

路基分为一般路基和特殊路基。一般路基是指在良好的地质与水文等条件下,填方高度和挖方深度不大的路基。通常一般路基可以结合当地的地形、地质情况,直接选用典型横断面作各横断面图,不必进行个别验算。超过规范规定的高填、深挖路基,以及工程地质与水文地质等条件不良的路基称为特殊路基。为了确保路基具有足够的强度与稳定性,特殊路基需要进行个别设计和验算。

公路路基横断面的组成包括行车道、中间带、路肩、边沟、边坡、截水沟、排水沟、支挡防护结构等;市政道路路基横断面的组成包括车行道、人行道、分隔带、路缘带和路侧带等。

路基宽度取决于道路横断面各组成部分的宽度;路基高度(包括道路中线填挖高度、道路两侧的边坡高度)取决于纵断面设计及地形;路基边坡坡度应根据工程地质、水文条件、路基土的性质、边坡稳定性、横断面经济性及其他安全、美观等因素综合考虑。

(1) 路基宽度

市政道路具有不同功能的组成部分,如车行道、人行道、分隔带、路缘带和路侧带等。路基宽度应结合道路横断面上的交通组织特点及其布置的路幅形式,对道路上各组成部分所占用的宽度求和,即路基宽度为道路上各组成部分所占用的宽度之和。

(2) 路基高度

市政道路横断面关系到交通、环境、城市景观与市政公用设施的协调安排,不仅涉及综合经济问题,而且与环境、社会效益直接相关。因此,要综合考虑交通、环境、沿街建筑,以及路上和路下各种管线、杆柱设施的协调合理安排。

市政道路的路基高度是指路基设计高程与道路中线原地面高程之差,又称路基填挖高度或施工高度。路面结构底面以下 0.8m 范围内的路基部分称为路床,其中 0~0.3m 为上路床,0.3~0.8m 为下路床。

路基高度是影响路基稳定性的重要因素,它也直接影响到路面的强度、稳定性、厚度、结构及工程造价。为此,在取土困难、用地受到限制、工程地质或水文地质条件不良,不能满足要求时,应采取相应的排水、防护或加固等处治措施,以确保路基的强度和稳定性。

(3) 路基边坡坡度

山区市政道路,为保证路基稳定,路基两侧需做成具有一定坡度的坡面。路基边坡坡度是以边坡的高度 H 与宽度 b 之比来表示的,为方便起见,习惯写成 1:m ($m = b/H$),称为坡率,如 1:0.5、1:1.5,如图 2.1 所示。m 值越大,边坡越缓,稳定性越好,但工程数量增大,且边坡过缓会使坡面暴露面积过大,易受雨、雪侵蚀,反而不利。可见,路基边坡坡度对路基稳定起着重要的作用。

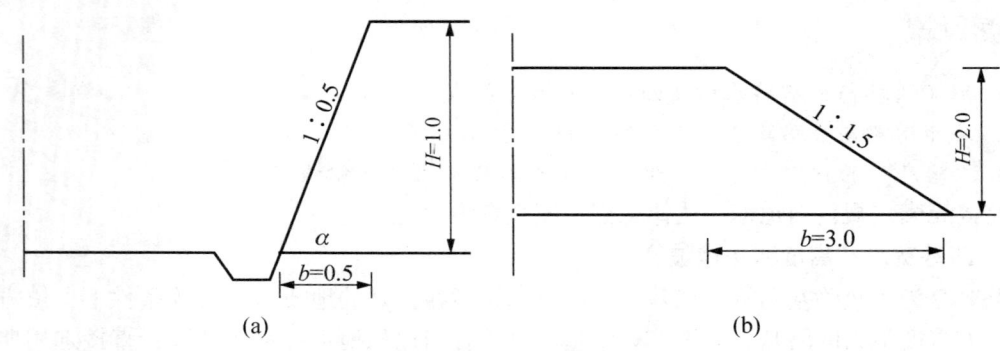

(a) 路堑;(b) 路堤

图 2.1　路基边坡坡度示意图(单位:m)

路堤边坡坡度,应根据填料的物理力学性质、气候条件、边坡高度及基底的工程地质和水文地质条件等,依据相关规范进行合理的选定。

路堑边坡坡度,主要与当地的工程地质、水文地质、地面排水条件、边坡高度及施工方法等因素有关,应综合分析论证确定。

土质路堑边坡形状可分为直线形、上陡下缓折线形、上缓下陡折线形和台阶形四种形式。确定边坡形状时,应根据土的组织结构、均匀程度、密实程度、可塑状态及边坡高度,合理选择。

3. 路基基本要求

道路的路面、路肩都靠路基支撑,有了坚实牢固的路基,才能保证路面、路肩的稳固,才不致在车辆行驶荷载作用和自然因素影响下,发生松软、变形、沉陷、坍塌,所以路基也是整个道路的基础。一条道路的使用品质,不仅与道路的线形、路面的质量有关,还与路基的质量有着重要的关系。

路基敷设在地面上,它的稳定受地形、地质、水文和气候及其他市政配套工程质量的影响极大,如果设计和施工不当,均会产生各种病害,导致路基、路面的破坏,从而严重影响交通和行车安全，修复时还要耗费更大的人力和物力，故路基应满足三个方面的基本要求。

（1）强度

路基强度是指在车辆荷载的反复作用下，路基对通过路面传递下来的压力的承受能力和对变形的抵抗能力。路基应能承受这种压力而不产生超过容许限度的变形。

大量实测数据表明，路基强度对路面设计影响极大，特别是路基顶部以下 $0.8\sim1.5\mathrm{m}$ 深度范围，可视为路面结构的组成部分考虑。

① 路基受力。

作用于路面上的车辆荷载、路基和路面的自重使路基处于受力状态，图 2.2 是路基受力时，在不同深度 Z 范围内的应力分布示意图。其中，因车辆荷载所引起的应力 σ_1，随着深度 Z 增加而急剧减小，因路基自重所产生的应力 σ_2 则随深度的增加而增大。假设车轮荷载为圆形均布垂直荷载，作用在均质的各向同性的无限半空间体表面，其内部任意点所产生的竖向应力的计算公式可表示为

$$\sigma_1 = K\frac{p}{Z^2} \qquad (2-1)$$

式中 p——车轮荷载的均布单位压力，kPa；

K——系数，一般取 $K=0.5$；

Z——圆形均布荷载中心下应力作用点的深度，m。

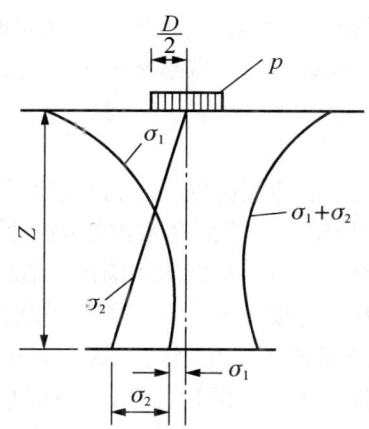

图 2.2 路基应力分布示意图

因自重所引起的路基中的应力，考虑到在一定深度以下，同路基自重相比，路面自重影响很小，所以在研究荷载作用深度时，为简化起见，将路面自重略去不计（如当路面很厚时，可考虑将路面自重换算为路基土的相当厚度而计入），则路基土的自重应力 σ_2 可取填料单位重度 γ 与深度 Z 的乘积，表示如下：

$$\sigma_2 = \gamma Z \qquad (2-2)$$

② 路基工作区。

路基某一深度 Z_a 处，当车轮荷载引起的垂直应力 σ_1 与路基土自重引起的垂直应力 σ_2 之比小于 0.1 时，该深度 Z_a 范围内的路基称为路基工作区。在工作区范围内的路基，对于支承路面结构和车轮荷载影响较大，在工作区范围以外的路基，影响逐渐减小。

在路基工作区内,路基的强度和稳定性对保证路面结构的强度和稳定性极为重要,对工作区深度范围内的土质选择、路基压实度应提出较高的要求。

当路基工作区深度大于路基填土高度时(图 2.3),行车荷载的作用不仅施加于路堤,而且施加于天然地基的上部土层。因此,天然地基上部土层和路堤应同时满足路基工作区的要求,均应充分压实。

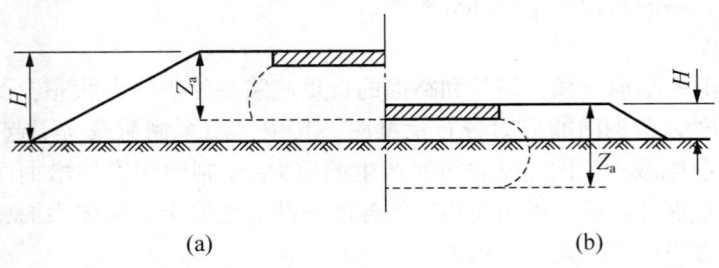

(a)路堤高度大于 Z_a;(b)路堤高度小于 Z_a

图 2.3 路基工作区深度与路基填土高度关系

③ 路基的力学强度指标。

路基的力学强度指标取决于所采用的地基模型。目前在路面力学计算中采用的模型主要是弹性半空间体地基模型和文克勒地基模型两种。前者采用反映路基应力应变特征的弹性模量 E 和泊松比 μ 作为路基的刚度指标;后者用地基反应模量 K 表征路基受力后的变形性质。此外,尚有用于表征路基承载力的参数指标和进行路面结构设计的指标,如加州承载比(CBR)、抗剪强度等。

a. 回弹模量。

以回弹模量表征路基的荷载变形特征可以反映路基在瞬时荷载作用下的可恢复变形性质。《城市道路工程设计规范》规定沥青路面和水泥混凝土路面都以回弹模量作为路基的强度和刚度指标。为了模拟车轮的作用,常以压入圆形承载板试验的方法测定回弹模量。

回弹模量试验记录

用于测定路基回弹模量的方法有柔性承载板法与刚性承载板法两种,其中刚性承载板法采用较多。在路基表面,采用承载板逐级加载、卸载的方法,测出每级荷载下相应的回弹变形值,通过计算可求得路基回弹模量值,现行《城市道路路基设计规范》规定快速路和主干路路床顶面设计回弹模量值不应小于 30MPa,次干路和支路不应小于 20MPa。当现场不满足要求时,应采取措施提高回弹模量。

回弹模量计算公式如下。

$$E_0 = \frac{\pi D}{4}(1-\mu_0^2)\frac{\sum p_i}{\sum l_i} \qquad (2-3)$$

式中 E_0——路基回弹模量,MPa;
μ_0——泊松比,路基取 0.35;
D——承载板直径,mm;
p_i——各级荷载的单位压力,MPa;
l_i——各级荷载单位压力下对应的回弹弯沉值,mm。

b. 加州承载比（CBR）。

加州承载比是早年由美国加利福尼亚州提出的一种评定路基及路面材料承载能力的指标。承载能力以材料抵抗局部荷载压入变形的能力表征，并采用高质量标准碎石为标准，以它们的相对比值表示 CBR 值。

试验时，用一个端部面积为 $19.35cm^2$ 的标准压头，以 $0.127cm/min$ 的速度压入土中，记录每贯入 $0.254cm$ 时的单位压力，直至压入深度达到 $1.270cm$ 时为止。标准压力值用高质量标准碎石通过试验求得，其值见表 2-1。

表 2-1 标准压力值

贯入度/cm	0.254	0.508	0.762	1.016	1.270
标准压力/kPa	7030	10550	13360	16170	18230

CBR 值按式（2-4）计算。

$$CBR = \frac{p}{p_s} \times 100 \tag{2-4}$$

式中　p——对应于某一贯入度的路基单位压力，kPa；

　　　p_s——相应贯入度的标准压力，kPa。

c. 抗剪强度。

在路基边坡内，其强度不足以抵抗剪应力的作用时，则相邻两部分土体便将沿某一剪切面（滑动面）产生相对移动，于是边坡破坏、稳定性丧失，这种土体沿剪切面破坏的现象称为剪切破坏。土体所具有的抵抗剪切破坏的能力称为抗剪强度，土体的抗剪强度由如下关系表示。

$$\tau = \sigma \tan\varphi + c \tag{2-5}$$

式中　τ——土体的抗剪强度，kPa；

　　　σ——作用于剪切面上的法向应力，kPa；

　　　c——土体的黏聚力，kPa；

　　　φ——土体的内摩擦角，(°)。

由式（2-5）可知，土体的抗剪强度是由土体的黏聚力及内摩擦角组成的。土的颗粒愈细，黏聚力愈大；砂土的黏聚力很小，基本为零。由于内摩擦力的影响大于黏聚力，因此，土的颗粒愈粗，抗剪强度也就愈高。

影响土体的黏聚力和内摩擦角的因素主要有土粒大小、形状，组成土的矿物成分，土的密实度和含水率等，也就是说，路基抗剪强度取决于土的性质与状态。因此，对于土的两个抗剪强度指标，在选用时要符合工程实际，应取原状土测定，因为它们是路基稳定性验算和挡土墙设计时必不可少的数据。

（2）稳定性

① 整体稳定性。

对于填挖不大的道路路基，一般不存在整体稳定性问题，但当路基填挖较大时，因改变了原地面的天然平衡状态，在地质不良地段甚至加剧了原来的不稳定状态。例如，修筑在天然斜坡上的路堤，可能因自重作用而下滑；又如在路堑地段，由于两侧边坡失去了原土层的支撑，可能引起塌方。类似这些情况都必须采取措施，以保证整个路基的稳定性。

② 水温稳定性。

路基在大气、地面水和地下水的侵蚀作用下，其强度会发生很大的变动。如在路基中积聚一定水分后，会使路基土质松软、密实度降低。在季节性冰冻地区，还会发生周期性冻融，造成路基填土松软和翻浆。因此，路基不仅应具有足够的强度，而且还必须保证在最不利的水温情况下，强度不会发生显著下降，为此，要求路基应具有一定的水温稳定性。

A. 路基平衡湿度状况。

路基湿度状况受大气降水和蒸发、地下水、温度、路面结构及其透水程度等多种因素的影响。许多观测资料表明，在路面完工后 2~3 年内，路基的湿度变化之间趋近于某种平衡湿度状态。

路基平衡湿度状况，可依据路基的湿度来源划分为 3 种状态，分别对应 3 类路基状态。

a. 潮湿状态——潮湿类路基。

地下水位或地表长期积水的水位高，路基工作区处于地下水毛细润湿影响范围内，路基平衡湿度由地下水或地表长期积水的水位升降所控制。

b. 干燥状态——干燥类路基。

地下水位很低，路基工作区处于地下水毛细润湿区之上，路基平衡湿度由气候因素变化所控制。

c. 中湿状态——中湿类路基。

地下水位较高，路基工作区被地下水毛细湿润面分为上下两部分，下部受地下水毛细润湿的影响，上部受气候因素的影响，如图 2.4 所示。

实践证明：路基处于干燥状态具有足够的承载力，而处于中湿状态具有相当的承载力，处于潮湿状态具有较小的承载力，处于过湿状态则不具有承载力。为了保证路面结构的稳定性，一般要求路基处于干燥或中湿状态。处于潮湿状态的路基必须处理后方可铺筑路面。

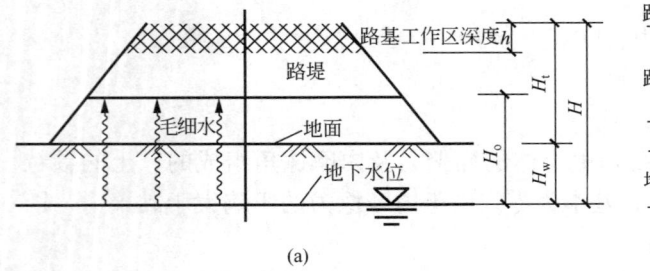
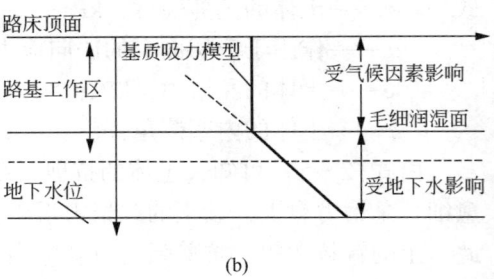

图 2.4 中湿类路基的湿度状况

B. 路基平衡湿度预估方法。

路基土表征湿度时，需要考虑土体密度和质量含水率两个因素，而饱和度和体积含水率均包括了含水率和密度两个参数，故可以选择饱和度和体积含水率中的任意一个来表征土体的湿度状况。《公路路基设计规范》（JTG D30—2015）中采用饱和度来表征路基土的湿度状态，既反映了含水率，也包含了密实度的影响。饱和度可按下式计算。

$$s_r = \frac{\omega_v}{1 - \frac{\gamma_s}{G_s \gamma_w}} \text{ 或 } s_r = \frac{\omega}{\frac{\gamma_w}{\gamma_s} - \frac{1}{G_s}} \tag{2-6}$$

$$\omega_{v} = \omega \frac{\gamma_s}{\gamma_w} \qquad (2-7)$$

式中，s_r——饱和度（%）；

ω_v——体积含水率（%）；

ω——质量含水率（%）；

γ_s、γ_w——土的干密度和水的密度（kg/m³）；

G_s——土的相对密度。

潮湿类路基根据路基相对高度、路基土类别及毛细水上升高度，确定路基的饱和度。干燥类路基根据路基所在自然区划的湿度指标 TMI 和路基土类别确定路基的饱和度。具体数值详见《公路路基设计规范》附录 C。

C. 路基合理填土高度。

a. 满足道路等级所对应的路基设计洪水频率及设计洪水位。

b. 不含路面厚度的路基高度不宜小于中湿状态的路基高度。

c. 不含路面厚度的路基高度不宜小于路基工作区深度。

d. 季节性冰冻地区，不含路面厚度的路基高度不宜小于道路冻结深度。

（3）耐久性

路基应严格按施工管理程序施工，以保证在路基设计使用年限内达到强度和稳定性的要求，无大修，成为路面稳定的基础，保证汽车能正常、安全、舒适地行驶。同时路基应以预防为主、防治结合，以保证路基的耐久性。

路基的耐久性要求贯穿于设计和施工的全部内容之中，影响路基耐久性的主要因素是土、水、温度及施工工艺，所以设计方面应减少漏洞，施工中应及时发现影响耐久性的问题，从岩、土、石材料的质量，防、排水处理措施，路基及防护工程工艺标准要求等各方面严格控制，保证路基的施工质量，以使道路工程有较长的使用年限。

4. 路基排水

（1）路基排水的目的与要求

水是危害道路的主要自然因素。路基沉陷、冲刷、坍塌等都不同程度地与地表水和地下水的侵蚀有关。路基排水的目的，就是将路基范围内的路基土湿度降低到一定的限度以内，以保持路基、路面常年处于干燥状态，确保路基、路面具有足够的强度和稳定性。

路基排水

路基排水包括地表排水和地下排水两大部分。地表排水主要是指排出路基范围内的地表径流、地表积水、边坡雨水及道路邻近地带影响路基稳定性的地表水。地下排水主要是指排出流向路基的地下水或降低地下水位。

路基施工中，必须考虑将影响路基稳定性的地面水排除和拦截于路基用地范围以外，并防止地面水漫流、滞积或下渗。对影响路基稳定性的地下水，则应予以隔断、疏干或降低，并引导至路基范围以外的适当地点。

（2）路基常用的地面排水设施

路基地面排水设施有边沟、截水沟、排水沟、跌水与急流槽、蒸发池、油水分离池和排水泵站等。其中常用的有边沟、截水沟、排水沟、跌水与急流槽。这些地面排水设施的作用和要求均有所不同。

① 边沟。边沟分为路堑边沟和路堤边沟，设置在路堑的路肩外侧或低路堤的坡角外侧，多与路中线平行，用以汇集和排除路面、路肩及边坡的水。

边沟应具有合适的纵坡，不宜过陡，以免水流冲刷造成损害；也不宜过缓，造成水流不畅，形成阻滞和淤积。一般情况下，边沟纵坡坡度应与道路路线纵坡度一致，不宜小于0.3%。边沟有可能产生冲刷时应进行防护。边沟的横断面形式有梯形、矩形、U形、三角形、碟形等。

② 截水沟。截水沟设置在距路堑坡顶外缘或路堤坡脚外缘的一定距离（《公路路基设计规范》规定距路堑坡顶外缘不小于5m，距路堤坡脚外缘不小于2m）。其作用是：当路基一侧或两侧受较大坡面面积汇水影响时，单边拦截汇集水流并予以排除。

③ 排水沟。排水沟主要用于把来自边沟、截水沟或其他水源的水流引至桥涵或路基范围以外的指定地点。排水沟一般采用梯形断面，其断面尺寸通常需经过水力水文计算确定。

排水沟的布置离路基应尽可能远些，距路基坡脚不宜小于4m，并且结合地形因势利导，平面上力求短捷平顺，以直线为宜；必须转弯时，应尽量采用较大半径（10~20m以上），徐缓改变方向，以保证水流顺畅。

④ 跌水与急流槽。跌水与急流槽是路基地面排水沟渠的特殊形式，用于陡坡地段，沟槽的纵坡可达7%以上（跌水）或更陡（急流槽），是山区道路路基排水常见的结构物。

跌水是一种将沟底做成台阶状的人工沟渠。当高边坡水位落差较大时，为了消能减速，便于水流安全进入涵洞而不至于冲刷，可设置跌水。在陡坡路段涵洞的进出口附近连接处，可设置急流槽。

（3）路基常用的地下排水设施

路基地下排水设施有暗沟、渗沟、渗井、渗水隧道等，常用的有暗沟、渗沟、渗井，其特点是排水量不大，主要是以渗流的方式汇集水流，并就近排出路基范围以外。

① 暗沟。暗沟的主要作用是把路基工作区范围内和以下较浅的集中泉眼或渗沟所拦截、汇集的水流，排到路基范围之外去。另外，暗沟还可用于市政道路路面或分隔带中雨水的排除。

② 渗沟。采用渗透方式将路基工作区或以下较浅的大面积地下水汇集于沟内，并沿沟把水排到指定地点，此种地下排水设施统称为渗沟。按照需要排水流量的不同，渗沟大致有三种形式：填石渗沟（也称盲沟）、管式渗沟和洞式渗沟。三种渗沟形式均由排水层（碎砾石缝或管、洞）和反滤层所组成。图2.5所示为渗沟构造图。

③ 渗井。在平原地区，当路基设计高程不大，但是地下水位较高而影响路基工作区时，可设置竖直方向的排水设施，把附近周围上部的地下水，渗流引排到深部的潜水层或透水层中去。这种起到局部降低路基范围内地下水位的竖向排水设施称为渗井。渗井的下部必须穿过不透水层而深达透水层。

5. 市政道路路面排水

市政道路路面排水的主要任务是迅速将路面和路肩表面的降水排走，以免造成路面积水而影响行车安全。市政道路路面排水系统一般采用管渠形式。根据道路所处地区和构造特点，市政道路路面排水系统可分为暗式（管道）排水系统、明式排水系统和混合式排水系统三种。

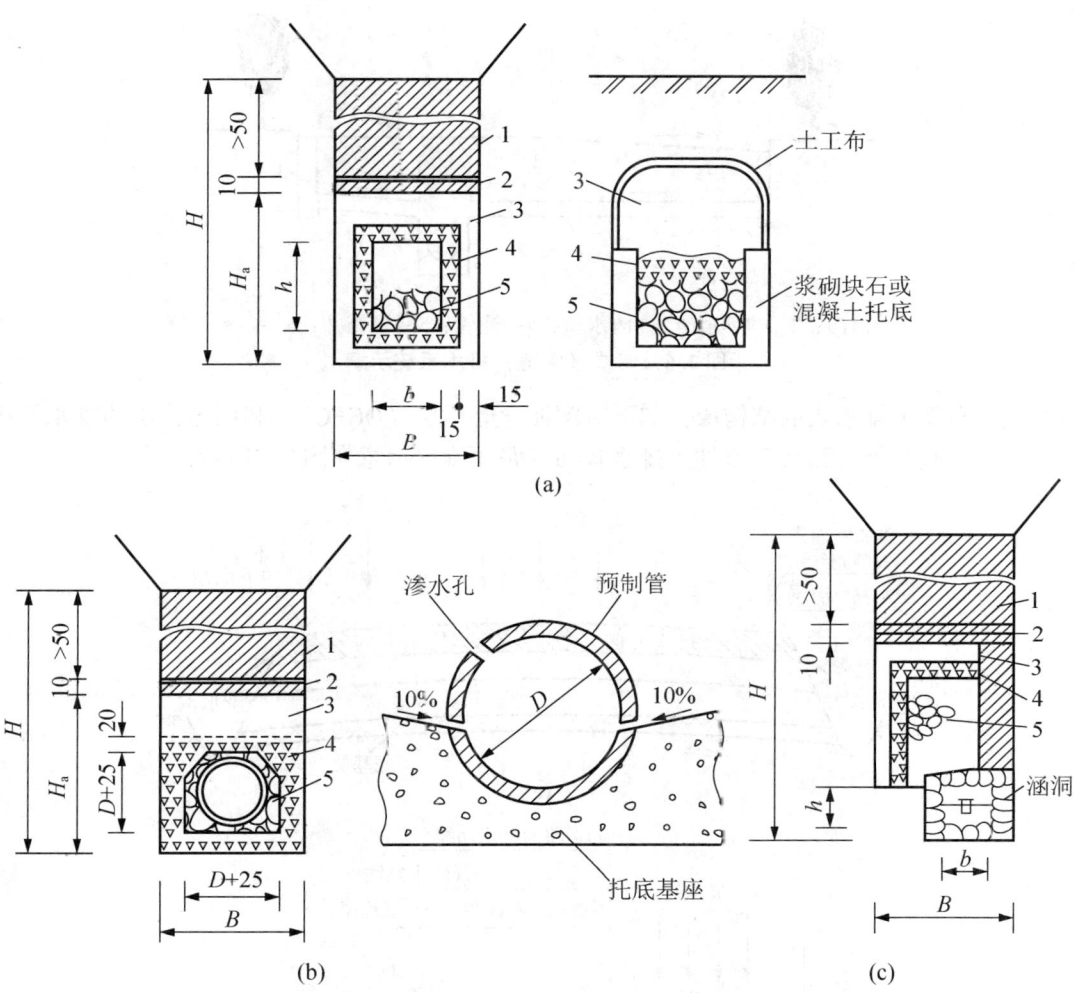

1—夯实黏土；2—双层铺草皮；3—粗砂；4—细砾石；5—碎石（砾石）
(a) 填石渗沟；(b) 管式渗沟；(c) 洞式渗沟
图2.5 渗沟构造图（单位：cm）

(1) 暗式（管道）排水系统

暗式（管道）排水系统是指利用设在地下的相互连通的管道及相应设施，汇集和排除道路地表水的一种排水形式。暗式（管道）排水系统包括街沟、进水孔、雨水口、连管、检查井、雨水干管等主要部分，道路上及其相邻地区的地面水依靠道路设计的纵、横坡度，流向道路两侧的街沟，然后顺街沟的纵坡流入沿街沟设置的雨水口，再由地下的连管通到雨水干管，排入附近河流或其他水体中去，如图2.6所示。

(2) 明式排水系统

明式排水系统是指利用设在地面上的渠道及相应设施，汇集和排除道路地表水的一种排水形式。明式排水系统包括边沟、排水沟、截水沟等，在街坊出入口、人行横道等处还会增设一些盖板、涵洞等构造物。

(3) 混合式排水系统

混合式排水系统是指明沟和暗管相结合的一种排水形式。随着道路用混合料性能的不

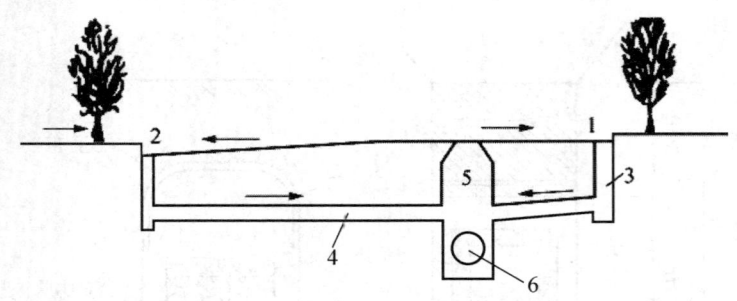

1—街沟；2—进水孔；3—雨水口；4—连管；5—检查井；6—雨水干管

图 2.6 暗式（管道）排水系统示意

断优化，出现了排水式的结构层，如开级配沥青磨耗层（OGFC），利用结构层的排水性排除雨水，同时改善道路行车条件。排水式沥青路面排水示意如图 2.7 所示。

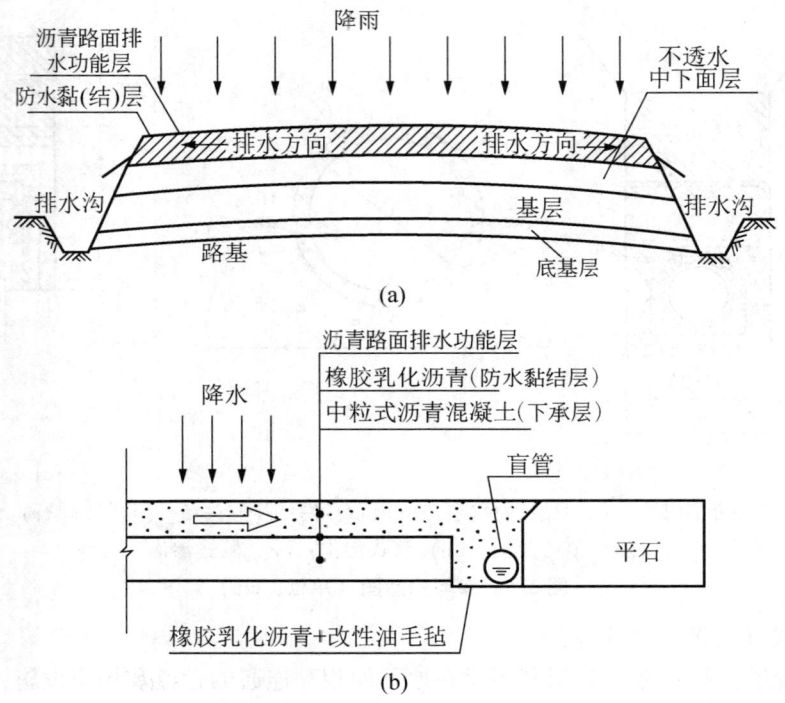

图 2.7 排水式沥青路面排水示意

6. 路基边坡防护

由于岩、土填挖而成的路基改变了原地层的天然平衡状态，裸露于空间并直接承受填土及行车荷载的作用，在各种错综复杂的自然因素及行车的长期作用下，路基可能产生各种变形和破坏。为保证路基的稳定和防治路基病害，除做好路基排水外，还必须根据道路等级、当地条件等因地制宜地采取有效的措施，对各类土、石边坡及软弱地基予以必要的防护与加固。路基防护的重点为边坡防护，特别是沿河路堤、不良水文地质地段的路基边坡和容易受水冲刷的路基边坡。

(1) 坡面防护

坡面防护主要用以防护易受自然因素影响而破坏的土质和岩石边坡，常用类型有植物防护和工程防护。植物防护又称'生命"防护，以土质边坡为主。工程防护又称"无机'防护，以岩石边坡为主。坡面防护的常用措施如下。

① 植物防护。

植物防护

植物防护适用于适宜植物生长的土质边坡。其方法主要有种草、铺草皮和植树。植物防护可以减缓地面水流速度，调节边坡的温度和湿度，植物根系深入土层，在一定程度上起到了固结和稳定边坡的作用。它具有美化道路环境、工序简单、比较经济等特点。因此，坡面防护应优先考虑植物防护。

a. 种草。适用于坡率不大于1：1、土质适宜种草、不浸水或短期浸水但地面径流速度不超过 0.6m/s 的边坡。

b. 铺草皮。适用于坡率不大于1：1 的土质边坡和强风化的岩石边坡。根据具体条件（坡度与流速等），分别采用平铺（平行于坡面）、水平叠置、垂直坡面或与坡面成一半坡角的倾斜叠置草皮，还可采用片石铺砌成方格或拱式边框，在方格或拱式边框内再铺草皮。

铺草皮需预先备料，草皮可就近培育，切成整齐块状，每块草皮的尺寸以 20cm × 40cm 为宜，然后移铺在坡面上。铺时应正面向上，并用竹木小桩将草皮钉在坡面上，使之稳固。草皮应随挖随铺，注意相互贴紧。

c. 植树。适用于坡率不大于1：1.5 的土质边坡和全风化的岩石边坡。植树可以降低水流速度，促进泥沙淤积，防止或减轻水流对路基或河岸的冲刷。

d. 其他方法。《公路路基设计规范》规定植物防护除种草、铺草皮、植树等方法外，还有三维植被网防护、湿法客土喷播等方法。三维植被网防护适用于砂性土、土夹石及风化岩石，且坡率小于1：0.75 的边坡防护，三维植被网中的回填土一般采用客土或土、肥料及含腐殖质土的混合物；湿法客土喷播适用于坡率小于1：0.75 的砂性土、碎石土、粗粒土、巨粒土及风化岩石边坡防护，边坡高度不宜大于10m。

② 植生袋防护。

植生袋防护是用填充绿化基质的植生袋有序叠摞并结合简单的竹签、U 形钉稳定在边坡上的防护方法。植生袋由尼龙网、无纺布、植物种子和纸浆构成；绿化基质一般按5 份黄土、2 份河砂、1 份泥炭土及少量复合肥拌和均匀，在边坡现场装袋而成。这种防护方法成本低，生产简单，施工铺设简便。植生袋保土渗水的功能减小了边坡静水压力，也保证了水分在土壤中的正常交流，提供了植被赖以生存的介质，使得边坡的绿化效果更加明显、更加有效。

拓展讨论

党的二十大报告指出，尊重自然、顺应自然、保护自然，是全面建设社会主义现代化国家的内在要求。必须牢固树立和践行绿水青山就是金山银山的理念，站在人与自然和谐共生的高度谋划发展。试讨论，在道路工程中应用路基植物坡面防护是如何体现人与自然和谐共生的？

育人元素 环保意识 可持续发展

工程防护

③ 工程防护。

当不宜使用植物防护或考虑就地取材时，常采用砂石、水泥、石灰等矿质防护材料进行工程防护，其主要防护形式有抹面、勾缝、灌浆、喷护（或挂网喷护）、砌石防护和护面墙等，可根据不同条件选用。

a. 抹面。抹面是将混合料均匀地涂抹在坡面上，适用于表面易风化，但比较完整，尚未剥落的软质岩石挖方边坡。

b. 勾缝。勾缝是防止雨水沿裂缝侵入岩层内部而造成病害的一种有效方法，适用于较坚硬的、不易风化的、节理多而细的岩石挖方边坡。

c. 灌浆。灌浆是借砂浆的黏结力把裂开的岩石黏结为一体，以保证岩石边坡稳定的方法，适用于较坚硬、裂缝较大且较深的岩石挖方边坡。

d. 喷护（或挂网喷护）。喷护（或挂网喷护）是以砂浆或混凝土均匀地喷射在坡面上来保护坡面的方法，适用于边坡易风化、裂缝和节理发育、坡面不平整的岩石挖方边坡。对高而陡的边坡、上部岩层较破碎而下部岩层较完整的边坡和需大面积防护的边坡，采用此法更为经济。

施工前坡面如有较大裂缝、凹坑时，应先嵌补牢实，使坡面平顺整齐；岩体表面要冲洗干净，土体表面要平整、密实、湿润；喷层厚度要均匀，喷后应养护 7~10d，喷层周边与未防护坡面的衔接处应做好封闭处理。

e. 砌石护坡。砌石护坡分为两种：干砌片石护坡、浆砌片石护坡。干砌片石护坡适用于土质填方边坡或有少量地下水渗出的局部土质挖方边坡嵌补，边坡坡率不大于 1:1.25。浆砌片石护坡适用于坡率小于 1:1 的易风化岩石和土质挖方边坡。

f. 护面墙。护面墙是浆砌片石的坡面覆盖层，用于封闭各种软质岩层和较破碎的挖方边坡。要求墙面紧贴坡面，表面砌平，厚度可不一。护面墙石料应符合规格。护面墙除自重外，不承受墙背的土压力，故被防护的挖方边坡坡率不宜大于 1:0.5。护面墙分等截面和变截面两种形式。护面墙的高度和厚度与挖方边坡的坡度有关。

（2）冲刷防护

沿河路基地段，应采用冲刷防护措施，常用的防护方式分为直接防护和间接防护。

① 直接防护。

a. 抛石防护。抛石防护常用于浸水且水较深地段的路基边坡防护。为了减小坡脚处的局部冲刷及增加抛石的稳定性，抛石堆的水下边坡坡率不宜大于 1:1.5，当水较深且流速较大时，坡率不宜大于 1:3。

b. 干砌片石护坡。此种护坡用于周期性浸水的河岸或路基边坡防护，一般适用于洪水时水流较平顺，不受主流冲刷且流速小于 3m/s 的地段。

c. 石笼护坡。如果石笼用于防止岸坡被冲刷，则可用垒码或平铺于坡面的形式。

② 间接防护。

采用导流或阻流的方法，改变水流性质，或者迫使主流流向偏离被防护路段，也可减小流速，缓和水流对被防护路段的作用，改变河槽中冲刷和淤积的部位，以及必要时改变河道等，均属于间接防护。

7. 挡土墙

挡土墙是一种能够抵抗侧向土压力，防止墙后土体坍塌和增加其稳定性的构筑物。

（1）挡土墙的分类

① 根据挡土墙在路基横断面上位置的不同分类。

a. 路肩挡土墙［图 2.8(a)］。路肩挡土墙的墙顶置于路肩，用以支挡陡坡路堤下滑，抬高道路，收缩坡脚，减少占地，减少填方量。

b. 路堤挡土墙［图 2.8(b)］。路堤挡土墙的作用：支承路堤边坡，墙顶以上还有一定的填土高度，在陡山坡上填筑路堤时，用以支挡路堤下滑；收缩坡脚，避免与其他建筑物相互干扰，减少填方量；使沿河路堤不受水流冲刷。

c. 路堑挡土墙［图 2.8(c)］。路堑挡土墙设置在路堑坡底，用以降低边坡高度，减少挖方数量，防止可能坍滑的山坡土体下滑。

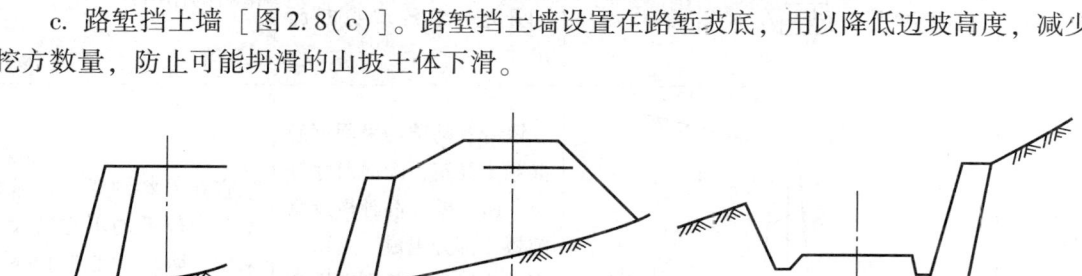

（a）路肩挡土墙；（b）路堤挡土墙；（c）路堑挡土墙

图 2.8 挡土墙的分类

② 根据挡土墙所采用材料的不同分类。

挡土墙可分为石砌挡土墙、混凝土挡土墙、钢筋混凝土挡土墙、砖砌挡土墙和钢板挡土墙等。

③ 根据挡土墙结构形式的不同分类。

挡土墙可分为重力式挡土墙、衡重式挡土墙、悬臂式挡土墙、扶壁式挡土墙、锚杆式挡土墙、锚定板式挡土墙、加筋土挡土墙、桩板式挡土墙等。不同类型的挡土墙的特点和适用范围见表 2-2。

表 2-2 不同类型的挡土墙的特点和适用范围

类型	结构示意图	特点	适用条件
重力式挡土墙		依靠墙自重承受土压力，结构简单、施工简便，由于墙身重，对地基承载力的要求高	适用于一般地区、浸水地区和地震地区的路肩、路堤和路堑等支挡工程。墙高不宜超过 12m，干砌重力式挡土墙的高度不宜超过 6m。高等级道路不应采用干砌重力式挡土墙

续表

类型	结构示意图	特点	适用条件
衡重式挡土墙		设置衡重台可使墙身重心后移,并利用衡重台上的填土,增加墙身稳定。上墙背俯斜而下墙背仰斜,可降低墙身、减少基础开挖、节约墙身断面尺寸	适用于陡山坡的路肩挡土墙、路堤挡土墙和路堑挡土墙(兼有拦挡落石的作用)
悬臂式挡土墙		墙身及基础均采用钢筋混凝土浇筑,断面尺寸较小,由立壁、墙趾板及墙踵板三部分组成。立壁下部弯矩较大,特别在墙高时,需设置的钢筋较多	宜在石料缺乏、地基承载力较低的填方路段采用;墙高不宜超过5m
扶壁式挡土墙		相当于沿悬臂式墙的墙长,每隔一定距离设置一道扶壁,增强墙面板(立壁)与墙踵板的连接,以承受较大的弯矩作用	宜在石料缺乏、地基承载力较低的填方路段采用;墙高不宜超过15m
锚杆式挡土墙		由肋柱、挡板和锚杆组成,靠锚杆锚固在山体内拉住肋柱。肋柱、挡板可预制	宜用于墙高较大的岩质路堑地段;可用作抗滑挡土墙;可采用肋柱式或板壁式单级墙或多级墙;每级墙高不宜大于8m,多级墙的上、下级墙体之间应设置宽度不小于2m的平台
锚定板式挡土墙		类似于锚杆式挡土墙,仅锚杆的固定端用锚定板固定在山体内	宜用于缺少石料地区的路肩挡土墙或路堤挡土墙,但不应建筑于滑坡、坍塌、软土及膨胀土地区

续表

类型	结构示意图	特点	适用条件
加筋土挡土墙		由墙面板、拉筋和填料三部分组成,依靠拉筋与填料之间的摩擦力来抵抗侧向土压力,墙面板可预制	用于一般地区的路肩挡土墙、路堤挡土墙,但不应修建在滑坡、水流冲刷、崩塌等不良地质地段
桩板式挡土墙		由桩柱和挡板组成,利用深埋的桩柱前二层的被动土压力来平衡墙后的主动土压力	用于表土及强风化层较薄的均质岩石地基,挡土墙高度可较大,也可用于地震区的路堑或路堤支挡及滑坡等特殊地段的治理

（2）重力式挡土墙的构造

重力式挡土墙依靠墙的自重支撑土压力,一般多用片（块）石砌筑,其施工量较大,但其断面形式（图2.9）简单,施工方便,可以就地取材,适应性较强,因此在我国道路工程中使用最为广泛。常用的重力式挡土墙,一般由墙身、基础、排水设施、沉降缝与伸缩缝等部分组成。图2.10所示为重力式挡土墙的构造。

重力式挡土墙的构造

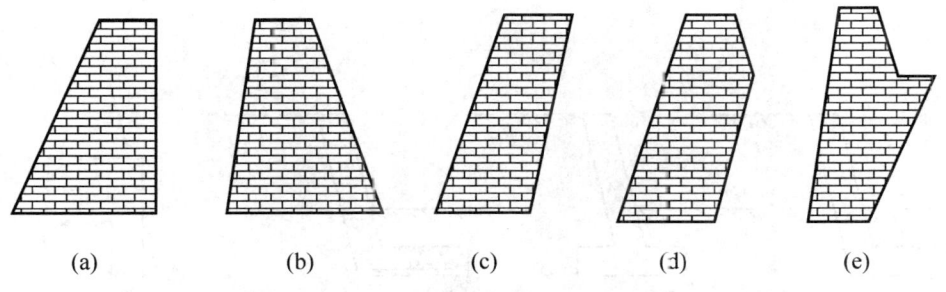

(a) 竖直式；(b) 俯斜式；(c) 仰斜式；(d) 凸形折线式；(e) 衡重式

图2.9 重力式挡土墙的断面形式

① 墙身。

a. 墙背。

竖直墙背在实际工程中用得较少,适用于墙后土压力较小、设计墙身高度小于4m的低墙。

俯斜墙背适用于路堤挡土墙、路肩挡土墙，常用坡率为1：0.25～1：0.15。

仰斜墙背适用于路堑挡土墙及墙趾处地面平坦的路肩挡土墙或路堤挡土墙。仰斜墙背的坡率不宜小于1：0.3，通常为1：0.25～1：0.15。

凸形折线墙背多用于路堑挡土墙，也可用于路肩挡土墙。上下墙的墙高比一般采用2：3。

衡重墙背适用于山区地形陡峻处的路肩挡土墙和路堤挡土墙，也可用于路堑挡土墙。上墙俯斜墙背的坡率为1：0.45～1：0.25，下墙仰斜墙背的坡率为1：0.25左右，上下墙的墙高比一般采用2：3。

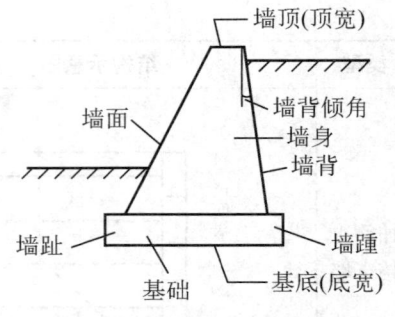

图 2.10　重力式挡土墙的构造

b. 墙面。

墙面一般均为平面，其坡度应与墙背坡度相协调。墙面坡度直接影响挡土墙的高度。因此，在地面横坡较陡时，墙面坡率一般为1：0.20～1：0.05，矮墙可采用陡直墙面；地面平缓时，墙面坡率一般采用1：0.35～1：0.20较为经济。

c. 墙顶。

墙顶最小宽度，浆砌挡土墙不小于50cm，干砌挡土墙不小于60cm。浆砌路肩挡土墙墙顶一般宜采用粗石料或混凝土做成顶帽，厚40mm。如不做顶帽，对路堤挡土墙和路堑挡土墙，墙顶应以大块石砌筑，并用砂浆勾缝，或用M5砂浆抹平顶面，砂浆厚2cm。干砌挡土墙墙顶在50cm高度内，应用M5砂浆砌筑，以提高墙身的稳定性。

d. 护栏。

为保证交通安全，在地形险峻地段及过高过长的路肩挡土墙的墙顶应设置护栏。

② 基础（图2.11）。

大部分挡土墙的基础直接修筑在天然地基上。当地基承载力不足，地形平坦而墙身较高时，为了减小基底压应力和增强挡土墙抗倾覆稳定性，常采用扩大基础，将墙趾部分加宽或墙趾和墙踵同时加宽，以加大承压面积；此外，还可采用钢筋混凝土底板基础、台阶基础等。

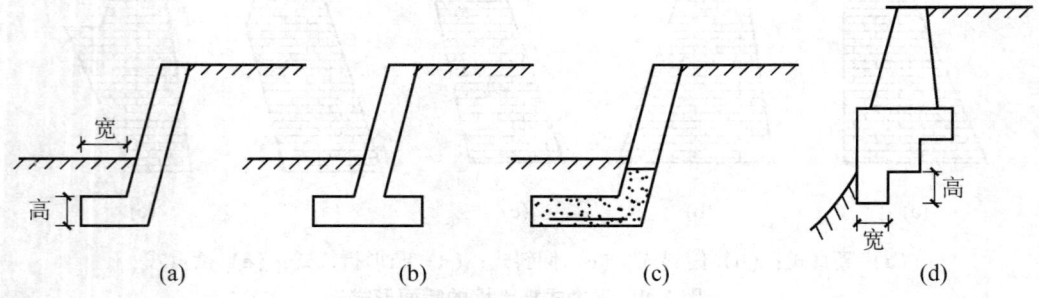

(a) 墙趾部分加宽基础；(b) 墙趾和墙踵同时加宽基础；
(c) 钢筋混凝土底板基础；(d) 台阶基础

图 2.11　重力式挡土墙基础

为了保证挡土墙的稳定性，还必须按要求将基础埋入地面以下适当深度。

③ 排水设施。

浆砌块（片）石墙身应在墙前地面以上设一排泄水孔［图 2.12(a)］。墙高时，可在墙上部加设一排泄水孔［图 2.12(b)］。孔眼间距一般为 2~3m，对于浸水挡土墙孔眼间距一般为 1.0~1.5m，干旱地区可适当加大，孔眼上下错开布置。下排泄水孔的出口应高出墙前地面或墙前水位 0.3m。

为防止水分渗入地基，下排泄水孔进水口的底部应铺设 30cm 厚的黏土隔水层。泄水孔的进水口部分应设置粗粒料反滤层，以免孔道阻塞。当墙背填土透水性不良或可能发生冻胀时，应在最低一排泄水孔至墙顶以下 0.5m 的范围内铺设厚度不小于 0.3m 的砂卵石排水层［图 2.12(c)］。

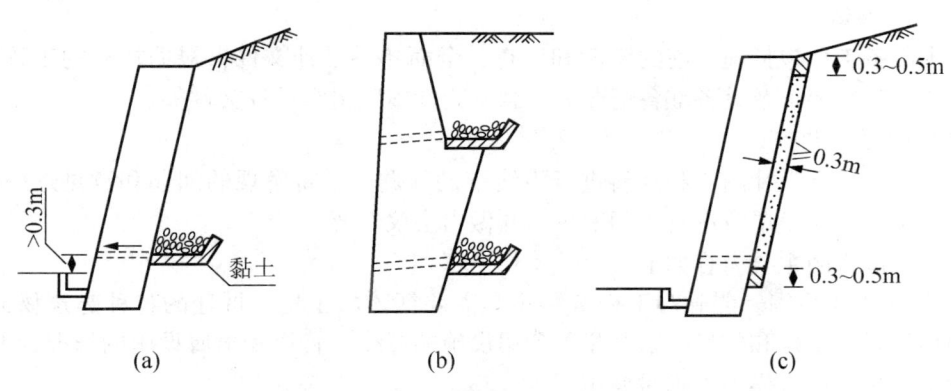

（a）仰斜式；（b）衡重式；（c）仰斜式后设排水层
图 2.12 泄水孔及排水层

④ 沉降缝与伸缩缝。

一般沉降缝与伸缩缝合并设置，沿路线方向每隔 10~15m 设置一道，缝宽 2~3cm，缝内一般可用胶泥填塞，但在渗水量大、填料容易流失或冻害严重地区，则宜用沥青麻筋或涂以沥青的木板等具有弹性的材料，沿内、外、顶三方填塞，填深不宜小于 0.15m，当墙后为岩石路堑或填石路堤时，可设置空缝。

对于干砌挡土墙，缝的两侧应选用平整石料砌筑，使之形成垂直通缝。

2.1.2 路基施工前准备

施工单位接受施工任务后，即可着手进行施工准备工作。施工单位的施工准备工作千头万绪、涉及面广，必须有计划、按步骤、分阶段进行，才能在较短的时间内为工程的开工创造必要的条件。准备工作的基本任务是了解施工的客观条件，根据工程的特点、进度要求，合理安排施工力量，从人力、物资、技术和施工组织等方面为工程施工创造一切必要条件。

1. 组织准备

组织准备包括建立健全施工组织机构和组建施工队伍。

（1）建立健全施工组织机构

我国与国际施工惯例接轨，工程建设已全部按照 FIDIC 合同条件进行施工与监理，因此，对一个施工单位来讲，主要是实行项目经理负责制，即项目经理全面负责的目标责任制。

(2) 组建施工队伍

根据所承担的工程量的大小和工期要求,编制施工总进度计划网络图,并进一步估算出全部工程用工工日数、平均日出工人数、施工高峰期日出工人数,以及技术工种、机械操作工种、普通工种等用工比例,选择能够适应其工程质量、工期进度要求的作业队伍,并与施工劳动作业单位签订劳务合同,实行合同管理。

考虑到所担负工程的具体情况,结合施工队伍的施工特点、技术装备情况、技术熟练度和施工能力,施工队伍应进行适当的培训,以满足工程施工的要求。

2. 技术准备

技术准备工作包括施工前的踏勘和调查,全面熟悉设计文件,根据核实的工程数量、工地特点、工期要求及设备准备情况等编制实施性施工组织设计文件等。

(1) 踏勘和调查

开工前应根据设计图样和资料进行沿线踏勘和调查,将发现的问题和意见逐一标明,会同设计单位和建设单位进行协调解决,并做出会议纪要。

踏勘和调查的主要内容如下。

① 核实工程范围。明确对工程有影响和需要征购的土地、拆迁的各种建筑物或构筑物的确切位置、结构和数量,以及相关公用设施的杆线、管道和附属设施的情况,并了解上述设施与场地可否供施工临时使用。

② 确定沿线填土、挖土、借土的地价和数量,以及平衡调度土方。

③ 摸清沿线附近可利用的排水沟渠、河道,以及该地区下水道的管径、流向和以往暴雨后的积水情况等,以便考虑施工期间的排水设施。

④ 认真核实施工范围内的地下管线及地面设施,并取得可靠资料,在地面标出明显标志,以正确估计在路基施工碾压时,对地下管线的影响程度。

⑤ 改建工程必须核实两侧原有建筑物进出口的高程及原有道路和人行道的结构类型。

⑥ 需开挖的部分,应开挖样洞,并核实原工程结构。

(2) 全面熟悉设计文件

熟悉、审核施工图样是领会设计意图、明确工程内容、掌握工程特点的重要环节,其主要内容如下。

① 进行施工前的现场调查,核对设计计算是否符合实际情况,工程质量能否保证,施工是否有足够的可靠性,对保证安全施工有无影响。

② 核对设计是否符合施工条件,有无特殊的材料要求,图纸说明与土建工程设备安装有无矛盾,规定是否明确,施工中如何交叉衔接,构筑物的主要尺寸、位置、高程有无错误。

③ 通过熟悉设计图样和文件,确定与施工有关的各方面的准备工作,明确在施工中场外所需材料和构件等制备工程项目的安排。

(3) 编制实施性施工组织设计文件

实施性施工组织设计必须具体、详细,以达到直接指导施工的目的,但应避免过于复杂、烦琐。

项目2 市政道路路基施工

> **拓展讨论**
> 1. 施工前为什么要建立项目部并进行岗位分工?
> 2. 为什么要进行道路施工现场的踏勘和调查?
> 3. 为什么要严格验收进场的原材料质量?
>
> **育人元素** 爱岗敬业 职业精神 知行合一

3. 物资准备

(1) 物资准备的主要内容

物资准备工作可保证施工组织计划的顺利实施。物资准备工作的内容包括材料的准备、配件和制品的加工准备、安装机具的准备、生产工艺设备的准备等。以土方挖掘和运输中的机械准备为例,应合理选用,最大限度地发挥机械的功率和功能。路基工程施工常用的机械有推土机、铲运机、平地机、拖式松土机、正铲拖斗挖土机等。这些路基工程施工常用的机械的作业方式和适用范围见表2-3。

路基工程施工常用的机械

表2-3 路基工程施工常用的机械的作业方式和适用范围

机械名称	适用的作业项目			设备图片
	施工准备工作	基本土方作业	施工辅助作业	
推土机	1. 修筑临时道路; 2. 推倒树木、铲除草皮; 3. 清除积雪、清理建筑碎屑; 4. 推缓陡坡地形	1. 高度3m以内的路堤和路堑土方工程; 2. 运距10~100m以内的土方挖运、铺填及压实; 3. 傍山坡的半填半挖路基土方	1. 路基缺口土方的回填、路基面粗平; 2. 取土坑及弃土堆平整工作; 3. 配合铲运机作业; 4. 斜坡上推挖台阶	
铲运机		运距60~700m以内的土方挖运、铺填及碾压作业	1. 路基面及场地粗平; 2. 取土坑及弃土堆整理	
平地机	1. 铲除草皮; 2. 清除积雪; 3. 疏松土壤	1. 修筑0.75m以下的路堤及0.6m以下的路堑土方; 2. 傍山坡半填半挖路基土方	1. 开挖排水沟及山坡截水; 2. 平整场地及路基; 3. 修刮边坡	
拖式松土机	1. 翻松旧路的路面; 2. 清除树根小树墩及灌木丛		1. 在含砾石及坚硬的Ⅲ~Ⅳ类土中做疏松工作; 2. 破碎及揭开6.5m以内的冻土层	

125

续表

机械名称	适用的作业项目			设备图片
	施工准备工作	基本土方作业	施工辅助作业	
正铲拖斗挖土机		1. 半径为7m以内的土壤挖掘； 2. 配合自卸车运土	1. 开挖沟槽及基坑； 2. 水下捞土	

拓展讨论

1. 国外道路路基施工常用哪些机械？
2. 举例先进的路基施工机械与作用？

育人元素　科技发展　世界文化　中西结合

（2）物资准备的注意事项

① 无出厂合格证明或没有按规定进行复验的原材料、不合格的配件，一律不得进场和使用。严格执行施工物资的进场检查验收制度，杜绝假冒伪劣产品进入施工现场。

② 施工过程中要注意查验各种材料、构配件的质量和使用情况，对不符合质量要求、与原试验检测品种不符或有怀疑的，应提出复验的要求。

③ 进场的机械设备必须进行开箱检查验收，产品的规格和型号、生产厂家和地点、出厂日期等，必须与设计要求完全一致。

4. 施工现场准备

施工现场是参加施工的全体人员为优质、安全、低成本和高速度完成施工任务而进行工作的活动空间；施工现场准备工作是为拟建工程施工创造有利的施工条件和物资保证的基础。其主要内容如下。

① 拆除障碍物，搞好"三通一平"。
② 做好施工场地的控制网测量与放线。
③ 搭建临时供电、供水、交通道路、通信线路和施工用房等各种临时设施。
④ 安装调试施工机具，做好建筑材料、构配件等的存放工作。
⑤ 做好冬雨期施工安排。
⑥ 设置消防、保安设施和机构。

5. 试验路段准备

高等级道路，以及在特殊地区或采用新技术、新工艺、新材料进行路基施工时，应采用不同的施工方案做试验路段，并从中选出路基施工的最佳方案，指导全线施工。

试验路段的位置应选在地质条件、断面形式均具有代表性的地段，长度大于100m。通过试验确定：不同机具压实不同填料的最佳含水率、适宜的松铺厚度和相应的压实遍数、最佳的配套机械和施工组织。

在整个试验段施工时，应加强对有关指标的检测，完工后及时写出试验报告，上报监理工程师审批。

6. 建立自检质量保证体系

为了保证道路工程的施工质量，施工单位必须有高度的质量意识，使所建工程经得起监理的抽检和政府质监部门的检查。因此，施工单位必须建立自检质量保证体系。它主要由施工单位的主要负责人、有关的技术质量检查人员、施工设备及检测仪器等组成。

7. 开工报告

以上各项工作准备就绪后，可向监理工程师提出工程开工的申请报告。当监理工程师同意并签发开工令后，施工单位即可正式开工。

2.1.3 路基测量放样

路基施工测量包括中线测量、高程测量和横断面放样测量。随着路基的开挖与填筑，施工测量要反复进行多次。一般情况下，每填挖1m左右，便要重新进行路基施工测量放样。施工测量的精度必须达到有关规范、规程的基本要求。

1. 中线测量

中线测量就是根据道路控制桩或在道路两旁布设的导线控制点将道路中线恢复，故又称恢复中线。从道路踏勘到开始施工这段时间里，常会有一部分桩点变位或丢失，为了保证道路中线位置准确，在道路施工测量中，首要任务就是恢复道路中线，即复核原有中桩，把丢失损坏的中桩复原。恢复中线的测量方法与中线的测量方法相同，都是用交点坐标和曲线元素来标定的。

经校正恢复的中桩，施工中很难保全。因此，应在施工前根据施工现场的条件，选择不受施工干扰、便于使用、易于保存桩位的地方，测设施工控制桩。其测设方法有平行线法、延长线法和交会法等。

（1）平行线法

平行线法是在设计的路基宽度以外，放样两排平行于中线的施工控制桩。该法适用于地势平坦、直线段较长的路段。控制桩间距一般取10~20m，桩上应标注被移桩的桩号和移设的距离，用以控制中桩位置和高程。

（2）延长线法

延长线法是在中线延长线上测设方向控制桩。当转角很小时，可在中线的垂直方向测设控制桩。此法适用于地势起伏大、直线段较短的路段。

（3）交会法

交会法是在中线的一侧或两侧选择适当位置设置控制桩或选择永久地物（如电杆、房屋的墙角等）作为控制点。此法适用于地势较开阔、便于距离交会的路段。

上述三种方法均应根据实际情况互相配合使用。无论使用哪种方法测设控制桩，都要绘出示意图、注明有关数据，并做好记录，以便查用。

2. 高程测量

高程测量采用的基本方法是水准测量。其依据是勘测设计单位在沿线布设的水准点，这些水准点在使用前需复核。为便于施工和控制精度，在人工构筑物附近、高填深挖地段、工程量集中及地形复杂地段需要增设一些水准点；随着路基的不断填筑和开挖，还需要调整水准点的位置，以便于施工放样。增设或调整水准点必须采用附合水准或闭合水准

（或三角高程）路线测量，才能满足精度要求。

3. 横断面放样测量

横断面放样测量包括边桩放样和边坡放样。

(1) 边桩放样

边桩放样首先要确定横断面的方向（在直线段为与路中线垂直的方向，曲线段为与所测点切线垂直的方向），然后确定填方断面的坡脚点、挖方断面的坡顶点、半挖半填断面的坡脚点和坡顶点。路基边桩放样就是在地面上将每一个横断面的路基边坡线与地面的交点，用木桩标定出来，边桩的位置由两侧边桩至中桩的距离来确定。

① 边桩放样的方法。

边桩放样的方法大致有三种：图解法、计算法和渐近法。

a. 图解法。图解法就是直接在横断面图上量取中桩至边桩的距离，然后在实地用皮尺沿横断面方向将边桩丈量并标定出来。这种放样方法一般用于较低等级的、填挖方不大时的道路路基边桩放样。

当横坡度较大时，需分段丈量，在量得的点处钉上坡脚桩（或坡顶桩）。每个横断面都放出边桩后，再分别将中线两侧的路基坡脚或路堑坡顶用灰线连接起来，即为路基填挖边界。在应用此法时，应掌握以下要点：方向要准确，应使量测时的横断面垂直于中线方向；丈量距离时，尺子必须拉平。

b. 计算法。计算法就是根据路基填挖高度、边坡坡率、路基宽度和横断面地形情况，先计算出路基中桩至边桩的距离，然后在实地沿横断面方向按距离将边桩标定出来。如果施工现场没有横断面设计图而只有施工填挖高度，则可用计算法进行路基边桩放样。这种放样方法比图解法精度高，主要用于道路地形平坦或地面横坡度较均匀且一致地段的路基边桩放样。

c. 渐近法。渐近法的原理是在分段丈量水平距离的同时，用水准仪、全站仪（高等级道路使用）、经纬仪或其他方法（如抬杆法、钓鱼法）测出该段地面的高程差，最后累计得出边桩点与中桩点的高程差，用公式验证其水平距离是否正确，如有不符，就逐渐移动边桩，直到位置正确为止。这种放样方法的精度高，既可用于高等级道路，又可用于中、低等级道路。

② 边桩放样的注意事项。

a. 在计算测设边桩距离时，要注意路基设计的尺寸和要求。例如，路基是否有加宽等；对挖方地段，要注意边沟的设计尺寸及是否有护坡平台，以免边桩放样时漏掉，造成返工事故。

b. 在地形复杂路段，最好用仪器进行边桩放样；在曲线段，更应注意使横断面方向与路中线的切线方向垂直。

c. 放样完一段边桩后，要进行复核。当地面平坦或地面横坡度一致时，边桩连线应为一直线或圆缓的曲线，如有个别边桩凸出或凹进，就说明有问题。

d. 在施工过程中，应及时加固保护边桩，并做好明显的标记。

(2) 边坡放样

测设出边桩后，为了保证路基填挖边坡能按设计要求进行施工，应把设计边坡在实地标定出来，以指导施工。边坡放样的常用方法有麻绳竹竿挂线法和坡度样板法。

① 麻绳竹竿挂线法。

如图 2.13 所示，O 为中桩，A、B 为边桩，$CD=b$ 为路基宽度，放样时在 C、D 处竖立竹竿，将高度等于中桩加上高度 H 之处的 C'、D' 用绳索连接，同时将 C'、D' 用绳索连接到边桩 A、B 上，则设计边坡就展现于实地了。

当路堤填土高度不大时，可按图 2.13(a) 所示的方法一次把线挂好。当路堤填土高度较大时，可采用分层填土、逐层挂线的方法，如图 2.13(b) 所示。

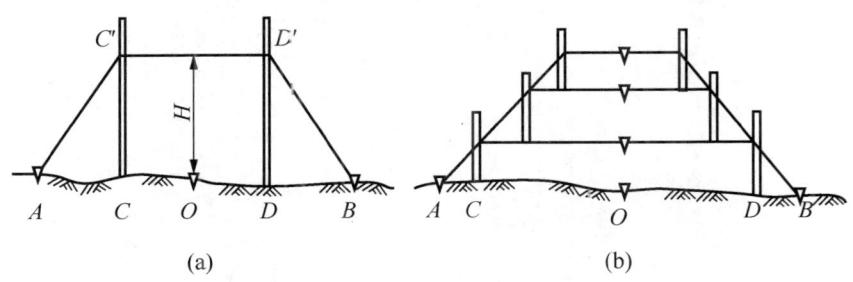

图 2.13 麻绳竹竿挂线法

② 坡度样板法。

路堤边坡放样施工前，首先按照边坡坡率做好边坡样板，施工时可比照边坡样板进行放样。样板的形式有活动边坡样板（坡度尺），如图 2.14 所示。当水准器气泡居中时，坡度尺斜边所示的坡率正好为设计边坡坡率，可指示与检核路堤的填筑。同理，坡度尺也可指示与检核路堑的开挖，固定边坡样板，如图 2.15 所示。开挖路堑时，在坡顶桩外侧设立固定样板，施工时可瞄准样板进行开挖。施工时可用 3m 直尺靠线随时指导开挖，以及修整边坡、检验坡度。

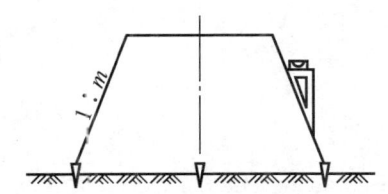

图 2.14 路堤边坡放样

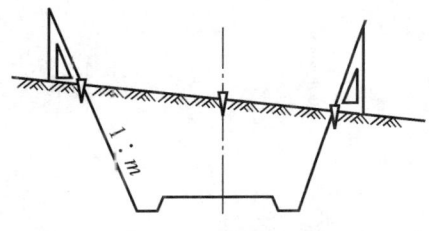

图 2.15 路堑边坡放样

项目2 市政道路路基施工

能力训练及习题

能力训练

1. 看懂图2.16，并回答以下问题。
(1) 该路基属于哪种断面类型？
(2) 该路基的宽度、高度、边坡各是多少？
(3) 该路基采用了哪种排水方式？路基还有哪些排水方式？
(4) 该路基是否进行了边坡防护？请提出合适的处理方式。

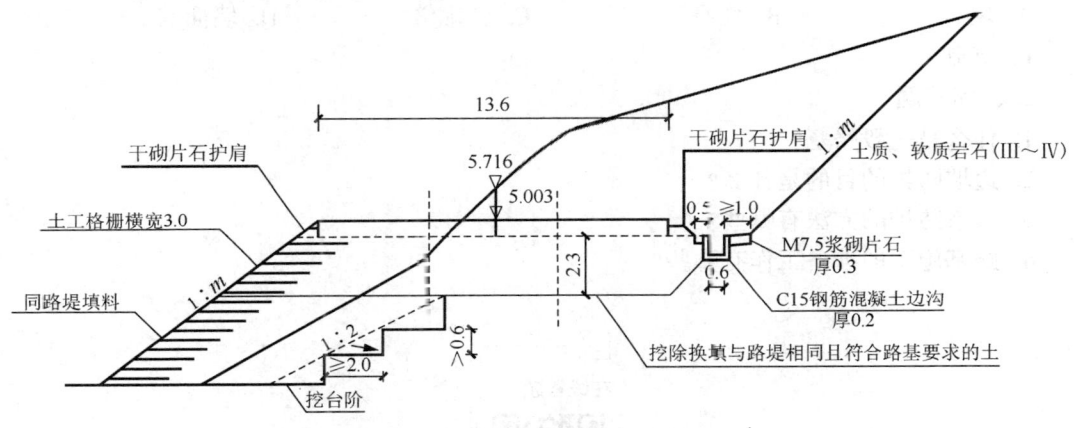

图2.16 路基施工图（单位：m）

(5) 该路基是否设有支挡结构？如有，采用了哪种形式？这种形式有什么特点？

2. 路基测量放样实训。
(1) 选取《市政工程施工图案例图集》中道路的典型施工横断面，分小组进行测量放样训练。
(2) 结合实训现场场地情况，选择合适的路基横断面测量放样方法。

3. 分组进行刚性承载板法测试路基土回弹模量实训。
(1) 分组利用刚性承载板法测试设备进行路基土回弹模量测试实训。
(2) 按规范填写测试记录。
(3) 进行测试数据的整理和计算，并进行测试结果分析。

习题

一、选择题

1. 路基按结构特点分为（　　）。
A. 填方路基、挖方路基
B. 填方路基、挖方路基、半填半挖路基
C. 填方路基、半填半挖路基
D. 挖方路基、半填半挖路基

2. 路基回弹模量的测定方法是（　　）。
A. 重型击实法　　B. 灌砂法　　C. 刚性承载板法　　D. 环刀法

3. 路基地面排水设施常用形式包括（　　）。
A. 边沟、蒸发池、排水沟　　　　　　B. 边沟、截水沟、排水沟
C. 截水沟、急流槽、排水沟　　　　　D. 边沟、截水沟、排水泵站

4. 设置在挖方路基的路肩外侧或低路堤的坡角外侧，多与路中线平行，用以汇集和排除路面、路肩及边坡的水的排水设施是（　　）。
A. 排水沟　　　B. 截水沟　　　C. 边沟　　　D. 跌水

5. 用于表征路基承载力的参数指标有（　　）等。
A. 抗剪强度　　　B. 抗折强度　　　C. 回弹模量　　　D. 地基反应模量
E. 抗压强度

6. 常用的重力式挡土墙，一般由（　　）等部分构成。
A. 墙背　　　B. 墙身　　　C. 伸缩缝　　　D. 墙面
E. 基础

二、简答题
1. 什么是一般路基？
2. 边坡防护的目的是什么？
3. 边坡防护的方法有哪些？
4. 路基施工的准备工作有哪些？

在线答题

学习任务单

◆ **学习目标**

能根据《市政工程施工图案例图集》中提供的路基实际情况,进行施工准备。

◆ **学习地点**

实训室。

◆ **学习准备**

《市政工程施工图案例图集》《城镇道路工程施工与质量验收规范》(CJJ 1—2008)、互联网资源、多媒体设备等。

◆ **学习过程**

1. 明确路基施工组织准备的内容。

2. 明确路基施工技术准备的内容。

3. 明确路基施工物资准备的内容。

4. 明确路基施工现场准备的内容。特别是路基边坡边桩如何实施放样。

项目2 市政道路路基施工

任务2.2 路基土石方施工

本任务是在读懂路基施工图、做好路基施工准备的前提下,路基施工中的主要内容之一。本任务应掌握路堤填筑的基底处理、填料选择、路基压实、压实的方法等关键施工环节,掌握路堑开挖的方法和注意事项,掌握施工规范对路基土石方施工的相关规定和要求。

2.2.1 路堤填筑

路堤是由外来材料(土、石、土石混合料)填筑而成的,填筑前的地基状况、填料选择、填筑方式、压实标准、填筑机械等因素均会影响路堤质量,因此路基施工中必须对这些问题予以足够的重视。

路堤填筑

1. 路堤填筑的施工工艺流程

路堤填筑的施工工艺流程如图2.17所示。

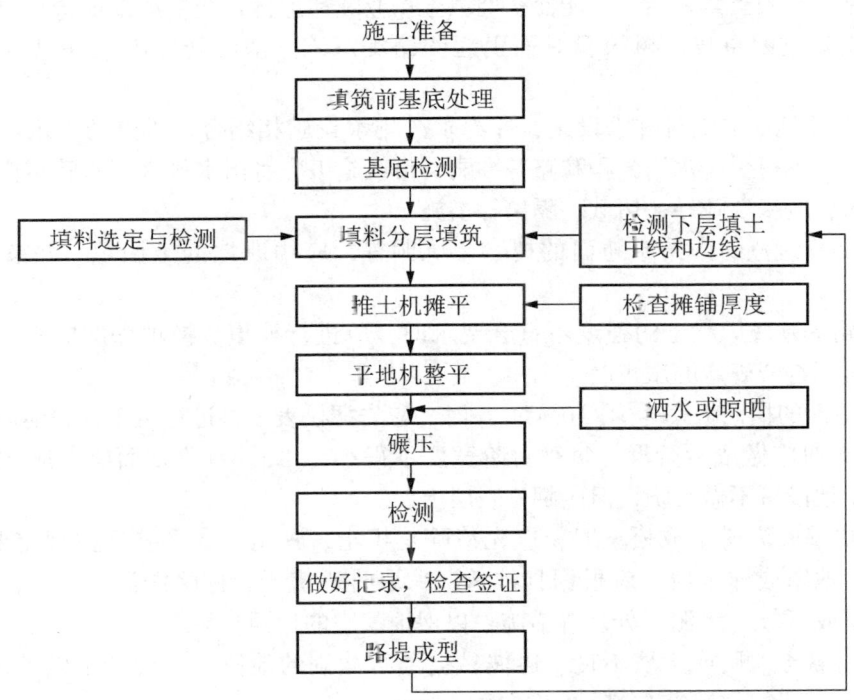

图2.17 路堤填筑的施工工艺流程

2. 路堤施工方法

① 人工和简易机械化施工。该施工方法主要是使用手工工具和简易机械化施工。其工效低、劳动强度大、进度慢、工程质量难以保证;适用于机械无法进场的路段,或某些目前无法开展机械化作业的工程及某些辅助性工作。

② 水力机械化施工。该施工方法是机械化施工方法之一,是运用水力机械(水泵、

水枪等），喷射强力水流，冲挖土层并流运至指定地点沉积；适用于电源和水源比较充足、挖掘比较松散的土质集中的土方工程或地下钻孔工程；还可用于密实的以砂砾填筑的路堤或基坑（称为水夯法或水沉积法）。水力机械化施工是以人工为主，配以机械或简易机械的一种施工方法，可以减轻劳动强度，提高工作效率，加快施工进度。在我国目前的条件下，它仍是一种常用的施工方法。

③ 爆破施工。该施工方法是填石路基开挖的基本方法，它采用钻岩机钻孔与机械清钻，也是岩石路基机械化施工的必备条件。除岩石路堑开挖外，爆破施工还可用于冻土、泥沼等特殊路基施工，以及清除地面、开石取料等。

④ 综合机械化施工。该施工方法使用配套机械，能极大地提高劳动效率，减轻劳动强度，显著地加快施工进度，提高工程质量，降低工程造价，保证施工安全。综合机械化施工是加速道路工程建设，实现道路施工现代化的根本途径。

上述施工方法的选择，应根据工程地质性质、工程量、施工期限及现有人力和机械设备等因素而定，而且应因地制宜、协调配合、与各种方法综合使用。

3. 基底处理

基底处理是保证路堤稳定、坚固极为重要的措施。在路堤填筑前对基底进行处理，能使填土与原来的表土紧密结合；能使初期填土作业顺利进行；能使地基保持稳定，增加承载能力；能防止因草皮、树根腐烂而引起的路堤沉陷。基底处理应做好以下几方面的工作。

① 做好原地面的临时排水设施，并与永久排水设施相结合。排走的雨水不得流入农田、耕地，也不得引起水沟淤积和路基冲刷，市区施工应将雨水排入下水管道内。当地下水位较高时，应采取疏导、堵截、隔离等措施。

② 路堤修筑范围内，原地面的树穴、坑洞等，应用原地的土回填，并按规定进行压实。

③ 当路堤基底原状土的强度不符合要求时，应进行换填。换填深度应不小于30cm，并分层压实到符合规定的压实度。

④ 原地面的横向坡率为1:10～1:5时，应先翻松表土再进行填土；原地面的横向坡率大于1:5时应做成台阶形，每级台阶宽度不得小于1m，台阶顶面应做成向内的倾斜坡；在沙土地段可不做台阶，但应翻松表层土。

⑤ 路堤基底为耕土或松土时，应先清除有机土、种植土，平整后按规定要求压实。经过水田、池塘或洼地时，应根据具体情况采取排水疏干、挖除淤泥，打砂桩，抛填片石、砂砾石或石灰（水泥）处理等措施，以保证基底的稳固。

⑥ 遇有软土地层或土质不良、边坡易被雨水冲刷的地段，当设计未做处理规定时，应办理变更设计，并应制定专项施工方案。

4. 路堤土填料选择

（1）路堤土的工程性质

路堤土的工程性质将直接影响路堤的填筑质量，为了保证路堤的强度和稳定性，应选择挖取方便、压实容易、强度高、水稳性好的填料。砂性土是最优的路堤填筑材料，黏性土次之，粉性土属不良材料，最容易引起病害，还有一些特殊土（如黄土、有机质土等）用以填筑路堤时必须采取相应的技术措施，才能保证路堤的稳定性。

（2）路堤填料的要求

① 不得使用淤泥、沼泽土、泥炭土、冻土、有机土及含生活垃圾的土作路基填料。

② 对液限大于50、塑性指数大于26、可溶盐含量大于5%、700℃有机质烧失量大于8%的土，未经技术处理不得用作路堤填料。

③ 路堤填料强度（CBR）值应符合设计要求，其强度最小值应符合表2-4的规定。

表2-4 路基填料强度（CBR）的最小值

填方类型	路床顶面以下深度/cm	最小强度（CBR）/%	
		城市快速路、主干路	其他等级道路
路床	0~30	8.0	6.0
路基	30~80	5.0	4.0
路基	80~150	4.0	3.0
路基	>150	3.0	2.0

④ 填方中使用房渣土、工业废渣等需经过试验，确认可靠并经建设单位、设计单位同意后方可使用。

⑤ 用透水性不良的土填筑路堤时，应控制其含水率在最佳含水率±2%之内。

5. 路堤填筑的基本方法

路堤填筑必须考虑不同的土质 从原地面逐层填起，并分层压实，每层厚度随压实方法和压实机具而定，填筑方法一般有以下几种。

（1）分层填筑法

分层填筑法是按照路堤设计横断面，自下而上逐层填筑的施工方法。它可以将不同性质的土有规则地分层填筑和压实，以获得必要的压实度和稳定性。分层填筑法又可以分为水平分层填筑法、纵向分层填筑法。

① 水平分层填筑法。

水平分层填筑法在填筑时按照横断面全宽分成水平层次，逐层向上填筑。如原地面不平，应由最低处分层填起，每填一层，经压实合格后再填上一层。分层的最大虚铺厚度不应超过30cm（人工夯实虚铺厚度应小于20cm），填筑至路床顶面最后一层的最小压实厚度不应小于8cm。路基填土宽度每侧应比设计规定宽50cm，压实宽度不得小于设计宽度，最后削坡。此法施工操作方便、安全，压实质量容易保证。

② 纵向分层填筑法。

纵向分层填筑法是依路线纵坡方向分层，逐层向上填筑。此法适宜于用推土机从路堑取土填筑距离较短的路堤及原地面纵坡小于20°的地段，如图2.18所示。

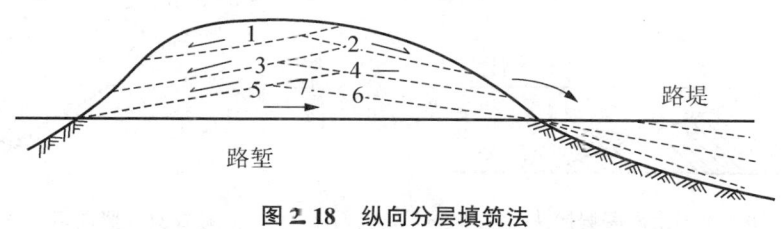

图2.18 纵向分层填筑法

注：图中数字为填筑顺序。

正确的分层填筑方案[图 2.19(a)]应满足以下要求：不同性质的土应分类、分层填筑，不得混填，填土中大于 10cm 的土块应打碎或剔除；路基填筑中应做成双向 2%～4% 的横坡度；为保证水分蒸发和排除，路堤不宜被透水性差的土层封闭；根据强度与稳定性要求，应合理地安排不同土质的层位；为防止相邻两段用不同土质填筑的路堤在交接处发生不均匀变形，交接处应做成斜面，并将弱透水性土填在斜面下部，如图 2.20 所示。错误的填筑方案如图 2.19(b) 所示，其基本特点是强度不均匀、排水不利、不稳定。

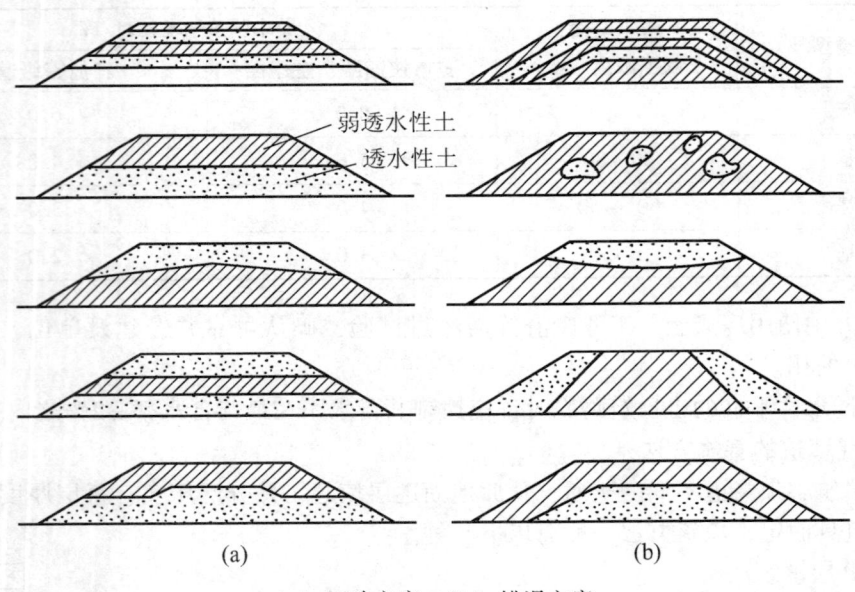

(a) 正确方案；(b) 错误方案
图 2.19　路堤填筑方案

桥涵、挡土墙等构筑物的回填土，为防止不均匀沉陷，应严格按设计要求及有关操作规程回填和夯实。

(2) 竖向填筑法

竖向填筑法指沿路中线方向从路基一端或两端按横断面全高逐步推进填筑的施工方法，如图 2.21 所示。路线跨越深谷或池塘时，地面高差大，填土面积小，难以水平分层卸土，可采用竖向填筑法；陡坡地段上半填半挖路基、横坡较陡或难以分层填筑的局部路段，也可采用竖向填筑法。竖向填筑法因填土过厚不易压实，应尽可能避免采用，若确需采用，施工时需采取下列措施。

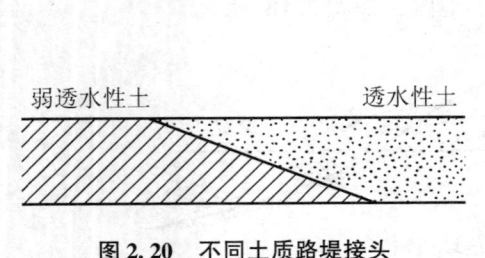

图 2.20　不同土质路堤接头　　　　　图 2.21　竖向填筑法

① 选用高效能压实机具。
② 采用沉陷量较小的砂性土或附近开挖路堑的废石方，并一次填足路堤全宽度。
③ 在底部进行强夯。

(3) 混合填筑法

当因地形限制或堤身较高，不能按前两种方法自始至终进行填筑时，可采用混合填筑法（图2.22），即路堤下层采用竖向填筑法，而上层（路基工作区范围）采用水平分层填筑法，使上部填土经分层压实获得需要的压实度。

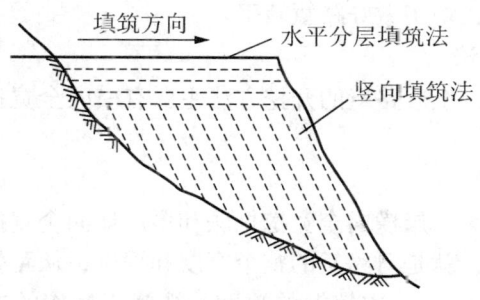

图2.22 混合填筑法

除了可以采用土做路堤填料外，也可以采用石料或土石混合料做路堤填料。

① 填石路堤的填筑。其基底处理同填土路堤。石料的强度应不小于15MPa（用于护坡的不小于20MPa）。石料的最大粒径不宜超过层厚的2/3。每层的松铺厚度：高等级道路不大于0.5m，其他道路不宜大于1.0m。

高等级道路填石路堤路床顶面以下50cm范围内应填筑符合路床要求的土并分层压实，填料最大粒径不得大于10cm；其他道路填石路堤路床顶面以下30cm范围内宜填筑符合路床要求的土并压实，填料最大粒径不应大于15cm。

② 土石路堤的填筑。其基底处理同填土路堤。土石混合料中当石料强度大于20MPa时，石块最大尺寸不得超过压实层厚的2/3，否则应剔除；当石料强度小于15MPa时，石块最大尺寸不得超过压实层厚，超过的应打碎。

土石路堤必须分层填筑、分层压实。每层铺填厚度应根据压实机具的类型和规格确定，但不宜超过40cm。

混合料中石料含量的多少将影响压实效果，所以，当石料含量大于70%时，应先铺大块石料，且大面向下放平稳，然后铺小块石料、石屑等嵌缝找平，最后再碾压密实；当石料含量小于70%时，土、石可混合铺填，但应消除硬质石块集中的现象。

土石混合料填筑高等级道路时，其路床顶面以下30~50cm范围内仍应填筑符合路床要求的土，并分层压实，填料最大粒径不大于10cm；其他道路在路床顶面以下填筑30cm的砂类土，最大粒径不大于15cm。

拓展讨论

1. 路堤填筑如果少一个工艺步骤会有什么影响？
2. 同学们如何理解工匠精神的内涵？

3. 同学们如何理解职业精神内涵？

育人元素　科学规范　环保意识　创新精神

2.2.2　路堑开挖

路堑是在天然地面上以开挖方式建成的路基。实践证明，开挖方式不合理、防护工程设计不当、施工质量不合格是造成路堑出现病害的主要原因。因此，施工人员应了解现场地质、水文等多方面情况，切实做好路堑施工。

1. 土质路堑的开挖方法

按照不同的掘进方向，土质路堑的开挖方法主要有横向全宽挖掘法、纵向挖掘法和混合挖掘法几种。

（1）横向全宽挖掘法

横向全宽挖掘法可分为一层横向全宽挖掘法和多层横向全宽挖掘法。

一层横向全宽挖掘法，就是对路堑的整个宽度和深度，从路堑的一端或两端进行挖掘的方法，如图2.23(a)所示。一次挖掘的深度，视施工操作的方便和安全而定，一般为2m左右。若路堑很深，为了增加工作面，可采用多层横向全宽挖掘法，即分成几个台阶，同时在几个不同高程的台阶上进行开挖，如图2.23(b)所示。每一个台阶有单独的运土路线和临时排水沟渠，以免相互干扰、影响工效、造成事故。

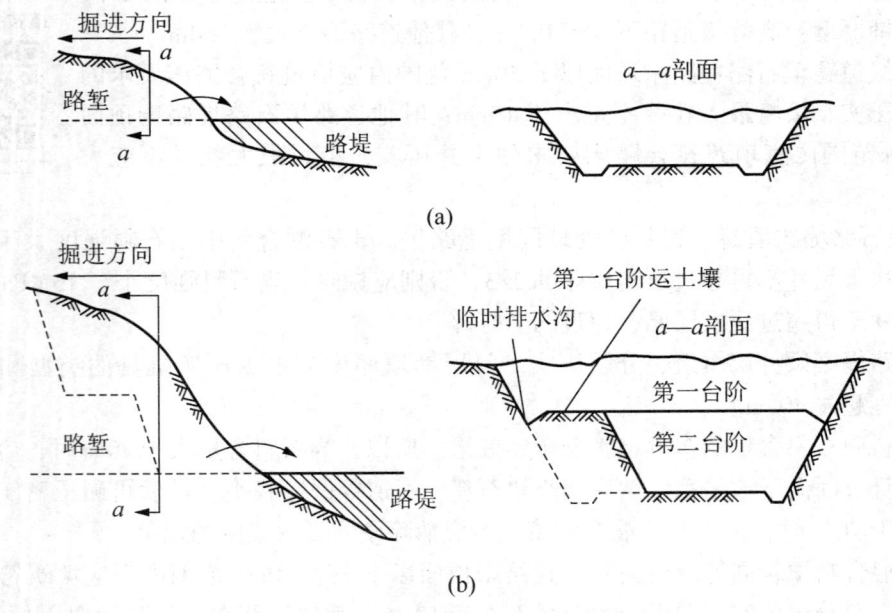

(a) 一层横向全宽挖掘法；(b) 多层横向全宽挖掘法

图 2.23　横向全宽挖掘法

（2）纵向挖掘法

纵向挖掘法又分为分层纵挖法、通道纵挖法和分段纵挖法3种。

① 分层纵挖法 ［图2.24(a)］是沿路堑全宽，以深度不大的纵向分层进行挖掘。挖

掘的地表应保持倾斜，以利于排水。此法适用于铲运机和推土机施工。

② 通道纵挖法［图2.24(b)］是先沿路堑纵向挖出一条通道，然后再把通道向两侧拓宽，以扩大工作面，并利用该通道作为运土路线及场内排水的出路。

③ 分段纵挖法［图2.24(c)］是在路堑纵方向选择一个或几个适宜的位置，先从一侧挖成一个或几个出口，把路堑分为两段或几段，再分别于各段沿纵向开挖。

（3）混合挖掘法

当土方量很大时，为扩大工作面，可将横向全宽挖掘法与通道纵挖法混合使用，即先沿路堑纵向挖出一条通道，然后沿横向坡面挖掘，以增加开挖坡面［图2.25(a)］，或再沿横向挖出横向通道［图2.25(b)］。每一开挖坡面的大小，应能容纳一个施工班组或一台机械正常工作。

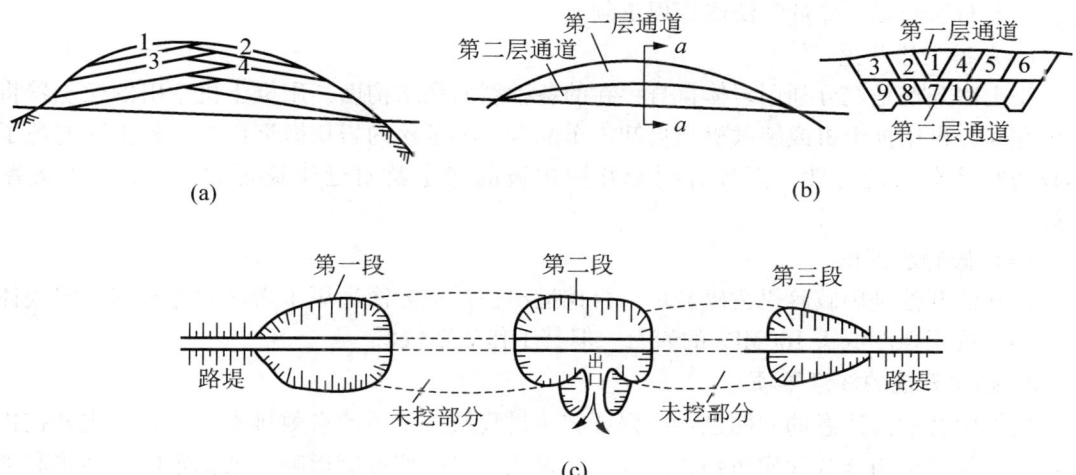

(a) 分层纵挖法（图中数字为挖掘顺序）；(b) 通道纵挖法（图中数字为拓宽顺序）；(c) 分段纵挖法

图2.24 纵向挖掘法

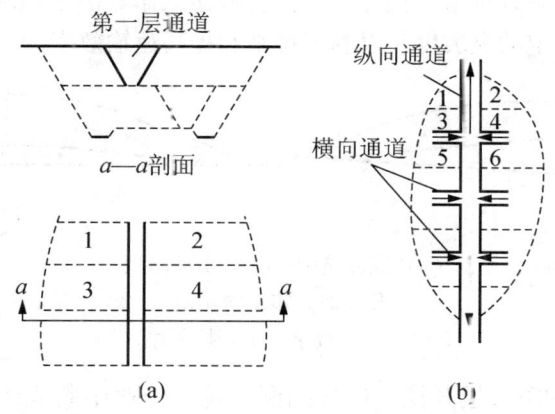

图2.25 混合挖掘法

注：箭头表示运土与排水方向；数字表示工作面号数。

选择挖掘方案时，除考虑当地的地形条件、采用的机具等因素外，还需考虑土层的分布及利用。如利用挖方填筑路堤，则应按不同的土层分层挖掘，以满足路堤填筑的要求。

2. 石质路堑的开挖方法

石质路堑的开挖方法有爆破法、松土法或破碎法。开挖前应根据工程地质勘探资料，按照路基土的类别、风化程度、节理发育程度等来确定开挖方式及开挖工具。对软石和强风化岩石能用机械直接开挖的应采用机械开挖；石方量小，工期允许时，也可采用人工开挖。凡不能使用机械或人工直接开挖的岩石，应采用爆破法开挖。

（1）爆破法开挖

爆破法开挖是用炸药在瞬间产生的爆炸力来破碎和抛掷岩石。凡采用爆破法开挖的路段，应根据施工范围内外的架空缆线的位置、高度，地下管线的位置、埋深，以及建筑物的结构类型、距离，在确保安全的前提下制定爆破开挖方案，并应根据国家标准《爆破安全规程》（GB 6722—2014）的规定编制爆破材料的购买、运输、贮存、保管、工作面划分，以及布置起爆、除危、清渣等规章制度。

（2）松土法开挖

松土法开挖是充分利用岩体自身存在的各种裂面和结构面，用推土机牵引的松土器将岩体翻碎，再用推土机或装载机与自卸汽车配合，将翻松的岩块搬运出去。松土法避免了爆破法所具有的危险性，而且有利于开挖边坡的稳定及附近建筑物的安全，作业效率也高。

（3）破碎法开挖

破碎法开挖是用破碎机凿碎岩块，再挖运出去。该方法适用于岩体裂缝较多，岩块体积较小，抗压强度低于100MPa的岩石，但其工作效率较低。

3. 路堑开挖的注意事项

挖掘中特别需注意的问题是：应保证施工过程及竣工后的有效排水。一般应先开挖排水沟槽，且要求与永久性构筑物相结合，并设法排除一切可能影响边坡稳定的地面水和地下水，为此，路堑开挖作业时应注意以下几点。

① 由于水是造成路堑各种病害的主要原因，因此不论采取何种开挖方法，均应保证开挖过程中及竣工后的有效排水（图2.26），确保施工作业面不积水。开挖路堑时，要在路堑的线路方向保持一定的纵坡度，以利于排水和提高运输效率。

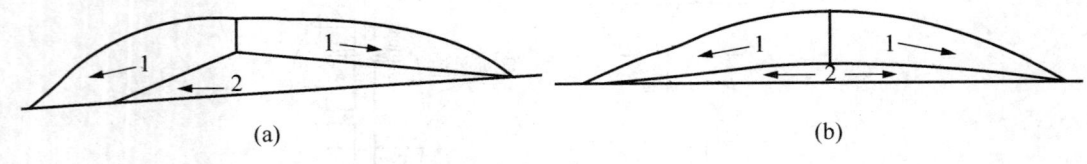

(a) 纵坡路堑；(b) 平坡路堑

图2.26 施工时排水

注：图中数字表示开挖顺序。

② 挖土时应自上向下分层开挖，严禁掏洞开挖。作业中断或作业后，开挖面应做成稳定边坡。

③ 路堑边坡坡度应符合设计规定，如地质情况与原设计不符或地层中夹有易塌方土壤，应及时办理设计变更。

④ 机械开挖作业时，必须避开建（构）筑物、管线，在距管道边1m范围内应采用人

工开挖；在距直埋缆线 2m 范围内必须采用人工开挖，且宜在管理单位监护下进行。

⑤ 严禁挖掘机等机械在电力架空线路下作业。需在其一侧作业时，垂直及水平安全距离应符合规范要求。

⑥ 土方分层开挖的每层深度，人工开挖宜为 1.5～2m，机械开挖宜为 3～4m。

⑦ 弃土、暂存土均不得妨碍各类地下管线等构筑物的正常使用与维护，且应避开建筑物、围墙、架空线等。严禁占压、损坏、掩埋各种检查井、消火栓等设施。

2.2.3　路基压实

1. 路基压实的作用和意义

填土经过挖掘、搬运，原状结构已被破坏，土粒之间产生了许多新孔隙，在荷载作用下，可能出现不均匀或过大的沉陷或坍落甚至失稳滑动。在路堑挖方路段，由于天然土体埋藏状态不同，土体虽未经扰动，但其密实程度不一定符合路基的要求，所以路基土必须进行压实。

理论分析及实践证明，经过压实的路基，其物理力学性质能得到很大的改善，可以提高土体的密实度和强度，调节路基水温状况，降低透水性，减小毛细水上升高度，阻止水分积聚，减轻冻胀，避免翻浆；防止不均匀变形，增强对地表水侵蚀的抵抗力，保证路基在不利季节有足够的稳定性。因而，路基压实是路基施工中极其重要的环节，是改善土体工程性质的一种经济合理的措施。

2. 路基压实原理

路基土是由土粒、水分和空气组成的三相体系。三者具有各自的特性，并相互制约共存于一个统一体中，构成土的各种物理特性。若三者的组成情况发生改变，则土的物理性质也随之不同。压实路基，就是利用人力与机械的方法，来改变土的结构，以达到提高土的强度和稳定性的目的。路基土受压时，土中的空气大部分会被排除于土外，土粒则不断靠拢，重新排列成密实的新结构。土粒在外力作用下不断靠拢，使土的内摩阻力和黏聚力也不断地增加，从而提高了土的强度，土的强度与密度的这种关系可由试验加以验证。图 2.27 所示为土的变形模量与压实度的关系。同时，由于土粒不断靠拢，使水分进入土体的通道减少，阻力增加，于是降低了土的渗透性。土的压实过程和结果受到多种因素的影响，包括土的含水率、土的物理力学性质、压实功能和压实机具等。弄清这些影响，对于深入理解土的压实原理和指导压实工作，具有重要的意义。

3. 影响路基压实的因素

（1）含水率

土中含水率对压实效果的影响显著。当含水率较小时，土中孔隙大都互相贯通，水少而气多，在一定外部压实功能的作用下，虽然土孔隙中气体易被排出，密度可以增大，但由于水膜润滑作用不明显，所做的压实功能不足以克服土粒间的引力，土粒相对移动困难，因而压实效果比较差；含水率逐渐增大时，水膜变厚，引力变小，水膜起着润滑作用，外部压实功能比较容易使土粒移动，压实效果渐佳；当含水率过大时，孔隙中出现了自由水，压实功能不可能使气体排出，压实功能一部分被自由水抵消，减小了有效压力，压实效果反而降低。在土力学中，由土的击实试验所得的击实曲线如图 2.28 所示。从图

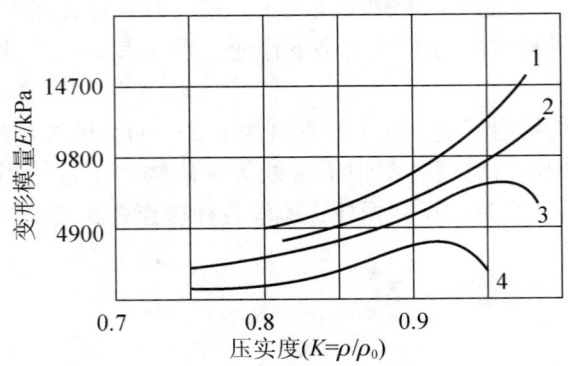

图 2.27　土的变形模量与压实度的关系

注：曲线 1、2、3、4 的含水率分别为 $0.98\omega_o$、$1.0\omega_o$、$1.02\omega_o$、$1.12\omega_o$。

中可以看出，曲线有一峰值，此处的干密度 ρ 为最大，称之为最大干密度 $\rho_{d,max}$；与之相对应的含水率则称为最佳含水率 ω_o。这就得出一个结论：只有在最佳含水率的情况下压实效果才最好，才能被击实达到最大干密度。用透水性不良的土做填料时，应控制其含水率在最佳含水率的 ±2% 之内。

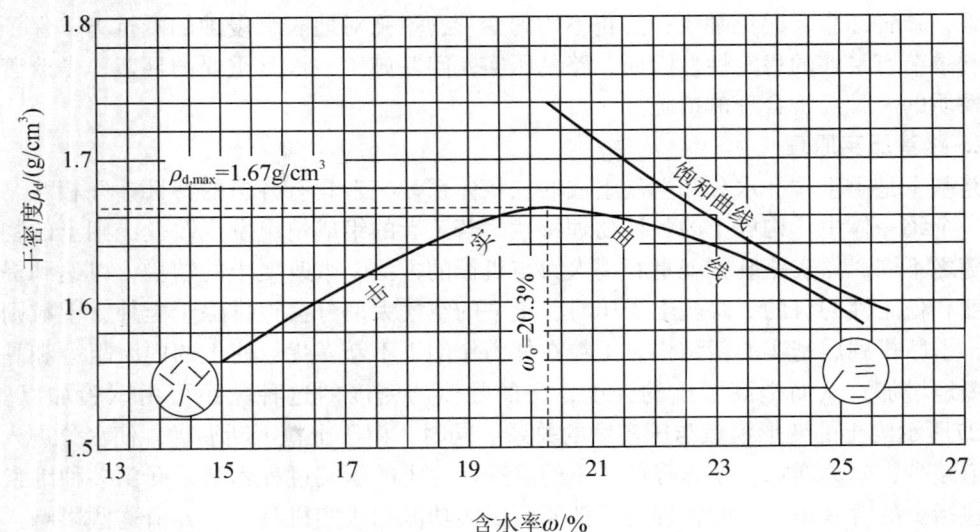

图 2.28　击实曲线

然而，当含水率较小时，土粒间引力较大，虽然干密度较小（其强度可能比最佳含水率时还要高），但由于其密实度较低，孔隙多，一经饱水，其强度便会急剧下降，因此得出结论：在最佳含水率情况下，压实的土水稳性最好。

最佳含水率和最大干密度是两个十分重要的指标，对路基设计与施工都很重要。

（2）土的物理力学性质

一般规律是：不同的土质，有不同的 ω_o 与 $\rho_{d,max}$；分散性（液限、黏性）较高的土，其 ω_o 值较高，$\rho_{d,max}$ 值较低；砂性土的压实效果优于黏性土。无黏性土（如砂土）的颗粒粗呈松散状态，水分极易散失，最佳含水率的概念对它没有多大的实际意义。亚砂土和亚黏土的压实性能较好,而黏性土的压实性能较差。

(3) 压实功能

压实功能是指压实工具的质量、作用次数或锤落高度、作用时间等,它对压实效果的影响较大。图2.29是不同压实功能下土的ρ-ω关系曲线,曲线表明,同一种土的最佳含水率ω_o随压实功能的增大而减小,最大干密度$\rho_{d,max}$随压实功能的增大而增大。在相同含水率条件下,压实功能越大,土的密实度(即ρ)越大。据此规律,施工中,当土的含水率低于ω_o而加水有困难时,可采用增加压实功能(重碾或增加压实遍数)的办法来提高其密实度。但是用增加压实功能的办法提高路基土压实的效果是有一定限度的,当压实功能增加到一定程度后,土的密实度增加就很有限了,如果超过某一限度,再采用增加压实功能的办法来提高土的密实度,不但经济上不合理,而且由于压实功能过大,甚至会破坏路基土结构,效果适得其反。相比之下,严格控制最佳含水率,要比增加压实功能收效大得多。因此,在路基压实施工中,控制最佳含水率是关键,在此前提下,采取分层填土,控制有效土层厚度,必要时适当增大压实功能,才能使路基土压实取得良好效果。

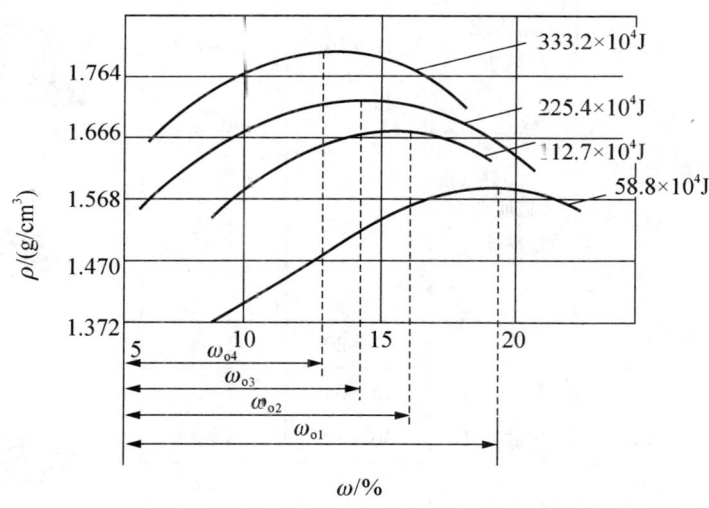

ω_{o1}、ω_{o2}、ω_{o3}、ω_{o4}—不同压实功能作用下土的最佳含水率

图2.29 不同压实功能下土的ρ-ω关系曲线

(4) 压实机具

压实机具不同,压力作用深度也不同。夯击式机具作用深度最大,振动式次之,静力碾压式最浅。压实后土体表层密实度最高,随深度增加土的密实度递减。因此,随压实机具的不同,压实的深度效果不同,分层压实时的土层厚度也不同。当采用轻型压实机具时,压实深度较浅,荷载作用时间越长,土的密实度越高,但密实度的增长速度会逐渐减小,这是因为土体在荷载作用下逐渐密实,强度逐渐提高,变形逐渐减小的缘故。当采用重型压实机具时,密实度随施荷时间增加而迅速增加,土的变形急剧增加;过重的机具,当超过土的强度极限时,会立即引起土体破坏。因此,压实时,宜采用轻、重机具结合,低速运行的方式,来获得理想的压实效果。在路基土石方施工中常用的压实机具的技术特性见表2-5。

表 2-5 在路基土石方施工中常用的压实机具的技术特性

压实机具类型	吨位	适用范围	分层松铺厚度/cm	压实遍数/遍	常用机具图片
机夯	0.3t	黏质或非黏质土	20~30	4~8	
人工夯	0.04t				
羊足碾	6~8t	黏质土	20~30	4~8	
钢质光轮压路机	6~8t	黏质或非黏质土	15~20	4~8	
	9~10t		20~30		
	10~12t		25~35		
轮胎压路机	16t	黏质或非黏质土	30~35	4~8	
振动压路机	2t	非黏质土	11~20	2~3	
	4.5t		25~35	2~3	
	10t		30~50	3~4	
	12t		40~55	3~4	
	15t		50~70	3~4	
夯锤（板）	1t 落高 2m	黏质或非黏质土	65~80	3~5	
	1.5t 落高 1m		60~70	3~4	
	1.5t 落高 2m		70~90	3~4	

综上所述，在路基压实施工中，必须控制土的最佳含水率，根据土质和压实机具的性能，通过试验，确定合适的分层松铺厚度、压实遍数及压实机具的行驶速度等，以获得最佳的压实效果。

4. 填石路基和土石混填路基的压实

（1）压实机理

填料中石料含量超过70%的路基，称为填石路基；填料中石料含量为30%~70%的路基，称为土石混填路基。两者的压实机理与土质路基类似，主要差别在于石质的压实及石质和土质的相互作用。

① 石质的压实表现为外力作用使石与石之间镶紧，它包含下述几个过程：排列过程、填装过程、分离过程和夯实过程。这四个过程虽然同时发生，但其中填装过程和夯实过程明显，排列过程和分离过程不明显。外力作用不能使石块内部组成改变，只能使石块及填隙料之间嵌挤、咬合，从而减少填石的空隙率。

② 石质与土质的相互作用是大小颗粒在力的作用下克服颗粒间阻力产生位移的过程，即大小颗粒重新排列、相互靠近，使空隙体积减小，单位体积内固体颗粒数量增加的过程。

因此，填石路基和土石混填路基压实应重点考虑外力作用和级配，保证石块之间能充分靠近，填隙料能充分填满石块之间的空隙，同时填隙料能充分受到挤压而密实。

（2）压实的质量控制

填石路基、土石混填路基的压实既要防止细粒土过量振实，又要避免石料"顶天立地"或被过度碾碎，同时土石不能产生离析。目前一般采用50t凸块振动压路机、50t冲击压路机、30~50t压路机控制压实。

填石路基、土石混填路基控制压实一般根据试验路段得出不同吨位的压路机、不同土石比例的压实度-压实遍数关系曲线，采用压实遍数、沉降量观测（包括相邻两遍碾压高差不超过3mm）、局部位置用灌砂法检查等综合方法控制碾压。

填石路基在压实前，应先用大型推土机推铺平整，个别不平处，应用人工配合找平。采用的压路机宜选用工作质量12t以上的重型振动压路机、2.5t以上的夯锤或8t以上的轮胎压路机。碾压时要求均匀压实，不得漏压。

土石混填路基的压实要根据混合材料中巨粒土含量的多少来确定。当巨粒土含量较少时，应按土质路基的压实方法进行压实；当巨粒土含量较多时，应按填石路基的压实方法压实。不论何种路基，碾压都必须确保均匀密实。

5. 路基压实标准

从影响压实的主要因素分析可知，最大干密度 $\rho_{d,max}$ 是路基压实的一项重要指标，它与土的强度和稳定性有十分密切的关系，反映了路基的内在质量。因此，一般都用它来衡量土压实的质量。但在路基野外施工时，受客观条件限制，一般不能达到室内标准击实试验所得的最大干密度 $\rho_{d,max}$。因此，应根据工程实际需要与可能，拟定压实标准，使其满足工程的设计要求。我国以压实度作为控制路基压实的标准。压实度是工地实际达到的干密度与室内标准击实试验所得的最大干密度的比值。路基压实应采用重型击实标准控制。

$$K = \rho_d / \rho_{d,max} \times 100\% \quad (2-8)$$

式中 K——路基压实度，%；

ρ_d——路基压实后的干密度，g/cm³；

$\rho_{d,max}$——土的标准最大干密度，g/cm³。

显然，K 值越接近100%，表示对压实质量的要求越高。路基的最低压实度应符合表2-6的要求。

表 2-6 路基压实度标准

填挖类型	路床顶面以下深度/cm	道路类别	压实度（重型击实)/%	检验频率		检验方法
				范围	点数	
挖方	0~30	城市快速路、主干路	95	1000m²	每层1组（3点）	细粒土用环刀法，粗粒土用灌水法或灌砂法
		次干路	93			
		支路及其他小路	90			
填方	0~80	城市快速路、主干路	95			
		次干路	93			
		支路及其他小路	90			
	80~150	城市快速路、主干路	93			
		次干路	90			
		支路及其他小路	90			
	>150	城市快速路、主干路	90			
		次干路	90			
		支路及其他小路	87			

《城市道路工程设计规范》中对路基的压实度又提出了更高的要求，见表 2-7。

表 2-7 路基压实度

填挖类型	路床顶面以下深度/cm	路基最小压实度/%			
		快速路	主干路	次干路	支路
填方	0~80	96	95	94	92
	80~150	94	93	92	91
	>150	93	92	91	90
零填方或挖方	0~30	96	95	94	92
	30~80	94	93	—	—

6. 路基压实工作现场组织要点

路基土的压实以压实原理为依据，以尽可能小的压实功能获得良好的压实效果为目的，必须严格按操作规程进行施工。路基压实工作现场组织要点如下。

① 压实前应对填土层的松铺厚度、平整度和含水率进行检查，符合要求方可进行压实。

② 压实机具应采用先轻后重、轻重结合的方式，以便能适应逐渐增长的路基强度。

③ 压实速度宜先慢后快，以免松土被机械推走，压路机最快速度不宜超过4km/h。

④ 压实工作直线段由两边向中间，小半径曲线段由内侧向外侧，纵向进退式进行；一般碾轮每次要重叠15~20cm，约压实5~8遍至表面无显著轮印，应做到无漏压、无死角，确保压实均匀，且达到要求的压实度为止。

⑤ 使用夯锤压实时，首遍各夯位宜紧靠，或间距不得大于15cm，次遍夯位应压在首遍夯位的缝隙上，夯实至规定的压实度。

⑥ 为保证达到规定的压实度，在压实施工过程中应经常进行压实工作的控制与检查，以便及时调整压实工作。

a. 确定压实后要求达到的干密度。在室内取现场土样用规定的击实试验法求出最大干密度 $\rho_{d,max}$ 和最佳含水率 ω_o，再根据道路等级、路基填挖情况、填筑的层位、地区的自然条件，按规范要求确定压实度 K，则压实后要求达到的干密度为 $K\rho_{d,max}$。

b. 合理选择压实机具，并根据土质和压实机具的效能，经试压后确定每层填土的松铺厚度和压实遍数。

c. 压实过程中严格控制土的含水率接近最佳含水率。含水率过大时，应将土翻开晾晒至理想的含水率（或掺石灰、水泥等）再进行压实；含水率过低时，需均匀加水至合适含水率再进行压实。可在前一天于取土地点浇洒或将土运至路堤再用水浇洒，并拌和均匀。加水量可按下式估算。

$$W = (\omega_o - \omega)Q/(1 + \omega) \tag{2-9}$$

式中　W——所需加水量，kg；
　　　ω——天然土的含水率，%；
　　　ω_o——最佳含水率，%；
　　　Q——需加水的土的质量，kg。

在压实过程中，应经常检查压实度是否符合要求。压实度试验方法可采用环刀法、灌砂法、核子密度湿度仪法等。环刀法适用于细粒土，灌砂法适用于各类土，核子密度湿度仪法应与环刀法、灌砂法等进行对比标定后才可应用。

每一压实层均应检验压实度，合格后方可填筑其上一层。

检验取样频率每1000m²，抽检1组（3点），必要时可增加检查点数，以防止压实不足处漏检。

压实（夯击）完成以后，应立即测定土样的含水率和湿密度，计算其干密度和压实度，并按规范规定判断其是否达到压实度标准。

一般土的最大干密度介于1.6~1.9g/cm³之间，压实度每差1%，反映在干密度的绝对值上只差0.018g/cm³左右，因此在工地施工检查压实度时，取样和测定过程都需要非常注意，否则就容易出现误判的情况。

⑦ 市政道路路基范围内有大量地下管线，这是市政道路的特点之一，因而在市政道路沟槽回填土施工中还应注意以下几点。

A. 回填土应保证涵洞（管）、地下建（构）筑物结构安全及外部防水层和保护层不受破坏。

B. 预制涵洞的现浇混凝土基础强度及预制件装配接缝的水泥砂浆强度达5MPa后，方可进行回填。砌体涵洞应在砌体砂浆强度达到5MPa，且预制盖板安装后进行回填；现浇钢筋混凝土涵洞，其胸腔回填土宜在混凝土强度达到设计强度的70%后进行回填，顶板以上填土应在混凝土强度达到设计强度后进行回填。

C. 涵洞两侧应同时回填，两侧填土高差不得大于30cm。

D. 对有防水层的涵洞靠防水层部位应回填细粒土，填土中不得含有碎石、碎砖及大于 10cm 的硬块。

E. 涵洞位于路基范围内时，其顶部及两侧回填土应符合下列要求。

a. 管顶以上 50cm 范围内不得用压路机压实。

b. 管道胸腔回填土的压实度不得小于 93%。

c. 管顶以上 25cm 范围内填土压实度不得小于 85%；25～50cm 范围内的压实度不得小于 87%。

d. 当管顶至路床覆土厚度大于或等于 80cm 时，管顶以上 50～80cm 范围内填土的压实度，对城市快速路、主干路不得小于 93%；对次干路及以下道路不得小于 90%。

e. 当管顶以上覆土厚度小于 80cm 时，应对回填材料进行改性，或对管道进行加固。

f. 土壤最佳含水率和最大干密度应经试验确定。

g. 回填过程不得劈槽取土，严禁掏洞取土。

■拓展讨论

1. 路基压实为什么需分几个步骤？
2. 路基压实度指标的标准为什么越来越高？
3. 路基压实过程中会遇到哪些常见问题，如何解决？

育人元素　科学规范　环保意识　创新精神

2.2.4　路基施工的环保性

随着我国绿色发展，人与自然和谐共生理念的不断深入，爱护环境，保护绿地，做好水土保持工作，减少水土流失等路基工程施工环保性问题得到了高度重视。路基施工环保性措施主要包括以下几方面。

1. 场地清理

（1）道路用地及借土场范围内的垃圾和非适用材料应清除与移运到适宜的地方妥善处理。

（2）基底清除的表层腐殖熟土集中堆放，为工程后期绿化或弃土、渣场的复土还耕提供备料。

2. 防水、排水

（1）施工临时排水设施应与永久性排水设施相结合，污水不得排入农田、耕地和污染自然水源，不得引起淤积和冲刷。

（2）各类施工活动未经审批同意，不应干扰河流、水道或现有灌渠或排水系统的自然流动。

（3）确保工地范围内的排水系统排水通畅，防止水泥泞，避免因排水不畅而导致的水土流失。

3. 路堑开挖

（1）路基挖方施工和开挖方法应考虑对地下文物、自然保护区的保护措施，同时不得对邻近的设施及其正常使用产生破坏及干扰。

（2）挖方施工中产生的弃方不得弃入或侵占可耕地、农田灌溉渠道、河道、现有通车道路等场所，必须运至指定的弃方场。

（3）弃土的堆放应整齐、美观稳定，必要时坡脚应予以加固处理，并且排水通畅。

（4）对开挖后的坡面及填筑后的路堤，及时按设计要求进行防护，防止水土流失。

4. 路堤填筑

（1）严格按设计指定的取土场取土，不乱挖、乱掘。

（2）取弃土场及各类生产生活用场地使用完毕后及时推平修整和清理恢复，在条件许可时最好在地表覆盖熟土还耕与周边自然景观相谐调。

（3）取土和运输过程中爱护环境，保护绿地不得破坏自然环境。

5. 防护支挡

（1）对开挖的河岸边坡采取及时有效的岸边防护措施，以减少水土流失。

（2）防护工程随土石方填筑和开挖及时展开施工，缩短土体暴露时间，最大程度减少水土流失。

6. 其他

（1）施工中产生的污水及含油废水在经设置的污水处理池处理后，运至指定位置排放，以防止污染水源。

（2）施工时所使用的零散油料和颜料，保存在安全的容器中，并存放在指定地点，以防止意外泄露而造成水污染。

（3）路基工程完工后，按要求及时拆除所有工地围挡、安全防护设施和其它临时设施，并将工地及周围环境清理整洁，做到工完、场清、料净。

能力训练及习题

能力训练

分组编制路基施工技术方案一份。

(1) 根据《市政工程施工图案例图集》路-8 中道路工程特点和工程现场实际条件，结合路基的构造特点，选择合适的施工方法、合理的施工机械，组织施工工艺流程，提出保证施工质量和安全的施工技术措施和施工注意事项。

(2) 参考其他道路路基施工方案编制路基施工技术方案。

(3) 能力训练成果为一份路基施工技术方案。

习 题

一、选择题

1. 路基填土中，不宜选用的填料为（　　）。
   A. 土石混合料　　　　　　　　B. 砂
   C. 砂性土　　　　　　　　　　D. 粉性土

2. 填方路基应事先找平，当地面坡度陡于（　　）时，需修成台阶形式。
   A. 1：10　　　B. 1：5　　　C. 1：6　　　D. 1：8

3. 对一定压实功能作用下土的密实度与含水率之间关系说法错误的是（　　）。
   A. 当土的实际含水率等于最佳含水率时，土的密实度有最大值
   B. 当土的实际含水率小于最佳含水率时，随含水率增加，土的密实度增加
   C. 当土的实际含水率大于最佳含水率时，随含水率增加，土的密实度增加
   D. 压实到最佳密实度时土体的水稳性最好

4. 路基压实时出现局部"弹簧"现象，可采用（　　）。
   A. 翻挖晾干、换土、掺灰　　　B. 减轻压实
   C. 减少压实遍数　　　　　　　D. 不用处理

5. 路基压实中，应待压实土层的含水率在最佳含水率（　　）范围内进行压实。
   A. ±1%　　　B. ±2%　　　C. ±3%　　　D. ±4%

6. 一般情况下，路基压实采用的标准是（　　）。
   A. 轻型击实　　B. 重型击实　　C. 压实系数　　D. 压实度

7. 路基施工基本方法中，工效最低的是（　　）。
   A. 人工施工　　　　　　　　　B. 简易机械化施工
   C. 爆破施工　　　　　　　　　D. 水力机械化施工

8. 下列关于土质路基施工时，路堤填筑方法说法有误的一项是（　　）。
   A. 土质路堤填筑方法按填土顺序可分为分层填筑和竖向填筑
   B. 分层填筑是土质路堤填筑方法的基本方法
   C. 竖向填筑方法相对于分层填筑方法，填土更易压实
   D. 竖向填筑指沿道路纵向或横向逐步向前填筑

二、判断题

1. 土是三相体系，路基压实的过程是通过排出土孔隙中的空气和水，迫使土颗粒排列更为紧密的过程。（　　）

2. 路基压实时，最佳含水率随着压实功能的增大而增大。（　　）

3. 路基的压实效率影响路基路面的性质，土的最佳含水率越小，路基的压实效果越好。（　　）

4. 为保证压实功能不变，压路机压实速度增加，压实遍数也要增加。（　　）

5. 天然状态下的土，其含水率一般接近最佳值，因此组织快速施工，随挖随填，及时进行压实，对于提高路基压实效果具有一定作用。（　　）

6. 路基压实时，压实功能越大越好。（　　）

在线答题

学习任务单

◆ **学习目标**

能够读懂道路路基图，能编写路基土方工程施工方案的关键环节并能进行技术交底。

◆ **学习地点**

实训室、室外实训场。

◆ **学习准备**

《市政工程施工图案例图集》《城镇道路工程施工与质量验收规范》、互联网资源、多媒体设备等。

◆ **学习过程**

一、阅读《市政工程施工图案例图集》中的路-18，填写以下工程相关信息。

1. 根据本工程的施工横断面图描述路基有哪几种断面形式？

2. 根据本工程的施工横断面图描述路基的宽度变化和边坡坡率。

3. 以小组为模拟项目部，讨论完成施工标段桩号_____~_____路基的施工方案的关键环节，并进行技术交底。

（1）小组讨论确定本标段路基工程的施工方法。

（2）小组讨论确定本标段路基工程的施工机械。

（3）小组讨论确定本标段路基工程的施工工艺和注意事项。

思考问题：选用各种方法和机械的原因。

二、组织路基施工技术交底并填写技术交底记录。

××××工程××××技术交底记录

技术交底记录		编号	
工程名称			
分部工程名称		分项工程名称	
施工单位		交底日期	

交底内容:

审核人	交底人	接收交底人

任务2.3 挡土墙施工

本任务是介绍路基支挡结构挡土墙的施工,掌握石砌重力式挡土墙、加筋土挡土墙、薄壁式挡土墙的原材料要求、施工工艺和流程。

2.3.1 石砌重力式挡土墙施工

在石砌重力式挡土墙施工中,主要材料片石或块石要符合规范要求,砂浆强度等级应不低于M5。砌筑要分层进行,砌筑工艺常采用坐浆法和挤浆法。伸缩缝每隔10~15m设置一道,并应设置为垂直通缝。各层之间的垂直灰缝应相互错开,水平灰缝应平行。所有砌缝要求做到砂浆饱满密实。

1. 原材料要求

(1) 片石

片石质地均匀、无裂缝、不易风化,抗压强度不低于25MPa;在地震区及严寒地区,不能低于30MPa;应具有两个大致平行的面,其厚度不应小于15cm,其中一条边长不小于30cm,体积不小于$0.01m^3$。

(2) 砂浆

砂浆一般用水泥、砂和水拌和而成,也可用水泥、石灰、砂与水拌和,或石灰、砂与水拌和而成。它们分别简称为水泥砂浆、混合砂浆和石灰砂浆。砂浆强度等级代表其抗压强度。拌制砂浆必须符合设计要求,一般不得低于M5。勾缝用砂浆应比砌筑用砂浆强度等级提高一级。

2. 施工工艺及要求

(1) 准备工作

浆砌前应做好一切准备工作,主要包括:工具配备,按照设计图纸检查和处理基底,放线,安放脚手架、跳板等施工设施,清除砌石上的尘土、泥垢等。

(2) 砌筑顺序

砌筑时应分层进行。底层极为重要,它是以上各层的基石,若底层质量不符合要求,就会影响以上各层。较长的砌体除分层外,还要分段砌筑,两相邻段的砌筑高差不应超过1.2m,分段处应设在沉降缝或伸缩缝的位置。分层砌筑时,要先角石,后边石或面石,最后才填腹石。

(3) 砌筑工艺

浆砌原理是利用砂浆胶结片石,使之成为整体,常用坐浆法和挤浆法等方法砌筑。

① 坐浆法。坐浆法也称为铺浆法,砌筑时先在下层砌体面上铺一层厚薄均匀的砂浆,压下砌石,借石料自重将砂浆压紧,并在灰缝上加以必要的捣捣和用力敲击,使砌石完全稳定在砂浆层上,直至灰缝表面出现水膜。

② 挤浆法。挤浆法除基底为土质的第一层砌体外,每砌一块石料,要先铺底浆,再放石块,经左右轻轻揉动几下后,再轻击石块,使灰缝砂浆被压实。在已砌筑好的石块侧

面安砌时,要在相邻侧面先抹砂浆,后砌石,并向下及侧面用力挤压砂浆,使灰缝挤实,砌体被贴紧。

(4) 砌筑要求

砌体外圈定位行列与转角石应选择表面较平、尺寸较大的石块。浆砌时,石块应长短相间并与里层石块咬紧,上下层竖缝错开,缝宽要小于或等于3cm。分层砌筑要将大石块用于下层,每处石块形状及尺寸要合适。竖缝较宽者可塞以小石子,但不能在石块下用高于砂浆层的小石块支垫。排列时,要将石块交错,坐实挤紧,尖锐凸出部分敲除。

(5) 砌缝要求

① 错缝:砌体在段间、层间的垂直灰缝应互相交错,压叠成不规则的灰缝,每段上下层及段间的垂直距离在8cm以上。

② 通缝:指砌体的垂直灰缝。它是砌体受力的薄弱环节,其承压能力较好,但受剪、抗拉、受扭的能力极差,砌体最容易在此损坏,所以砌体对通缝要求较高,不仅要求其砂浆饱满密实,而且要求成缝时不允许有干缝、瞎缝及大缝。

③ 勾缝:包括平缝、凹缝和凸缝等。勾缝具有防止有害气体和风、雨、雪等侵蚀砌体内部,延长构筑物使用年限及装饰外形美观等作用。设计无特殊要求时,勾缝应采用平缝或凸缝,勾缝应用1:(1.5~2)的水泥砂浆,要嵌入砌缝内约2cm。勾缝前,要先清理缝槽,用水冲洗湿润;勾缝要保持砌后的自然缝,不要有瞎缝、丢缝、裂纹和黏结不牢等现象。

2.3.2 加筋土挡土墙施工

加筋土挡土墙既是柔性结构,可承受地基较大的变形;又是重力式结构,可承受荷载的冲击、振动作用。加筋土挡土墙施工简便、外形美观、占地面积小,而且对地基的适应性强。它主要适用于缺乏石料的地区和大型填方工程。

加筋土挡土墙施工前要核对道路、桥梁设计图纸,测量人员要按照道路、桥梁的施工中线、高程控制点进行挡土墙平面与高程控制测量及施工测量。

对加筋土挡土墙的施工要求主要包括以下方面。

① 加筋土土料按照设计规定选土,就近取土,不能用白垩土、硅藻土和腐殖土。施工前要对所用土料进行物理、力学试验。

② 按照设计规定选择筋带材料,施工前对筋带材料进行拉拔、直剪、延伸复测试验,其指标符合设计规定后方可使用。采用钢质拉筋时,应按设计规定做防腐处理。

③ 控制加筋土的填土层厚度和压实度,每层松铺厚度要小于或等于25cm,压实度要符合设计规定,并要大于95%(重型击实)。

④ 当填土中设有土工布时,土工布搭接宽度为30~40cm,并按照设计要求留出折回长度。

⑤ 挡土墙板缝在填土前要贴铺土工布,土工布必须超出缝边30cm以上,且贴铺平整、牢固。

⑥ 安装预制挡土墙板前,应进行测量定线;安装挡土墙板,要向路堤内倾斜,其垂直度应控制在约1%范围内,并设测斜观测点。

⑦ 预制板安装后,经校测无误,方可浇筑基础槽口混凝土。

⑧ 加筋土填土开始后,按设计要求铺土工布、筋带,并做记录;铺土压实,每层应

测压实度,并按照施工方案观测挡土墙板的位移,并做记录。

2.3.3 薄壁式挡土墙施工

悬臂式挡土墙和扶壁式挡土墙统称为薄壁式挡土墙,薄壁式挡土墙是钢筋混凝土结构,属轻型挡土墙。薄壁式挡土墙的施工流程包括测量放线、挡土墙基槽开挖、挡土墙基础模板在垫层(找平层)上支设模板、挡土墙钢筋成型、浇筑挡土墙混凝土基础、挡土墙板安装、浇筑挡土墙顶混凝土、墙帽与护栏安装八个步骤。

① 测量放线。测量放线应严格按照道路施工中线、高程点控制挡土墙的平面位置和纵断面高程。

② 挡土墙基槽开挖。挡土墙基槽开挖时不得扰动基底原状土,若有超挖,应回填至原状,并按照道路夯实标准夯实,确保基槽边坡稳定,防止塌方。做好排水与降水措施,保持基底干槽施工。对土坑、树坑应回填砂石或石灰土并夯实,以免基底不均匀沉降。对基底淤泥、腐殖土应清理干净,用回填性能较好的土或石灰土回填并夯实。

③ 挡土墙基础模板在垫层(找平层)上支设模板。模板必须牢固,不得松动、跑模和下沉。模板拼缝应严密不漏浆,模内应保持清洁。

④ 挡土墙钢筋成型。钢筋表面应清洁,不得有锈皮、油渍、油漆等污垢。钢筋必须调直,调直后的钢筋表面不得有使钢筋截面积减小的伤痕。

钢筋弯曲成型后,表面不得有裂纹、鳞落或断裂等现象。所使用钢筋的种类、等级、规格、直径及各部尺寸经抽样检验均应符合设计要求。

绑扎成型时,绑丝必须扎紧,不得有松动、折断、位移等情况,绑丝头必须弯曲背向模板。

焊接成型时,焊前不得有水锈、油渍,焊缝处不得有咬肉、裂纹、夹渣,焊药皮应敲除净。绑扎或焊接成型的网片或骨架必须稳定牢固,杯槽部位钢筋在浇筑混凝土时不得松动和变形。

⑤ 浇筑挡土墙混凝土基础。浇筑挡土墙混凝土基础时,混凝土配合比要符合设计强度要求。混凝土要振捣密实,杯槽部位更应加强振捣。预埋件按设计位置与基础钢筋焊牢,以避免振捣混凝土时发生变形和位移。

⑥ 挡土墙板安装。当基础混凝土强度达到设计强度标准的75%后,方可安装挡土墙板。符合设计强度要求,外观没有缺棱、掉角、裂缝的墙板,方可安装。悬臂式墙板嵌入杯槽内,填实高强度细粒式混凝土,其强度不小于30MPa,并应将墙板预埋钢板或将钢筋与基础预埋件焊接牢固,焊接完成后进行复测,并对焊缝做检查,合格后填写验收记录单,进行防腐处理后,才能浇筑混凝土。扶壁式墙板就位后,立即将墙板预埋件与基础预埋件焊牢,之后同样封上混凝土。墙板间灌缝混凝土一定要振捣密实,两侧夹板卡牢,不得漏浆。板缝用原浆勾缝,要密实、平顺、美观。

⑦ 浇筑挡土墙顶混凝土。测量人员按道路纵断面高程控制模板高程。模板内侧压紧薄泡沫塑料条,严禁跑浆。浇筑前,将墙顶凿毛并刷素浆,有利于混凝土上下结合。

⑧ 墙帽与护栏安装。墙顶帽石坐浆饱满,安装牢固,护栏与帽石联结稳固,防锈漆涂刷均匀,颜色一致。

能力训练及习题

能力训练

1. 识读图 2.30 回答以下问题。
   (1) 图中挡土墙为哪种形式的挡土墙？
   (2) 图中哪些段落设有挡土墙？
   (3) 从纵断面图上可得知哪些高程？
   (4) K4+620 桩号处挡土墙的墙面高程为_____m、基础底面高程为_____m、地面高程为_____m、路面高程为_____m、挡土墙墙高为_____m，挡土墙每隔_____m 设置沉降缝。
   (5) 从横断面图和挡土墙尺寸表可知，除_____及_____基础采用加筋外，其余均为_____基础。
   (6) 图中挡土墙墙背为_____，坡度为_____，墙面与墙背_____。
   (7) 图中挡土墙设置有_____泄水孔，坡度为_____，间隔为_____m。
   (8) 墙顶地面设有_____。
2. 分小组交叉进行石砌重力式挡土墙施工技术交底，并填写记录。

习题

一、选择题

1. 石砌重力式挡土墙砌筑工艺常采用（　　）。
   A. 坐浆法和挤浆法　　　　　　B. 灌浆法和清浆法
   C. 分层法和乱层法　　　　　　D. 断层法和连续法
2. 加筋土挡土墙借助于拉筋与填土间的（　　）作用，把土的侧压力传递给拉筋，从而稳定土体。
   A. 嵌挤　　　B. 级配　　　C. 摩擦　　　D. 剪力
3. 加筋土挡土墙板缝在填土前要贴铺土工布，土工布必须超出缝边（　　）cm 以上，且贴铺平整、牢固。
   A. 20　　　　B. 30　　　　C. 40　　　　D. 50
4. 薄壁式挡土墙施工时，当基础混凝土强度达到设计强度标准的（　　）后，方可安装挡土墙板。
   A. 60%　　　B. 65%　　　C. 70%　　　D. 75%
5. 适用于缺乏石料的地区和大型填方工程的挡土墙是（　　）。
   A. 重力式挡土墙　　　　　　B. 锚定板式挡土墙
   C. 加筋土挡土墙　　　　　　D. 悬臂式挡土墙
6. 加筋土挡土墙由（　　）三部分组成。
   A. 墙面板　　B. 肋板　　　C. 填土　　　D. 拉筋
   E. 基础

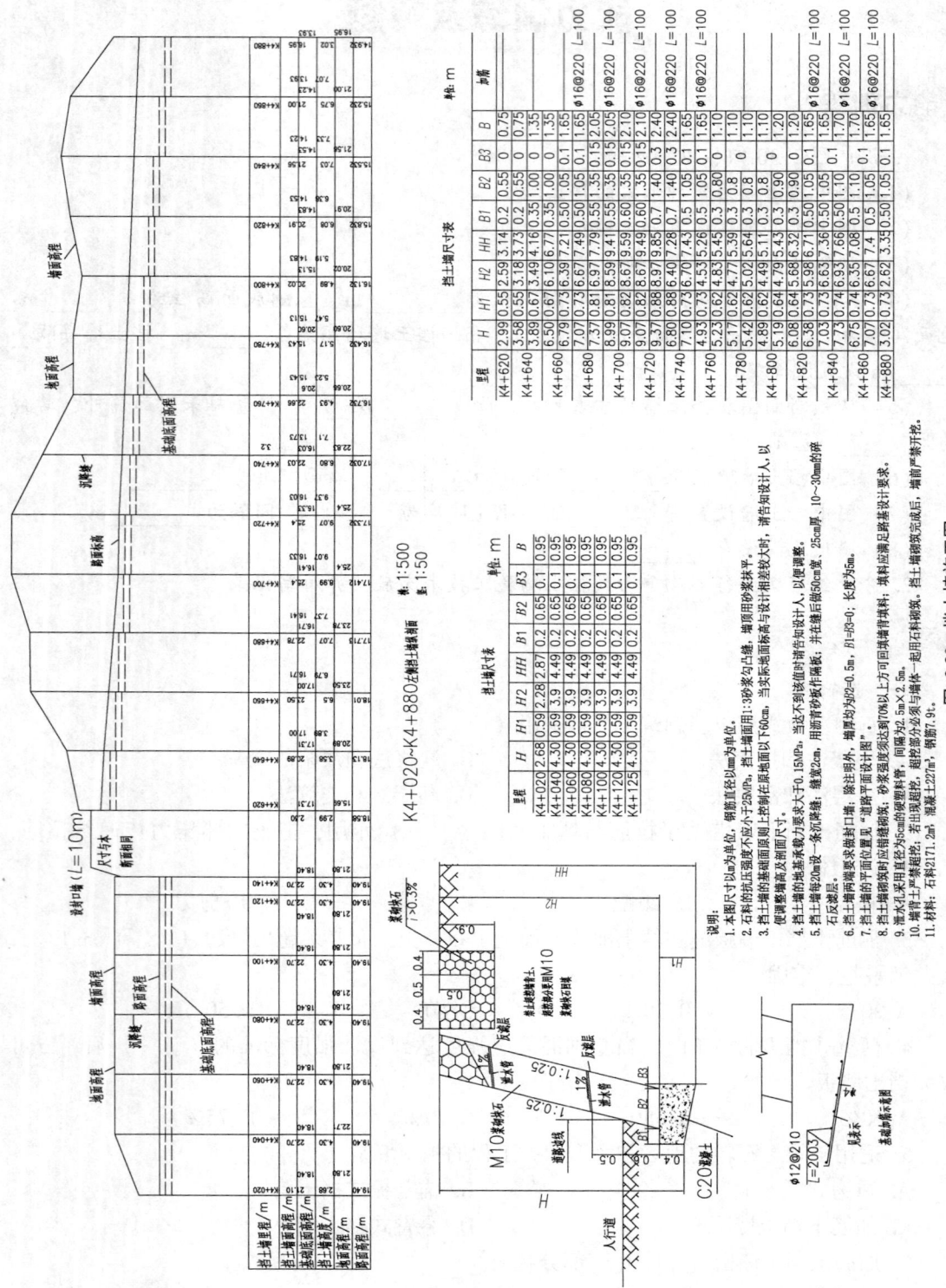

图 2.30 挡土墙施工图

7. 石砌重力式挡土墙施工中，主要材料片石或块石要符合规范要求，砂浆强度应不低于（　　）。
   A. M5　　　　　　B. M10　　　　　　C. M15　　　　　　D. M20
8. 石砌重力式挡土墙勾缝用砂浆应比砌筑用砂浆强度等级（　　）。
   A. 提高一级　　　B. 提高二级　　　C. 同一级　　　　D. 均可

二、简答题
1. 简述石砌重力式挡土墙的坐浆法。
2. 简述石砌重力式挡土墙的砌筑要求。
3. 简述薄壁式挡土墙的施工流程。

学习任务单

◆ **学习目标**

能制订浆砌重力式挡土墙施工方案的关键环节,并进行技术交底。

◆ **学习地点**

实训室、室外实训场。

◆ **学习准备**

《市政工程施工图案例图集》《城镇道路工程施工与质量验收规范》、互联网资源、多媒体设备等。

◆ **学习过程**

一、以小组为模拟项目部,讨论完成施工标段桩号_____ ~ _____挡土墙砌筑施工方案关键环节。

1. 小组讨论确定挡土墙的形式。

2. 小组讨论明确挡土墙的尺寸。

3. 小组讨论明确挡土墙的排水设施及布置。

4. 小组讨论明确沉降缝、伸缩缝的材料、间距和尺寸。

5. 讨论挡土墙的砌筑工艺。

二、组织浆砌重力式挡土墙施工技术交底并填写技术交底记录。

××××工程××××技术交底记录

技术交底记录		编号	
工程名称			
分部工程名称		分项工程名称	
施工单位		交底日期	

交底内容：

审核人	交底人	接收交底人

思考问题：挡土墙砌筑中应注意哪些问题？

任务2.4 软土路基处理施工

软土路基由于强度较低,一般不能直接在上面修筑路基,而需要经过特殊处理加固后方可修筑路基,其加固后,可按一般方法进行路基施工。软土路基加固的关键是排水和固结。本任务主要是介绍各种软土路基的处理方法。

在软土地基上修筑路基,若不加处理,将会发生路基失稳或过量沉陷,导致道路破坏或不能正常使用。所谓软土,从广义上讲,就是指强度低、压缩性高的软弱土层。当土的含水率大于35%,天然孔隙比大于或等于1.0,十字板剪切强度小于或等于35kPa时称为软土,习惯上常把淤泥、淤泥质土、软黏性土称为软土。它的特性主要表现为天然含水率高、孔隙比大、压缩性高、抗剪强度低。

2.4.1 软土路基施工的准备工作

软土路基施工的准备工作如下。

① 进行详细的现场调查,依据工程地质勘察报告核查特殊土的分布范围、埋深及地表水和地下水状况,根据设计文件、水文地质资料编制专项施工方案。

② 做好路基施工范围内的地面、地下排水设施,并保证排水通畅。

③ 进行土工试验,提供施工技术参数。

④ 湖、塘、沼泽等地的软土路基宜在枯水期施工。

××中心大道道路河塘填浜设计图

2.4.2 常用软土路基处理方法

1. 换填土层法

换填土层法是采用人工、机械或爆破等方法,将基底一定深度及范围内的软土层挖除,换以强度大、稳定性好的砂砾、卵石、碎石、石灰土、素土等回填,并分层压实至规定的密实度的方法。换填砂垫层,可起到加速软弱土层排水固结,提高承载力,减少沉降量的作用。换填土层法施工应符合下列要求。

① 填筑前,应排除地表水,清除腐殖土、淤泥。

② 填料宜采用透水性土。处于常水位以下部分的填土,不得使用非透水性土壤。

③ 填土应由路中心向两侧按要求分层填筑并压实,层厚宜为15cm。

④ 分段填筑时,接槎应按分层做成台阶形状,台阶宽不宜小于2m。

⑤ 砂垫层置换时,砂垫层应宽出路基边脚0.5~1.0m,两侧以片石护砌。

当软土层厚度小于3.0m,且位于水下或含水率极高的淤泥时,可使用抛石挤淤法。抛石挤淤法即直接在路基基底抛填片石,将软土层挤出路基范围,以提高路基强度。抛石挤淤法应符合下列要求。

① 应使用不易风化的石料,石料中尺寸小于30cm的粒径含量不得超过20%。

②抛填方向应根据道路横断面下卧软土层坡度而定。坡度较小时，自地基中部渐次向两侧扩展；坡度大于10%时，自高侧向低侧抛填，并在低侧边部多抛填，使低侧边部约有2m宽的平台顶面。

③抛石露出水面或软土面后，应用较小石块填平、压实，再铺设反滤层填土压实。

2. 土工合成材料处理法

土工合成材料具有加筋、防护、过滤、排水、隔离等功能，利用土工合成材料的抗拉、抗剪强度好的特性，可改善施工机械的作业条件，均匀支承路堤荷载，减小地基的沉降量和侧向位移，提高地基的承载力。土工合成材料的种类有：土工网、土工格栅、土工模袋、土工织物、土工复合排水材料、土工垫等。土工合成材料处理法应符合下列要求。

① 土工合成材料应由耐高温、耐腐蚀、抗老化、不易断裂的聚合物材料制成。其抗拉强度、顶破强度、负荷延伸率等均应符合设计及有关产品质量标准的要求。

② 土工合成材料铺设前，应对基面压实整平。宜在原地基上铺设一层30~50cm厚的砂垫层。铺设土工合成材料后，运料和铺料等施工机具不得在其上直接行走。

③ 每压实层的压实度、平整度经检验合格后，方可于其上设铺土工合成材料。土工合成材料应完好，发生破损应及时修补或更换。

④ 铺设土工合成材料时，应将其沿垂直于路轴线展开，并视填土层厚度选用符合要求的锚固钉固定、拉直，不得出现扭曲、折皱等现象。土工合成材料纵向搭接宽度不得小于30cm，采用锚接时其搭接宽度不得小于15cm，采用胶接时其胶接宽度不得小于5cm，且胶接强度不得低于土工合成材料的抗拉强度。相邻土工合成材料横向搭接宽度不得小于30cm。

⑤ 路基边坡留置的回卷土工合成材料，其长度不得小于2m。

⑥ 土工合成材料铺设完后，应立即铺筑上层填料，其间隔时间不得超过48h。

⑦ 双层土工合成材料上、下层接缝应错开，错缝距离不得小于50cm。

3. 排水固结法

排水固结法是对天然地基，或先在地基中设置砂井（袋装砂井或塑料排水板）等竖向排水体，然后根据建筑物自重进行加载；或在建筑物建造前在场地上先行加载预压，使土体中的孔隙水排出，逐渐固结，地基发生沉降，同时强度逐步提高的方法。固结排水法可分为袋装砂井法和塑料排水板法。

（1）袋装砂井法

在直径约7cm的圆筒状编织袋里装满砂，然后放入用锤击、振动、射水等方式形成的孔中，利用砂井将土内的水分排除，以尽快提高地基强度的方法称为袋装砂井法。袋装砂井法应符合下列要求。

① 宜采用含泥量小于3%的粗砂或中砂作填料。砂袋的渗透系数应大于所用砂的渗透系数。

② 砂袋存放使用中不得长期曝晒。

③ 砂袋安装应垂直入井，不得扭曲、缩颈、断割或磨损，砂袋在孔口外的长度应能顺直伸入砂垫层不小于30cm。

④ 袋装砂井的井距、井深、井径等应符合设计要求。

（2）塑料排水板法

若用带沟槽的塑料芯板作为排水板代替砂井的砂做成排水井，这种方法称为塑料排水板法。塑料排水板法应符合下列要求。

① 塑料排水板应具有耐腐性、柔韧性，强度与排水性能应符合设计要求。

② 塑料排水板在贮存与使用中不得长期曝晒，并应采取滤膜保护措施。

③ 塑料排水板敷设应直顺，深度符合设计规定，超过孔口长度应伸入砂垫层且不小于50cm。

4. 挤密法

挤密法是指用机械设备在路基中成孔后，在孔中灌以砂、石等材料，捣实而成直径较大的桩体，利用横向挤紧作用，使地基土粒彼此靠紧，孔隙减少，而且孔隙被填满和压紧，形成桩体，桩体具有较高的承载能力，群桩的面积约占松散土加固面积的20%，以使桩和原土组成复合地基，达到加固的目的。常用的挤密法包括砂桩法和碎石桩法。

孔中灌砂，形成砂桩，它与前述砂井相比，形式相仿，但作用不同。砂井的作用是排水固结，其井径较小而间距较大；砂桩的作用是将地基土挤紧，其井径较大，而间距较小。砂井适用于过湿软土层，而砂桩适用于处理松砂、杂填土和黏粒含量不大的普通黏性土，也可有效地防止砂土基底的振动液化。

砂桩法应符合下列要求。

① 砂宜采用含泥量小于3%的粗砂或中砂。

② 应根据成桩方法选定填砂的含水率。

③ 砂桩应砂体连续、密实。

④ 桩长、桩距、桩径、填砂量应符合设计规定。

若在成孔中灌以碎石，则形成碎石桩。碎石桩法应符合下列要求。

① 宜选用含泥沙量小于10%、粒径为19~63mm的碎石或砾石作桩料。

② 应进行成桩试验，确定控制水压、电流和振冲器的振留时间等参数。

③ 应分层加入碎石（砾石）料，观察振实挤密效果，防止断桩、缩颈。

④ 桩距、桩长、灌石量等应符合设计规定。

5. 加固土桩法

加固土桩法是用某种专用机械将软土地基内局部范围的软土主体用无机结合料加固、稳定，使桩体与桩间的软土形成复合地基。改良后的加固土桩起置换作用，并具有应力集中效应，可以减小地基的总沉降量。常用的粉喷加固土桩法应符合下列要求。

① 石灰应采用磨细Ⅰ级钙质石灰（最大粒径小于2.36mm、氧化钙含量大于80%）；宜选用SiO_2和Al_2O_3含量大于70%、烧失量小于10%的粉煤灰、普通硅酸盐水泥或矿渣硅酸盐水泥。

② 工艺性成桩试验桩数不宜少于5根，获取钻进、拉斗、搅拌、喷气压力与单位时间喷入量等参数。

③ 根据固化剂的类型（浆液或粉体）确定喷入形式后，选择施工机械组合，并明确浆液搅拌、供浆或控制粉喷的要求。

④ 柱距、桩长、桩径、承载力等应符合设计规定。

能力训练及习题

能力训练

分小组讨论并回答下列问题。
（1）应从哪几个方面做好软土路基施工的准备工作？
（2）简述砂桩法和砂井法处理软土路基的异同点。
（3）土工合成材料的作用有哪些？

习题

1. 以下（   ）不属于挤密法处理软土路基。
   A. 砂桩　　　　　　B. 水泥桩　　　　　　C. 排水板　　　　　　D. 抛石法
2. 以下（   ）方法不属于排水固结法处理软土路基。
   A. 砂桩　　　　　　B. 砂井　　　　　　　C. 排水板　　　　　　D. 抛石法
   E. 反压护道
3. 软土具有（   ）等特点。
   A. 天然含水率高、透水性差、孔隙比大
   B. 天然含水率高、透水性差、孔隙比小
   C. 天然含水率低、透水性好、孔隙比大
   D. 天然含水率高、透水性好、孔隙比大
4. 土工合成材料具有（   ）等功能。
   A. 加筋　　　　　　B. 过滤　　　　　　　C. 排水
   D. 合成　　　　　　E. 隔离
5. 当软土层厚度小于3.0m，且位于水下或为含水率极高的淤泥中时，可使用抛石挤淤法，即直接在路基基底（   ），将软土层挤出路基范围，以提高路基强度。
   A. 换填土层　　　　B. 排水固结　　　　　C. 抛填片石　　　　　D. 反压护道
6. 反压护道的高度宜为（   ），宽度应通过稳定性验算确定，且应满足路堤施工后沉降的要求。
   A. 路堤高度的1/2　　　　　　　　　　　　B. 路堤高度的1/3
   C. 路堤宽度的1/2　　　　　　　　　　　　D. 路堤宽度的1/3

在线答题

项目2 市政道路路基施工

学习任务单

◆ 学习目标

能够读懂道路软土路基施工图,知道各种软土路基处理方法的施工要求。

◆ 学习地点

实训室、实训现场。

◆ 学习准备

《城镇道路工程施工与质量验收规范》、互联网资源、多媒体设备等。

◆ 学习过程

观察下列现场软土路基处理施工照片(图1~图3),小组讨论并回答问题。

图1

图2

图3

1. 判断图1、图2、图3分别采用了哪种软土路基处理方法?

2. 分别简述以上三种软土路基处理方法的要求。

任务 2.5 路基工程施工质量控制与验收

道路路基施工过程中为了保证施工质量需进行中间检查,检查不合格不得进行下一道工序的施工;在遇到不利季节的施工时应采取保证施工质量的措施;路基工程完工后,由施工单位会同监理单位按设计文件和施工规范要求对路基工程进行竣工验收。

2.5.1 路基季节性施工

1. 路基雨期施工

在我国南方地区,雨期时间较长,雨期施工无法避免,因此必须合理组织,以保证工程质量和进度。

(1) 雨期施工前的准备工作

雨期施工的路基工程,应根据工程的特点,进行详细的现场调查研究,编制组织计划,合理安排机具,集中人力,组织快速施工,分段突击。本着完成一段再开一段的原则,当日进度当日完成,做到随挖、随填、随压。施工便道要保持晴雨畅通,注意在居住地、库房、车辆机具停放地修建临时排水设施,以保证雨期作业的场地能及时排除地面水,不被洪水淹没。

(2) 雨期填筑路堤

在雨期填筑路堤,应选用透水性好的碎石土、卵石土、砂砾、石方碎渣和砂类土等作为填料,含水率过大无法晾干的土不得用作雨期施工填料。

路堤应分层填筑,每一层应做成 2% ~ 4% 的排水横坡度,整平压实,以防积水。对当日能填筑的土,应大堆存放,并设法防止雨淋,保证不被雨水浸泡。

(3) 雨期开挖路堑

雨期开挖路堑应分层开挖,每层均应设置排水纵横坡、排水沟,使雨水及时排出。

(4) 雨期施工技术措施

① 修建晴雨天畅通无阻的施工便道。

② 修建临时截水、排水设施,做到雨后能迅速排除施工范围内的积水。

③ 备用土料应堆置在高地,料堆周边应挖排水沟,备有防雨苫布,雨前应及时覆盖,储备一定数量透水性好的填料(砂砾土、石屑土、砂土)。

④ 缩短作业面,当天填土应当天压实成型,压实层顶面应平整,横坡度宜为 4%(双向);路堑应从上至下分段、分层开挖,土质路基每开挖层的纵坡度不得小于 2%,横坡度不得小于 4%,每层均应开挖临时排水沟,并做到排水通畅。挖至路床设计高程上 30 ~ 50cm 时应停止开挖,将横坡度修整成 4%,并加深两侧临时排水沟,做到雨后顶面无积水、排水通畅。

2. 路基冬期施工

昼夜平均温度在 -3℃ 以下并连续 10d 以上时,需要进行路基施工的情况称为路基冬期施工。昼夜平均气温虽然上升到 -3℃ 以上,但冻土未完全融化时,也可看作路基冬期施工的情况。路基冬期施工应采取适当的冬期施工技术措施。

（1）冬期施工前的准备工作

根据冬期施工项目的先后次序，编制冬期施工组织计划。编制冬期施工组织计划时应考虑如下要点。

① 冬期施工项目在冰冻前进行现场放样，保护好控制桩并做出明显标记，防止其被冰雪掩埋和冻胀移位。

② 冰冻前应全部清除路基范围内的树根、草皮和杂物，挖好坡地上的填方台阶，并修通现场施工便道。

（2）冬期填筑路堤

① 路堤填料应选用未冻结的砂类土、碎（卵）石土、石块石渣等透水性良好的土。

② 填土前应先清除地面的积雪、冰块，并根据设计需要决定是否刨出冻层，再分层夯实。

③ 用砂、砂砾、石块填筑路基，当室外平均气温高于 -5℃ 时，连续填土高度不受限制；当室外平均气温低于 -5℃ 时，则连续填土高度不得超过表 2-8 规定的值。

表 2-8　室外平均气温低于 -5℃ 时的连续填土高度限值

温度范围/℃	填土高度/m	温度范围/℃	填土高度/m
-10 ~ -5	4.5	-20 ~ -16	2.5
-15 ~ -11	3.5		

④ 填筑路堤，应按横断面全宽作业，每层松铺厚度应按正常减少 20% ~ 30%，且最大松铺厚度不得超过 30cm；压实度不得低于正常时的施工要求；当天填土，当天压实。

⑤ 填土后立即铺筑高等级道路的路基，严禁用冻土填筑。路床顶以下范围内，不得用冻土填筑。容许使用冻土填筑时，冻土也必须与好土掺匀，严禁集中使用冻土。

2.5.2　路基工程质量检查验收

路基工程完工后，由施工单位会同监理单位按设计文件和施工规范要求对路基工程进行检查验收。

1. 中间检查

施工过程中当每一分项、分部工程完成后，应按设计文件及施工规范等进行中间检查。如路基原地面处理完毕，应检查基底处理情况；边坡加固前，应对加固方法、加固形式、填挖方边坡加固的适用性和边坡坡度是否适当等进行检查；若发现已完工路基受水浸淹损坏、取土及弃土超过设计、意外的填土下陷、填挖方边坡坍塌需增加土方及边坡加固工程数量时应进行中间检查。此外，在路基渗沟回填土前、路基换土工作完成后、各类防护加固工程基坑开挖后必须进行中间检查验收，检查不合格不得进行下一道工序的施工。

压实度试验记录(环刀法)

2. 竣工验收

对路基进行竣工验收时，应对以下项目进行检查、验收：路基的平面位置、路基宽度、高程、横坡度和平整度;边坡坡度及加固设施;边沟等排水设施的尺寸及沟底纵坡;防护工程的修建位置和尺寸,填土压实度及表面弯沉值;隐蔽工程记录等。这些项目的具体评定应依据《城镇道路工程施工与质量验收规范》(CJJ 1—2008)进行。

回弹弯沉试验记录表

土方路基质量检验应符合下列规定。

(1) 主控项目

① 路基压实度应符合表 2-7 的规定。

检查数量:每 1000m² 、每压实层抽检 1 组(3 点)。

检验方法:查检验报告(环刀法、灌砂法或灌水法)。

土方路基验收记录

② 弯沉值不应大于设计规定。

检查数量:每车道、每 20m 测 1 点。

检验方法:弯沉仪检测。

(2) 一般项目

① 路床应平整、坚实、无显著轮迹、翻浆、波浪、起皮等现象,路堤边坡应密实、稳定、平顺等。

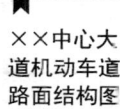

××中心大道机动车道路面结构图

检查数量:全数检查。

检验方法:观察。

② 土方路基允许偏差应符合表 2-9 的规定。

表 2-9 土方路基允许偏差

项目		允许偏差	检验频率			检验方法
			范围/m	点数		
路床纵断高程/mm		-20 +10	20	1		用水准仪测量
路床中线偏位/mm		≤30	100	2		用经纬仪、钢尺量取最大值
平整度/mm	路基各压实层	≤20	20	路宽/m	<9	1	用 3m 直尺和塞尺连续量两尺,取较大值
					9~15	2	
	路 床	≤15			>15	3	
路床宽度/mm		不小于设计值+B	40	1		用钢尺量
路床横坡度		±0.3% 且不反坡	20	路宽/m	<9	2	用水准仪测量
					9~15	4	
					>15	6	
边坡		不陡于设计值	20	2		用坡度尺量,每侧 1 点

注:B 为施工时必要的附加宽度。

填石路基质量检验应符合下列要求。
(1) 主控项目
压实密度应符合试验路段确定的施工工艺，沉降差不应大于试验路段确定的沉降差。
检查数量：每1000m^2，抽检1组（3点）。
检验方法：水准仪测量。
(2) 一般项目
① 路床顶面应嵌缝牢固，表面均匀、平整、稳定，无推移、浮石。
检查数量：全数检查。
检验方法：观察。
② 边坡应稳定、平顺，无松石。
检查数量：全数检查。
检验方法：观察。
③ 填石路基允许偏差应符合表2-10的规定。

表2-10 填石路基允许偏差

项目		允许偏差	检验频率			检验方法
			范围/m	点数		
路床纵断高程/mm		-20 +10	20	1		用水准仪测量
路床中线偏位/mm		≤30	100	2		用经纬仪、钢尺量取最大值
平整度/ mm	路基各压实层	≤30	20	路宽/m	<9	1	用3m直尺和塞尺连续量两尺，取较大值
					9~15	2	
	路床	≤20			>15	3	
路床宽度/mm		不小于设计值+B	40	1		用钢尺量
路床横坡度		±0.3% 且不反坡	20	路宽/m	<9	2	用水准仪测量
					9~15	4	
					>15	6	
边坡		不陡于设计值	20	2		用坡度尺量，每侧1点

注：B为施工必要的附加宽度。

砌筑挡土墙质量检验应符合下列规定。
(1) 主控项目
① 地基承载力应符合设计要求。
检查数量：每道墙基槽1组（3点）。
检验方法：查触（钎）探检测报告、隐蔽验收记录。

② 砌块（砖）、石料强度应符合设计要求。

检查数量：每品种、每检验批1组（3块）。

检验方法：查试验报告。

③ 砂浆平均抗压强度等级应符合设计规定，任一组试件抗压强度最低值不得低于设计强度的85%。

检查数量：同一配合比砂浆，每50m³砌体中，做1组（6块），不足50m³按1组计。

检验方法：查试验报告。

(2) 一般项目

① 挡土墙应牢固，外形美观，勾缝密实、均匀，泄水孔通畅。

② 砌筑挡土墙允许偏差应符合表2-11的规定。

表2-11 砌筑挡土墙允许偏差

项目		允许偏差、规定值			检验频率		检验方法
		料石	块石、片石	预制块（砖）	范围	点数	
断面尺寸/mm		0 ±0	不小于设计规定			2	用钢尺量，上下各1点
基底高程/mm	土方	±20	±20	±20	±20		2	用水准仪测量
	石方	±100	±100	±100	±100			
顶面高程/mm		±10	±15	±20	±10		2	
轴线偏位/mm		≤10	≤15	≤15	≤10	20m	2	用经纬仪测量
墙面垂直度		≤0.5%H 且≤20mm	≤0.5%H 且≤30mm	≤0.5%H 且≤30mm	≤0.5%H 且≤20mm		2	用垂线检测
平整度/mm		≤5	≤30	≤30	≤5		2	用2m直尺和塞尺量
水平缝平直度/mm		≤10	—	—	≤10		2	用20m线和钢尺量
墙面坡度		不陡于设计规定				1	用坡度板检验

注：表中H为构筑物全高。

路基其余各部分的质量检验标准详见规范《城镇道路工程施工与质量验收规范》。

拓展讨论

1. 路基施工质量事故与原因分析。
2. 为什么会发生这样的事故？你还知道哪些类似的事故？
3. 如何处理并避免同类事故的发生？

育人元素　环保意识　可持续发展　创新意识

能力训练及习题

能力训练

分小组讨论并回答以下问题。
(1) 路基分几个阶段控制施工质量？
(2) 土方路基的主要检查项目有哪些？简述检查的方法和频率。
(3) 砌筑挡土墙主要检查项目有哪些？简述检查的方法和频率。

习 题

一、选择题

1. 土方路基质量检验的主控项目包括（　　）。
   A. 压实度和弯沉值　　　　　　　　B. 压实度和路基宽度
   C. 路基高程和弯沉值　　　　　　　D. 回弹模量和加州承载比
2. 填石路基质量检验的主控项目包括（　　）。
   A. 弯沉值　　　B. 压实度　　　C. 路基高程　　　D. 回弹模量
3. 路基压实度的检查频率是每 1000 m^2 的点数为（　　）。
   A. 由质量检查人员确定的　　　　　B. 每压实层一组（2 点）
   C. 每压实层一组（3 点）　　　　　D. 由监理工程师确定的
4. 路基的弯沉指标用（　　）方法检验。
   A. 3m 直尺　　B. 承载板　　C. 环刀法　　D. 弯沉仪
5. 以下（　　）是土方路基路床横坡度的允许偏差。
   A. ±0.3% 且不反坡　　　　　　　B. ±0.3% 或不反坡
   C. ±0.5% 且不反坡　　　　　　　D. ±0.5% 或少量反坡
6. 路基几何尺寸的构成要素有（　　）。
   A. 压实度　　　B. 宽度　　　C. 平整度
   D. 边坡坡度　　E. 弯沉

二、简答题

1. 路基施工雨期施工前的准备工作有哪些？
2. 路基什么条件下进入冬期施工？

在线答题

项目2　市政道路路基施工

学习任务单

◆ **学习目标**

能对土方路基、重力式挡土墙等进行质量检查和验收。

◆ **学习地点**

实训室、室外实训场。

◆ **学习准备**

《市政工程施工图案例图集》《城镇道路工程施工与质量验收规范》、互联网资源、多媒体设备等。

◆ **学习过程**

以小组为模拟项目部，讨论并实施以下环节。

1. 查阅《市政工程施工图案例图集》，判断本路基工程的设计指标回弹模量 E 值是否符合现行规范要求（写清分析过程和依据）。

2. 查阅《市政工程施工图案例图集》和《城镇道路工程施工与质量验收规范》，明确本路基工程的质量验收要求和具体指标。

3. 组织砌筑重力式挡土墙施工质量验收并填写检验批质量检验记录表。

砌筑挡土墙检验批质量检验记录表

编号：070305/070306□□

工程名称		分部工程名称		分期工程名称		砌筑挡土墙
施工单位		施工员		项目经理		
分包单位		分包项目经理		施工班组长		
工程数量		验收部位（或桩号）		项目技术负责人		
交方班组		接方班组		检查日期		年 月 日

	序号	检查内容	检验依据/允许偏差（规定值或偏差值）				检查频率		检查结果/实测点偏差值或实测值											合格点数	合格率%
			料石	块石	片石	预制块	范围	点数	1	2	3	4	5	6	7	8	9	10	应测点数		
主控项目	1	材料质量	砌块、石料强度符合设计要求				每品种、每检验批	1组	检验报告编号：												
	2	砂浆强度	平均抗压强度符合设计规定，任一组最低值不低于设计强度的85%				≤50m³砌体	1组	检验报告编号：												
一般项目	1	断面尺寸/mm	0，+10	±20	±20	±20		2													
	2	基底高程	土方 ±100	±100	±100	±100		2													
			石方 ±50	±50	±50	±50															
	3	顶面高程/mm	±10	±15	±20	±10		2													
	4	轴线偏位/mm	≤10	≤15	≤15	≤10		2													
	5	墙面垂直度	≤0.5% H	≤0.5% H	≤0.5% H	0.5% H	20m	2													
	6	平整度/mm	≤20mm	≤30mm	≤30mm	≤20mm		2													
	7	水平缝平直度/mm	≤5	≤30	≤30	≤5		2													
	8	墙面坡度	≤10	—	—	≤10		1													
			不陡于设计规定																		

施工单位检查评定结论	项目专业质量检查员：（签字）
监理（建设）单位意见	监理工程师：（签字） （或建设单位项目专业技术负责人：（签字）） 年 月 日

项目 3　市政道路基层施工

能力目标

（1）读懂路面结构图中基层部分内容，能就图中相关技术问题与设计方进行沟通。
（2）掌握道路基层测量放样，具备参与基层施工准备工作的能力。
（3）会查阅施工技术规范，具备进行道路基层施工技术方案编制的能力。
（4）会查阅验收规范等资料，具备对基层工程进行质量控制与验收的能力。

项目导读

路面基层是路面结构层中重要的组成部分，基层的整体强度和质量会直接影响整个路面，特别是沥青路面的使用性能和寿命。为此本项目从识读路面结构图领会设计意图和测量放样两个施工准备工作入手，把目前常用的无机结合料稳定类基层和级配碎（砾）石基层的施工作为实际工程施工任务，最后完成基层施工质量控制与验收任务。

通过对以上项目和任务相关知识的介绍，结合工程实例模拟训练，同时借助多媒体设备、实训设备、实训现场、实操训练，形成"做中学、学中做"理实一体化的教学过程，最后给出实际的基层工程施工图，由学生完成各个学习任务单规定的内容，并结合施工员岗位考核相关习题进行本项目能力训练与考核，以确保达到项目能力目标。

项目任务

（1）根据本书配套的《市政工程施工图案例图集》中的路-8进行道路基层施工准备工作，重点对基层与路基施工准备工作的不同之处进行描述。
（2）根据工程特点和工程现场实际条件，结合路基的构造特点，选择合适的施工方法、合理的施工机械，组织施工工艺流程，提出保证施工质量和安全的施工技术措施和施工注意事项。
（3）参考其他道路稳定类基层施工方案编制道路基层施工技术方案。
（4）根据施工技术规范要求，提出该基层的检查验收项目，制订施工质量控制方案。
（5）项目成果为道路基层施工技术方案一份。

项目3　市政道路基层施工

任务3.1　道路基层施工准备

本任务是基层施工的基础，基层施工前应熟悉路面结构图所包括的内容——路面结构的组成、基层的作用、基层的材料与类型、各类基层的强度特点等，掌握路面的分类，掌握道路基层的测量放样工作。

3.1.1　路面结构图识读

路面是由各种筑路材料铺筑在路基顶面，供车辆直接在其表面行驶的层状结构物，具有承受车辆重力、抵抗车轮磨耗和保持道路表面平整的作用。

路面结构图是表达各结构层的材料和设计厚度，用以指导路面施工的图样，如图3.1所示。

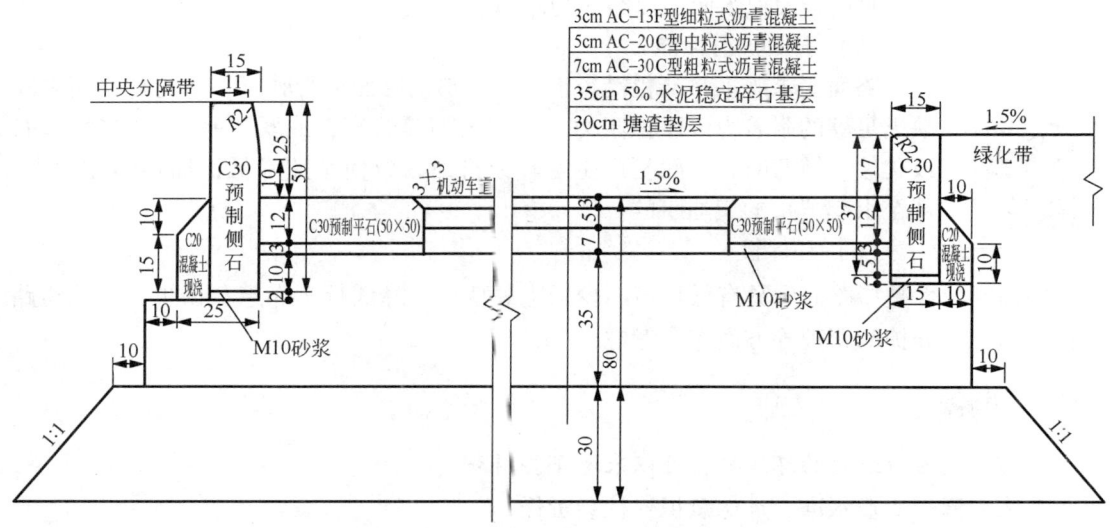

图3.1　路面结构图（单位：cm）

1. 路面工程特点及对路面的要求

路基是路面结构的基础，具有足够强度与稳定性的路基可为路面结构长期承受车辆荷载提供重要的保证。路基和路面是不可分离的整体，应综合考虑其工程特点，综合解决两者的强度、刚度及稳定性等工程技术问题。

路面是道路的主要组成部分，良好的路面能够保证车辆高速、安全、舒适地行驶，并能节约运输费用，充分发挥道路的功能。为满足行车的使用要求，提高行车速度，增强行车的安全性和舒适性，降低运输成本，延长道路的使用寿命，要求路面具有一系列性能。

（1）强度和刚度

路面强度是指路面结构整体及各结构层抵抗在各种荷载作用下产生的应力（压应力、拉应力、剪应力）及破坏（裂缝、变形、车辙、沉陷、波浪）的能力。刚度是指其抵抗变形的能力。

（2）稳定性

路面结构暴露在大气之中，会受到气温、降水与湿度变化的影响，其物理、力学性质也将随之不断发生变化，处于一种不稳定状态。路面结构经受这种不稳定状态，而保持结构设计所要求的几何形态及物理力学性质的性能，称为路面结构的稳定性。

（3）耐久性

路面结构要承受车辆荷载与自然因素的重复作用，由此逐渐产生疲劳破坏或塑性变形的累积。此外，路面各结构层组成材料也可能由于老化而导致破坏。这些都将影响路面的使用性能与使用寿命，增加路面的养护维修费用。因此，要求路面结构必须具有足够的抗疲劳强度、抗变形能力及抗老化能力。

（4）表面平整度

不平整的路面会使车辆产生附加振动作用，并增大行车阻力。这种振动作用会造成行车颠簸，影响行车的速度和安全、驾驶的平稳和乘客的舒适。同时，振动作用还会对路面施加冲击力，从而加剧路面的破坏、车辆机件的损坏及轮胎的磨损，并增大油料的消耗。而且，不平整的路面还会因积水而加速路面的破坏。

（5）表面抗滑性能

路面要求既平整又粗糙，汽车在光滑的路面上行驶时，车轮与路面之间缺乏足够的附着力或摩擦阻力，在雨天高速行车，或紧急制动、突然启动，或爬坡、转弯时，车轮易产生空转或打滑，致使车速降低，油料消耗增多，甚至引起严重的交通事故。

（6）环保性

路面环保性是指路面应具有低噪声、少扬尘等特点。降低行车噪声和扬尘，应从道路设计、施工、养护和管理等方面综合考虑。

拓展讨论

如何提高城市道路的环保性，可以采取哪些措施？

育人元素　专业水准　环保意识　社会责任

2. 路面结构层的划分

由于行车荷载对路面的作用随着深度而逐渐减弱，同时路基的湿度和温度状况也会影响路面的工作状况，因此从受力情况、自然因素等对路面作用程度的不同及经济角度考虑，一般将路面分成若干层来铺筑，如图3.2所示。

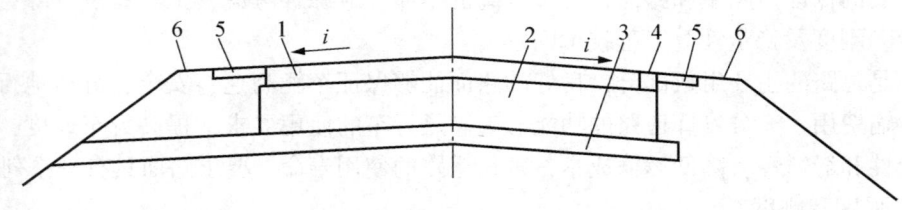

i—路拱横坡度；1—面层；2—基层（有时包括底基层）；3—垫层；
4—路缘石；5—加固路肩；6—土路肩

图 3.2　路面结构层的划分示意图

(1) 面层

直接承受车轮荷载反复作用和自然因素影响的结构层叫面层，可由一至三层组成。以三层式沥青面层为例，自上而下分别称为表面层、中面层、下面层。面层应具备足够的强度和稳定性，同时还应具备耐磨性和抗滑性。尤其是上面层应具备较高的抗滑性和平整度。面层对车辆行驶的安全、迅速、舒适影响最大。对于高等级道路，常用水泥混凝土、沥青混凝土、沥青碎石混合料等材料铺筑。

(2) 基层

基层设置在面层之下，并与面层一起将车轮荷载的反复作用传递到底基层、垫层和土方路基中。因此，要求基层材料应具有一定的抗压强度、密度、耐久性和扩散应力的能力（即应有较好的板体性）。由于基层不直接与车轮接触，故一般对基层材料的耐磨性不予严格要求，但因基层本身不能阻挡地下水和地表水的侵入，所以基层结构应具有足够的水稳性。底基层设置在基层之下，并与基层一起传递车轮荷载的反复作用，起次要承重作用。

基层按所用的材料可分为无机结合料稳定类（也称半刚性）、粒料类、沥青类等，各种常用基层、底基层分类见表3-1。

表3-1 各种常用基层、底基层分类

无机结合料稳定类	水泥稳定类		包括水泥稳定砂粒、砂粒土、碎石土、未筛分碎石、石屑
	石灰稳定类		包括石灰稳定土（石灰土）、天然砂粒土、天然碎石土，以及用石灰稳定级配砂粒和级配碎石
	石灰工业废渣类	石灰粉煤灰类	包括石灰粉煤灰（二灰）、石灰粉煤灰土（二灰土）
		石灰煤渣类	包括石灰煤渣、石灰煤渣土、石灰煤渣碎石
粒料类	嵌锁型		包括泥结碎石、泥灰结碎石、填隙碎石等
	级配型		包括级配碎石、级配砾石、级配砂砾等
沥青类	沥青混合料（沥青碎石）		
	沥青贯入式碎石		

(3) 垫层

垫层是设置在基（底基）层和土方路基之间的层次，它的主要作用是加强土方路基、改善基层的工作条件。垫层往往是为蓄水、排水、隔热、防冻等目的而设置的，所以通常设在路基处于潮湿、过湿及有冰冻翻浆的路段。在地下水位较高地区铺设的垫层能起隔水作用，称为隔离层；在冰冻较深地区铺设的垫层能起防冻作用，称为防冻层。此外，垫层还能扩散由基层传下来的应力，以减小土方路基的应力和变形；而且也能阻止路基土挤入基层中，从而保证基层的结构性能。

修筑垫层所用的材料，强度不一定很高，但水稳性和隔热性要好。常用的垫层材料有两类：一类是用松散粒料，如砂、砾石和炉渣等组成的透水性垫层；另一类是用整体性材料，如石灰土或炉渣石灰土等组成的稳定性垫层。

现行的《公路沥青路面设计规范》（JTG D50—2017）重新定义了路面结构层由面层、基（底基）层、功能层组成，并定义了功能层的概念是为了保证面层和基层不受路基水温状况变化所造成的不良影响，必要时设置的路面结构层。它的主要功能是加强路面结构层之间的联结、改善路基的湿度和温度状况。功能层包括排水层、防冻层、透层、粉层、封层等，我们按习惯把设置在路基与基（底基）层间的排水层、防冻层称为垫层。

（4）联结层

联结层是在面层和基层之间设置的一个层次。它的主要作用是加强面层与基层的共同作用或减少基层的反射裂缝。实践证明，对于交通繁重的道路，不论哪一种基层，一般都要设置联结层才能保证面层有较好的使用效果。否则，路面会出现早期开裂。联结层所采用的材料一般是沥青贯入式碎石和沥青碎石。

应当指出，不是任何路面结构都需要上述几个层次，而应根据具体情况设定。而且，层次的划分也不是一成不变的。例如，在道路改建中，旧路面的面层可成为新路面的基层。此外，为了保护沥青路面的边缘，一般要求基层比面层每边宽出25cm；垫层也要比基层每边宽出25cm，并大于上一层的结构厚度。

路面分类

3. 路面分类

路面按强度构成原理分类，可分为嵌锁类路面、级配类路面、结合料稳定类路面和铺砌类路面。

路面按面层使用材料分类，可分为沥青混凝土路面、水泥混凝土路面、贯入式沥青碎石路面、上拌下贯式沥青碎石路面、沥青表面处治和稀浆封层路面、砌块路面等。路面面层类型的选用应符合表3-2的规定。

表3-2 路面面层类型及适用范围

面层类型	适用范围
沥青混凝土路面	快速路、主干路、次干路、支路、城市广场、停车场
水泥混凝土路面	快速路、主干路、次干路、支路、城市广场、停车场
贯入式沥青碎石路面、上拌下贯式沥青碎石路面、沥青表面处治和稀浆封层路面	支路、停车场
砌块路面	支路、城市广场、停车场

按荷载作用下的力学性质分类，可分为柔性路面、半刚性路面和刚性路面。

（1）柔性路面

结构整体刚度较小，在荷载作用下易产生较大弯沉变形，结构本身的抗弯拉强度较低，通过结构层传递到路基的单位压力较大。这类路面主要是指由各种粒料类基层和各类沥青面层组成的结构体系。

（2）半刚性路面

半刚性路面在前期具有柔性路面的特征，后期强度会大幅度增长，但最终强度仍低于刚性路面。其力学性质介于柔性路面与刚性路面之间。这类路面常用水泥、石灰等无机结合料稳定各种粒料及含有水硬性结合料的工业废渣铺筑基层，这种基层称为半刚性基层。

（3）刚性路面

刚性路面主要是指用水泥混凝土作面层或基层的路面结构。水泥混凝土与其他道路材料相比具有抗弯拉强度高、弹性模量高、刚度大的特点。当荷载作用产生的竖向变形很小时，可使结构层处于弹性的板体工作状态。这类路面结构主要靠混凝土的抗弯和抗拉强度承受车辆荷载作用。由于板体的扩散及分布荷载作用，传递到板下基础上的单位压力较小。

这种以力学特性为标准的分类方法主要是为了将路面从结构层功能原理和设计方法等方面进行区分，并没有绝对的定量分界界限。近年来，随着材料科学的发展，这种路面属性正在逐步改变。如水泥混凝土路面在保持其具有高强度优势的前提下，可降低其刚度，以改善行车性能。沥青材料的改性研究也可使沥青路面材料的力学性质及气候稳定性得到改善与大幅度的提高。

3.1.2 道路基层测量放样

道路基层测量放样的精度要求要比路基施工阶段高。为了保证精度、便于测量，通常在路面施工之前，将道路两侧的导线点和水准点引到路基上。导线点和水准点一般设置在桥梁、通道的桥台上或涵洞的压顶石上，以防止被破坏。引测的导线点和水准点，要进行附合或闭合，精度应满足一、二级导线和五等水准测量的要求。

道路基层施工测量工作包括道路基层中桩和边桩的测设及路拱放样。

1. 道路基层中桩和边桩的测设（图3.3）

根据道路两侧的施工控制桩，按照施工控制桩钉桩的记录和路面设计宽度，推算出施工控制桩到路面边线（侧石内侧边线）和路面中线的距离，然后自施工控制桩沿横断面方向分别量出路面中线至路面边线的距离，即可定出边桩和中桩。同时可按路面设计宽度尺寸复测边桩到路面中线的距离，对边桩和中桩进行校核。

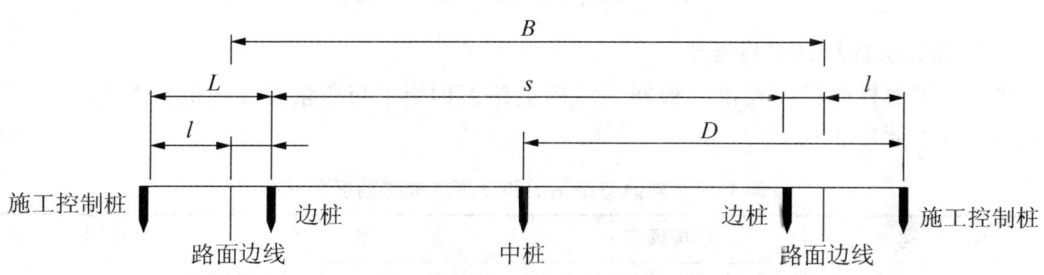

B—路基设计宽度；l—施工控制桩到路面边线的距离；s—路面设计宽度；

L—施工控制桩到边桩的距离，$L = \dfrac{B-s}{2} - l$；D—施工控制桩到中桩的距离，$D = \dfrac{B}{2} + l$

图3.3 道路基层中桩和边桩的测设

2. 路拱放样

（1）直线形路拱放样

① 计算中桩填挖值，即中桩桩顶实测高程与路面基层设计高程之差。

② 计算边桩填挖值，即边桩桩顶实测高程与路面基层设计高程之差。

③ 根据计算成果，分别在中桩和边桩上标定挂线，即得到路面基层的横坡度。如果路面较宽，可在中间加点。

施工时，为了使用方便，应预先将各桩号断面的填挖值计算好，以表格形式列出，供放样时直接使用。

（2）抛物线形路拱放样

施工时，可采用平砖法控制路拱形状。即在边桩上依路中心高程挂线后，按路拱曲线大样［图3.4(a)］及路面结构大样［图3.4(b)］，在距路中心150cm、300cm和450cm处分别向下量5.8cm、8.2cm、11.3cm［图3.4(c)］，放置平砖，并使平砖顶面正处在拱面高度，铺撒碎石层时，以平砖为标志就可找出设计的拱形。实际施工中使用更多的是路拱样板，用路拱样板可随时检测路拱误差。在曲线部分测设边桩和放置平砖时，应根据设计图样做好内侧路面加宽和外侧路拱超高的测设工作。

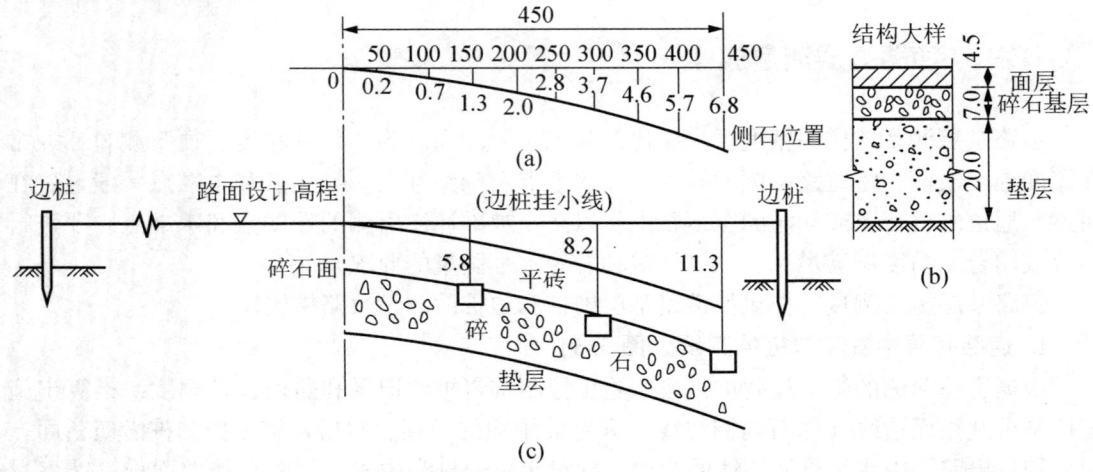

（a）路拱曲线大样；（b）路面结构大样；（c）平砖法路拱放样
图3.4 路拱样板放样（单位：cm）

3. 路面基层放样的精度要求

路面基层放样的精度要求，根据《城镇道路工程施工与质量验收规范》的规定，主要技术指标可参照表3-3。

表3-3 城镇道路基层和底基层放样精度要求

序 号	检查项目	基 层	底基层
1	中线平面偏位/mm	≤20	
2	纵断高程/mm	±15	±20
3	宽度/mm	不小于设计规定值+B	
4	横坡度	±0.3%且不反坡	

注：B为施工时必要的附加宽度。

能力训练及习题

能力训练

1. 看懂《市政工程施工图案例图集》中路-8，并回答以下问题。
（1）该图的名称是什么？绘图比例是多少？
（2）该道路工程的路面各结构层的类型、厚度和横坡度各是多少？
（3）该道路工程路面从力学特性分属于哪一类？
（4）该道路工程路面横坡度是如何确定的？

2. 分小组用平砖法进行抛物线形路拱放样实训。

习 题

一、选择题

1. 路面结构各层次中，主要起调节和改善路基水温状况作用的是（　　）。
   A. 面层　　　　　B. 基层　　　　　C. 垫层　　　　　D. 联结层
2. 道路各结构层次从上到下正确的一项是（　　）。
   A. 面层、联结层、垫层
   B. 面层、基层、整平层、路基
   C. 面层、基层、垫层、联结层、路基
   D. 面层、联结层、基层、垫层、路基
3. 为保护路面边缘，基层至少应比面层（　　）。
   A. 每边宽 0.5m　　　　　　　　　B. 每边宽 0.25m
   C. 每边宽 0.2m　　　　　　　　　D. 每边宽 0.15m
4. 柔性路面结构层次中，基层主要起（　　）的作用。
   A. 承受竖向力　　　　　　　　　B. 承受水平力
   C. 承受水平力和竖向力　　　　　D. 整平
5. 下列对路面使用要求的说法中正确的是（　　）。
   A. 路面应具有足够的强度和刚度
   B. 路面应具有足够的稳定性，能长期承受温度、湿度变化和荷载的作用
   C. 路面应具有足够的粗糙度，因而应适当降低平整度
   D. 路面应具有足够的耐久性，使路面在外界因素作用下耐疲劳、耐老化
   E. 路面应与周围环境相协调
6. 路面结构整体及各结构层抵抗在各种荷载作用下产生的应力及破坏的能力是指路面的（　　）。
   A. 强度　　　　　B. 挠度　　　　　C. 刚度　　　　　D. 耐久性
7. 路面结构层次中直接与行车和大气相接触的表面层次是（　　）。
   A. 面层　　　　　B. 基层　　　　　C. 垫层　　　　　D. 结构层
8. 沥青路面结构层次中的承重层是（　　）。

A. 面层 　　　　　B. 基层 　　　　　C. 垫层 　　　　　D. 防水层

9. 按荷载作用下的力学性质划分，路面可分为（　　　）。

A. 柔性路面、刚性路面、半刚性路面

B. 柔性路面、半柔性路面、半刚性路面

C. 柔性路面、刚性路面、半柔性路面

D. 半柔性路面、刚性路面、半刚性路面

10. 路面的最基本的功能是（　　　）。

A. 为车辆提供快速、安全、舒适和经济的行驶环境

B. 给道路使用者留下美好的印象

C. 防止路基出现滑坡、崩塌等病害

D. 承受车辆荷载的垂直力，并下传给地基

二、判断题

1. 垫层设在底基层和土方路基之间，起排水、隔水、防冻、防污等作用。（　　　）

2. 垫层的主要功能是承受车辆荷载的垂直力。（　　　）

3. 路面是用各种材料或混合料，分单层或多层铺筑在路基顶面供车辆行驶的层状构造物。（　　　）

4. 路面是道路的主要组成部分，它的好坏会直接影响行车速度。（　　　）

在线答题

学习任务单

◆ **学习目标**

明确各类基层施工准备工作。

◆ **学习地点**

实训室。

◆ **学习准备**

《市政工程施工图案例图集》《城镇道路工程施工与质量验收规范》、互联网资源、多媒体设备等。

◆ **学习过程**

以小组为模拟项目部,明确本二程基层施工物资准备的内容。重点描述与路基物资准备的不同点。

项目3　市政道路基层施工

任务3.2　道路基层施工

本任务是在读懂路面结构图、做好基层施工准备的前提下，掌握各类基层的材料要求、施工方法、施工工艺、施工注意事项等环节，掌握施工规范对基层施工的相关规定和要求。

3.2.1　稳定类基层概述

1. 常用稳定类基层的定义

稳定类基层又称半刚性基层，目前常用的是石灰稳定类基层、水泥稳定类基层和石灰工业废渣稳定类基层。这类基层具有强度与刚度较大、水稳性与抗冻性较好、可充分利用地方材料等优点；同时也有收缩系数较大、抗变形能力较差、透水性差、表面易积水、破裂后不能愈合等缺点。

（1）石灰稳定类基层

在粉碎的或原来松散的土（包括各种粗粒土、中粒土和细粒土）中，掺入足够数量的石灰和水，通过拌和得到的混合料经摊铺压实及养护后，当其抗压强度和耐久性符合规定要求时，称为石灰稳定类基层。

用石灰稳定细粒土得到的混合料，简称石灰土。石灰土的干缩和温缩特性十分明显，且都会导致裂缝，强度未充分形成时表面会遇水软化产生唧浆冲刷现象，已被严格禁止用于高等级道路的路面基层，只能用作底基层。

用石灰稳定粗粒土或中粒土得到的混合料，视所用原材料而定，当原材料为天然砂砾土时，简称石灰砂砾土；当原材料为天然碎石土时，简称石灰碎石土。

（2）水泥稳定类基层

在粉碎的或原来松散的土（包括各种粗粒土、中粒土和细粒土）中，掺入足够数量的水泥和水，通过拌和得到的混合料经摊铺压实及养护后，当其抗压强度和耐久性符合规定要求时，称为水泥稳定类基层。

用水泥稳定细粒土得到的混合料，简称水泥土。水泥土的干缩系数、干缩应变和温缩系数都明显大于水泥稳定粒料，所产生的收缩裂缝也比水泥稳定粒料严重得多，水泥土强度未充分形成时表面会遇水软化，导致沥青路面龟裂破坏；水泥土的抗冲刷能力低，表面会遇水软化，易产生唧浆冲刷现象，导致路面裂缝、下陷扩展。因此，水泥土只能用作高等级道路的底基层。

用水泥稳定粗粒土或中粒土得到的混合料，视所用原材料，可简称水泥稳定碎石、水泥稳定砂砾等。

（3）石灰工业废渣稳定类基层

在粉碎的或原来松散的土（包括各种粗粒土、中粒土和细粒土）中，掺入一定比例的石灰与工业废渣，通过加水拌和得到的混合料经摊铺压实及养护后，当其抗压强度和耐久性符合规定要求时，称为石灰工业废渣稳定类基层。

石灰工业废渣材料可分两大类：石灰粉煤灰类和石灰其他废渣类。其中应用最多最广的是石灰粉煤灰类。用石灰和粉煤灰稳定细粒土（含砂）得到的混合料，简称二灰土。用石灰和粉煤灰稳定级配砂砾和级配碎石得到的混合料，分别简称二灰砂砾和二灰碎石。二灰土有良好的力学性能、板体性、水稳性和一定的抗冻性，其抗冻性比石灰土高很多，同时也具有明显的收缩特性，但比石灰土和水泥土小。因此，二灰土也被严格禁止用于高等级道路路面基层，只能用作底基层。

2. 稳定类基层的材料要求

（1）土

① 级配：基层用土要易于粉碎，满足一定的级配，便于压实成型。

② 最大粒径：水泥、石灰稳定土用作城市快速路、主干路基层和底基层时，颗粒最大粒径不应超过37.5mm；用作其他道路基层时，颗粒的最大粒径不应超过37.5mm；用作底基层时，颗粒的最大粒径不应超过53.0mm。

③ 颗粒组成：用水泥稳定类混合料作底基层时，土的均匀系数应大于5，一般选用均匀系数大于10的土。水泥稳定类混合料的颗粒范围及技术指标应符合表3-4的要求。石灰工业废渣稳定类混合料的砂砾、碎石级配范围应符合相关规范的要求。

表3-4 水泥稳定类混合料的颗粒范围及技术指标

项目		通过质量百分率/%			
		底基层		基层	
		次干路	快速路、主干路	次干路	快速路、主干路
筛孔尺寸/mm	53.0	100	—	—	—
	37.5	—	100	100	90~100	—
	31.5	—	—	90~100	—	100
	26.5	—	—	—	66~100	90~100
	19.0	—	—	67~90	54~100	72~89
	9.5	—	—	45~68	39~100	47~67
	4.75	50~100	50~100	29~50	28~84	29~49
	2.36	—	—	18~38	20~70	17~35
	1.18	—	—	—	14~57	—
	0.60	17~100	17~100	8~22	8~47	8~22
	0.075	0~50	0~30	0~7	0~30	0~7
	0.002	0~30	—	—	—	—
液限/%		—	—	—	—	<28
塑性指数		—	—	—	—	<9

④ 液、塑性指数：当为水泥稳定类基层时，土的塑性指数宜为 10~17；当为石灰稳定类基层时，土的塑性指数宜为 10~15。

⑤ 有机质、硫酸盐含量：当为水泥稳定类基层时，土的有机质含量不应大于 2%，硫酸盐含量不应大于 0.25%；当为石灰稳定类基层时，土的有机质含量不应超过 10%，硫酸盐含量不应超过 0.8%。

⑥ 压碎值：基层（底基层）所用的碎、砾石应具有一定的抗压能力，对快速路、主干路基层与底基层不得大于 30%；对次干路及以下道路基层不得大于 30%，对底基层不得大于 35%。

(2) 水泥

应选用初凝时间大于 3h、终凝时间不小于 6h 的 32.5 级、42.5 级普通硅酸盐水泥、矿渣硅酸盐水泥、火山灰质硅酸盐水泥。水泥应有出厂合格证与生产日期，复验合格方可使用。若贮存期超过 3 个月或受潮，应进行性能试验，合格后方可使用。

(3) 石灰

石灰根据氧化镁的含量分为钙质石灰与镁质石灰，再结合有效钙加氧化镁含量、未消化残渣含量、含水率、细度等技术指标分为Ⅰ、Ⅱ、Ⅲ级共 3 个等级。应尽量缩短石灰的存放时间。石灰在野外堆放时间较长时，应覆盖防潮。高等级道路的基（底基）层宜采用Ⅲ级以上磨细生石灰。

(4) 粉煤灰

粉煤灰中 SiO_2、Al_2O_3 和 Fe_2O_3 的总量大于 70%，烧失量不大于 10%。粉煤灰的细度应满足 90% 通过 0.3mm 筛孔，70% 通过 0.075mm 筛孔，比表面积宜大于 $2500cm^2/g$ 的要求。

干粉煤灰堆放时应加水，以防止飞扬造成污染。湿粉煤灰的含水率不宜超过 35%。使用时，应将凝固的粉煤灰打碎或过筛，同时清除有害杂质。

(5) 水

无有害物质，人、畜饮用的水均可使用。

3. 稳定类基层混合料的强度要求

稳定类基层包括石灰类、水泥类、石灰工业废渣类。各类基层施工前，所使用的石灰、水泥、碎（砾）石、细粒土、粉煤灰等无机结合料应满足相关规范规定的技术要求，同时应认真做好稳定类基层混合料组成设计，以满足强度、耐久性及稳定性要求。稳定类基层混合料组成设计的主要内容是确定无机结合料的剂量及混合料的最佳含水率和最大密实度。无机结合料剂量是指结合料质量占全部土颗粒的干质量的百分率，即无机结合料剂量 = 结合料质量/全部土颗粒的干质量。目前，采用 7d 无侧限抗压强度作为稳定类基层混合料的强度指标。《城镇道路路面设计规范》（CJJ 169—2012）规定了稳定类基层混合料的抗压强度标准，见表 3-5。

表 3-5 稳定类基层混合料的抗压强度标准　　　　　　　　　　　单位：MPa

	层位	快速路和主干路	其他
基层	水泥稳定类	3.0~4.5	2.5~3.5
	石灰稳定类	—	≥0.8
	石灰工业废渣类	≥0.8	≥0.6

续表

层位		快速路和主干路	其他
底基层	水泥稳定类	≥2.0	≥1.5
	石灰稳定类	≥0.8	≥0.7
	石灰工业废渣类	≥0.6	≥0.5

考虑施工现场质量的波动性，工地实际采用的结合料剂量应比室内试验确定的剂量多0.5%~1.0%。

近年来，土壤固化剂在道路基层上推广应用。凡能改善和提高土壤技术性能的材料称为土壤固化剂，土壤固化剂可分为液状、粉状。用土壤固化剂固化路面基层和底基层时应符合相关规范要求。

3.2.2　稳定类基层施工

1. 石灰稳定类基层施工

石灰稳定类基层施工根据施工拌和方式的不同可分为路拌法和厂拌法。一般低等级道路多采用路拌法施工，高等级道路半刚性基层多采用厂拌法施工。

路拌法施工

（1）路拌法施工

石灰稳定类基层施工一般采用路拌法，但在城镇人口密集区应使用厂拌法，不得使用路拌法。石灰稳定类基层路拌法施工的施工工序为：准备下承层与施工放样→备料→摊铺→拌和洒水→整形→碾压→养护及交通管制。

① 准备下承层与施工放样。施工前应对下承层按质量验收标准进行验收，合格后，才能进行中线放样，并在两侧路面边缘外0.3~0.5m处设指示桩，在指示桩上标出基（底基）层边缘设计高程及松铺厚度位置。

② 备料。根据各路段基（底基）层的宽度、厚度及预定的干密度，计算各路段需要的干燥集料数量。根据混合料的配合比、材料的含水率及运输车辆的吨位，计算各种材料每车料的堆放距离。对于以袋为计量单位的石灰等结合料，应计算出每袋结合料的堆放距离。

准备使用的石灰应提前2~3d洒水，使石灰充分消解，未能消解的石灰块应用孔径为10mm的筛筛除。在潮湿多雨地区施工时，应采取有效措施使细粒土、结合料免受雨淋。

③ 摊铺。摊铺施工包括土料层摊铺和石灰摊铺。

土料层摊铺前，应保持下承层表面湿润。摊铺过程中，应尽量使集料或土摊铺均匀，不出现离析现象。根据试验或试验路段确定的松铺系数（松铺系数为松铺厚度除以压实厚度），宜取1.65~1.70。计算土料层的松铺厚度，摊铺厚度不符合要求时，应予以调整。摊铺好的土层上，除了洒水车外，严禁其他车辆通行。

石灰摊铺应均匀，均匀铺完后，应检查石灰的松铺厚度，并校核石灰用量是否合适。

④ 拌和洒水。使用灰土拌和机或稳定土拌和机"干拌"1~2遍，使石灰分散到土中，不要求完全拌和好，而是预防加水过程中石灰成团。然后边洒水边拌和，进行"湿拌"。

洒水车洒水时，不要中断，不得在正进行的路段上掉头或停留。拌和机械在洒水车后配合进行。拌和过程中，应及时检查混合料的含水率，一般宜比最佳含水率略大 1% ~ 2%，拌和直至水量足够、混合料颜色及含水率均匀为止。

在路基上铺拌时应随时检查拌和深度，严禁在底部留有"素土"夹层，也应防止过多破坏路基表面，以免影响混合料的石灰剂量及底部压实。

⑤ 整形。混合料拌和均匀后应立即用平地机进行初平。一般在直线段由两侧向路中心刮平；在曲线段由内侧向外侧刮平。然后，用轮胎压路机、轮胎拖拉机或平地机快速碾压一遍。

不平整的地方用齿耙把表面 5cm 耙松；必要时，用新拌的混合料找平，再进行碾压。每次整平碾压，均需按要求调整坡度和路拱。

为避免出现薄层贴补现象，在总厚度满足要求的情况下，摊铺时宜"宁高勿低"；整平时，宜"宁刮勿补"。

⑥ 碾压。整形后，当混合料处于最佳含水率不超过 1% ~ 2% 的范围时，方可进行碾压。如表面水分不足，应适当洒水。

碾压

在人工摊铺和整形的情况下，应先用 6 ~ 8t 两轮压路机或轮胎压路机碾压 1 ~ 2 遍，找平整形后再用重型轮胎压路机、振动压路机或 12t 以上的三轮压路机进行碾压。初压时，碾压速度以 20 ~ 30m/min 为宜；灰土初步稳定后，以 30 ~ 40m/min 为宜。

直线和不设超高的平曲线段，应由两侧向中心碾压；设超高的平曲线段，应由内侧向外侧碾压。碾压过程中，石灰土的表面应始终保持湿润，如表面蒸发太快，应及时补充水分，防止表面开裂。同时如发现有"弹簧"、松散、起皮等现象，应及时翻开重新拌和，或用其他方法处理，使其达到质量要求。

碾压结束之前，用平地机终平一次，使高程、路拱和超高符合设计要求，局部低洼之处不得找补，以免出现薄层贴补现象。

⑦ 养护及交通管制。养护期应采取洒水保湿措施，在铺筑上层之前，至少养护 7d 时间。养护方法根据情况可采用洒水、覆盖等方法。养护期间应封闭交通。

养护期结束，应立即施工上层，以免产生收缩裂缝；或先铺一封层，开放交通，待基层收缩完成后，再施工上层，以减少反射裂缝。

（2）厂拌法施工

厂拌法一般是在中心站用强制式拌和机、双转轴桨叶式拌和机等设备进行集中拌和，用稳定土摊铺机、沥青混凝土摊铺机或水泥混凝土摊铺机进行摊铺。

① 拌和。稳定土混合料正式拌制时，应将土块粉碎，使土块最大尺寸不超过 20mm。配料要准确，拌和要均匀，加水量要略大于最佳含水量的 1% 左右，混合料运到现场摊铺碾压时，应正好接近最佳含水量。成品料运到现场摊铺前应覆盖，以防水分蒸发。

集中拌和法
（厂拌法）
摊铺

② 摊铺。石灰土每次摊铺长度宜为一个碾压段。当分层摊铺时，应先将下层顶面拉毛，再摊铺上层混合料。摊铺机的生产能力应与拌和机的生产能力相适应。应尽量减少摊铺机摊铺过程中停机待料的情况。石灰土混合料的压实系数应通过试铺试压求得。

③ 厂拌法的其他施工工序要求与路拌法相同。

2. 水泥稳定类基层施工

市政道路中使用水泥稳定类混合料作基层时，宜采用厂拌法施工。

水泥稳定类基层厂拌法施工的施工工序：施工准备和放样→运输→摊铺→整形→碾压→接缝和掉头处的处理→养护。

① 施工准备和放样。水泥稳定类基层的施工准备和放样要求同石灰稳定类基层。

摊铺

碾压

② 运输。常用大吨位自卸式汽车进行运输，运输时，应采取措施防止水分损失。运输车的数量应与拌和机的生产能力、摊铺机的生产能力相适应。应尽量减少摊铺机摊铺过程中停机待料的情况。

③ 摊铺。水泥稳定类混合料自搅拌至摊铺完成，不得超过3h。按当班施工长度计算用料量。

分层摊铺时，应在下层养护7d后，方可摊铺上层材料。松铺系数应在施工前通过试验确定，水泥土的松铺系数宜为1.53~1.58，水泥稳定砂砾的松铺系数宜为1.30~1.35。

④ 整形。要求同石灰土稳定类基层施工。

⑤ 碾压。宜用12~18t压路机做初步稳定碾压，水泥稳定类混合料初步稳定后，再用大于18t的压路机碾压至表面平整、无明显轮迹，且达到要求的压实度。要求在水泥初凝时间到达前碾压成活。

为满足水泥稳定类基层表面的平整，对于砂（砾）质土，适宜用轮胎压路机或钢轮压路机；对于砂质黏土，适宜用轮胎压路机；振动压路机适用性较广，且压实效果良好，现已被广泛用于工程中。压路机不得在已完成的或正在碾压的路段上掉头或急刹车，以避免破坏基层表面。

⑥ 接缝和掉头处的处理。用摊铺机摊铺混合料时，不宜中断，如因故中断时间超过2h，应设置横向接缝，摊铺机应驶离混合料末端；人工将末端含水率合适的混合料弄整齐，紧靠混合料放两根方木，方木的高度应与混合料的压实厚度相同，整平紧靠方木的混合料；方木的另一侧用砂砾或碎石回填约3m长，其高度应高出方木几厘米；将混合料压实；在重新开始摊铺混合料之前，将砂砾或碎石和方木除去，并将下承层顶面清扫干净。摊铺机返回到已压实层的末端，重新开始摊铺混合料。如摊铺中断后，未按上述方法处理横向接缝，而中断时间已超过2h，则应将摊铺机附近及其下面未经压实的混合料铲除，并将已压实、高程和平整度符合要求的末端挖成与路中线垂直并垂直向下的断面，然后再摊铺新的混合料。在不能避免纵向接缝的情况下，纵向接缝必须垂直相接，严禁斜接，在前一幅摊铺时，在靠中央的一侧用方木或钢模板作支撑，方木或钢模板的高度应与稳定土层的压实厚度相同；养护结束后，在摊铺另一幅之前，拆除支撑木（或板）。

⑦ 养护。水泥稳定类混合料经拌和、压实后，洒水养护，也可用帆布、粗麻袋等覆盖保持湿润；采用乳化沥青养护时，应在其上撒布适量石屑；养护期间应封闭交通，经7d养护后才能铺上一层结构层。

3. 石灰工业废渣类基层施工

石灰工业废渣类混合料宜采用厂拌法，即采用强制式搅拌机在搅拌厂集中拌制而成。

（1）石灰工业废渣类混合料集中拌和及运输的要求

石灰工业废渣类混合料集中拌和及运输时,应符合下列要求。

石灰工业废渣类基层施工

① 石灰工业废渣类混合料搅拌时应先将石灰、粉煤灰搅拌均匀,再加入砂砾(碎石)和水搅拌均匀。混合料含水率宜略大于最佳含水率。

② 拌制石灰、粉煤灰、砂砾均应做延迟时间试验,以确定混合料在贮存场的存放时间及现场完成作业时间。

③ 混合料含水率应视气候作适当调整。

(2)石灰工业废渣类基层的施工要求

石灰工业废渣类基层的施工要求与水泥稳定类基层一致,具体如下。

① 混合料在摊铺前其含水率宜为最佳含水率±2%。

② 混合料每层最大压实厚度为20cm,且不宜小于10cm。

③ 养护期间宜封闭交通。需通行的机动车辆应限速,严禁履带车辆通行。

4. 施工中注意的问题

(1)施工季节

稳定类基层宜在春末或夏季组织施工,施工期的最低气温应在5℃以上,并保证在冰冻前有一定的成型期,即第一次重冰冻(-5~-3℃)到来之前半个月至一个月(水泥稳定类基层)及一个月至一个半月(石灰稳定类基层与石灰工业废渣类基层)完成,若不能完成则应覆盖上层,以防止冻融破坏。

在雨期施工水泥稳定类基层时,应特别注意气候变化,防止水泥稳定类混合料遭雨淋。同时应采取措施排除表面水,避免运到路上的集料过分潮湿。

(2)水泥稳定类混合料施工作业长度的确定

确定水泥稳定类混合料的施工作业长度,应综合考虑水泥的终凝时间,因此,施工时必须采用流水作业法,各工序必须紧密衔接,尽量缩短从拌和到完成碾压之间的延迟时间。一般情况下,每一流水作业段长度以200m为宜。

(3)机械设备生产能力协调配套

这里包括两个方面的含义:第一是机械本身生产能力的配套,以形成真正的机械化施工流程,充分发挥各种机械的效能;第二是施工组织调度,配套组织合理、科学,工序间衔接有序,以充分体现机械运行间的协调性。

(4)控制和保持最佳含水率

在稳定类混合料中,无论是水泥土,还是石灰土或二灰土等都要求在规定时间内完成整个作业过程,其主要原因是为了保证这些混合料处于初凝期内,而水分又是其重要条件。要实现此目标,其一是拌和设备能按规范要求加入定量的拌和用水,并保持混合料与水的均匀混合,使各材料颗粒间含有合适的水分;其二是减少运输过程中水分的丢失,尤其是气候炎热时应采取防止水分丢失的措施,如缩短运输周期、覆盖防晒苫布或采取增加1%~2%含水率的预防措施;其三是尽快摊铺、尽快碾压,以减少水分丢失,一旦水分丢失要适量洒水。

(5)摊铺机的作业速度调整

摊铺机摊铺作业的关键是保持其连续不间断作业。为此,进行摊铺作业前应有足够的混合料运到施工现场,一旦开始摊铺,就要求连续不断地进行。如果出现其他原因影响供料,造成供料不足,现场指挥调度人员应及时了解原因并采取有效措施,适当调整作业速度，以维持不间断作业。若因供料停机时间长，则应按摊铺作业结束来处理工作面。

3.2.3　粒料类基层施工

1. 粒料类基层分类

粒料类基层按强度构成原理可分为级配型粒料基层与嵌锁型粒料基层。级配型粒料基层包括级配碎（砾）石基层、符合级配的天然砂砾基层、部分砾石经轧制掺配而成的级配碎砾石基层等；嵌锁型粒料基层包括泥结碎石基层、泥灰结碎石基层、填隙碎石基层等。下面主要介绍常用的级配碎（砾）石基层和填隙碎石基层。

（1）级配碎（砾）石基层

级配碎（砾）石基层是粗、细碎石集料和石屑各占一定比例的混合料，当其颗粒组成符合密实级配，经拌和、摊铺、碾压成型及养护后，其抗压强度、稳定性、密实度符合规定要求时，称为级配碎石；当混合料改为粗、细砾石和砂时，称为级配砾石。级配碎（砾）石可作为城市次干路及其以下道路基层。

（2）填隙碎石基层

用单一尺寸的粗碎石做主集料，形成嵌锁作用，用石屑填满碎石间的孔隙，增加密实度和稳定性，这种结构的基层称为填隙碎石基层。

2. 级配型粒料基层的材料要求

① 轧制碎石的材料，可为各种类型的岩石（软质岩石除外）、砾石。轧制碎石的砾石粒径应为碎石最大粒径的3倍以上，碎石中不应有黏土块、植物根叶、腐殖质等有害物质。

② 碎石中针片状颗粒的总含量不应超过20%。

③ 级配碎石及级配碎砾石颗粒范围和技术指标应符合规范的要求。

④ 级配碎石及级配碎砾石石料的压碎值：用作基层时，城市快速路、主干路小于26%，次干路小于30%，支路道路小于35%；用作底基层时，城市快速路、主干路小于30%，次干路小于35%，次干路以下道路小于40%。

⑤ 碎石应为多棱角块体，软弱颗粒含量应小于5%，扁平细长碎石含量应小于20%。

⑥ 用作次干路及其以下道路底基层时，级配中最大粒径宜小于53mm；用作基层时，级配中最大粒径不得大于37.5mm。

⑦ 天然砂砾应质地坚硬，含泥量不得大于砂质量（粒径小于5mm）的10%，砾石颗粒中细长及扁平颗粒的含量不得超过20%。

⑧ 级配砂砾及级配砾石的颗粒范围和技术指标宜符合规范要求。

3. 级配碎（砾）石基层施工

级配碎（砾）石基层一般采用路拌法施工，为保证质量，宜采用机械摊铺符合级配要求的厂拌级配碎石或级配碎砾石。

级配碎（砾）石基层路拌法的施工工艺如图3.5所示。级配碎（砾）石基层厂拌法的施工工艺如图3.6所示。

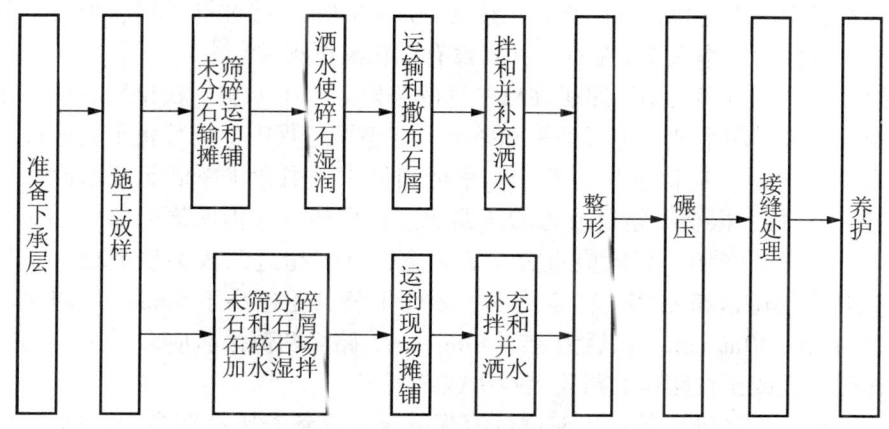

图 3.5 级配碎（砾）石基层路拌法的施工工艺

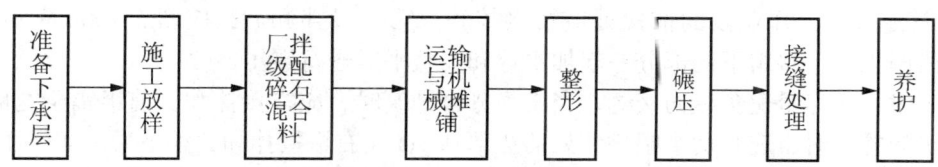

图 3.6 级配碎（砾）石基层厂拌法的施工工艺

① 准备下承层。级配碎（砾）石基层的下承层的要求同稳定类基层。

② 施工放样。在下承层上恢复中线。直线段每 15~20m 设一桩，平曲线段每 10~15m 设一桩，并在两侧路肩边缘外 0.3~0.5m 设指示桩。逐个断面进行高程测量，并在指示桩上标记结构层的设计高度。

③ 备料。根据各路段基层或底基层的宽度、厚度及预定的干密度和压实系数，计算所需要的各种集料的数量，根据运料车辆的车厢体积，计算每车材料的堆放间距。

④ 运输和摊铺集料。集料装车时，应控制每车料的数量基本相同。同一料场的路段，运输应由远到近按计算的间距堆放，堆放的时间不宜过长，一般仅提前数天。料堆间每隔一定距离应留缺口用以排水。

级配碎（砾）石基层施工

应事先通过试验确定集料的松铺系数，一般人工摊铺时为 1.40~1.50，平地机摊铺时为 1.25~1.35。

采用粗细不同的多种集料时，应将粗集料铺在下面，并处于湿润状态，再将细集料铺在上面。级配碎石的未筛分碎石摊铺平整后，在其较湿润的情况下，向上运送石屑，用平地机并辅以人工将石屑均匀摊铺在碎石层上，或用石屑撒布机将石屑直接均匀撒布在碎石层上。

摊铺碎石每层应按虚厚一次铺齐，颗粒分布应均匀，厚度一致，不得多次找补。检查松铺材料层的厚度，必要时应进行减料或补料工作。

⑤ 拌和及整形。对于级配碎石，应用稳定土拌和机拌和。若没有，也可用平地机或多铧犁与缺口圆盘耙配合拌和。对于级配砾石，可采用平地机拌和。

拌和时，稳定土拌和机应拌 2 遍以上，且深度应到级配碎石层底，在最后一遍拌和前，可先用多铧犁贴底面翻拌一遍。用平地机拌和时，平地机宜翻拌 5~6 遍，使石屑均匀分布于碎石料中。平地机拌和的作业长度为300~500m。拌和结束后，混合料的含水率应均匀，并较最佳含水率大1%左右，并且没有颗粒离析现象。

用拖拉机、平地机和轮胎压路机在已初平的路段上碾压一遍，找出潜在的不平整的地方，进行处理。最后用平地机进行整平和整形。在整平过程中，应禁止车辆通行。

⑥ 碾压。整平后，应根据材料的含水率适当洒水，当含水率满足要求时，应立即用12t以上三轮压路机、振动压路机或轮胎压路机进行碾压。应由两侧向路中心，小半径曲线由内侧向外侧进行碾压，后轮应重叠1/2轮宽，且须超过两段的接缝处。一般需碾压6~8遍，碾压至缝隙嵌挤密实，稳定坚实，表面平整，轮迹小于5mm。压路机的碾压速度头两遍宜为25~30m/min，以后为35~40m/min。路面两侧区域应多压2~3遍。

严禁在已完成或正在碾压的路段上掉头或急刹车。

含有土的级配碎（砾）石层，应进行滚浆碾压，直到表层没有多余的细土泛出为止，然后将表层薄层土（或滚浆）清除干净。

⑦ 接缝处理。作业段的衔接处应搭接拌和。第一段拌和后，应留5~8m先不碾压，等第二段施工时，将留下的部分一起加水拌和，整平后进行碾压。

施工时，应尽量避免纵向接缝。当必须分幅铺筑时，应搭接拌和。前半幅全宽碾压密实，后半幅拌和时，应将前半幅相邻处的边部0.3m左右搭接拌和，整平后一起碾压。

⑧ 养护。未铺装上层前，对已成活的碎石基层应保持养护，不得开放交通。

能力训练及习题

能力训练

分组编制稳定类基层施工技术方案一份。

(1) 根据《市政工程施工图案例图集》中的路-8 进行该工程基层施工准备工作。重点描述与路基工程不同的准备工作。

(2) 根据工程特点和工程现场实际条件，结合基层的材料组成与构造特点，选择合适的施工方法、合理的施工机械，组织施工工艺流程，提出保证施工质量和安全的施工技术措施和施工注意事项。

(3) 参考其他道路类似基层的施工方案编制本工程的施工技术方案。

(4) 能力训练成果为稳定类基层施工技术方案一份。

习 题

一、选择题

1. 石灰工业废渣类基层应分层铺筑，每层最小厚度为（　　）。
   A. 10cm　　　　B. 20cm　　　　C. 30cm　　　　D. 50cm
2. 稳定类基层施工期间一日中最低气温应在（　　）以上，并在第一次重冰冻到来之前完成。
   A. 0℃　　　　B. 5℃　　　　C. 10℃　　　　D. 15℃
3. 石灰稳定类基层混合料的压实含水率应控制在最佳含水率的（　　）。
   A. ±2%　　　　B. ±1%　　　　C. ±3%　　　　D. ±5%
4. 稳定类基层至少在保持潮湿状态下养护（　　）d。
   A. 5　　　　　B. 7　　　　　C. 14　　　　　D. 28
5. 道路中采用稳定类基层的属于（　　）基层。
   A. 刚性　　　　B. 柔性　　　　C. 半刚性　　　D. 松散性
6. 以下不属于稳定类基层材料的是（　　）。
   A. 水泥稳定类基层　　　　　　B. 沥青稳定类基层
   C. 石灰稳定类基层　　　　　　D. 石灰工业废渣稳定类基层
7. 某稳定类基层压实厚度为 30cm，松铺系数为 1.4，则松铺厚度为（　　）。
   A. 40cm　　　　B. 42cm　　　　C. 44cm　　　　D. 45cm

二、判断题

1. 石灰土强度高，板体性好，因而可用于高等级道路路面的基层。（　　）
2. 用水泥、石灰等无机结合料处治的土或碎石及含有水硬性结合料的工业废渣修筑的基层称为半刚性基层。（　　）
3. 级配碎（砾）石基层的施工有路拌法和厂拌法两种。（　　）

学习任务单

◆ **学习目标**

能够读懂道路路基、路面结构图，能编写无机结合料基层施工方案的关键环节并能进行技术交底。

◆ **学习地点**

实训室。

◆ **学习准备**

《市政工程施工图案例图集》《城镇道路工程施工与质量验收规范》、互联网资源、多媒体设备等。

◆ **学习过程**

一、阅读《市政工程施工图案例图集》中的路-8、说明及相关内容，填写以下工程相关信息。

1. 根据施工图描述本工程基层的类型。

2. 以小组为模拟项目部，讨论完成施工标段桩号_____～_____基层施工方案的关键环节，并进行技术交底。

（1）小组讨论确定本标段基层的施工方法。

（2）小组讨论确定本标段基层施工的施工机械。

（3）小组讨论确定本标段基层施工工艺和注意事项。

思考问题：选用各种施工方法和施工机械的原因。

二、组织本工程基层施工技术交底并填写技术交底记录。

××××工程××××技术交底记录

技术交底记录		编号	
工程名称			
分部工程名称		分项工程名称	
施工单位		交底日期	

交底内容：

审核人	交底人	接收交底人

任务3.3　道路基层施工质量控制与验收

道路基层的质量控制可分为原材料标准试验、不同类型基层施工过程质量控制和外形尺寸管理三个方面。在遇到不利季节的施工时应采取保证施工质量的措施。基层完工后由施工单位会同监理单位按设计文件和施工规范要求对基层进行质量检验。

3.3.1　道路基层季节性施工

1. 雨期施工

（1）施工准备

① 以预防为主，掌握天气预报和施工主动权。
② 工期安排紧凑，集中力量打歼灭战。
③ 做好排水系统，防排结合。
④ 准备好防雨物资，如篷布、罩棚等。
⑤ 加强巡逻检查，发现积水、挡水处，及时疏通。

（2）施工质量控制

① 对稳定类混合料基层，应坚持"拌多少、铺多少、压多少、完成多少"的原则。
② 下雨来不及完成时，要尽快压实，防止雨水渗透。
③ 在多雨地区，应避免在雨期进行石灰土结构层的施工；石灰稳定中粒土和粗粒土施工时，应采用排除表面水的措施，防止集料过分潮湿，并应保护石灰免遭雨淋。
④ 雨季施工水泥稳定土，特别是水泥土结构层时，应特别注意天气变化，防止水泥稳定类混合料遭雨淋。
⑤ 降雨时应停止施工，已摊铺的水泥稳定类混合料应尽快压实。
⑥ 路拌法施工时，应排除下承层表面的水，防止集料过湿。

2. 冬期施工

（1）施工准备

① 在冬期施工中，既要防冻，又要快速，以保证质量。
② 科学合理地进行施工部署，尽量将基层施工安排在上冻前完成。
③ 做好防冻覆盖和挡风、加热、保温工具等物资及措施准备。

（2）施工质量控制

① 石灰稳定类基层及石灰粉煤灰稳定类基层，宜在进入冬期前30~45d完成施工。
② 水泥稳定类基层，宜在进入冬期前15~30d完成施工。
③ 级配碎（砾）石基层和稳定类基层冬期施工，应根据规范要求结合施工环境最低温度加入一定浓度的盐水，以降低冰点。

3.3.2 道路基层和底基层的质量要求

道路基层和底基层的质量要求可分为原材料标准试验、施工过程质量控制、基层和底基层质量检查验收三个方面。

1. 原材料标准试验

组织道路基层和底基层施工前及在原材料（包括土）或混合料发生变化时，必须对拟采用的材料进行基本性质试验，以评定材料质量是否符合要求，以及某种土是否适宜用水泥或石灰稳定。

对用作基层和底基层的原材料，一般应按表3-6所列的试验项目及方法进行检验。

表3-6 基层和底基层原材料的试验项目及方法

试验项目	材料名称	目 的	频 度	仪器和试验方法
含水率	土、砂砾、碎石等集料	确定原始含水率	每天使用前测2个样品	烘干法或含水率快速测定仪、酒精法
颗粒分析	砂砾、碎石等集料	确定级配是否符合要求，确定材料配合比	每种土使用前测2个样品，使用过程中每2000m^3测2个样品	筛分法（含土材料用湿筛分）
液限、塑限	土、级配碎（砾）石在0.5mm以下的细土	求塑性指数，审定是否符合规定	每种土使用前测2个样品，使用过程中每2000m^3测2个样品	联合测定法测液限，搓条法测塑限
相对密度、吸水率	砂砾、碎石等	评定粒料质量，计算固定体积率	使用前测2个样品，使用过程中每2000m^3测2个样品，碎石种类变化重做2个样品	多孔网篮或容积1000cm^3以上的比重瓶
压碎值	砂砾、碎石等	评定石料的抗压碎能力是否符合要求	使用前测2个样品，使用过程中每2000m^3测2个样品，碎石种类变化重做2个样品	压碎值仪
有效氧化钙、氧化镁	石灰	确定石灰质量	做材料组成设计和生产使用时分别测2个样品，以后每月测2个样品	
水泥强度等级和初终凝时间	水泥	确定水泥质量是否适宜应用	做材料组成设计时测1个样品，料源或强度等级变化时重测	

对初步确定使用的基层和底基层混合料，包括掺配后不用结合料稳定的材料，应按表3-7所列的试验项目及方法进行检验。

表 3-7　基层和底基层混合料的试验项目及方法

试验项目	目　的	仪器和试验方法
重型击实试验	求最佳含水率和最大干密度，以规定路基压实时的合适含水率和应该达到的最小干密度，确定制备试验试件所采用的含水率和干密度	重型击实试验仪
承载比	求路基预期干密度下的承载比，确定材料是否适宜做基层或底基层	路面材料测试仪
抗压强度	进行材料组成设计，选定最适宜于用水泥或石灰稳定的土，规定施工中所用的结合料剂量，为路基提供评定质量的标准	路面材料测试仪

注：表中所列试验方法应符合现行有关试验规程的规定。

2. 施工过程质量控制

施工过程质量控制的主要项目有含水率、集料级配、石料压碎值、结合料剂量、拌和均匀性、压实度、弯沉值等。

3. 基层和底基层质量检查验收

（1）稳定类基层和底基层质量检验

① 主控项目。

a. 原材料质量检验应符合《城镇道路工程施工与质量验收规范》的要求。

b. 基层和底基层的压实度应符合要求：城市快速路、主干路基层大于或等于 97%，底基层大于或等于 95%；其他等级道路基层大于或等于 95%，底基层大于或等于 93%。

检查数量：每 1000m²、每压实层抽检 1 点。

检验方法：根据混合料组成情况选用环刀法、灌砂法或灌水法。

c. 基层和底基层试件做 7d 无侧限抗压强度，应符合设计要求。

检查数量：每 2000m² 抽检 1 组（6 块）。

检验方法：现场取样试验。

② 一般项目。

a. 表面应平整、坚实、无粗细集料集中现象，无明显轮迹、推移、裂缝，接槎（缝）平顺，无贴皮、散料、浮料。

b. 稳定类基层和底基层允许偏差应符合表 3-8 的规定。

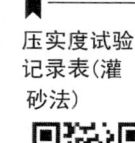

××中心大道机动车道路面结构图（二）

压实度试验记录表（灌砂法）

表 3-8　稳定类基层和底基层允许偏差

项目		允许偏差	检验频率			检验方法
			范围	点数		
中线偏位/mm		≤20	10m	1		用经纬仪测量
纵断高程/mm	基层	±15	20m	1		用水准仪测量
	底基层	±20				
平整度/mm	基层	≤10	20m	路宽/m	<9	1	用 3m 直尺和塞尺连续量两尺，取较大值
	底基层	≤15			9~15	2	
					>15	3	
宽度/mm		不小于设计规定+B	40m	1		用钢尺量

213

续表

项目	允许偏差	检验频率		检验方法
		范围	点数	
横坡度	±0.3%且不反坡	20m	路宽/m <9 → 2 9~15 → 4 >15 → 6	用水准仪测量
厚度/mm	±10	1000m²	1	用钢尺量

注：B 为施工时必要的附加宽度。

无机结合料基层及底基层验收记录

（2）级配碎（砾）石基层和底基层施工质量检验

① 主控项目。

a. 碎石与嵌缝料质量及级配应符合《城镇道路工程施工与质量验收规范》的有关规定。

检查数量：按不同材料进场批次，每批次抽检不应少于1次。

检验方法：查检验报告。

b. 级配碎（砾）石压实度，基层不得小于97%，底基层不应小于95%。

检查数量：每1000m²抽检1点。

检验方法：灌砂法或灌水法。

c. 弯沉值：不应大于设计规定。

检查数量：设计规定时每车道、每20m测1点。

检验方法：弯沉仪检测。

② 一般项目。

a. 外观质量：表面应平整、坚实，无推移、松散、浮石现象。

检查数量：全数检查。

检验方法：观察。

b. 级配碎（砾）石基层和底基层允许偏差应符合表3-9的有关规定。

表3-9 级配碎（砾）石基层和底基层允许偏差

项目		允许偏差	检验频率		检验方法
			范围	点数	
中线偏位/mm		≤20	100m	1	用经纬仪测量
纵断高程/mm	基层	±15	20m	1	用水准仪测量
	底基层	±20			
平整度/mm	基层	≤10	20m	路宽/m <9 → 1 9~15 → 2 ≤15 → 3	用3m直尺和塞尺连续量两尺，取较大值
	底基层	≤15			
宽度/mm		不小于设计规定+B	40m	1	用钢尺量

214

续表

项目		允许偏差	检验频率			检验方法
			范围	点数		
横坡度		±0.3%且不反坡	20m	路宽/m	<9 / 2 9~15 / 4 >15 / 6	用水准仪测量
厚度/mm	砂石	+20，-10	1000m²	1		用钢尺量
	砾石	+20，-10%层厚				

注：B 为施工时必要的附加宽度。

拓展讨论

1. 党的二十大报告指出，协同推进降碳、减污、扩绿、增长，推进生态优先、节约集约、绿色低碳发展。试讨论，在道路基层施工中，哪些材料的应用体现了节约集约、绿色低碳的理念？
2. 为什么在不同季节施工时应采取不同的措施？
3. 为什么同一个质量控制指标需选择采用不同的检测方法？

育人元素　科学精神　求真务实　社会责任　环保意识　可持续发展

级配碎(砾)石基层和底基层验收记录

能力训练及习题

能力训练

分小组讨论并回答以下问题。
(1)《市政工程施工图案例图集》中路-8的路面基层的质量从哪几方面控制?
(2) 稳定类基层质量检验的一般项目有哪些? 简述其检验的方法和频率。
(3) 级配碎(砾)石基层质量检验的一般项目有哪些? 简述其检验的方法和频率。

习 题

一、选择题

1. 稳定类基层质量检验的关键项目为( )。
   A. 压实度和强度　　　　　　B. 厚度与宽度
   C. 压实度与坡度　　　　　　D. 压实度与厚度
2. 级配碎(砾)石基层质量检验的关键项目为( )。
   A. 压实度与强度　　　　　　B. 厚度与宽度
   C. 压实度与弯沉值　　　　　D. 压实度与厚度
3. 稳定土的强度指标是( )。
   A. 抗拉强度　　　　　　　　B. 抗折强度
   C. 无侧限抗压强度　　　　　D. 以上都不是
4. 石灰、粉煤灰类混合料基层的检测项目中主要检查项目为( )。
   A. 平整度　　　　　　　　　B. 厚度
   C. 无侧限抗压强度　　　　　D. 宽度
5. 级配碎(砾)石基层的检测项目中主要检查项目为( )。
   A. 宽度　　　B. 厚度　　　C. 中线高程　　　D. 弯沉值
6. 石灰稳定类基层的检测项目中主要检查项目为( )。
   A. 平整度　　　B. 厚度　　　C. 压实度
   D. 强度　　　　E. 横坡度
7. 规范要求的砂石基层压实密度的检验方法是( )。
   A. 灌砂法　　　B. 环刀法　　　C. 灌水法
   D. 蜡封法　　　E. 核子密实度仪法

在线答题

二、简答题

1. 对道路基层和底基层的质量控制,主要有哪些方面?
2. 基层冬期施工时的施工质量控制措施有哪些?

学习任务单

◆ **学习目标**

能对各类基层进行质量检查和验收。

◆ **学习地点**

实训室、室外实训场。

◆ **学习准备**

《市政工程施工图案例图集》《城镇道路工程施工与质量验收规范》、互联网资源、多媒体设备等。

◆ **学习过程**

以小组为模拟项目部,讨论完成以下问题。

1. 查阅《市政工程施工图案例图集》中的路-8、路-9 及《城镇道路工程施工与质量验收规范》,分析判断本工程基层的强度指标是否符合规范要求。

2. 若本工程基层施工正值雨期,请项目部提出保证基层施工质量的具体措施。

3. 查阅《市政工程施工图案例图集》路-8、路-9 和《城镇道路工程施工与质量验收规范》明确本道路基层的质量验收要求和具体指标。

项目 4　市政道路沥青路面面层施工

能力目标

（1）能够根据设计要求正确选择沥青路面面层材料，并准确计算材料用量。
（2）读懂沥青路面结构图，能就图中相关技术问题与设计方进行沟通。
（3）有完成沥青路面面层测量放样及参与施工准备工作的能力。
（4）会查阅施工技术规范，能进行沥青路面面层施工技术方案编制。
（5）能够根据质量验收标准进行沥青路面面层工序验收与评定。

项目导读

本项目从识读路面结构图领会设计意图和测量放样两个施工准备工作入手，介绍常用的沥青路面面层施工方法和几种特殊沥青路面面层施工方法，最后完成沥青路面面层施工质量控制与验收任务。

项目任务

（1）根据本书配套图集《市政工程施工图案例图集》中的路-8，进行市政道路沥青路面面层施工准备工作，重点描述与路基、基层施工准备不同的工作内容。
（2）根据工程特点和工程现场实际条件，结合本工程沥青路面面层的构造特点，采用合适的施工方法、选择合适的施工机械、科学地组织施工工艺流程，并提出保证沥青路面面层施工质量和安全的施工技术措施及施工注意事项。
（3）根据规范要求提出该沥青路面面层的施工质量控制措施并检查验收项目和实施。
（4）参考其他道路沥青类路面面层施工方案编制本工程沥青路面面层施工技术方案。
（5）项目成果为沥青路面面层施工技术方案一份。

任务 4.1　沥青路面面层施工准备

本任务是沥青路面面层施工的基础，施工前应熟悉沥青路面结构图所包括的内容、沥青路面对材料的要求，掌握沥青路面面层施工测量等准备工作。

4.1.1　沥青路面结构图识读

1. 沥青路面的分类

沥青路面是用沥青材料做结合料黏结矿料修筑面层与各类基层和垫层所组成的路面结构。沥青路面有多种分类方法。

（1）按强度构造原理分类

按强度构造原理分类，沥青路面可分为密实和嵌挤两大类。

① 密实类沥青路面的集料级配按最大密实原则设计，颗粒尺寸多样，其强度和稳定性主要取决于混合料的黏聚力和内摩阻力。

② 嵌挤类沥青路面采用的是颗粒尺寸较为均一的集料，路面的强度和稳定性主要由集料颗粒之间相互嵌挤所产生的内摩阻力决定，而黏聚力只起次要作用。嵌挤类沥青路面比密实类沥青路面的热稳定性要好，但孔隙率大、易渗水，因而耐久性差。

（2）按施工工艺分类

按施工工艺分类，沥青路面可分为层铺法、路拌法和厂拌法修筑的路面。

① 层铺法是沥青和集料分层撒铺、碾压成型的路面施工方法。其具有工艺设备简单、功效较高、施工进度快、造价低等优点；其缺点是需要经过炎热夏季行车碾压之后路面才能成型，因此成型期较长。用这种方法修筑的路面有沥青表面处治路面和沥青贯入式路面。

层铺法施工

② 路拌法是指在路上用人工或机械将矿料和沥青材料就地拌和、摊铺、压实而形成沥青面层的路面施工方法。路拌法因就地拌和，沥青材料在矿料中分布均匀，缩短了路面的成型期。因为矿料是冷料，需黏稠度较低的沥青材料黏结，所以路面强度较低。

路拌法施工

③ 厂拌法是将规定级配的矿料和沥青材料用工厂的专用设备加热拌和，并在一定的时间内运到工地用摊铺机摊铺，然后碾压成型的沥青路面的施工方法。如果混合料拌和并立即运到工地摊铺碾压，则为热拌热铺；如果混合料加热并贮存一段时间后在常温下运到工地摊铺，则为热拌冷铺。厂拌法施工集料清洁、级配准确、沥青黏稠度高、用量准确，因此混合料质量高、寿命长；但其修建费用较高。

厂拌法施工

（3）按沥青路面的技术特性分类

按沥青路面的技术特性分类，沥青路面可分为沥青混凝土路面、沥青碎石路面、沥青贯入式路面、沥青表面处治路面等。近年来，在工程实践中，沥青玛蹄脂碎石混合料路面、多孔隙沥青混凝土路面、多碎石沥青混凝土路面等新型沥青路面都得到了一定的应用。

① 沥青混凝土路面。用不同粒径的碎石、天然砂或破碎砂、矿粉和沥青按一定比例在拌和机中热拌所得的混合料称为沥青混合料。当这种混合料的矿料部分具有严格的级配要求，且矿料中含有适量矿粉，混合料按最佳密实级配配置（孔隙率小于6%），混合料压实后达到规定强度时，就称为沥青混凝土。按级配原理选配的矿料与适量沥青拌和均匀，经摊铺压实而成的路面就称为沥青混凝土路面。

② 沥青碎石路面。由几种不同大小的矿料（所用矿料为开级配），掺入少量矿粉或不加矿粉，用沥青做结合料，按一定比例配合，并均匀拌和，拌和后孔隙率大于12%的混合料，称为厂拌沥青碎石。厂拌沥青碎石经摊铺碾压成型的路面称为沥青碎石路面。

③ 沥青贯入式路面。沥青贯入式路面是在初步压实的碎（砾）石上，分层浇洒沥青、撒铺嵌缝料，或再在上部铺筑热拌沥青混合料封层，并通过分层压实而形成的一种较厚的路面面层，其厚度通常为40～80mm。

沥青贯入式路面强度高、稳定性好、施工简便、不易产生裂缝，但沥青在矿料中不易洒布均匀，因此沥青贯入式路面强度不均匀。

根据沥青贯入深度不同，沥青贯入式路面可分为深贯入式(60～80mm)路面和浅贯入式(40～50mm)路面。为了防止表面水的渗入，需加封层密闭表面孔隙，以增强路面的水稳性和耐用性。如果封层采用拌和法施工，则其下部宜采用贯入法，这样形成的沥青路面常称为沥青上拌下贯式路面。

④ 沥青表面处治路面。沥青表面处治路面是用沥青和集料按层铺法或拌和法铺筑而成的厚度不超过30mm的沥青路面。沥青表面处治的作用是保护下层路面结构层，防水、抗磨耗、防滑和改善碎（砾）石路面的使用品质。

为保证矿料间良好的嵌锁作用，同一层的矿料颗粒尺寸应力求均匀，最大粒径应与表面层的厚度相同，且所用沥青需有一定的稠度。

沥青表面处治的施工应在寒冷季节（日最高温度低于15℃）到来之前半个月结束，以确保当年能在一定的高温条件下，通过行车碾压使路面成型。

沥青表面处治根据厚度的不同可分为单层式、双层式和三层式。

2. 沥青路面对材料的要求

（1）沥青

沥青包括道路石油沥青、改性沥青、高黏度改性沥青、乳化沥青、液体石油沥青等。

① 道路石油沥青。

沥青路面采用的沥青标号，宜按照道路等级、气候条件、交通条件、路面类型，以及在结构层中的层位、受力特点和施工方法等，结合当地的使用经验，经技术论证后确定。

对高等级市政道路、服务区、停车区等行车速度较慢的路段，尤其是汽车荷载剪应力大的层次，宜采用稠度大、60℃时黏度大的沥青；对冬季寒冷地区或交通量小的道路宜选用稠度小、低温延度大的沥青；对温度日温差、年温差大的地区宜选用针入度指数大的沥青。当高温性能要求与低温性能要求发生矛盾时，应优先考虑满足高温性能要求。

② 改性沥青。改性沥青可单独或复合采用高分子聚合物、天然沥青及其他改性材料制作。制造改性沥青的基质沥青应与改性剂有良好的配伍性，其质量宜符合 A 级或 B 级道

路石油沥青的技术要求。

常用的改性沥青有三类，分别是橡胶类，如丁苯橡胶（SBR）；热塑性树脂类，如聚乙烯（PE）、乙烯-乙酸乙烯共聚物（EVA）；热塑性弹性体类，如苯乙烯-丁二烯-苯乙烯嵌段共聚物（SBS）。

③ 高黏度改性沥青。为了满足排水沥青混合料强度、抗飞散、抗水损害等性能技术要求，通过掺加高分子材料制备一般60℃动力黏度不小于50000Pa·s的较高动力黏度的沥青材料。

④ 乳化沥青。乳化沥青适用于沥青表面处治路面和沥青贯入式路面，修补裂缝，喷洒透层、粘层与封层等。

乳化沥青的类型根据集料品种及使用条件选择，阳离子乳化沥青适用于各种集料品种，阴离子乳化沥青适用于碱性石料。

新建道路排水沥青路面防水黏结层一般采用SBS或SBR改性乳化沥青，旧路改造采用橡胶改性沥青或SBS改性乳化沥青。

⑤ 液体石油沥青。液体石油沥青适用于透层、粘层及拌制冷拌沥青混合料。液体石油沥青宜采用针入度较大的石油沥青，使用前按先加热沥青后加稀释剂的顺序，掺配煤油或轻柴油，经适当搅拌、稀释而成。根据使用目的与场所，可选用快凝、中凝、慢凝的液体石油沥青。

（2）矿料

沥青路面所用的矿料有粗集料、细集料和矿粉等。

① 粗集料。沥青路面所用粗集料应按规范规定的粒径规格生产和使用。粗集料应洁净、干燥、表面粗糙，而且应具有足够的强度和耐磨性，颗粒形状接近立方体并有多棱角。当单一规格集料的质量指标达不到要求，而按集料配合比计算的质量指标符合要求时，工程上允许使用。

集料质量差是目前道路建设中特别严重的问题，突出的表现是材料脏、粉尘多、针片状颗粒含量高、级配不规格等。道路施工所用集料多取自社会料场，各料场质量、规格参差不齐，使用时离散性严重，导致实际级配与配合比设计有很大的差距，这是造成沥青路面早期损坏的重要原因。为提高集料质量，可要求石料加工场配备冲击整形设备以减少集料的针片状颗粒含量，有条件的石料加工场应在生产过程中采用水洗法减少集料的粉尘含量。

沥青路面用粗集料应优先选用石灰岩等碱性石料加工，但石灰岩等碱性石料往往满足不了高等级道路沥青路面表面层对磨光值的要求，为此可选用玄武岩、辉绿岩、安山岩等非碱性石料加工粗集料。当使用花岗岩、砂岩等酸性石料加工的粗集料时，必须掺加消石灰、水泥或经石灰水处理后使用。

② 细集料。沥青路面用细集料包括天然砂、石屑、机制砂。细集料应洁净、干燥、无风化、无杂质，并有适当的颗粒级配。细集料的洁净程度，天然砂以小于0.075mm含量的百分数表示，石屑和机制砂以砂当量（适用于0~4.75mm）或亚甲蓝值（适用于0~2.36mm或0~0.15mm）表示。

天然砂可采用河砂或海砂，通常宜采用中、粗砂。砂的含泥量超过规定时应水洗后使用，海砂中的贝壳类材料必须筛除。天然砂的优点是在施工时容易压实、路面成型好；其缺点是与沥青的黏结性较差，呈浑圆状，使用太多对高温稳定性不利。热拌密级配沥青混合料中天然砂的用量不宜超过集料总量的20%，SMA和OGFC混合料不宜使用天然砂。

石屑是采石场破碎石料时通过4.75mm筛或2.36mm筛的部分，它虽然棱角性好，但其粉尘含量较多，强度较低，扁片含量及碎土比例很大，且施工性能较差，不宜压实，路面残留孔隙率大，在使用中还有继续细化的倾向。为此，采石场在生产石屑的过程中应配备抽吸设备。

机制砂是选用优质石料并采用专用制砂机生产的细集料，机制砂粗糙、洁净、棱角性好，应予以推广使用。

③ 矿粉。沥青混合料的矿粉必须采用石灰岩或岩浆岩中的强基性岩石等憎水性石料经磨细得到。矿粉应干燥、洁净，能自由地从矿粉仓流出。拌和机回收的粉料不宜作为矿粉使用，以确保沥青混合料的质量。

3. 沥青路面结构

（1）面层

① 沥青混凝土面层的常用厚度和适宜层位可按使用要求结合各城市实践经验选用。

② 热拌热铺的沥青碎石可做双层式面层的下面层或单层式面层。做单层式面层时，为了达到防水和平整度要求，应加铺沥青封层或磨耗层。沥青碎石面层的常用厚度为50~70mm。

③ 沥青贯入式碎（砾）石可做面层或沥青混凝土路面的下面层。做面层时，应加铺沥青封层或磨耗层。沥青贯入式碎（砾）石面层常用厚度为40~80mm。

④ 沥青表面处治主要起防水层、磨耗层、防滑层或改善碎（砾）石路面的作用。沥青表面处治面层的常用厚度为15~30mm。

（2）基层和底基层

基层是路面结构中的承重层，主要承受车辆荷载的竖向力，并把由面层下传的应力扩散到路基，故基层应具有足够的、均匀一致的承载力和刚度。基层受自然因素的影响虽不如面层强烈，但沥青类面层下的基层应有足够的水稳性，以防基层湿软后变形过大导致面层损坏。用于基层的材料主要有以下两种。

① 整体型材料。

整体型材料主要是指无机结合料稳定粒料，主要包括石灰粉煤灰稳定砂砾、石灰稳定砂砾、石灰煤渣、水泥稳定碎（砾）石等。其强度高，整体性好，适用于交通量大、轴载重的道路。

② 级配型和嵌锁型材料。

a. 级配型材料。常用的级配型材料有级配碎（砾）石，级配碎（砾）石应密实、稳定。为防止冻胀和湿软，应控制粒径小于0.5mm的颗粒的含量和塑性指数。在中湿和潮湿路段，用作沥青路面的基层时，应掺石灰。符合标准级配要求的天然砂砾可用作基层。不符合标准级配要求的天然砂砾只宜用作底基层或垫层，并应按路基干湿类型适当控制粒径小于0.5mm的颗粒含量。为便于压实，砾石最大粒径宜不大于60mm。

b. 嵌锁型材料。常用的嵌锁型材料有泥灰结碎（砾）石，泥灰结碎（砾）石适用于中湿和潮湿路段，掺灰量为其含土量的8%~12%。集料的粒径宜小于或等于40mm，并不得大于层厚的70%。嵌缝料应与集料的最小粒径衔接。

(3) 排水层、防冻层

排水层、防冻层属于沥青路面的功能层,是介于基层和土方路基之间的层位,其作用是改善土方路基的湿度和温度状况,保证面层和基层的强度稳定性和抗冻胀能力,扩散由基层传来的荷载应力,以减小土方路基所产生的变形。因此,排水层、防冻层通常在土方路基湿度和温度状况不良时设置。垫层材料应具备良好的水稳性或抗冻性。排水层、防冻层应按以下要求设置。

① 路基经常处于潮湿状态的路段,以及在季节性冰冻地区易产生冰冻危害的路段应设排水层、防冻层。

② 排水层、防冻层材料有粒料稳定土和无机结合料稳定土两类。粒料包括天然砂砾、粗砂、炉渣等。采用天然砂砾或粗砂时,粒径小于0.075mm的颗粒含量应小于5%;采用炉渣时,粒径小于2mm的颗粒含量宜小于20%。

③ 排水层、防冻层厚度可按当地经验确定,一般宜大于或等于150mm。

沥青路面其他功能层的内容详见4.2.4。

4. 沥青路面结构组合的基本原则

① 面层、基层的结构类型及厚度应与交通量相适应。交通量大、轴载重时,应采用高等级面层与强度较高的无机结合料稳定类材料基层。

② 层间结合必须紧密稳定,以保证结构的整体性和应力传递的连续性。面层与基层之间应按基层类型和施工情况洒布透层沥青、粘层沥青或采用沥青封层。

③ 各结构层的材料回弹模量应自上而下递减,基层材料与面层材料的回弹模量比应大于或等于0.3,路基回弹模量与基层(或底基层)回弹模量比宜为0.08~0.4。

④ 层数不宜过多。

⑤ 在半刚性基层上铺筑面层时,城市主干路、快速路应适当加厚面层或采取其他措施,以减轻反射裂缝。

4.1.2 沥青路面面层施工测量

沥青路面面层施工前应测量放样,测量放样包括平面控制与高程测量。通过平面控制,支设方木来控制面层平面位置,为摊铺机作业设置导向线。同时通过支挡既可避免混合料的浪费,也可防止面层边部碾压时发生推移。高程测量的目的是确定下层表面高程与设计高程的差值,以方便在挂线时纠正到设计值或保证施工层厚度。高程测量放样时,除应对挂线桩位测量放样外,更应通过对两侧挂线桩位的高程放样,用拉线、尺量的方法来确定该断面多个点的高程。综合分析每一断面多点高程或与施工层设计高程的差值,既要保证施工层的厚度,又要将高程控制在允许范围内。当施工层厚度与高程发生冲突时,应优先考虑施工层厚度。注意高程放样时不应忘记实测松铺系数。

在沥青路面面层施工中,多采用"走钢丝"或接触式平衡梁的方法来铺设中、下面层,具体是在摊铺找平器两边超出20~30cm范围内,沿路线纵向每隔10m左右布设钢钎,通过高程测量放样,用钢丝绳挂起基准线,使传感器触件在基准线上滑动来控制下面层的厚度与高程。在施工放样中要检测钢丝的松紧强度并合理布设钢钎。根据下面层顶面高程和每层设计高程,以及试验段得出的松铺系数,确定松铺高度,设置摊铺机水平传感导线，导线采用2mm不锈钢丝，用张紧器张紧，张紧力不小于800N，每段架设长度不大于150m。沥青表面层宜采用非接触式平衡梁或"走雪橇"法铺设，具体做法详见4.2.1。

能力训练及习题

能力训练

分小组讨论并回答以下问题。
(1) 沥青路面的分类有哪些？
(2) 沥青路面对主要材料有何要求？

习题

一、选择题

1. 沥青混凝土和沥青碎石最主要的区别是（　　）。
   A. 压实后剩余孔隙率不同　　　　B. 矿粉用量不同
   C. 集料最大粒径不同　　　　　　D. 油石比不同
   E. 施工温度不同
2. 按强度构成原理分类，沥青路面分为（　　）两大类。
   A. 悬浮　　　B. 骨架　　　C. 嵌挤
   D. 密实　　　E. 空隙
3. 沥青贯入式路面一般采用（　　）。
   A. 层铺法　　B. 拌和法　　C. 上拌下贯　　D. 贯入法
4. 沥青混凝土路面，主要含有（　　）而使黏结力大大增加。
   A. 细集料　　B. 矿粉　　C. 石膏　　D. 稠度较低的沥青
5. 沥青混合料所用的矿料包括（　　）
   A. 碎石　　　B. 卵石　　C. 石屑
   D. 砂　　　　E. 矿粉

二、判断题

1. 沥青路面比水泥路面要好。（　　）
2. 沥青路面越厚，油石比越大，其高温稳定性越好。（　　）
3. 沥青混合料的主要成分是沥青和矿料。（　　）
4. 沥青路面用细集料包括天然砂、机制砂、石屑等。（　　）

三、简答题

1. 沥青表面处治的作用有哪些？
2. 各类常用聚合物改性沥青对沥青性能的改善作用有哪些？

在线答题

学习任务单

◆ **学习目标**

明确热拌沥青混合料面层施工准备工作。

◆ **学习地点**

实训室。

◆ **学习准备**

《市政工程施工图案例图集》《城镇道路工程施工与质量验收规范》、互联网资源、多媒体设备等。

◆ **学习过程**

以小组为模拟项目部,讨论并明确沥青路面面层施工的物资准备与现场准备的内容。

任务4.2 沥青路面面层现场施工

本任务是在读懂沥青路面施工图、做好沥青混合料路面施工准备的前提下，用不同的施工方法进行沥青路面面层的施工，掌握沥青混合料拌和、运输、摊铺、压实、接缝等程序中的施工方法与工艺。

4.2.1 热拌沥青混合料路面面层施工

1. 热拌沥青混合料

用不同粒级的碎石、天然砂或破碎砂、矿粉和沥青按一定比例在拌和机中热拌所得的混合料称为热拌沥青混合料（HMA）。若混合料的矿料部分具有严格的级配要求，经压实后所得的混合料具有规定的强度和孔隙率时，可称作沥青混凝土。

热拌沥青混合料路面面层施工

热拌沥青混合料适用于各种等级道路的面层。其种类应按集料公称最大粒径、矿料级配、孔隙率划分，并应符合表4-1的要求。应按工程要求选择适宜的混合料规格、品种。

表4-1 热拌沥青混合料种类

混合料类型	密级配			开级配		半开级配	公称最大粒径/mm	最大粒径/mm
	连续级配		间断级配	间断级配				
	沥青混凝土	沥青稳定碎石	沥青玛蹄脂碎石	排水式沥青磨耗层	排水式沥青碎石层	沥青碎石		
特粗式	—	ATB-40	—	—	ATPB-40	—	37.5	53.0
粗粒式	—	ATB-30	—	—	ATPB-30	—	31.5	37.5
	AC-25	ATB-25	—	—	ATPB-25	—	26.5	31.5
中粒式	AC-20	—	SMA-20	—	—	AM-20	19.0	26.5
	AC-16	—	SMA-16	OGFC-16	—	AM-16	16.0	19.0
细粒式	AC-13	—	SMA-13	OGFC-13	—	AM-13	13.2	16.0
	AC-10	—	SMA-10	OGFC-10	—	AM-10	9.5	13.2
砂粒式	AC-5	—	—	—	—	—	4.75	9.5
设计孔隙率/%	3~5	3~6	3~4	>18	>18	6~12	—	—

注：1. 设计孔隙率可按配合比设计要求适当调整。
 2. 排水式沥青磨耗层（OGFC）的设计施工应按《排水沥青路面设计施工技术规范》实施。

沥青混凝土具有很高的强度和密实度，在常温下具有一定的塑性。它的强度和密实度是各种沥青矿料混合料中最高的。密实的沥青混凝土的透水性很小、水稳性好，有较强的抵抗自然因素和行车作用的能力，因此，它的使用寿命长、耐久性好。沥青混凝土面层是适合现代高速汽车行驶的一种优质高级柔性面层，铺在坚实基层上的优质沥青混凝土面层可以使用20~25年，国外的重交通道路和高速公路，主要采用沥青混凝土做面层，沥青混凝土在我国也得到了广泛的应用。沥青混凝土面层的常用厚度和适宜层位见表4-2。

表4-2 沥青混凝土面层的常用厚度和适宜层位

面层类别	集料最大粒径/mm	常用厚度/mm	适宜层位
粗粒式沥青混凝土	26.5	60~80	双层式或三层式面层的下面层
中粒式沥青混凝土	19.0	40~60	三层式面层的中面层或双层式面层的下面层
	16.0		双层式或三层式面层的表面层
细粒式沥青混凝土	13.2	25~40	双层式或三层式面层的表面层
	9.5	15~20	① 沥青混凝土面层的磨耗层（表面层）； ② 沥青碎石等面层的封层和磨耗层
	4.75	10~20	自行车道与人行道的面层

粗粒式沥青混凝土通常用于铺筑面层的下面层，它的粗糙表面使它与上面层良好黏结，也可用于铺筑基层。从提高沥青面层的抗弯拉疲劳寿命的角度出发，采用粗粒式沥青混凝土做下面层明显优于沥青碎石。

中粒式沥青混凝土主要用于铺筑面层的中面层。C型中粒式沥青混凝土能使面层表面有较大的粗糙度，在环境不良路段可保证汽车轮胎与面层有适当的附着力，或在高速行车时可使面层表面的摩擦系数降低的幅度小，有利于行车安全；但其孔隙率和透水性较大，因此耐久性较差，不是做表面层的理想材料。F型中粒式沥青混凝土具有良好的摩擦系数，但其表面构造深度常达不到要求。

对于面层的表面层，在市政道路上使用最广的是细粒式沥青混凝土。与中粒式和粗粒式沥青混凝土相比，细粒式沥青混凝土的均匀性较好，并有较高的抗腐蚀稳定性。只要矿料的级配组成合适，并满足其他技术要求，细粒式沥青混凝土就具有足够的抗剪切稳定性，可以防止产生推挤、波浪和其他剪切形变。但细粒式沥青混凝土的表面构造深度通常达不到要求。

综上所述，沥青混凝土面层具有以下优点。

① 施工质量符合要求的沥青混凝土面层的强度高，能承担各种繁重的交通运输任务。

热拌沥青混合料路面面层施工工艺

② 具有良好的平整度，表面坚实、无接缝，因此，行车平稳、舒适、噪声小，且经久耐用。

③ 透水性小，因而比其他各种沥青面层更能防止表面水渗入路面结构层。

④ 沥青混凝土混合料通常集中在工厂或中心站，用机械加工拌制，石料的配合比及沥青用量都得以严格控制，质量容易得到保证。

⑤ 可以大面积施工，现场操作方便，完成后可以及时通车。

⑥ 沥青混凝土面层的可施工期较沥青表面处治面层和沥青贯入式面层要长。

2. 热拌沥青混合料施工

热拌沥青混合料常用作沥青路面的面层，采用厂拌法施工，集料和沥青均在拌和机内进行加热与拌和，并在热的状态下摊铺碾压成型。高温不仅能保证沥青路面施工质量，还能延长路面的使用寿命，应安排在炎热干燥的夏季施工。其施工顺序如下。

（1）施工准备

施工前的准备工作主要包括原材料的质量检查、施工机械的选型和配套、拌和厂选址与备料、下承层准备、试验路铺筑等工作。

① 原材料的质量检查。沥青、矿料的质量应符合前述有关的技术要求。

② 施工机械的选型和配套。根据工程量大小、工期要求、施工现场情况、工程质量要求等条件，按施工机械应互相匹配的原则，确定合理的机械类型、数量及组合方式，使沥青路面的施工连续、均衡。施工前应检修各种施工机械，以便在施工中能正常运行。

③ 拌和厂选址与备料。由于拌和机工作时会产生较大的粉尘、噪声等污染，再加上拌和厂内的各种油料及沥青为可燃物，因此拌和厂的设置应符合国家有关环境保护、消防安全等规定，一般应设置在空旷、干燥、运输条件良好的地方。拌和厂应配备试验室及足够的试验仪器和设备，并有可靠的电力供应。拌和厂内的沥青应分品种、分标号密闭贮存。各种矿料应分别堆放，不得混杂。矿粉等填料不得受潮。各种集料的贮存量应为日平均用量的 5 倍左右，沥青与矿粉的贮存量应为日平均用量的 2 倍。

④ 下承层准备。下承层按规范验收合格后清理干净杂物，并检查路缘石、进水井井盖及其他构筑物是否安装稳固，若存在问题应予以处理。

⑤ 试验路铺筑。城市的快速路、主干路沥青路面在大面积施工前应铺筑试验路；其他等级道路在缺乏施工经验或初次使用重要设备时，也应铺筑试验路。试验路的长度根据试验目的确定，通常为 100~200m。热拌沥青混合料路面的试验路铺筑分试拌、试铺及总结三个部分。

a. 通过试拌确定拌和机的上料速度、拌和数量、拌和时间及拌和温度等，验证沥青混合料目标生产配合比，提出生产用的矿料配合比及沥青用量。

b. 通过试铺确定透层沥青的标号和用量、喷洒方式、喷洒温度，确定热拌沥青混合料的摊铺温度、摊铺速度、摊铺宽度、自动找平方式等操作工艺，确定碾压顺序、碾压温度、碾压速度及遍数等压实工艺，确定松铺系数和接缝处理方法等；建立用钻孔法及核子密度仪法测定密实度的对比关系，确定粗粒式沥青混凝土或沥青碎石路面的压实度，为大面积路面施工提供标准方法和质量检查标准。

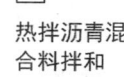

c. 确定施工产量及作业段长度，制订施工进度计划，全面检查材料质量及施工质量，落实施工组织投入的管理体系、人员、通信联络及指挥方式等。试验路铺筑结束后，施工单位应就各项试验内容提出试验总结报告，取得主管部门的批准后方可用以指导大面积沥青路面的施工。

(2) 热拌沥青混合料拌和

热拌沥青混合料必须在沥青拌和厂（场、站）采用专用拌和机拌和。

① 拌和设备与拌和流程。拌和机拌和热拌沥青混合料时，先将矿料粗配、烘干、加热、筛分、精确计量，然后加入矿粉和热沥青，最后强制拌和成热拌沥青混合料。若拌和设备在拌和过程中集料烘干与加热为连续进行，而加入矿粉和沥青后的拌和为间歇（周期）进行，则这种拌和设备为间歇式拌和机。若矿料烘干、加热与沥青混合料拌和均为连续进行，则这种拌和设备为连续式拌和机。

间歇式拌和机拌和质量较好，而连续式拌和机拌和速度较高。当路面材料多来源、多处供应或质量不稳定时，不得用连续式拌和机拌和。高等级道路的热拌沥青混凝土宜采用间歇式拌和机拌和。自动控制、自动记录的间歇式拌和机在拌和过程中应逐盘打印沥青及各种矿料的用量和拌和温度。

② 拌和要求。拌和时应根据生产配合比进行配料，严格控制各种材料的用量和拌和温度，确保热拌沥青混合料的拌和质量。热拌沥青混合料的搅拌及施工温度应符合表4-3的要求。

表4-3 热拌沥青混合料的搅拌及施工温度　　　　　　　　　　　　单位：℃

施工工序		石油沥青的标号			
		50号	70号	90号	110号
沥青加热温度		160~170	155~165	150~160	145~155
矿料加热温度	间歇式拌和机	集料加热温度比沥青温度高10~30			
	连续式拌和机	矿料加热温度比沥青高5~10			
沥青混合料出料温度		150~170	145~165	140~160	135~155
混合料贮料仓贮存温度		贮料过程中温度降低不超过10			
运输到现场温度[①] ≥		145~165	140~155	135~145	130~140
混合料摊铺温度[①] ≥		140~160	135~150	130~140	125~135
开始碾压的混合料内部温度[①] ≥		135~150	130~145	125~135	120~130
碾压终了的表面温度[②] ≥		80~85	70~80	65~75	60~70
		75	70	60	55
开放交通的路表面温度 ≤		50	50	50	45

① 常温下宜用低值，低温下宜用高值。
② 视压路机类型而定，轮胎压路机取高值，振动压路机取低值。
注：1. 热拌沥青混合料的施工温度采用具有金属探测针的插入式数显温度计测量。表面温度可采用表面接触式温度计测定。当用红外线温度计测量表面温度时，应进行标定。
　　2. 表中未列入的190号、160号及30号沥青的施工温度由试验确定。

沥青混合料的拌和时间以混合料拌和均匀、所有矿料颗粒全部被均匀裹覆沥青为度，一般应通过试拌确定。间歇式拌和机每盘的搅拌周期短，宜少于45s，其中干拌时间不宜少于5~10s。

拌和机拌和的沥青混合料应色泽均匀一致、无花白料、无结团成块或严重粗细集料离析现象，不符合要求的混合料应废弃并对拌和工艺进行调整。拌和的沥青混合料不立即使用时，可存入成品贮料仓，存放时间以混合料温度符合摊铺要求为准。

（3）热拌沥青混合料运输

热拌沥青混合料宜采用吨位较大的自卸汽车运输。汽车车厢应清扫干净，并在内壁涂一薄层油水混合液。从拌和机向运料车上放料时，应每放一料斗混合料挪动一下车位，以减少集料离析现象。运料车应用篷布覆盖以保温、防雨、防污染，夏季运输时间短于0.5h时可不覆盖。混合料运料车的运输能力应比拌和机拌和或摊铺机摊铺能力略有富余。施工过程中，摊铺机前方应有运料车在等候卸料。运料车在摊铺机前10~30cm处停住，不得撞击摊铺机，卸料时运料车挂空挡，靠摊铺机推动前进，以利于摊铺平整。

（4）热拌沥青混合料摊铺

将混合料摊铺在下承层上是热拌沥青混合料路面面层施工的关键工序之一，内容包括摊铺前的准备工作、摊铺机各种参数的选择与调整、摊铺作业等工作。

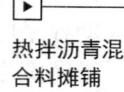

热拌沥青混合料摊铺

① 摊铺前的准备工作。

摊铺前的准备工作包括下承层准备、施工测量及摊铺机检查等。

摊铺热拌沥青混合料前应按要求在下承层上浇洒透层、粘层或铺筑下封层。热拌沥青混合料面层下的基层应具有设计规定的强度和刚度，有良好的水温稳定性，干缩和温缩变形应较小，表面平整、密实，高程及路拱横坡度符合设计要求且与沥青面层结合良好。沥青面层施工前应对其下承层做必要的检测，若下承层受到损坏或出现软弹、松散或表面浮尘时，应进行维修。下承层表面受到泥土污染时应清理干净。

摊铺热拌沥青混合料前应提前进行高程测量及平面控制等施工测量工作。高程测量的目的是确定下承层表面高程与设计高程相差的确切数值，以便挂线时纠正为设计值，以保证施工层的厚度。平面控制的目的是便于控制摊铺宽度和方向。

每工作日的开工准备阶段，应对摊铺机的刮板输送器、闸门、螺旋布料器、振捣梁、熨平板、厚度调节器等工作装置和调节机构进行检查，在确认各种装置及机构处于正常工作状态后才能开始施工，若存在缺陷和故障应及时排除。

② 摊铺机各种参数的选择与调整。

摊铺前应先调整摊铺机的机构参数和运行参数。其中机构参数包括熨平板的宽度、摊铺厚度、熨平板的拱度、初始工作仰角、螺旋布料器与熨平板前缘的距离、振捣梁行程等。

摊铺机的摊铺带宽度应尽可能达到摊铺机的最大摊铺宽度，这样可减少摊铺次数和纵向接缝，提高摊铺质量和摊铺效率。确定摊铺宽度时，最小摊铺宽度不应小于摊铺机的标准摊铺宽度，并使上下摊铺层的纵向接缝错位30cm以上。摊铺厚度是用两块5~10cm宽的长方木为基准来确定的，方木长度与熨平板纵向尺寸相当，厚度为摊铺厚度。定位时将熨平板抬起，方木置于熨平板两端的下面，然后放下熨平板，此时熨平板自由落在方木上，转动厚度调节螺杆，使之处于微量间隙的中立位置。摊铺机熨平板的拱度和初始工作仰角根据各机型的操作方法调节，通常要经过试铺来确定。

大多数摊铺机的螺旋布料器与熨平板前缘的距离是可变的，通常根据摊铺厚度、沥青混合料的组成、下承层的强度与刚度等条件确定。当摊铺正常温度、厚度为10cm的粗粒式或中粒式沥青混合料时，此距离可调节到中间值。当摊铺厚度大、沥青混合料的矿料粒径大、温度偏低时，螺旋布料器与熨平板前缘的距离应调大；反之，此距离应调小。

通常条件下，振捣梁的行程控制为 4~12mm。当摊铺厚度较小、热拌沥青混合料的矿料粒径较小时，应采用较小的振捣梁行程；反之，应采用较大的振捣梁行程。

③ 摊铺作业。

摊铺机的各种参数确定后，即可进行热拌沥青混合料路面的摊铺作业。摊铺作业的第一步是对熨平板加热，以免摊铺层被熨平板上黏附的粒料拉裂而形成沟槽和裂纹，同时对摊铺层起到熨烫的作用，使其表面平整无痕。加热温度应适当，过高的加热温度将导致熨平板变形和加速磨耗，还会使混合料表面泛出沥青胶浆或形成拉沟。

摊铺快速路和主干路沥青路面时，所采用的摊铺机应装有自动或半自动调整摊铺厚度及自动找平的装置，有容量足够的料斗和足够的功率推动运料车，有可加热的振动熨平板，摊铺宽度可调节。通常采用两台以上摊铺机成梯队进行联合作业，相邻两幅摊铺带重叠 30~60mm，相邻两台摊铺机相距 10~20m，以免前面已摊铺的混合料冷却而形成冷接缝，摊铺机在开始受料前应在料斗内涂刷防止黏结的防黏剂，避免沥青混合料冷却后黏附在料斗上。

摊铺机必须缓慢、均匀、连续不间断地进行摊铺，摊铺过程中不得随便变换速度或中途停顿，摊铺速度宜为 2~6m/min。摊铺机的螺旋布料器应不停顿地转动，两侧应保证有不低于螺旋布料器高度 2/3 的混合料，并保证在摊铺的宽度范围内不出现离析。

摊铺机自动找平时，中、下面层宜采用"走钢丝"法控制高程，表面层宜采用摊铺前、后保持相同高差的雪橇式摊铺厚度控制方式（雪橇式为接触式，非接触式的平衡梁也是较为常见的摊铺机厚度控制方式）。采用非接触式平衡梁摊铺前应充分做好准备工作：①检查平衡梁是否已在摊铺机两侧安装牢固；②每组平衡梁上的四只超声波传感器距地面垂直距离保证在 50~150cm 之间；③校核传感器与主控器是否运行正常。摊铺机施工时，八只传感器以中下面层为基础精确地测出垂直距离变化量，并送至主控器，经数字电路处理后，控制摊铺机的找平升降油缸，从而达到连续平整的摊铺效果。经摊铺机初步压实的摊铺层平整度、横坡度等应符合设计要求。热拌沥青混合料的松铺系数根据混合料类型、施工机械等通过试压确定或根据实践经验确定。在热拌沥青混合料摊铺过程中，当出现横断面不符合设计要求、构造物接头部位缺料、摊铺带边缘局部缺料、表面明显不平整、局部混合料明显离析及摊铺机有明显拖痕时，可用人工局部找补或更换混合料等方法，但不应由人工反复修整。

控制热拌沥青混合料的摊铺温度是确保摊铺质量的关键之一。城市快速路与主干路的施工气温低于10℃，其他等级道路施工气温低于5℃时，不宜摊铺热拌沥青混合料。必须摊铺时，应提高热拌沥青混合料的拌和温度，并符合低温摊铺要求。运料车必须覆盖以保温，尽可能采用高密度摊铺机摊铺，并在熨平板加热摊铺后紧接着碾压，缩短碾压长度。

热拌沥青混合料的松铺系数应根据混合料类型、施工机械和施工工艺等通过试验段确定，试验段长度不宜小于100m。热拌沥青混合料的松铺系数可按照表4-4进行初选。

表4-4 热拌沥青混合料的松铺系数

种类	机械摊铺	人工摊铺
沥青混凝土混合料	1.15~1.35	1.25~1.50
沥青碎石混合料	1.15~1.30	1.20~1.45

（5）热拌沥青混合料碾压

碾压是热拌沥青混合料路面施工的最后一道工序，若前述各工序的施工质量符合要求而碾压质量达不到要求，则将前功尽弃，达不到路面施工的目的。碾压的目的是提高热拌沥青混合料的密实度，从而提高沥青路面的强度、高温抗车辙能力及抗疲劳特性等路用性能。碾压工作包括碾压机械的选型与组合，碾压温度、碾压速度的控制，碾压遍数、碾压方式及压实质量的检查等。

热拌沥青混合料碾压

热拌沥青混合料碾压应符合下列规定。

① 应选择合理的压路机组合方式及碾压步骤，以达到最佳碾压效果。热拌沥青混合料碾压宜采用钢筒式压路机与轮胎压路机组合或钢筒式压路机与振动压路机组合的方式碾压。

② 碾压应按初压、复压、终压（包括成型）三个阶段进行，压路机应以慢而均匀的速度碾压，压路机的碾压速度宜符合表4-5的规定。

表4-5 压路机的碾压速度　　　　　　　　　　　　　　　　　　单位：km/h

压路机类型	初压		复压		终压	
	适宜	最大	适宜	最大	适宜	最大
钢筒式压路机	1.5~2	3	2.5~3.5	5	2.5~3.5	5
轮胎压路机	—	—	3.5~4.5	6	4~6	8
振动压路机	1.5~2（静压）	5（静压）	1.5~2（振动）	1.5~2（振动）	2~3（静压）	5（静压）

A. 初压应符合下列要求。

a. 初压温度应符合表4-3的有关规定，以能稳定混合料，且不产生推移、开裂为度，并符合规范要求的平整度要。

b. 压路机应从外侧向中心碾压，碾压速度稳定均匀。

c. 初压应采用轻型钢筒式压路机碾压1~2遍。初压后应检查路面平整度、路拱，必要时应修整。

B. 复压应紧跟初压连续进行，并应符合下列要求。

a. 复压应连续进行，碾压段长度宜为60~80m。当采用不同型号的压路机组合碾压时，每一台压路机均做全幅碾压。

b. 密级配沥青混凝土宜优先采用重型的轮胎压路机进行碾压，碾压到要求的压实度为止。

c. 对粗粒式沥青稳定碎石类基层，宜优先采用振动压路机复压。厚度小于30mm的沥青层不宜采用振动压路机碾压。相邻碾压带重叠宽度宜为10~20cm。振动压路机折返时应先停止振动。

  d. 采用三轮钢筒式压路机时，总质量不宜小于12t。

  e. 大型压路机难以碾压的部位，宜采用小型压实工具进行压实。

  C. 终压温度应符合表4-3的有关规定。终压宜选用双轮钢筒式压路机，碾压至无明显轮迹为止，并符合规范要求的平整度要求。

  ③ 碾压过程中碾压轮应保持清洁，可对钢轮涂刷隔离剂或防黏剂，严禁刷柴油。当采用向碾压轮喷水（可添加少量表面活性剂）方式时，必须严格控制喷水量（应呈雾状，不得漫流）。

  ④ 压路机不得在未碾压成型路段上转向、掉头、加水或停留。在当天成型的路面上，不得停放各种机械设备或车辆，不得散落矿料、油料等杂物。

  （6）接缝处理

  沥青混凝土路面的接缝是路面质量的关键，也是一个薄弱环节，处理好接缝对延长路面使用寿命和增加经济效益具有重大意义。

  沥青路面的施工必须接缝紧密、连接平顺，不得产生明显的接缝离析。上下层的纵缝应错开15cm（热接缝）以上或30~40cm（冷接缝）。相邻两幅及上下层的横向接缝均应错位1m以上。接缝施工应用3m直尺检查，以确保平整度符合要求。

  ① 纵向接缝。

  为了避免摊铺热拌沥青混合料离析和保证摊铺后的热拌沥青混凝土面层的平整度，往往一次摊铺成型的宽度不应过宽，摊铺时一般采用梯队作业。先摊铺部分混合料和后摊铺部分混合料之间必须有一部分重叠。纵向接缝有热接缝和冷接缝之分。

  a. 热接缝：一般针对梯队摊铺作业时采用。施工时将先铺筑完的混合料部分留下10~20cm宽暂时不碾压，作为后摊铺部分的高程基准面，以保证前后摊铺的松铺厚度相同，然后做跨缝碾压以消除缝迹。此时两相邻纵缝在后摊铺部分完成后立即骑缝碾压，压路机应大部分压在先铺筑的并已经碾压好的路面上，仅有10~15cm的宽度压在后摊铺的混合料上，然后逐渐移动跨缝碾压以消除缝迹。

  b. 冷接缝：针对半幅施工或旧沥青路面衔接的纵缝，不能采用热接缝时，宜加设挡板或采用切刀切齐，也可采用在混合料尚未完全冷却前用镐刨除边缘留下毛槎的方式，但不宜在冷却后采用切割机做纵向切缝。加铺另半幅前应涂洒少量沥青，重叠在已铺层上5~10cm，再铲走铺在前半幅上面的混合料，碾压时由边向中碾压留下10~15cm，再跨缝挤紧压实；或者先在已压实路面上行走碾压新铺层15cm左右，然后压实新铺部分。

  ② 横向接缝。

  沥青混凝土路面横向接缝的好坏对沥青路面的质量影响很大，重者出现错台、跳车，甚至坑槽、开裂等病害，严重影响路面的使用质量和使用寿命。

  横向接缝有斜接缝、阶梯形接缝和平接缝三种，如图4.1所示。高等级道路中、下面层的横向接缝可采用自然碾压的斜接缝，上面层应采用垂直的平接缝；其他等级道路的各层均可采用斜接缝；由于阶梯形接缝的施工难度比较大，接缝质量不易保证，目前很少应用在实际工程中。

  斜接缝的搭接长度与层厚有关，一般为0.4~0.8m。搭接处应清扫干净并洒少量沥

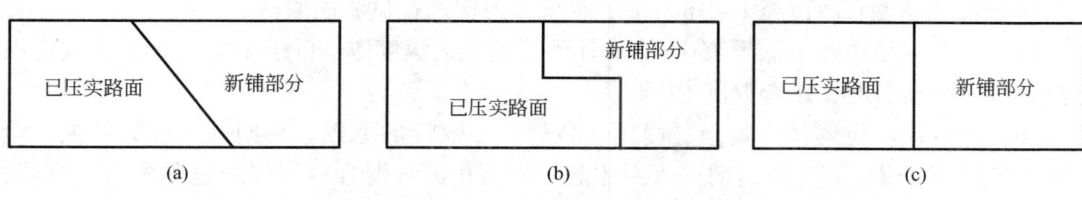

(a) 斜接缝；(b) 阶梯形接缝；(c) 平接缝

图 4.1 横向接缝的三种形式

青。当搭接处混合料中的粗集料颗粒超过压实层厚时应予以剔除，并补上细集料。斜接缝应充分压实并搭接平整。阶梯形接缝的台阶经铣刨而成，并洒粘层沥青，搭接长度不宜小于 3m。

平接缝宜趁尚未冷透时用凿岩机或人工垂直刨除端部层厚不足的部分，使工作缝呈直角连接。当采用切割机制作平接缝时，宜在铺设当天混合料冷却但尚未结硬时进行。刨除或切割不得损伤下层路面。切割时留下的泥水必须冲洗干净，待干燥后涂刷粘层油。铺筑新混合料接头应使接槎软化，压路机先进行横向碾压，再纵向碾压成为一体，充分压实，连接平顺。

拓展讨论

1. 为什么热拌沥青混合料路面在炎热干燥的季节施工？
2. 为什么要严格控制热拌沥青混合料路面的施工温度？
3. 沥青热拌沥青混合料路面如果少一个工艺步骤会有什么影响？

育人元素 工匠精神 职业精神

3. 改性沥青混合料施工

随着我国国民经济与交通事业的快速发展，交通量日益增长、大型化车辆，重载、超载车辆比例逐步增加，交通对路面的要求越来越高。我国地域广阔，冷热温差较大，炎热季节沥青路面在重车作用下形成的车辙、推移的永久性变形，冬季低温开裂和半刚性基层开裂的反射性裂缝，在雨季及春融季节形成坑槽、松散等病害在道路上时有发生，普通沥青已难以满足道路的使用要求。改性沥青的应用使沥青路面的路用性能大为改善，能够有效地阻止或延缓路面损坏的发生，提高抗永久变形，抗低温开裂、增强黏结力、抗老化及抗疲劳能力，延长道路使用寿命，改性沥青已在我国道路建设中得到了广泛的应用。

不同的改性沥青混合料施工质量控制的要点有所不同，该部分内容详见任务 4.3。但从总体上来看改性沥青混合料的施工工艺流程基本和普通沥青混合料相同，为了保证改性沥青混合料的施工质量应特别注意以下几个方面。

（1）应根据改性沥青品种、黏度、气候条件、铺装层的厚度确定。根据施工技术规范选用改性沥青混合料的生产温度，通常较普通沥青提高 10~20℃，若采用施工技术规范外的聚合物或天然沥青改性沥青时，生产温度由试验确定。

（2）贮存过程中混合料温降不得大于 10℃，改性沥青混合料的贮存时间不宜超过 24 小时。

（3）在喷洒有粘层油的路面上铺筑改性沥青混合料时，宜使用履带式摊铺机。

(4) 摊铺速度宜放慢至 1~3m/min，松铺系数应通过试验段取得。

(5) 初压开始温度不低于150℃，碾压终了的表面温度应不低于 100~120℃。改性沥青混合料（最高温度）废弃温度195℃。

(6) 振动压实应遵循"紧跟、慢压、高频、低幅"的原则。在回程中应先停振，慢停车、慢起步、慢回程，再启动回程后才起振，防止沥青混合料在碾压过程中造成推移、印痕、拥包等现象发生；压实过程中，不允许突然加速、急刹车、中途调头。

(7) 改性沥青混合料路面应尽量避免出现冷接缝。

(8) 摊铺时应保证充足的运料车次，以满足摊铺的需要，使纵向接缝成为热接缝，在摊铺特别宽的路面时，可在边部设置挡板。在处理横缝时，应在当天改性沥青混合料路面施工完成后，在其冷却之前垂直切割端部不平整及厚度不符合要求的部分，并冲净、干燥，第二天涂刷粘层油，再铺新料。

4.2.2 沥青表面处治路面面层施工

沥青表面处治路面，是用沥青和细粒料按层铺法或拌和法施工的厚度不超过3cm的薄层路面。由于表面处治层很薄，一般不起提高强度的作用，其主要作用是抵抗行车磨耗和大气作用，增强防水性，提高路面平整度，改善行车条件。

层铺法表面处治层除在轻交通道路上用作沥青面层外，还可在旧沥青面层或水泥混凝土路面上用作封层，以封闭旧面层的裂缝和改善旧面层的抗滑等性能。层铺法表面处治的突出优点是摩擦系数和表面构造深度大，有利于高速车辆行驶安全。此外，它有良好的抗温度裂缝性能。层铺法表面处治要求有严格的施工工艺，使用的碎石应该干燥、清洁，并最好能在撒布前先用液体沥青预拌，以保证碎石表面无尘土和石粉，以增强碎石和沥青的黏结力。一些国家在老路面上用聚合物改性沥青做封层（实际上是单层或双层表面处治），大大提高了路面的使用性能，延长了使用寿命。但这种方法进行表面处治存在石料容易散失的缺点，因此国内外都有采用混合式表面处治的情况。混合式表面处治通常是双层式的，下层采用层铺法施工，上层采用预拌沥青混合料或沥青乳液砂浆。

拌和法是我国从20世纪60年代开始推广渣油表面处治以来，就习惯采用的表面处治方法。拌和法表面处治的优点是集料不易散失，但其摩擦系数和表面构造深度都比层铺法表面处治小，其抗温度裂缝性能也不如层铺法表面处治好。

在铺筑沥青表面处治时，各种基层表面绝对不能有任何砂土或石灰粉煤灰薄层。水泥稳定土和石灰稳定基层表面不能有薄层找补（即贴皮现象）。因为在道路投入使用后，薄层砂土和薄层找补都可能导致表面处治面层搓动和脱落（即脱皮现象）。为使层铺法沥青表面处治经久耐用，它的下承层必须有很均匀的表面结构。实践证明，在具有均匀表面结构的下承层上做表面处治，使用十年后，仍然能获得满意的效果。

沥青表面处治通常采用层铺法施工。一般采用"先油后料"法，即先洒布沥青，再铺撒矿料。按照洒布沥青及铺撒矿料的层次多少，沥青表面处治可分为单层式、双层式和三层式三种。单层式沥青表面处治为洒布一次沥青，铺撒一次矿料，厚度为10~15mm；双层式沥青表面处治为洒布两次沥青，铺撒两次矿料，厚度为20~25mm；三层式沥青表面处治为洒布三次沥青，铺撒三次矿料，厚度为25~30mm，如图4.2所示。在层铺法沥青表面处治施工中，双层式沥青表面处治同三层式沥青表面处治施工工艺，但减少一次洒布沥青、铺撒集料与碾压。单层式沥青表面处治也与三层式沥青表面处治类似，但减少两次洒布沥青、铺撒集料与碾压。

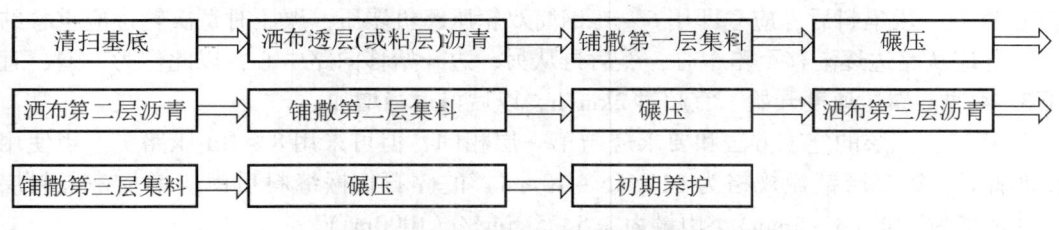

图4.2 三层式沥青表面处治一般施工程序

1. 下承层准备

在表面处治层施工前，应将路面基层清扫干净，使基层的矿料大部分外露，并保持干燥。对有坑槽、不平整的路段应先修补和整平，若基层整体强度不足，应先予以补强。

2. 洒布沥青

在透层沥青充分渗透，或在已做透层或封层并已开放交通的基础表面清扫后，应按要求的数量洒布第一层沥青。洒布沥青应符合下列要求。

① 沥青的洒布温度应根据施工气温及沥青标号来选择，石油沥青的洒布温度宜为130~170℃，煤沥青的洒布温度宜为80~120℃。乳化沥青可在常温下洒布。

② 沥青要洒布均匀，不应有空白或积聚现象。采用汽车洒布机洒布时，应根据单位面积沥青用量，选定洒布机排挡和油泵机挡。洒布汽车行驶的速度要均匀。若采用手摇洒布机洒布沥青，应根据施工气温和风向调节喷头离地面的高度和移动的速度，以保证沥青洒布均匀，并应按洒布面积来控制单位沥青用量。当发现洒布沥青后有空白、缺边时，应及时进行人工补洒，当有沥青积聚时应刮除。

③ 沥青洒布的长度应与集料铺撒机的能力相配合，避免沥青洒布后等待较长时间才铺撒集料。

④ 前后两段洒布的接槎应搭接良好。在每段接槎处，可用铁板或建筑纸等横铺在本段起洒点前及终点后，其长度宜为1~1.5m。当需要分幅洒布时，纵向搭接宽度宜为10~15cm。洒布第二、三层沥青的搭接缝应错开。

⑤ 除阳离子乳化沥青外，不得在潮湿的集料、基层或旧路面上洒布沥青。

⑥ 对道路人工构造物及各种管井盖座、侧平石、路缘石等外露部分及人行道道面等，洒布沥青时应加遮盖，防止污染。

3. 铺撒集料

第一层集料在洒布主层沥青后应立即进行铺撒，按规定用量一次撒足，不宜在主层沥青全段洒布完成后进行。铺撒集料可采用集料铺撒机或人工铺撒。铺撒集料应符合下列要求。

① 当使用乳化沥青时，集料铺撒应在乳液破乳之前完成。

② 铺撒集料后应及时扫匀，应覆盖施工路面，厚度应一致，集料不应重叠，也不应露出沥青。当局部有缺料时，应及时进行人工找补。当局部集料过多时，应将多余集料

扫出。

③ 前幅路面洒布沥青后,应在两幅路面搭接处暂留10~15cm宽度不撒石料,待后幅路面洒布沥青后一起铺撒集料。

4. 碾压

① 铺撒一段集料后,应立即用6~8t钢筒双轮压路机碾压,碾压时每次轮迹应重叠约30cm,并应从路边逐渐移至路中心,然后再从另一边开始移向路中心,以此作为一遍,宜碾压3~4遍。碾压速度开始不宜超过2km/h,以后可适当增加。

② 第二、三层的施工方法和要求应与第一层相同,但可采用8~10t压路机。当使用乳化沥青时,第二层铺撒规格为S12(5~10mm)的碎石作嵌缝料后尚应增加一层封层料,其规格为S14(3~5mm),用量为3.5~5.5m³/(1000m²)。

碾压结束后即可开放交通,但应禁止车辆快速行驶(速度不超过20km/h),要控制车辆行驶的路线,使路面每个幅宽获得均匀碾压,加速表面处治层稳定成型。对局部泛油、松散、麻面等现象,应及时处理。乳化沥青表面处治应待破乳后水分蒸发并基本成型后方可通车。在通车初期应设专人指挥交通或设置障碍物控制行车,并使路面全部宽度均匀压实。在路面完全成型前应限制行车速度不超过20km/h。

5. 初期养护

沥青表面处治施工后应进行初期养护。当发现有泛油时,应在泛油处补撒嵌缝料,嵌缝料应与最后一层石料规格相同,并应扫匀。当有过多的浮动集料时,应扫出路面,并不得搓动已经黏着在位的集料。如有其他破坏现象,也应及时进行修补。

4.2.3 沥青贯入式路面面层施工

沥青贯入式路面是一种较早使用的沥青路面,它是用沥青贯入式碎石作基层、联结层和面层的路面。沥青贯入式面层在道路上的应用已有数十年的历史,它的厚度通常为40~80mm(但用作基层时,其厚度可以是100mm)。沥青贯入式面层具有较高的强度和较大的荷载分布能力,在柔性路面的整体强度中起着重要的作用。

沥青贯入式碎石是靠矿料颗粒间的嵌锁作用及沥青的黏结作用获得所需的强度和稳定性的,沥青既是黏结剂,又是防水剂。沥青贯入式碎石是一种多孔隙的结构,尤以下部粗碎石之间的孔隙为大。

作为面层,沥青贯入式面层必须有封面料做成的封层,类似于沥青表面处治面层,以密闭其表面,减少表面水渗入路面结构层,并提高沥青贯入式面层本身的耐用性。

即使沥青贯入式面层的表面做成封层,雨季表面积水仍可能渗入,特别是新铺筑的沥青贯入式面层透水尤为严重。由于沥青贯入式碎石层具有大量从孔隙渗入的水,如不能及时排出,沥青贯入式碎石层就可能成为一个蓄水层,水较长时间滞留在沥青贯入式碎石层中,会促使沥青从矿料颗粒表面剥离,严重影响沥青贯入式面层的质量和使用寿命。滞留在沥青贯入式碎石层中的水反复冻融,危害更大。一旦沥青贯入式面层成为蓄水层,就会使水有充分的时间和含量影响基层的性质,导致路面强度降低,甚至破坏。因此,在使用沥青贯入式面层时,应该特别注意路面结构层的排水。

由于沥青贯入式面层的多孔隙性,作为沥青贯入式面层的基层宜为密实结构,特别是基层表面应该是密实的。如基层材料也是多孔隙的和大孔隙的,夏季高温时期面层中的沥青可能下漏到基层中。面层中沥青含量减少,会影响面层的使用寿命,如基层比较软弱,行车荷载可能将沥青贯入式面层下部的大碎石压进部分基层,也可能将较软弱的基层材料压挤进沥青贯入式面层下部大碎石间的孔隙。这种互相挤压会导致沥青贯入式面层产生变形,从而可能使碎石形成的嵌锁作用遭到破坏,对沥青贯入式面层的强度和稳定性造成很不利的影响。因此采用无机结合料稳定粒料基层作为沥青贯入式面层基层较好。

施工质量不佳的沥青贯入式面层的主要损坏现象是封面料散失。在封面料已经散失或大部分散失的沥青贯入式面层上,重新封面,往往能取得良好的效果。

沥青贯入式面层质量的影响因素还有泛油情况和平整度。泛油通常是表面沥青过多所引起的。嵌缝料用量过多,在主层石料上单独形成一层,且嵌缝料被压碎得过多,使后一次洒布的沥青难以下贯,也会导致泛油现象。泛油会使面层表面软化、变形、光滑,使行驶条件变差。

沥青贯入式碎石层(含面层和基层)的施工往往难于保证质量,其原因如下。

① 碎石堆放过程中易被尘土和雨水污染,污染的碎石不能与沥青相黏结。

② 除非用碎石摊铺机摊铺主层碎石,否则碎石层的平整度和高程都难以控制在规范允许的误差范围内。

③ 沥青用量难以控制准确,难以避免洒布重叠。

因此,在高等级道路上一般不采用沥青贯入式碎石做下面层。一些发达国家的道路上已不再采用沥青贯入式碎石做结构层,而改用沥青碎石混合料。

由于沥青贯入式碎石层施工要求的机械设备较少,也较简单,施工进度较快,这种形式的路面结构层在我国一般道路的建设中仍被广泛应用。

沥青贯入式路面一般施工程序如图4.3所示。

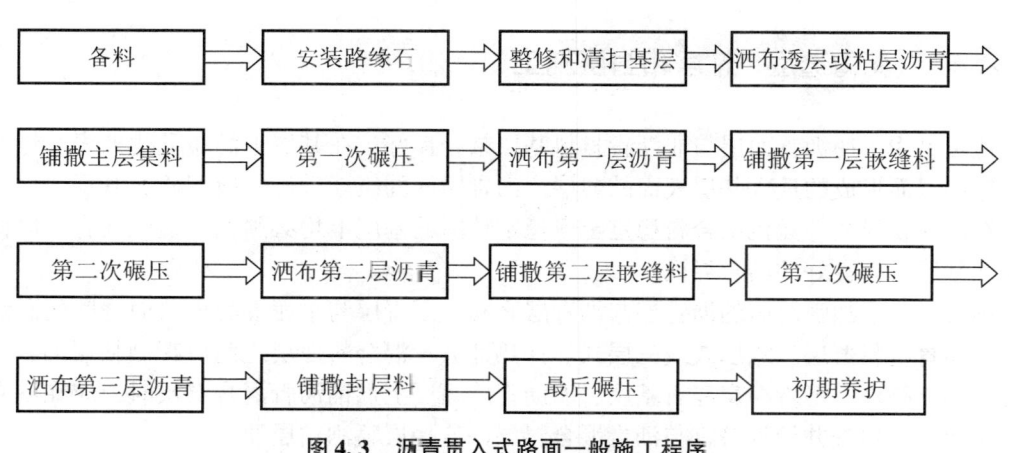

图4.3 沥青贯入式路面一般施工程序

① 铺撒主层集料。第一次铺撒时应避免颗粒大小不均匀,并应检查松铺厚度。松铺厚度压实系数为1.25~1.30,可经试铺实测确定。边铺撒边检验路拱与平整度。铺撒后严禁车辆在铺好的集料层上通行。

② 第一次碾压。主层集料铺撒后应采用6~8t钢筒式压路机进行初压,使集料碾压稳定,然后检查路拱和纵向坡度,如不符合要求,应调整找平再压,至集料无显著推移为

止。然后再用10~12t压路机压实,直至主层集料嵌挤紧密,无显著轮迹为止。要注意碾压适度,过碾会导致过分压碎集料,破坏嵌挤且使沥青贯入受阻;欠碾会导致主层集料不稳定、不紧密,既影响强度,又容易使洒布的沥青流失。

③洒布第一层沥青。主层集料碾压完毕后,应立即洒布第一层沥青,洒布方法、要求同沥青表面处治。当采用乳化沥青贯入时,为防止乳液下漏过多,可在主层集料碾压稳定后,先铺撒一部分上一层嵌缝料,再洒布主层沥青。

④铺撒第一层嵌缝料。主层沥青洒布后,应立即均匀铺撒第一层嵌缝料,嵌缝料铺撒后应立即扫匀,不足处应找补。当使用乳化沥青时,嵌缝料铺撒必须在乳液破乳前完成。

⑤第二次碾压。嵌缝料扫匀后应立即用8~12t钢筒式压路机碾压,直至稳定为止。碾压时应随压随扫,使嵌缝料均匀嵌入。

⑥洒布第二层沥青,铺撒第二层嵌缝料,完成第三次碾压后,再洒布第三层沥青,并铺撒封层料,施工要求与铺撒嵌缝料相同,最后碾压采用6~8t钢筒式压路机碾压2~4遍,应保证路面平整、外形符合设计要求,然后开放交通。

当沥青贯入式路面不铺撒封层料,而加铺沥青混合料拌和层时,应紧跟贯入层施工,使上下层成为整体。当贯入层采用乳化沥青时,应待其破乳、水分蒸发且成型稳定后方可铺筑拌和层。当拌和层与贯入层不能连续施工,又要在短期内通行施工车辆时,贯入层的第二遍(其他类型贯入层则为其相应遍数)嵌缝料用量应增加2~3m³/(1000m²)。在摊铺沥青混合料拌和层前,应清除贯入层表面的杂物、尘土及浮动石料,再补充碾压一遍,并应洒布粘层沥青。

当其他类型沥青贯入式路面,参照施工程序的相应遍数进行。施工方法和要求与第一遍施工相同。

4.2.4 沥青透层、粘层和封层施工

透层是为了使沥青面层与非沥青材料基层结合良好,在基层上洒布乳化沥青、煤沥青或液体沥青而形成的透入基层表面的薄层。沥青路面的级配砂砾、级配碎石基层,以及水泥、石灰、粉煤灰等无机结合料稳定土或稳定粒料的基层上均必须洒布透层沥青,以保证面层和基层具有良好的结合界面。

粘层是为了加强路面的沥青层与沥青层之间、沥青层与水泥混凝土路面之间的黏结而洒布的沥青材料薄层。双层式或三层式热拌热铺沥青混合料面层之间应喷洒粘层油;或在水泥混凝土路面、沥青稳定碎石基层、旧沥青路面层上加铺沥青混合料层时,应在既有结构、路缘石、检查井等构筑物与沥青混合料层的连接层喷洒粘层油。

乳化沥青稀浆封层施工

封层是为了封闭路面结构层的表面孔隙,防止水分浸入面层或基层而铺筑的沥青混合料薄层。其中铺筑在面层表面的称为上封层,铺筑在面层下面的称为下封层。上封层和下封层可采用拌和法或层铺法施工的单层式沥青表面处治路面,也可采用乳化沥青稀浆封层。乳化沥青稀浆封层是采用机械设备将适当级配的乳化沥青、粗细集料、水、填料(水泥、石灰、粉煤灰、石粉等)和添加剂等按照设计配合比拌和成稀浆混合料摊铺到原路面上形成的

薄层。实践证明,稀浆封层可以密封表面裂缝、延迟松懈、提高抗滑性,是一种经济有效的路面处理方式。随着聚合物改性乳化沥青在稀浆封层中的应用,沥青路面的抗老化性、高温稳定性、低温抗裂性都有了较大的提高,现已广泛应用于高等级道路。

1. 透层施工

(1) 材料要求和用量

透层沥青宜采用慢裂的洒布型乳化沥青,也可采用中、慢凝液体沥青或煤沥青。透层沥青的稠度宜通过试洒确定。表面致密的半刚性基层表面宜采用渗透性好的较稀的透层沥青,级配砂砾、级配碎石等粒料基层宜采用较稠的透层沥青。用于制作透层月乳化沥青的沥青标号应根据基层的种类、当地气候条件等确定。施工中应根据基层类型选择渗透性好的液体沥青、乳化沥青做透层沥青。

透层施工

(2) 透层施工程序及要求

① 透层施工程序。

透层施工程序如图 4.4 所示。

图 4.4 透层施工程序

② 透层施工要求。

A. 洒布透层沥青。

a. 洒布透层沥青前,路面应清扫干净,然后用 2~3 台鼓风机(或其他机械)沿路纵向向前将浮尘吹干净,尽量使基层表面集料外露,以利于乳化沥青与基层的黏结。对洒布区附近的结构物和树木表面及人工构造物应加以保护,以免溅上沥青受到污染。

b. 透层沥青应紧接在基层施工结束、表面稍干后洒布。当基层完工后时间较长,表面过分干燥时,应在洒布乳化沥青前 1h 左右,用洒水车在基层表面少量洒水润湿,并待表面稍干后洒布透层沥青。

c. 透层沥青应采用沥青洒布车洒布,洒布时应保持稳定的速度和洒布量。沥青洒布车在整个洒布宽度内必须洒布均匀。路面太宽时,应先洒靠近中央分隔带或路中间的一个车道,由内向外,一个车道接着一个车道喷洒,下一个车道与前一个车道原则上不重叠或少重叠,但不能露白,露白处需用人工喷洒设备补洒。洒布车要洒完一个车道停车后,立即用油槽接住排油管滴下的乳化沥青,以防局部乳化沥青过多,污染基层表面。在铺筑沥青面层之前,若局部地方尚有多余的透层沥青未渗入基层,应予清除。

d. 当遇大风或即将降雨时,不得洒布透层沥青;气温低于 10℃ 时,也不宜洒布透层沥青。

e. 应按设计的沥青用量一次洒布均匀,当有遗漏时,应用人工补洒;透层沥青洒布后应不致流淌,渗入基层一定深度,并不得在表面形成油膜。

f. 洒布透层沥青后,严禁车辆、行人通过。

B. 铺撒石屑或粗砂。

a. 在无机结合料稳定粒料基层上洒布透层沥青后,当不能及时铺筑面层并需开放施工车辆通行时，应铺撒适量石屑或粗砂，并将透层沥青用量增加10%。

b. 石屑要求坚硬、清洁、无风化、无杂质、活性物质含量低，岩性宜为石灰岩；粗砂宜为人工轧制的砂。采用的粒径规格为S13或S14，并控制粒径小于0.6mm的含量不超过5%。其中S14适宜在气温为10~20℃的范围使用，S13适宜在气温为20~35℃的范围使用。前一幅石屑铺撒应与后一幅搭接的边缘留出约20cm宽不铺撒石屑，留待铺下一幅路时再搭接，石屑可少量露黑，可有潮迹。

C. 碾压。

铺撒石屑或粗砂后，应用6~8t钢筒式压路机静力碾压1~2遍，压路机应行驶平稳，并不得刹车或掉头。当通行车辆时，应控制车速。在铺筑沥青面层前如发现局部地方透层沥青剥落，应予修补，当有多余的浮动石屑或粗砂时也应予扫除。

透层沥青洒布后应尽早铺筑沥青面层。当用乳化沥青做透层时，洒布后应待其充分渗透、水分蒸发后方可铺筑沥青面层，此段时间不宜少于24h。

D. 养护。

a. 施工单位应让洒好透层、粘层或封层沥青的基层和面层保持好状态，以便与后续工作衔接。

b. 碾压完毕后原则上封闭交通7d，必须行驶的施工车辆最少在12h后才可上路，并保证车速低于5km/h，不得刹车或掉头，7d至1个月内也要控制车辆行驶，1个月后可开放正常交通。7d后若摊铺下面层，只需将下封层上的多余石屑扫去即可进行下面层的摊铺。

从养护期间到后一层铺筑完之前，洒过透层沥青的表面应采用路帚拖扫的办法养护，并防止产生车辙。

2. 粘层施工

（1）材料要求和用量

粘层施工

粘层沥青宜采用快裂或中裂乳化沥青、改性乳化沥青，也可采用快、中凝液体沥青。

粘层沥青品种和用量应根据下卧层的类型通过试洒确定。当粘层沥青上铺筑薄层大孔隙排水路面时，粘层沥青的用量宜增加到0.6~1.0L/m^2。沥青层兼作封层的粘层沥青宜采用改性沥青或改性乳化沥青，其用量不宜少于1.0L/m^2。

（2）粘层施工工艺

粘层沥青用沥青洒布车洒布，在路缘石、雨水进水口、检查井等局部应用刷子人工涂刷。路面有脏物尘土时应清除干净。当有黏结的土块时，应用水刷净，待表面干燥后洒布。洒布过量处应予刮除。当气温低于10℃或路面潮湿时，不得洒布粘层沥青。洒布粘层沥青后，严禁除沥青混合料运输车以外的其他车辆、行人通过。粘层沥青洒布后应紧接着铺筑沥青层，但乳化沥青应待破乳、水分蒸发完后方可铺筑沥青层。

封层施工

3. 封层施工

（1）材料要求和用量

封层沥青宜采用改性沥青或改性乳化沥青。集料质地坚硬、耐磨、洁净、粒径级配应符合要求。用于稀浆封层的混合料其配合比应经设计、试验，符合要求后方可使用。

采用拌和法沥青表面处治层作为上封层及下封层时，下封层宜采用砂粒式沥青混凝土（AC-5）混合料，厚度宜为1.0cm，上封层宜采用密实式的中粒式或细粒式沥青混凝土混合料，按热拌沥青混合料路面的要求铺筑。

（2）封层施工工艺

采用拌和法铺筑上封层，其施工工艺和要求与热拌沥青混合料完全相同；下封层宜采用层铺法表面处治或稀浆封层法施工。沥青（乳化沥青）和集料用量应根据配合比设计确定，沥青应洒布均匀、不露白，封层应不透水。

在进行稀浆封层施工前需要确保施工当天的天气符合施工状况。雨天会造成乳化沥青的流失，影响稀浆封层的质量。阴天施工容易影响稀浆混合料的破乳速度，从而影响交通。因此，在施工前，必须确保包括施工结束后的几天内不会出现雨天，以免影响路面的养护。

此外，在稀浆封层施工时还要注意接缝问题。良好的接缝能够形成良好的防水层，确保水分不会下渗，同时也可以保证路面美观。因此，在接缝处必须预先做好防水处理，这样才能确保接缝能够防止水分的直接下渗，有利于稀浆封层的养护，也能够提高施工质量。

能力训练及习题

能力训练

分小组编制热拌沥青混合料施工技术方案一份。

(1) 根据《市政工程施工图案例图集》中的路-8进行沥青路面面层施工准备工作,重点为现场准备、物资准备、测量放样等工作。

(2) 根据工程特点和工程现场实际条件,结合沥青路面面层的构造特点,选择合理的施工方法、合适的施工机械及施工工艺流程,并提出保证施工质量和安全的施工技术措施和施工注意事项。

(3) 参考其他道路沥青类路面面层施工方案编制施工技术方案。

(4) 能力训练成果为热拌沥青混合料面层施工技术方案一份。

习 题

一、选择题

1. 沥青表面处治通常采用（　　）施工。
   A. 路拌法　　　　B. 厂拌法　　　　C. 层铺法　　　　D. 拌和法

2. 当采用70号石油沥青时,热拌沥青混合料运输到现场温度,不得低于（　　）℃。
   A. 150　　　　　B. 140　　　　　C. 135　　　　　D. 130

3. 沥青路面施工中,当符合下列（　　）情况时应洒布透层沥青。
   A. 沥青路面的级配砂砾、级配碎石基层
   B. 水泥、石灰、粉煤灰等无机结合料稳定基层
   C. 旧沥青路面层上加铺沥青层
   D. 水泥混凝土路面上铺筑沥青层
   E. 旧水泥混凝土路面上铺筑沥青层

4. 沥青混合料在运输过程中出现（　　）情况时应予以废弃。
   A. 已离析的混合料
   B. 硬化在运输车箱内的混合料
   C. 在夏季中午高温时运输的混合料
   D. 低于规定铺筑温度的混合料
   E. 被雨淋的混合料

5. 沥青表面处治宜选择在（　　）施工。
   A. 雨期　　　　　B. 潮湿季节　　　C. 干燥季节
   D. 冬期　　　　　E. 较热季节

6. 热拌沥青混合料路面应待摊铺层完全自然冷却,混合料表面温度低于（　　）℃后,方可开放交通。需要提早开放交通时,可洒水冷却降低混合料温度。
   A. 50　　　　　　B. 30　　　　　　C. 20　　　　　　D. 40

7. 沥青路面施工方法有（　　）。

A. 层铺法　　　　B. 厂拌法　　　　C. 滑模摊铺法
D. 轨道摊铺法　　E. 路拌法

8. 下列沥青类路面中，（　　）结构是采用层铺法施工的。
A. 沥青混凝土　　B. 沥青碎石　　C. SMA　　　　D. 沥青贯入式

二、判断题

1. 沥青路面施工时，高温要求与低温要求发生矛盾时，应优先考虑满足低温要求。（　　）

2. 沥青路面施工时，碾压温度高的沥青混合料要比碾压温度低的沥青混合料困难大得多。（　　）

3. 秋季是沥青路面施工的有利季节。（　　）

学习任务单

◆ **学习目标**

能编写热拌沥青混合料施工方案的关键环节并能进行技术交底。

◆ **学习地点**

实训室。

◆ **学习准备**

《市政工程施工图案例图集》《城镇道路工程施工与质量验收规范》、互联网资源、多媒体设备等。

◆ **学习过程**

一、阅读《市政工程施工图案例图集》中的路-8、说明及相关内容，填写以下工程相关信息。

1. 根据施工图描述面层的类型。

2. 以小组为模拟项目部，讨论完成施工标段桩号_____ ~ _____沥青面层的施工方案的关键环节，并进行技术交底。

（1）小组讨论确定本标段沥青面层的施工方法。

（2）小组讨论确定本标段沥青面层施工的施工机械。

（3）小组讨论确定本标段沥青面层施工工艺和注意事项。

思考问题：选用多种机具的原因。

二、组织热拌沥青混凝土施工技术交底并填写技术交底记录。

××××工程××××技术交底记录

技术交底记录		编号	
工程名称			
分部工程名称		分项工程名称	
施工单位		交底日期	

交底内容：

审核人	交底人	接收交底人

任务 4.3 特殊沥青路面面层施工

本任务介绍了几种特殊沥青混合料的组成要求,以及SMA路面面层、OGFC路面面层、彩色沥青混凝土路面面层施工过程中的拌和、运输、摊铺、碾压及接缝处理等施工要点。

4.3.1 SMA路面面层施工

SMA即沥青玛蹄脂碎石混合料,是由沥青、矿粉、纤维稳定剂及少量细集料组成的沥青玛蹄脂结合料,填充于间断级配的粗细集料碎石骨架的间隙形成的一种沥青混合料。简单地说,SMA是由互相嵌挤的粗集料骨架和沥青玛蹄脂两大部分组成的。

SMA具有良好的路用性能:除具有良好的表面功能、抗滑、抗高温、抗车辙、减少低温开裂、平整度高、噪声小、能见度好等特点外,SMA还具有路面抗变形能力强、不透水、使用寿命长、维修养护少等优点,同时SMA还可以减薄表面层厚度,易于施工和维修。由于SMA具有上述各项优点,因此较广泛地应用在高等级道路的建设中。

1. 原材料的质量要求

原材料的质量是影响SMA路面质量的决定因素,因此施工时要严格控制原材料的质量,严格按有关规范要求进行检验、检测。

(1) 沥青结合料

SMA中沥青结合料的质量必须满足沥青玛蹄脂的需要,要有较高的黏度,符合一定的要求,以保证有足够的高温稳定性和低温韧性。在实际应用中多采用改性沥青拌制SMA,以保证SMA的质量。

(2) 粗集料

从SMA的成型机理可以知道,SMA之所以有较高的高温稳定性,是基于含量甚多的粗集料之间的嵌挤作用。集料嵌挤作用的好坏很大程度上取决于集料石质的坚韧性、集料的颗粒形状和棱角性。粗集料的这些性质是SMA成败与否的关键。因此用于SMA的粗集料必须符合抗滑表层混合料的技术要求,同时SMA对粗集料的抗压碎要求高,粗集料必须使用坚韧的、粗糙的、有棱角的优质石料。

(3) 细集料

细集料虽然在SMA中只占很少的比例,但对SMA的性能影响也较大。通常认为机制砂较天然砂有良好的棱角性和嵌挤性,对提高混合料的高温稳定性有好处,因此,细集料一般采用坚硬、洁净、干燥、无风化、无杂质并有适当级配的人工轧制的玄武岩或石灰岩细集料。

(4) 填料

填料一般采用石灰岩碱性石料经磨细得到的矿粉,必须干燥、清洁。SMA中矿粉的用量在10%左右,矿粉用量多,一方面可以增大矿料的比表面积,从而裹覆较多用量的沥青;另一方面,矿粉增加了SMA的劲度,有助于增强SMA的高温抗流变能力。

(5) 抗剥落剂

由于玄武岩与沥青的黏结力只有 3~4 级，而规范规定不得低于 4 级，因此，沥青中要掺抗剥落剂，掺量一般为沥青质量的 0.3%~0.4%。

(6) 稳定剂

SMA 的沥青用量较多，为了防止施工时混合料中沥青析漏，需要在混合料中加入纤维稳定剂，一般可采用絮状木质素纤维，掺量为沥青混合料总质量的 0.3%~0.4%。

2. SMA 的拌和

在拌和前，首先要采用强制搅拌法把抗剥落剂按沥青质量的 0.4% 均匀地掺入沥青中。具体方法如下。

① 将一定容积的沥青放入强制式搅拌箱内，根据沥青密度计算出沥青质量，称量沥青质量 0.4% 的抗剥落剂倒入搅拌箱内，开动搅拌叶片搅拌 2min 后，把搅拌均匀的沥青扫进沥青贮存罐备用。在使用时，可以利用几个沥青贮存罐用泵力循环法再次搅拌。

② 在 SMA 拌和时，沥青温度应加热至 165~170℃，集料温度应为 180~200℃，混合料出厂温度应为 170~185℃，超过 195℃ 的混合料应废弃。拌和时，应先加入矿料，紧接着加入矿粉，干拌 7~10s，在这期间加木质纤维，干拌后加沥青，再湿拌约 36s 后出料，总拌和时间应为 60~70s。特别注意木质纤维的添加与沥青的添加应按顺序且不间断，即若不添加木质纤维，则沥青应在称量斗内存放，暂不放入拌锅中，以免出现废料。此外，要注意校核每锅混合料中木质纤维的添加量，木质纤维的添加量是否准确是决定 SMA 拌和质量好坏的重要因素。

3. SMA 的运输

SMA 的运输采用大吨位自卸车运输。运输车辆要在车厢上设专用温度检查孔，车厢内清洗干净；装料时，汽车应前后移动分 3 堆装料，以减少粗集料的分离现象。料车要覆盖好，用来保温、防雨、防尘，若在气温偏低时施工，最好加一层棉被。运料车的总运量应大于拌和能力。

4. SMA 的摊铺

SMA 的摊铺一般整幅采用沥青摊铺机成梯队一次性铺筑，接触式或非接触式自动找平控制平整度、横坡度、厚度，纵缝采用热接缝，两台摊铺机的熨平板重叠 10~20cm，松铺系数一般为 1.15~1.35。在开始铺筑时，熨平板的预热温度不低于 100℃，混合料温度不低于 160℃，熨平板夯实等级采用振动频率 5.0 级，振捣频率 4.5 级。两台摊铺机的间距在 5m 左右。由于改性沥青 SMA 的黏性很大，摊铺过程中不易产生离析现象，摊铺过程一般不允许补料，只要设专人处理摊铺机后面的个别油斑即可。另外，连续稳定的摊铺是保证上面层平整度的关键。摊铺结束后，要及时清理料斗、螺旋布料器及熨平板上的剩余料。

5. SMA 的碾压

SMA 碾压时，一般不允许采用胶轮压路机，以防止将沥青结合料搓揉挤压上浮。SMA 在初压时一般不会产生推移现象，可以直接开振动，振动碾压 4~5 遍，最后静压一遍消除轮迹。初压时混合料温度应不低于 150℃，碾压段长度控制在 30m 左右，终压结束温度不低于 110℃，振动碾压时采用高频低幅，既保证压实度，又不致将碎石集料压碎。另外，摊铺和碾压在施工过程中均不应停顿，机械加油和加水都要交替进行。

6. 接缝处理

接缝是影响路面平整度的重要因素之一。SMA 路面接缝处理比普通沥青路面难,这是由于冷却后的 SMA 非常坚硬,因此应设法防止出现冷裂缝。为了提高平整度,接缝一般切割成垂直面,可在路面完工后,稍停一停,在其尚未冷却之前切割好。

具体做法是:将 3m 直尺沿路线纵向靠在已施工段的端部,伸出端部的直尺呈悬臂状;以已施工路面与直尺脱离点定出接缝位置,用锯缝机割齐后铲除废料,并用水将接缝处冲洗干净;新混合料摊铺前,应涂抹粘层沥青,并用熨平板在已摊铺的表面层上预热,再下料摊铺。接缝处碾压应尽快处理,先纵向在 5~10m 范围内来回碾压,再横向在 2~4m 范围内来回碾压,最后按正常的速度进行纵向碾压。

7. 注意问题

为了确保 SMA 面层的质量,应采取以下措施。

① 加强各种原材料的质量检测。重视 SMA 配合比组成设计,优化生产配合比。

② 进行多次试拌试铺工作,确保正式摊铺质量。

③ 对试验仪器、测量仪器、拌和设备、计量系统、温度计等进行检查和标定。

④ 编制详细的施工技术方案。每一道工序都要有专人负责,每一个技术指标都要有专人或相关人员控制。加强检测,发现问题及时解决。

⑤ SMA 摊铺施工时,应保持一个适当的摊铺速度,过慢和过快都会影响质量,摊铺速度过慢会引起压实过度造成玛蹄脂上浮,摊铺速度过快会造成压实度不足和渗水,比较适宜的速度为 1.2~2.5m/min。

⑥ 拌和时要特别注意矿粉的称量精度,矿粉含水率应不超过 1%,还要特别注意木质纤维的称量精度,以免用量不准或添加不上而产生废料。

4.3.2 排水沥青路面面层施工

排水沥青路面 (Drainage Asphalt,PA) 是指表面层由空隙率 18% 以上的沥青混合料铺筑,路表水可渗入路面内部并横向排出的沥青路面类型,又称多空隙沥青路面,包括单层式和双层式。排水沥青混合料是指压实后空隙率在 18% 以上,能够在混合料内部形成排水通道的沥青混合料。它是一种以单一粒径碎石为主、按照嵌挤机理形成的具有骨架 – 空隙结构的开级配沥青混合料,又称多孔隙沥青混凝土 (Porous Asphalt Concrete,PAC)。OGFC 是指采用空隙率为 12%~15% 的开级配沥青混合料铺筑而成,厚度为 19~25mm 的沥青路面罩面薄层。

排水沥青路面结构层应包括沥青面层、基层、底基层等层次。面层宜由排水功能层、防水黏结层和下承层组成。下承层应密实防水,并具有较强的抗车辙性能。排水沥青路面的表面层由多空隙沥青混合料组成的排水功能层,而上面层和中面层之间要设置防水黏结层。

排水沥青路面主要有以下优点。

(1) 可迅速将路表雨水排除,确保雨天行车时车轮与路面的接触,提高了行车安全。

(2) 可以降低噪声,改善沿途环境。车辆在行驶过程中产生的噪声声波一方面可以在排水沥青路面内连通孔隙中传播,并在传播过程中发生膨胀和扩展,以将声能转化为热能的形式而削弱；另一方面通过排水沥青路面表层宏观构造产生的漫反射等综合效应，使得行车噪声显著降低。

1. 排水沥青混合料原材料要求

（1）粗集料。

排水沥青混合料形成的是骨架孔隙结构与普通密级配沥青混凝土相比，粗集料用量明显增大，约占集料总质量的85%，集料之间的接触面积大幅度减小，接触点的应力提高，因此，对粗集料的压碎值和针片状颗粒含量提出了较高的要求。粗集料试验方法应符合现行行业标准《公路工程沥青及沥青混合料试验规程》（JTG E20—2011）的相关规定。粗集料通过4.75mm筛孔的质量百分率应控制在10%以下。

（2）细集料。

天然砂表面圆滑，与沥青的黏附性较差，使用太多对高温稳定性不利。石屑中粉尘含量很多，强度很低，且施工性能较差，不易压实，因此，排水沥青面层的细集料应采用机制砂。

（3）填料。

排水沥青混合料的矿粉宜采用石灰岩矿粉，且必须保持干燥、洁静、无风化、无杂质。不得采用回收粉或粉煤灰。

（4）改性沥青。

排水沥青路面应采用改性沥青，应符合排水沥青路面的抗飞散性、抗水损害性、高温稳定性、低温抗裂性和耐久性等要求。

高等级道路排水沥青混合料宜采用高黏度改性沥青，要求改性沥青的黏韧性和韧性分别达到25N·m和20N·m以上，60℃动力黏度达到50000Pa·s以上。

（5）纤维稳定剂。

排水沥青混合料可采用聚合物纤维、玄武岩纤维等。纤维稳定剂主要起到吸附沥青增加沥青膜厚度的作用，同时实现加劲、增黏、增韧的效果，改善路面抗飞散性能，提高耐久性。

（6）抗剥落剂。

用消石灰或水泥替代部分矿粉以提高混合料抗剥落性，添加量不宜超过矿粉用量的50%。也可以采用其他类型的成熟化学抗剥落剂。

（7）防水黏结层材料。

防水黏结层材料包括改性乳化沥青类和热洒改性沥青两类。重载交通和旧路改造工程的防水黏结层宜采用热洒改性沥青类材料。

2. 防水黏结层的施工

防水黏结层施工前，用改性乳化沥青等材料对横缝、纵缝、离析处和桥面伸缩缝等下承层薄弱部位进行修补。防水黏结层施工后检测防水效果，以不渗水为合格。施工需在摊铺前12h进行，以使改性乳化沥青充分破乳，不易粘轮改性乳化沥青中蒸发残留物含量不宜过高，过高会使得机械行进阻力大，而且引起表面层油石比增大。

3. 拌和与摊铺

（1）生产温度。

由于排水沥青混合料使用的粗集料较多、细集料较少，集料易热，因此集料温度控制较难。排水沥青混合料温度过高易产生沥青的流淌，温度过低则施工作业困难，因此工作中的温度控制尤为重要。集料加热温度为 185~210℃。排水沥青混合料出料温度为 170~185℃，排水沥青混合料出料温度低于 165℃ 或高于 195℃ 的排水沥青混合料必须废弃处理。

（2）拌和时间。

排水沥青混合料拌和时间应根据具体情况经试拌确定，以混合料拌和均匀、所有矿料颗粒全部裹覆沥青结合料为度，无花白料、无结团成块或严重的粗细集料分离现象。间歇式拌和机每盘的生产周期不宜少于 60s，其中干拌时间不应少于 10s。

（3）存放时间。

由于排水沥青混合料细集料少、散热快，不能像普通沥青混合料那样较长时间贮存，长时间存放会出现沥青流淌现象，并会使得排水沥青混合料表面结硬壳，应随拌随用。

（4）运输与摊铺。

排水沥青混合料摊铺温度不宜低于 155℃。采用一台摊铺机全幅摊铺或多台联合摊铺。宜采用非伸缩式摊铺机，通过铺筑试验段明确摊铺机夯锤和振动设置参数；摊铺机横向螺旋前端宜加装防离析挡板。摊铺机必须缓慢、均匀、连续不间断地摊铺。速度宜控制在 2~3m/min，弯道等特殊路段宜降低至 1~2m/min。

4. 压实及成型

按初压、复压、终压三个阶段进行。初压与复压宜采用 11~13t 钢轮压路机，终压宜采用 20t 以上的胶轮压路机。初压应在混合料摊铺后紧跟进行，压实温度控制在 150~165℃，不得产生推移、开裂，初压为静压 1~2 次。初压后立即观察平整度、路拱，发现问题及时作适当调整。复压采用与初压相同的双钢轮压路机，紧接初压进行，静压 2~4次；终压在表面温度为 80~100℃ 时进行。终压采用胶轮压路机压实 1~2 次。为了防止较高温度下胶轮压路机粘轮，采用隔离剂喷淋装置。

5. 接缝处理

横向接缝宜采用平接缝，摊铺前宜采用接缝专用加热器对接缝面进行加热，使新铺路面与已铺路面密切结合。采用"冷+热"平接缝时，摊铺前应对周边黏结物或铣刨的四壁人工涂刷改性乳化沥青（残留物大于 60%）2~3 次。摊铺后应充分压实，使连接平顺。

纵向接缝避开车道的轮迹带位置，并与下承层纵向接缝错开 20cm 以上。新建道路纵向接缝采用热接缝。修筑旧路条件不允许时，可采用"冷+热"方式。采用"冷+热"接缝时，摊铺前先对接缝面进行处理，涂刷改性乳化沥青或其他黏结材料（残留物大于 60%）2~3 次。排水沥青面层施工后，纵向接缝表面喷洒改性乳化沥青或其他黏结材料进行补强。

6. 注意事项

（1）排水路面不得在雨、雪天气时施工，施工的环境最低温度不应低于 10℃。

（2）应采用沥青洒布车进行防水黏结层施工，根据材料的洒布温度，以预设的洒布量进行喷洒施工。

（3）防水黏结层施工结束后，在混合料铺筑前严禁行人和车辆通行。

（4）排水沥青混合料到场温度应由专人逐车检查，到场温度不得低于 160℃，摊铺温度不宜低于 155℃。

（5）压路机行驶速度宜保持均匀一致。压路机不得在未碾压成型的混合料和刚碾压成型的路面上转向，也不得停留在高于 80℃ 且已压实成型的路面上。压路机在操作或静止时，应采取有效措施防止油料、润滑脂或其他杂质落于路面。

4.3.3　彩色沥青混凝土路面面层施工

彩色沥青混凝土路面是指脱色沥青或人工调配的浅色胶结料与各种颜色的石料、色料和添加剂等材料在特定的温度条件下拌和而成的各种色彩沥青混合料，再经过摊铺、碾压而形成具有一定强度和路用性能的非黑色沥青混凝土路面。

在道路中采用彩色沥青混凝土铺设路面面层，具有两大功能：其一，具有美化城市、改善道路环境，提高城市品位的效果，多用于城市街道、广场、风景区、公园和旅游观光地；其二，具有强化交通警示、疏导交通流量、使交通管理直观化的作用，应用于区分不同功能的路段或车道，以提高驾驶员的识别效果，增加道路的通行能力和交通安全。

从 20 世纪 50 年代起，欧洲国家就开始尝试研究应用彩色沥青混凝土路面。在这方面的探讨我国始于 20 世纪 70 年代，但进展缓慢，且在道路上的应用较少。到 20 世纪 90 年代，彩色沥青混凝土才作为一种新型的路面面层材料被开发并广为应用，也由此营造出新世纪交通的时代气息，引起了人们的兴趣和广泛关注。

1. 彩色沥青混凝土的原材料要求

彩色沥青混凝土的原材料主要有脱色沥青、集料、填料和颜料。由于其多用于景观铺筑，而这些工程的特点是要求路面平整、美观，强度不必太高，所以多采用 AC-10F、AC-5F 型级配。集料多采用规格一般为 5～10mm、3～5mm 的粗集料及天然砂、机制砂，填料多采用石灰岩矿粉。对于胶结料，可以直接使用彩色沥青，也可以使用脱色沥青并掺加颜料。

（1）集料

用于彩色沥青混凝土面层的粗集料应具有良好的颗粒形状，洁净、干燥、无风化、无杂质，具有足够的强度、耐磨耗性，并与脱色沥青黏附力强。由于 5～10mm 集料针片状含量、黏附性等指标不易检测，所以在选择石料的时候尤其要注意原岩的选择。由于酸性石料与沥青的黏附性差、水稳性不好，因此宜选择碱性石料。对于石料性质，可以采用同产地、同料厂的较大粒径石料进行试验作为参考。

沥青混凝土的细集料可采用天然砂、机制砂，不宜使用石屑。细集料应洁净、干燥、无风化、无杂质，并由适当的颗粒组成。由于天然砂一般风化严重，含泥量较高，所以《公路沥青路面施工技术规范》（JTG F40—2004）中明确规定，热拌密级配沥青混凝土中天然砂使用量通常不宜超过细集料总量的 20%，从而对于天然砂的使用有所限制。因此在机制砂的质量能够保证的前提下，彩色沥青混凝土细集料可以完全使用机制砂。机制砂是指选用优质石料，并采用专用制砂机械制造的水洗砂。目前，大多数石料厂家的机制砂实质上是石料厂破碎石料时通过 4.75mm 或 2.36mm 筛孔的石屑。这两种细集料从外观上看，石屑含土量偏多，级配不均匀，砂当量试验结果也有很大差异。另外，细集料应与胶结料有良好的黏结能力，这一点是由生产机制砂所用的原岩决定的。

(2) 填料

填料的重要作用是与胶结料组成胶浆,填充于集料间的空隙中,并将矿料颗粒黏结在一起,使沥青混凝土具有抵抗荷载和环境因素作用的能力。在彩色沥青混凝土中,填料有两种:一种是矿粉,另一种是颜料。经实践证明,完全使用颜料,一方面将大大提高混凝土的成本,另一方面颜料在性能上不同于矿粉,完全不使用矿粉,将使混凝土的黏结性及强度明显不足,难以压实。此外,从沥青混凝土的路用性能和产品颜色上考虑,最好不使用拌和机的回收粉。

(3) 胶结料

胶结料是构成彩色沥青混凝土结构的重要材料,它直接决定了沥青路面的高温稳定性、低温抗裂性、耐久性。彩色沥青混凝土的胶结料主要就是沥青,沥青用量的多少,对路面抗滑性及施工和易性具有重要影响。彩色沥青路面中的脱色沥青除了要满足以上性能要求外,还要降低自身颜色深度,以最大限度地使沥青混凝土的色彩艳丽,满足施工的景观要求。

脱色沥青同普通沥青一样在低温状态下可以长期存放,但是不同批次制作的脱色沥青混合使用前应先搅拌均匀,并经检验合格后方可使用。脱色沥青在贮存、使用及存放过程中应有良好的防水措施,并应避免雨水进入沥青中,影响沥青的使用性能及混凝土质量。

(4) 颜料

颜料的传统用途在于配置涂料、油墨,以及着色塑料和橡胶。随着印染助剂及印染技术的发展,颜料开始涉入纺织品着色领域。颜料按化学组成来分类,可分为无机颜料与有机颜料两大类。由于彩色沥青混凝土在生产中的特殊性,对于颜料不仅要考虑其颜色、遮盖力、着色力,还要考虑其稳定性,尤其是耐热性。在高温环境下使用,有机颜料会发生分解反应,其结晶形态也可能变化,形成更完整的、结晶度更大的晶体,导致其颜色变化。总体来说,无机颜料的耐候、耐光、耐热性远比一般有机颜料强。在沥青混合料生产中,由于颜料直接接触高温沥青及集料,所以要求颜料耐热性要高于沥青混凝土生产时集料最高加热温度。按照《公路沥青路面施工技术规范》规定,间歇式拌和机集料最高加热温度为190℃,所以要采取一个简单试验来考验颜料的耐热性:将所选几种同样颜色但结构不同的颜料在180℃烘箱中静置2h,再将放入烘箱前的颜色与取出后的颜色进行对比,选择色差变化最小的颜料即可。此外,颜料的不同颗粒大小会使颜色发生变色,遮盖力、着色力的强弱也会随之改变。这些都是在选择颜料时应着重注意的问题。

2. 彩色沥青混合料的拌和

彩色沥青混合料与普通沥青混合料的拌和基本相似,但应着重注意以下事项。

① 拌和前,应将搅拌站的拌和缸、沥青输送管道、运输车、施工机械设备等清洗干净。

② 原材料性能稳定,使生产目标配合比能最大限度地接近设计配合比。

③ 由于色粉比重大,在混合料中具有着色、分散、吸附、稳定、增黏的作用,添加时需要考虑其对环境的影响,生产前应根据目标配合比计算出每盘混合料的色粉用量,用聚乙烯塑料袋装好,拌和中由人工辅助加入。

④ 拌和温度应控制在160~170℃,拌和时间比普通沥青混合料多10s,出料应及时检查粒料和颜色是否均匀。

3. 彩色沥青混合料的运输及摊铺

① 彩色沥青混合料与普通沥青混合料运输和摊铺的各道工艺基本相同。

② 为提高界面黏结力和减少雨水渗到路面结构，摊铺前基层应清扫干净，喷洒乳化沥青，其用量为 0.3~0.5kg/m²。

③ 开始摊铺时，根据工作安排，考虑到混合料的生产、运输、摊铺和碾压能力，将摊铺机的工作速度严格控制在 2.0~2.5m/min，确保摊铺连续，并做到全幅摊铺不间断一次性成型，以保持色泽一致，粒料均匀、美观。

彩色沥青混合料摊铺

4. 彩色沥青混合料的碾压

（1）碾压组合方式

彩色沥青混合料在压实过程中同样要按照初压、复压、终压三个阶段进行。初压温度应控制在 130~145℃，终压温度不低于 70℃。碾压过程中应按"紧跟、慢压、高频、低幅"的原则进行。经试验确定碾压组合方式。

（2）碾压过程中应注意的事项

① 为防止压路机碾压过程中出现粘料现象，应在压路机的水箱中加入适量洗衣粉（0.15kg/m³）对钢轮进行适当的润滑，以避免钢轮压路机的粘料现象。

② 为防止彩色沥青面层受到污染，在碾压前必须用水冲去黏附在压路机钢轮上的杂物及砂土，确定碾压设备清洁后方可进行碾压。碾压结束后，温度必须冷却至常温才能开放交通。

5. 国内应用分析与问题

（1）原材料成本和路面造价偏高

由于脱色沥青和浅色胶结料加工供应成本相对较高、着色剂的添加提高了沥青混合料的造价、彩色矿料产地和储量受限、施工维护工艺相对复杂等诸多原因，目前彩色沥青混凝土路面造价偏高。

目前彩色沥青混凝土每平方米造价在百元以上，是普通沥青混凝土路面的 2~3 倍，居高不下的造价在一定程度上限制了其发展，大部分仅用于城市景观道路和广场亮化分区及少数重点公路路面工程上。

（2）缺乏耐久性和安全性研究

近年来国内大部分城市和地区完成了不少工程试验段实体，但仍缺乏系统的研究和总结，至今未形成完整的体系，特别是在彩色沥青混凝土的耐久性和各色彩对安全性的影响等方面缺乏总结数据和研究成果。

（3）易受污染、易变色、难养护

车流量大的彩色路面极易因轮胎摩擦而变色，同时彩色沥青混凝土也会受太阳紫外线等环境因素影响而变色。另外，由于施工工艺复杂，维护工艺也相应比较复杂，这对路面养护和耐久性提出了很大的挑战。

对以上这些问题的进一步深入研究，才能使彩色沥青路面技术走向成熟。

能力训练及习题

能力训练

分小组讨论并回答以下问题。
（1）为确保 SMA 路面面层的质量，应该采取什么措施？
（2）排水沥青路面在施工中应注意哪些方面？

习题

一、选择题

1. 沥青玛蹄脂碎石混合料的简称是（　　）。
   A. SAC　　　　　　B. SBS　　　　　　C. SMA　　　　　　D. AC-16
2. OGFC 路面指的就是在不透水的沥青混凝土层面上铺筑孔隙率高达（　　）的沥青磨耗层。
   A. 12%～15%　　　B. 8%～20%　　　C. 10%～15%　　　D. 20%～25%
3. 沥青玛蹄脂碎石的集料是（　　）。
   A. 连续级配　　　B. 密级配　　　　C. 半开级配　　　D. 间断级配
4. SMA 的细集料应用（　　）。
   A. 河砂　　　　　B. 海砂　　　　　C. 山砂　　　　　D. 机制砂
5. OGFC 路面是指（　　）。
   A. 沥青碎石　　　　　　　　　　　B. 沥青玛蹄脂碎石
   C. 开级配沥青磨耗层　　　　　　　D. 彩色沥青
6. SMA 路面适用于在高等级道路路面做（　　）使用。
   A. 表面层　　　　B. 中面层　　　　C. 下面层　　　　D. 上基层

二、简答题

1. 排水沥青混合料修筑的道路的优点有哪些？
2. 道路中采用彩色沥青混凝土铺设路面的作用有哪些？

在线答题

学习任务单

◆ **学习目标**
了解各种特殊沥青面层的特点。

◆ **学习地点**
实训室。

◆ **学习准备**
互联网资源、多媒体设备等。

◆ **学习过程**
每个小组通过网络收集特殊沥青路面图片 3~5 张，要求每张图片下要有该沥青面层的名称、特点、应用情况等相关信息。若特殊沥青路面图片为照片形式，则应将照片以图片形式插入，并保证图片清晰度。

任务4.4 沥青路面面层施工质量控制与验收

路面工程进行施工质量的控制与验收是建成高质量路面的有效保证,除了控制原材料质量外,铺筑现场质量控制也很重要;在遇到不利季节的施工时,应采取保证施工质量的措施;沥青路面面层完工后,由施工单位会同监理单位按设计文件和施工规范要求对沥青路面面层进行质量检验。

沥青路面施工质量控制包括所用原材料的质量检验、施工过程中各工序间的质量控制与验收。

4.4.1 施工准备阶段的质量控制

1. 原材料质量检查

质量好的原材料是保证路面质量的关键因素。施工单位在开工前,应根据设计要求确定原材料的来源。在工程施工开始前及施工过程中发生材料来源或规格变化时,必须对材料来源、材料质量和数量、供应计划、材料场堆放及贮存条件等进行检查。施工前材料的质量检查应以同一料源、同一次购入并运至生产现场(或贮入同一沥青罐、池)的相同规格品种的集料、沥青为"一批"进行检查。材料试样的取样数量与频率按现行有关试验规程的规定进行,每批材料的质量应符合规范的要求。

在沥青路面开工前,施工单位应对所选用的原材料,如沥青和各种规格的矿料的物理性质、级配等进行试验,并报监理工程师审核,特别是沥青等主要材料,施工单位除重视进行材料试验外,还应经监理工程师、质量监督站或工程质量检测中心对试验结果进行认可。

2. 机械和设备检查

机械和设备是保证路面施工质量的另一个重要因素,在施工前必须对拌和厂及沥青路面施工机械和设备的配套情况、性能、计量精度等进行认真细致的检查。不得采用不符合规定要求的施工机械和设备。

3. 施工放样及下承层检查

施工放样包括高程测量与平面控制两项内容。沥青路面开工前,监理工程师应对施工单位的施工放样自检报告进行复核、审批。要求承包人对下承层(基层或中、下面层)按规范要求检查。

4. 铺筑试验路段

在正式施工前应铺筑试验路段。试验路段的长度宜为100~200m,宜选择在直线段上,通过试验路段的铺筑,取得各种施工控制参数。监理工程师应对试验路段施工的全过程进行监理,检查试验路段的施工质量,并对施工单位提出的试验总结报告进行审批。

4.4.2 施工过程中的材料检查和质量检查

1. 施工过程中的材料检查内容及要求

施工过程中的材料检查,是在每批材料进场时在进行过检查及批准的基础上,在施工过程中再抽查其质量稳定性(变异性)。施工单位在施工过程中必须经常对各种施工材料进行抽样试验。材料检查的另一项重要内容是矿料级配精度和油石比计量精度。对计量系统装置要经常进行检查标定。

2. 施工过程中的质量检查及控制标准

施工过程中的质量检查包括工程质量及外形尺寸两部分。其检查内容、频率、质量检验批应符合规定要求。当检查结果达不到规定要求时,应追加检测数量,查找原因,做出处理。

(1) 沥青混合料。

在沥青混合料拌和厂必须对拌和均匀性、拌和温度、出厂温度及各个料仓的用量进行检查,取样进行马歇尔试验,检测混合料的矿料级配和沥青用量。

(2) 铺筑现场。

铺筑现场必须对混合料质量及施工温度进行实测,随时检查厚度、压实度和平整度,并逐个断面测定成型尺寸。

① 施工温度。

沥青混合料施工温度是影响沥青路面施工质量的关键因素之一。主要包括了沥青混合料运输到场温度、摊铺温度、开始碾压温度、碾压终了、开放交通等温度。压实时混合料温度过高,混合料推移明显,温度过低不仅压实度难以保证,还会影响路面的平整度,在施工中应严格按规范控制施工温度保证施工质量。

② 施工厚度。

施工厚度除应在摊铺及压实时量取,并测量钻孔试件厚度外,还应校检由每一天的沥青混合料总量与实际铺筑的面积计算出的平均厚度。

③ 施工压实度。

施工压实度的检查以钻孔法为准。用核子密度仪检查时,应通过与钻孔密度的标定关系进行换算,并增加检测次数。

④ 施工平整度。

沥青路面平整度是直接影响路面舒适性和安全性的技术指标之一。随着人们对行车舒适性安全性要求的不断提高,更强调保证沥青路面平整度的各项措施的落实。

影响沥青路面平整度的因素很多,除了原材料、混合料与路基、基层的影响,最关键的是沥青混合料的摊铺和压实工序。

A. 摊铺机械及施工工艺影响与控制。

a. 通过试验段确定合适的摊铺机螺旋分料器连接长度。摊铺机螺旋分料器连接过长,会造成两边堆料,中间缺料;连接过短,则会造成两边缺料,缺料处容易形成凹陷。

b. 通过试验段确定恰当的螺旋分料器的高度。螺旋分料器的高度调整过高,堆积在熨平板前的沥青混合料多,不仅增大摊铺机的行驶阻力,降低效率,且易出现拉痕;调整过低，堆在熨平板前的沥青混合料量不足，易形成凹陷。

c. 摊铺机组装后的熨平板宽度应与摊铺机左右对称，并尽可能减少纵向接缝，组合后的熨平板底面必须保持平整。

B. 施工机械操作影响与控制。

a. 选择熟练的机械操作手，摊铺机运行时，应按照试验段摊铺时总结出来的运行速度匀速、连续地完成摊铺，及时、均匀的调节厚度调节器。摊铺机操作手不熟练，会导致摊铺机行进偏移，或纠偏频繁，造成路面平整度差。

b. 加强现场指挥，避免运料车在倒车时撞击摊铺机，使摊铺路面凹凸不平。

c. 及时清除撒落在摊铺机履带前的混合料，避免造成摊铺路面不平整。

d. 不随意变更摊铺机的摊铺速度，避免造成路面松铺系数不一致影响平整度。

C. 碾压对平整度的影响与控制。

严格控制沥青混合料的施工温度，避免由于沥青混合料的施工温度过高或过低压实时影响路面平整度。

D. 按初压、复压和终压三阶段组织压实。

终压是消除缺陷和保证面层有较好平整度的环节，通常采用双钢轮压路机关闭振动碾压不少于 2 遍。各阶段压实工作始终保持压路机匀速行驶，保证轮迹重叠，并达到规定的压实度。避免由于压路机急刹车、突然起步、随意停置、调头转向、压实不足等引起路面平整度差的影响。

E. 接缝对平整度的影响与控制

严格按规范处理路面横向和纵向接缝，做到接缝紧密、连接平顺，避免由于接缝处理不当出现凹凸，或由于压实不足，接合处产生松散、裂缝，影响路面平整度。

4.4.3　沥青面层季节性施工

1. 雨期施工

（1）施工准备。

① 掌握天气预报，做好防雨物资准备如篷布、移动式压风机等。

② 紧凑合理安排工序，施工组织严密。

③ 及时处理出现的各种质量问题。

（2）质量控制。

① 不允许下雨时或下层潮湿时施工，避开雨水、低温、大风等不利施工天气。

② 雨后及时清理基层表面因松散、坑洞而形成的积水，表面干燥后施工透层及封层。

③ 下面层在透层、封层乳化沥青破乳后及时施工，最长不能超过 24h 内进行，中、表面层在粘层油洒布后紧跟施工。

④ 遇雨立即停止摊铺，压路机对已摊铺的路面及时碾压，以避免雨水进入沥青层。

⑤ 缩短施工长度，加强施工现场与沥青拌合厂联系，做到及时摊铺、及时完成碾压。

2. 冬季施工

（1）密切关注天气情况，遇到大风、雨、雪天气不宜进行热拌沥青混合料路面的施工。

（2）城市快速路、主干路的沥青混合料面层严禁冬期施工。次干路及其以下道路在施工温度低于5℃时，应停止施工。

（3）粘层、透层、封层严禁冬期施工。

（4）必须进行施工时，应当提高沥青混合料拌和、出厂、施工温度、运输覆盖保温。施工中各项工序紧密衔接采取快卸、快铺、快平，及时碾压、及时成型。

4.4.4 沥青路面面层施工质量检查验收

1. 热拌沥青混合料面层质量检验

（1）主控项目

① 热拌沥青混合料质量检验。

a. 道路用沥青的品种、标号应符合国家现行有关标准和《城镇道路工程施工与质量验收规范》第8.1节的有关规定。

检查数量：按同一生产厂家、同一品种、同一标号、同一批号连续进场的沥青（石油沥青每100t为1批，改性沥青每50t为1批）每批次抽检1次。

检验方法：查出厂合格证，检验报告并进场复验。

b. 沥青混合料所选用的粗集料、细集料、矿粉、纤维稳定剂等的质量及规格应符合《城镇道路工程施工与质量验收规范》第8.1节的有关规定。

检查数量：按不同品种产品进场批次和产品抽样检验方案确定。

检验方法：观察、检查进场检验报告。

c. 热拌沥青混合料、热拌改性沥青混合料、SMA，查出厂合格证、检验报告并进场复验，拌和温度、出厂温度应符合《城镇道路工程施工与质量验收规范》第8.2.5条的有关规定。

检查数量：全数检查。

检验方法：查测温记录，现场检测温度。

d. 沥青混合料品质应符合马歇尔试验配合比技术要求。

检查数量：每日、每品种检查1次。

检验方法：现场取样试验。

② 热拌沥青混合料面层质量检验。

a. 沥青混合料面层压实度，对城市快速路、主干路不应小于96%，对次干路及以下道路不应小于95%。

检查数量：每1000m² 测1点。

检验方法：查试验记录（马歇尔击实试件密度，试验室标准密度）。

b. 面层厚度应符合设计规定，允许偏差为 -5～10mm。

检查数量：每1000m² 测1点。

检验方法：钻孔或刨挖，用钢尺量。

c. 弯沉值：不应大于设计规定。

检查数量：每车道、每20m测1点。

检验方法：弯沉仪检测。

热拌沥青混合料面层验收记录

(2) 一般项目

① 表面应平整、坚实，接缝紧密，无枯焦；不应有明显轮迹、推挤裂缝、脱落、烂边、油斑、掉渣等现象，不得污染其他构筑物。面层与路缘石、平石及其他构筑物应接顺，不得有积水现象。

检查数量：全数检查。

检验方法：观察。

② 热拌沥青混合料面层允许偏差应符合表4-6的规定。

表4-6 热拌沥青混合料面层允许偏差

项目		允许偏差	检验频率			检验方法
			范围	点数		
纵断高程/mm		±15	20m	1		用水准仪测量
中线偏位/mm		≤20	100m	1		用经纬仪测量
平整度/mm	标准差 σ 值	快速路、主干路 ≤1.5	100m	路宽/m	<9	1	用测平仪检测（见注1）
		次干路、支路 ≤2.4			9~15	2	
					>15	3	
	最大间隙	次干路、支路 ≤5	20m	路宽/m	<9	1	用3m直尺、塞尺连续量取两尺，取较大值
					9~15	2	
					>15	3	
宽度/mm		不小于设计值	40m	1		用钢尺量
横坡度		±0.3%且不反坡	20m	路宽/m	<9	2	用水准仪测量
					9~15	4	
					>15	6	
井框与路面高差/mm		≤5	每座	1		十字法，用直尺、塞尺量取最大值
抗滑	摩擦系数	符合设计要求	200m	1		摆式仪
			全线连续			横向力系数车
	构造深度	符合设计要求	200m	1		砂铺法
						激光构造深度仪

注：1. 测平仪为全线每车道连续检测每100m计算标准差 σ；无测平仪时可采用3m直尺检测；表中检验频率点数为测线数。

2. 平整度、抗滑性能也可采用自动检测设备进行检测。

3. 底基层表面、下面层应按设计规定用量洒泼透层油、粘层油。

4. 中面层、下面层仅进行中线偏位、平整度、宽度、横坡度的检测。

5. 改性（再生）沥青混凝土路面可采用此表进行检验。

6. 十字法检查井框与路面高差，每座检查井均应检查。十字法检查中，以平行于道路中线、过检查井井盖中心的直线做基线，另一条线与基线垂直，构成检查用十字线。

2. 粘层、透层与封层质量检验

（1）主控项目

透层、粘层、封层所采用沥青的品种、标号和封层粒料质量、规格应符合《城镇道路工程施工与质量验收规范》第 8.1 节的有关规定。

粘层、透层验收记录

检查数量：按进场品种、批次，同品种、同批次检查不应少于 1 次。

检验方法：查产品出厂合格证、出厂检验报告和进场复检报告。

（2）一般项目

① 透层、粘层、封层的宽度不应小于设计规定值。

检查数量：每 40m 抽检 1 处。

检验方法：用尺量。

② 封层油料与粒料撒布应均匀，不应有松散、裂缝、油丁、泛油、波浪、花白、漏洒、堆积、污染其他构筑物等现象。

检查数量：全数检查。

检验方法：观察。

3. 沥青表面处治施工质量检验

（1）主控项目

沥青、乳化沥青的品种、指标、规格应符合设计和《城镇道路工程施工与质量验收规范》的有关规定。

检查数量：按进场批次。

检验方法：查出厂合格证、出厂检验报告、进场检验报告。

（2）一般项目

① 集料应压实平整，沥青应洒布均匀、无露白，嵌缝料应撒铺、扫嵌均匀，不应有重叠现象。

② 沥青表面处治允许偏差应符合表 4-7 的规定。

表 4-7 沥青表面处治允许偏差

项目	允许偏差	检验频率			检验方法
		范围	点数		
纵断高程/mm	±15	20m	1		用水准仪测量
中线偏位/m	≤20	100m	1		用经纬仪测量
平整度/mm	≤7	20m	路宽/m	<9	1	用 3m 直尺、塞尺连续量两尺，取较大值
				9~15	2	
				>15	3	
宽度/mm	不小于设计值	40m	1		用钢尺量
横坡度	±0.3% 且不反坡	20m	路宽/m	<9	2	用水准仪测量
				9~15	4	
				>15	6	

续表

项目	允许偏差	检验频率		检验方法
		范围	点数	
厚度/mm	+10，-5	1000m²	1	钻孔，用钢尺量
弯沉值	符合设计要求	设计要求	—	弯沉仪测定
沥青总用量/(kg/m²)	±0.5%总用量	每工作日、每层	1	T0982

4. 沥青贯入式面层质量检验

（1）主控项目

① 沥青、乳化沥青、集料、嵌缝料的质量应符合设计及《城镇道路工程施工与质量验收规范》的有关规定。

检查数量：按不同材料进场批次，每批检 1 次。

检验方法：查出厂合格证及进场复检报告。

② 压实度不应小于95%。

检查数量：每1000m²抽检1点。

检验方法：灌砂法、灌水法、蜡封法。

③ 弯沉值，不得大于设计规定。

检查数量：按设计规定。

检验方法：每车道、每20m 测1点。

④ 面层厚度应符合设计规定，允许偏差为 -5~15mm。

检查数量：每1000m²抽检1点。

检验方法：钻孔或刨坑，用钢尺量。

（2）一般项目

① 表面应平整、坚实。石料嵌锁稳定、无明显高低差。嵌缝料、沥青应洒布均匀。无花白、积油、漏浇、浮料等现象，且不应污染其他构筑物。

检查数量：全数检查。

检验方法：观察。

② 沥青贯入式面层允许偏差应符合表4-8的规定。

表4-8 沥青贯入式面层允许偏差

项目	允许偏差	检验频率				检验方法
		范围	点数			
纵断高程/mm	±15	20m	1			用水准仪测量
中线偏位/mm	≤20	100m	1			用经纬仪测量
平整度/mm	≤7	20m	路宽/m	<9	1	用3m 直尺、塞尺连续量两尺，取较大值
				9~15	2	
				>15	3	

续表

项目	允许偏差	检验频率			检验方法
		范围	点数		
宽度/mm	不小于设计值	40m	1		用钢尺量
横坡度	±0.3%且不反坡	20m	路宽/m	<9 : 2 9~15 : 4 >15 : 6	用水准仪测量
井框与路面高差/mm	≤5	每座	1		十字法，用直尺、塞尺量最大值
沥青总用量/(kg/m^2)	±0.5%总用量	每工作日、每层	1		T0982

拓展讨论

1. 沥青面层施工质量事故与原因？
2. 为什么会发生这样的事故？列举类似的事故？
3. 你知道什么是建筑工程质量终身负责制吗？

育人元素　专业水准　诚信　社会责任

能力训练及习题

能力训练

分小组讨论并回答以下问题。
(1) 热拌沥青混合料检查验收包括哪些方面的内容?
(2) 透层、粘层与封层质量检验有哪些项目?
(3) 沥青表面处治施工质量检验有哪些项目?
(4) 沥青贯入式面层质量检验有哪些项目?

习题

1. 在沥青路面正式施工前应铺筑试验路段。试验路段的长度宜为（　　）m。
   A. 50~100   B. 100~200   C. 200~300   D. 300~400
2. 沥青混合料面层压实度,对于城市快速路、主干路不应小于（　　）。
   A. 95%   B. 96%   C. 97%   D. 98%
3. 热拌沥青混合料面层平整度标准差,对城市快速路、主干路的允许偏差应小于（　　）mm。
   A. 1   B. 1.5   C. 2   D. 2.5
4. 沥青混凝土面层厚度的允许偏差为（　　）mm。
   A. ±5   B. ±3   C. ±10   D. -5~10
5. 沥青混凝土面层横坡度的允许偏差为（　　）。
   A. ±0.5%且不反坡   B. ±0.5%或不反坡
   C. ±0.3%且不反坡   D. ±0.3%或不反坡
6. 沥青路面施工质量的控制和检查所涉及的内容主要有（　　）。
   A. 材料的质量检查   B. 施工质量的控制与检查
   C. 路面的外形检查   D. 施工机械的选择
   E. 施工人员的学历层次
7. 沥青路面面层检查验收时的各项指标涉及（　　）。
   A. 路面的厚度   B. 路面的压实度
   C. 路面的平整度   D. 路面的渗水系数
   E. 路面的稳定性
8. 沥青混凝土面层主要检查项目包括（　　）。
   A. 平整度   B. 厚度   C. 弯沉值
   D. 中线高程   E. 压实度
9. 沥青路面抗滑能力的大小主要与（　　）有关。
   A. 粗糙程度   B. 平整度   C. 渗透性   D. 横坡度大小
10. 下面（　　）是测定路表平整度的设备。
    A. 摆式摩擦系数仪   B. 横向力系数测定车
    C. 连续弯沉测定仪   D. 3m直尺

学习任务单

◆ **学习目标**

能对沥青面层进行质量检查和验收。

◆ **学习地点**

实训室、室外实训场。

◆ **学习准备**

《市政工程施工图案例图集》《城镇道路工程施工与质量验收规范》、互联网资源、多媒体设备等。

◆ **学习过程**

以小组为模拟项目部,讨论并实施以下环节。

1. 若受工程进度限制,本道路工程沥青混凝土面层需在冬季施工,请项目部提出保证施工质量的具体措施。

2. 查阅《市政工程施工图案例图集》中的路-8、路-9和《城镇道路工程施工与质量验收规范》,明确本道路工程沥青面层的质量验收要求和具体指标。

3. 组织热拌沥青混合料面层质量验收并填写质量检验记录表。

面层（热拌沥青混合料）检验批质量检验记录表

编号：030104□□

工程名称		分部工程名称		分项工程名称	热拌沥青混合料面层
施工单位		施工员		项目经理	
分包单位		分包项目经理		施工班组长	
工程数量		验收部位（或桩号）		项目技术负责人	
交方班组		接交班组		检查日期	年 月 日

	序号	检查内容	检验依据/允许偏差（规定值或±偏差值）	范围	检验频率 点数	检查结果/实测值或偏差值 应测点数 合格点数 合格率/%
						1 2 3 4 5 6 7 8 9 10
主控项目	1	原材料、混合料	符合CJJ 1—2008 第8.5.1条规定	按不同材料	每批次	出厂合格证或检验报告编号：
	2	压实度	城市快速路、主干路≥96%，次干路及以下道路≥95%	1000m²	1	检验报告编号：
	3	面层厚度/mm	+10～-5	1000m²	1	
	4	弯沉值	≤设计规定	每车道、每20m	1	检验报告编号：
一般项目	1	纵断高程/mm	±15	20m	1	
	2	中线偏位/mm	≤20	100m	1	
	3	平整度/mm 标准差σ值 最大间隙	快速路、主干路≤1.5；次干路≤3，支路≤5	20m	1～3	
	4	宽度	≥设计值	40m	1	
	5	横坡度	±0.3%且不反坡	20m	2～6	
	6	井框与路面高差/mm	≤5	每座	1	
	7	抗滑 摩擦系数 构造深度	符合设计要求 符合设计要求	200mm 200mm	1 1	

施工单位检查评定结论		
	项目专业质量检查员：（签字） 项目专业技术负责人：（签字）	
监理（建设）单位验收意见		
	监理工程师：（签字） （或建设单位项目专业技术负责人）：（签字） 年 月 日	

项目 5　市政道路水泥混凝土路面面层施工

能力目标

（1）读懂路面结构图中水泥混凝土路面部分的内容，能就图中相关技术问题与设计方进行沟通。

（2）有对水泥混凝土路面面层测量放样及参与施工准备工作的能力。

（3）会查阅施工技术规范，能对水泥混凝土路面面层施工技术方案的施工关键环节进行编制并具有技术交底的能力。

（4）会查阅验收规范等资料，有对水泥混凝土路面面层施工进行质量控制与验收的能力。

项目导读

水泥混凝土路面是刚性路面的代表。施工质量的好坏会直接影响行车的安全、舒适、经济和耐久性。本项目从识读路面施工图领会设计意图、测量放样两个施工准备工作入手，把常用的施工方法归为普通混凝土路面面层施工，而把其他形式归为其他类型的水泥混凝土路面面层施工，最后完成水泥混凝土路面面层的质量控制与验收任务。

通过对项目任务相关知识的介绍，结合工程实例模拟训练，同时借助多媒体设备、实训设备、实训现场、实操训练，形成"做中学、学中做"理实一体化的教学过程。最后给出实际的水泥混凝土路面面层施工图，由学生完成学习任务单规定的内容，并结合施工员岗位，设置相关习题作为本项目的能力训练与考核，以确保达到项目能力目标。

项目任务

（1）会进行水泥混凝土路面面层施工准备工作。

（2）对人工加小型机具施工方法的施工工艺流程、保证施工质量和安全的施工技术措施和施工注意事项、施工质量控制和检查验收项目进行技术交底。

（3）项目成果为市政道路水泥混凝土路面面层施工技术交底记录一份。

任务 5.1 水泥混凝土路面面层施工准备

本任务是水泥混凝土路面面层施工的基础，施工前应熟悉水泥混凝土路面结构图所包括的内容，水泥混凝土路面结构及要求。掌握水泥混凝土路面的接缝与构造、测量等准备工作，熟悉水泥混凝土路面的破坏状态，了解水泥混凝土路面面层厚度是如何确定的。

5.1.1 水泥混凝土路面结构图识读

水泥混凝土路面通常是指以水泥与水拌和成的水泥浆为结合料，以碎（砾）石、砂为集料，再添加适当的外加剂，有时掺加掺和料拌制成的混凝土铺筑面层的路面，包括普通混凝土、钢筋混凝土、连续配筋混凝土、钢纤维混凝土、碾压混凝土和混凝土砌块等面层板和基（垫）层所组成的路面。目前采用最广泛的是就地浇筑的普通混凝土路面，即除接缝区和局部范围（边缘和角隅）外，面层内均不配置钢筋的水泥混凝土路面，也称素混凝土路面。

与其他类型路面相比，水泥混凝土路面具有强度高、稳定性好、耐久性好、有利于夜间行车等优点，但水泥混凝土路面也存在一些缺点，主要有以下几方面。

① 对水泥和水的需要量大，这给水泥供应不足和缺水地区的施工带来较大困难。

② 有接缝。这些接缝不但会增加施工和养护的复杂性，而且容易引起行车跳动，影响行车的舒适性。

③ 开放交通较迟。要经过不少于14d的湿治养护，才能开放交通。

④ 修复困难。水泥混凝土路面损坏后，开挖很困难，修补工作量也大，且影响交通。

1. 水泥混凝土路面结构

水泥混凝土路面包括基层、垫层、水泥混凝土面层等，见图5.1。其结构的组合设计应满足在各类交通等级下的强度要求、水稳性、各结构层强度和厚度、施工碾压要求。

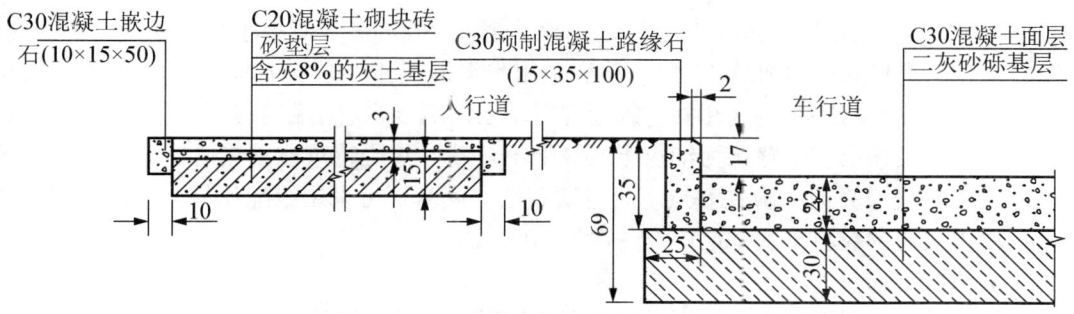

图 5.1 水泥混凝土路面示意图（单位：cm）

在水泥混凝土路面下的路基在自重和车辆荷载作用下，应稳定、密实、均质（包括组成、压实度和湿度）、排水良好，对路面结构提供均匀的支承（不产生过量沉陷和均匀变形）。

(1) 基层

水泥混凝土面层板下的基层,主要承受由面层扩散下来的行车荷载和面层渗入水的作用。

① 设置基层的作用。

a. 防冲浆:基层首先应具有适当的刚度和抗冲刷能力,防止渗水对路基的冲刷。

b. 防唧浆:水泥混凝土面层如直接放在路基上,会由于路基土的塑性变形量大,当细集料含量多时,受水冲刷后,在荷载作用下,易出现唧浆、错台、板底脱空等病害。

c. 防水:在湿软土基上,铺筑开级配粒状材料基层,可以隔断地下毛细水上升。

d. 防冻:在季节性冰冻地区,用对冰冻不敏感的粒状多孔材料铺筑基层,可以减小路基的冰冻深度,以减轻冻胀的危害,并更有效地防水、防冻,提高耐久性。

e. 给水泥混凝土面层施工机械的安装和施工操作提供工作面(侧立模板)。

② 基层类型的选用。

基层类型宜依照交通等级按表5-1选用。各类基层厚度的适宜范围详见表5-2。

表5-1 适宜各交通等级的基层类型

交通等级	基层类型
特重交通	贫混凝土、碾压混凝土或沥青混凝土基层
重交通	水泥稳定粒料或沥青稳定碎石基层
中等或轻交通	水泥稳定粒料、石灰粉煤灰稳定料或级配粒料基层

表5-2 各类基层厚度的适宜范围

基层类型	厚度的适宜范围/mm	基层类型	厚度的适宜范围/mm
贫混凝土或碾压混凝土基层	120~200	级配粒料基层	150~200
水泥或石灰粉煤灰稳定粒料基层	150~250	多孔隙水泥稳定碎石排水基层	100~140
沥青混凝土基层	40~60	沥青稳定碎石排水基层	80~100
沥青稳定碎石基层	80~100		

基层的宽度应比水泥混凝土面层每侧至少宽出300mm(采用小型机具施工时)或650mm(采用滑模式摊铺机施工时)。路肩采用水泥混凝土面层,其厚度与行车道面层相同时,基层宽度宜与路基宽度相同。级配粒料基层的宽度也宜与路基宽度相同。

基层下未设垫层,上路床为细粒土或级配不良砂(承受特重或重交通)时,或者细粒土(承受中等交通)时,应在基层下设置底基层。底基层可采用级配粒料、水泥稳定粒料或石灰粉煤灰稳定粒料,底基层厚度一般取200mm。

(2) 垫层

垫层按其在水泥混凝土面层板下的设置作用及材料分为以下几种。

① 排水垫层(隔离层):采用颗粒材料或不透水隔离层(土工合成材料及沥青砂等构筑)。

② 半刚性垫层(稳定层):常采用石灰土和颗粒材料层。

③ 防冻垫层:常采用颗粒材料、石灰土、炉渣石灰。当路面总厚度小于最小防冻厚度(表5-3)要求时,其差值应由防冻垫层来补足。

表5-3 水泥混凝土路面最小防冻厚度

路基干湿类型	路基土质	当地最大冰冻深度/m			
		0.50~1.00	1.01~1.50	1.51~2.00	>2.00
中湿路基	低、中、高液限黏土	0.30~0.50	0.40~0.60	0.50~0.70	0.60~0.95
	粉土，粉质低、中液限黏土	0.40~0.60	0.50~0.70	0.60~0.85	0.70~1.10
潮湿路基	低、中、高液限黏土	0.40~0.60	0.50~0.70	0.60~0.90	0.75~1.20
	粉土，粉质低、中液限黏土	0.45~0.70	0.55~0.80	0.70~1.00	0.80~1.30

垫层与路基同宽，厚度不小于150mm。

（3）水泥混凝土面层

① 要求。

水泥混凝土面层应具有足够的强度、耐久性、表面抗滑性、耐磨性和平整度。水泥混凝土面层一般采用设接缝的普通混凝土。当面层板的平面尺寸较大或形状不规则，路面结构下埋有地下设施、高填方、软土地基、填挖交界段的路面等有可能产生不均匀沉降时，应采用设置接缝的钢筋混凝土面层。

② 板块尺寸。

水泥混凝土面层宽度为纵向接缝的间距，按路面宽度在3.0~4.5m宽度范围确定。其长度为相邻横向接缝的间距，需按面层板的类型和厚度选定，普通混凝土面层板一般长为4~6m，且面层板的长宽比不宜超过1.35，平面面积不宜大于25m^2。而碾压混凝土和钢纤维混凝土面层板长一般为6~10m，钢筋混凝土面层板长一般为6~15m。

③ 厚度。

《公路水泥混凝土路面设计规范》（JTG D40—2011）提出了水泥混凝土面层厚度计算的结构可靠度要求，引入了目标可靠度、结构设计参数与变异水平等级等指标。通过初估水泥混凝土面层厚度（表5-4），按规定的程序，分别计算荷载疲劳应力和温度疲劳应力。当荷载疲劳应力和温度疲劳应力之和与可靠度系数的乘积小于且接近混凝土的抗弯拉强度标准值时，初估水泥混凝土面层厚度即为设计厚度。水泥混凝土面层厚度采用混凝土的抗弯拉强度作为厚度设计控制指标。

表5-4 水泥混凝土面层厚度的参考范围

交通等级	特重				重			
道路等级	快速路	主干路		次干路	快速路	主干路		次干路
变异水平等级	低	中	低	中	低	中	低	中
面层厚度/mm	≥260	≥250	≥240	≥240	≥240	≥230	≥220	≥220

交通等级	中等				轻	
道路等级	次干路		支路		支路	
变异水平等级	高	中	高	中	高	中
面层厚度/mm	≥210	≥210	≥200	≥200	≥180	≥180

水泥混凝土路面的破坏现象

2. 水泥混凝土路面的破坏现象

水泥混凝土路面在使用过程中受到行车荷载和环境等因素作用，可能出现的破坏类型主要有以下几种。

（1）断裂

水泥混凝土面层板内应力超过水泥混凝土强度时，如板太薄或实际车辆荷载太重，板的平面尺寸太大，地基变形过大使板块底部失去支承，养护期间收缩应力过大，由于材料选用或施工不当、抗折强度未达到设计要求等，将会出现横向或纵向及板角的断裂和裂缝。

断裂病害的出现，破坏了水泥混凝土面层板的整体性，而断裂的根本原因是水泥混凝土面层板在行车荷载与温度应力共同作用下产生的板内拉应力超过了混凝土本身的抗弯拉强度，因此断裂将作为混凝土结构破坏状态的临界状态。

（2）唧浆 [图 5.2(a)]

唧浆是车辆荷载经过接缝时，基层中细粒材料从接缝和裂缝处与水一同喷出，水泥混凝土面层板边缘底部会出现脱空的现象。唧浆的出现，会使水泥混凝土面层板边缘部分和角隅失去支承，导致在离接缝 1.5～1.8m 处产生横向裂缝或在角隅处产生断裂。

（3）错台 [图 5.2(b)]

错台是指接缝两侧出现的竖向相对位移，由于基础过软造成横向接缝或裂缝两侧的路面形成台阶的现象。错台现象降低了行车的平稳和舒适性。

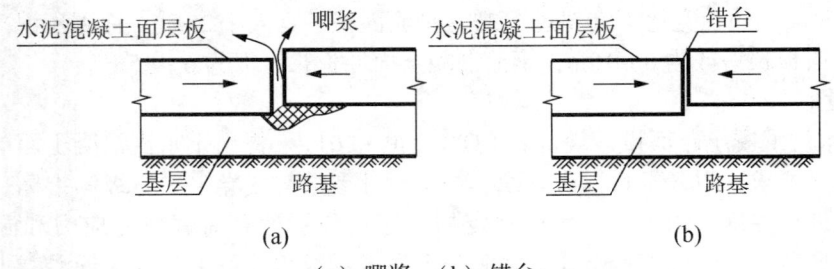

(a) 唧浆；(b) 错台

图 5.2 水泥混凝土路面的破坏现象

（4）传力杆失效

水泥混凝土面层板施工时传力杆安放不当，会使水泥混凝土面层板因热胀而受到阻碍，不能正常传递荷载，在接缝两侧板上产生裂缝或碎裂。

（5）胀裂

胀裂是指在炎热的夏季，水泥混凝土面层板膨胀或板的缝隙内落入杂屑，阻碍板的伸长，使横向裂缝处或板缝两侧向上拱起破裂。

3. 水泥混凝土路面接缝的构造与布置

（1）板块划分的意义

水泥混凝土路面的面层是由一定厚度的水泥混凝土板组成的，属于大体积工程，当温度变化时，水泥混凝土板难免会发生热胀或冷缩。昼夜温度变化，会使水泥混凝土板面和板底出现温度坡差。白天水泥混凝土板顶面的中部有隆起的趋势，夜间水泥混凝土板的顶面温度低于板的底面温度时，会使板的周边及角隅有翘曲的趋势，当板角隅上翘时，会发生板块同基层相脱空的现象。这些变形会受到水泥混凝土面层与垫层之间的摩擦力和黏结力，以及板的自重和车轮荷载等作用。在荷载应力和温度应力的综合作用下，板内会产生较大的应力，导致板产生裂缝或拱胀等破坏。水泥混凝土面层板的划块设缝，能使板内应力控制在允许范围内，避免板体产生不规则裂缝。

（2）等厚板

汽车荷载作用于板边产生的弯拉应力大于板中，为了适应荷载应力的变化，早期水泥混凝土面层板的横断面采用不等厚变截面板，板边部比中部厚。这种断面在厚度变化处，容易引起折裂，且给基层和垫层施工带来诸多不便。目前国内外多采用等厚度的水泥混凝土板断面形式。

（3）接缝构造与布设

水泥混凝土路面构造缝分为两大类：纵向接缝和横向接缝。在板缝处应考虑防渗水和传递荷载的功能。板的纵向接缝与横向接缝应互相垂直相交，但纵向接缝两侧的横向接缝不得互相错位布置，避免出现感应裂缝。

① 纵向接缝。

a. 纵向施工缝。当一次铺筑宽度小于路面宽度时，应设纵向施工缝。纵向施工缝的构造有设拉杆的平缝形式和加拉杆的企口缝形式等。拉杆采用螺纹钢筋，垂直于纵向施工缝，并设于板的中部，其构造如图5.3（a）所示。

纵向接缝

b. 纵向缩缝。当一次摊铺两个或者两个以上车道时，路面应增设纵向缩缝，其位置按车道宽度而定。纵向缩缝应尽量避开轮迹设置。纵向缩缝的构造采用设拉杆的假缝形式，其缝锯槽口深度应大于纵向施工缝的槽口深度。采用粒料基层时，槽口深度应为板厚的1/3；采用半刚性基层时，槽口深度应为板厚的2/5。其构造如图5.3（b）所示。

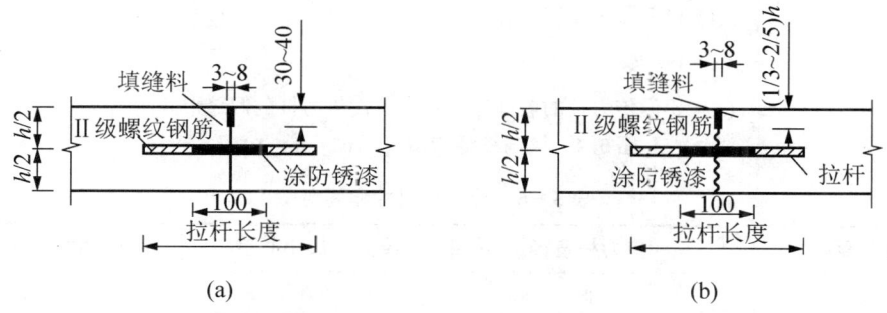

（a）纵向施工缝（设拉杆的平缝形式）；（b）纵向缩缝（设拉杆的假缝形式）

图5.3 纵向接缝构造（单位：mm）

纵向接缝设置拉杆的目的是为了提供板块的黏结力和拉力，防止板块产生横向位移。拉杆应设在板块中央，最外侧的拉杆距横向接缝的距离不得小于100mm，并应对拉杆中部100mm范围内进行防锈处理。在选用拉杆时，可参照表5-5。

表 5-5　拉杆直径、长度和间距　　　　　　　　　　　　　　　　　　　单位：mm

面层厚度	到自由边或未设拉杆纵缝的距离					
	3.00m	3.50m	3.75m	4.50m	6.00m	7.50m
200~250	14×700×900	14×700×800	14×700×700	14×700×600	14×700×500	14×700×400
260~300	16×800×800	16×800×700	16×800×600	16×800×500	16×800×400	16×800×300

注：拉杆尺寸表示方法为直径×长度×间距。

② 横向接缝。

a. 横向缩缝。横向缩缝是为了避免水泥混凝土板块由于温度和湿度降低而产生不规则的裂缝而设置的。横向缩缝有两种形式，不设传力杆的假缝形式和设传力杆的假缝形式，其构造分别如图 5.4(a)、图 5.4(b) 所示。在特重和重交通公路、收费广场及邻近胀缝或自由端部的 3 条横向缩缝，应采用设传力杆的假缝形式。设置传力杆的目的是把荷载应力通过传力杆从横向缩缝一侧传到相邻板块，保证接缝处的传荷能力和路面的平整，防止错台等病害的产生。传力杆一般采用光圆钢筋。胀缝和横向缩缝处的传力杆应采用相同的尺寸和间距，具体可按表 5-6 选用。最外侧传力杆距纵向接缝或自由边的距离为 150~250mm。对设置在横向缩缝处的传力杆，应在大于传力杆长度的 1/2 范围内涂沥青，以保证板块自由滑动。

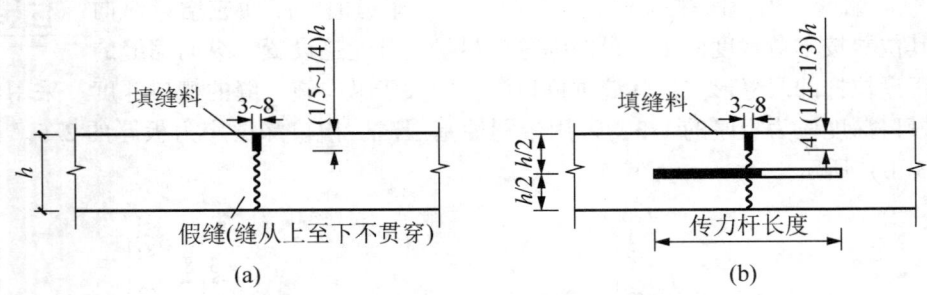

(a) 不设传力杆的假缝形式；(b) 设传力杆的假缝形式

图 5.4　横向缩缝构造（单位：mm）

表 5-6　传力杆尺寸和间距　　　　　　　　　　　　　　　　　　　　单位：mm

面层厚度	传力杆直径	传力杆最小长度	传力杆最大间距
220	28	400	300
240	30	400	300
260	32	450	300
280	35	450	300
300	38	500	300

b. 横向施工缝。每日施工结束，或因故停工 0.5h 以上，都需设置横向施工缝。横向施工缝的构造采用设传力杆的平缝形式，如图 5.5 所示。设在胀缝处的横向施工缝，其构

造与胀缝相同。

c. 胀缝。水泥混凝土面层在低温施工或选用膨胀性高的集料时,应保证面板在温度升高时有伸缩的余地,需设置胀缝。胀缝一般采用滑动传力杆,其构造如图5.6所示。

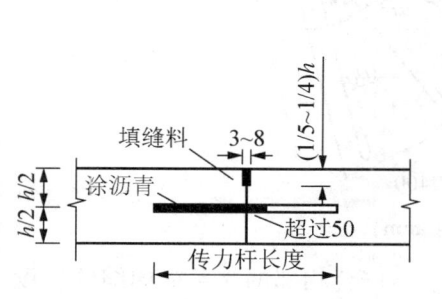

图 5.5 设传力杆的平缝形式（单位：mm）

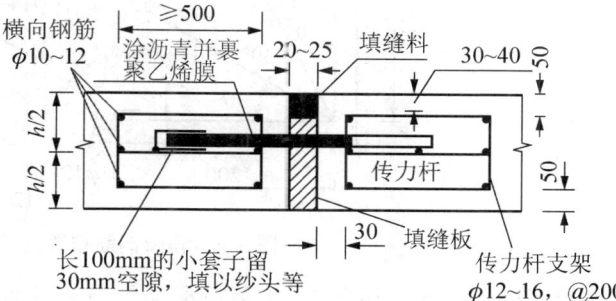

图 5.6 胀缝构造（单位：mm）

水泥混凝土面层板的胀缝是最薄弱的,若施工不当,胀缝处的板块常会出现碎裂等病害。

我国现行的《公路水泥混凝土路面设计规范》规定,在临近桥涵、隧道口、道路与其他路面或与其他固定构造物相接处,小半径平（竖）曲线、纵坡变化处,以及市政道路在交叉口宽度变化处应设置胀缝,一般设置2~3条。

（4）特殊部位配筋

水泥混凝土面层板自由边缘下基础薄弱或接缝为设传力杆的平缝时,可在面层板自由边缘的下部配置钢筋,如图5.7所示；承受特重交通的胀缝、施工缝和自由边的面层角隅应配置角隅钢筋,如图5.8所示。

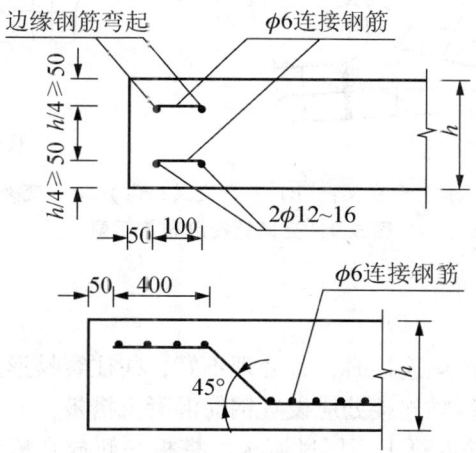

图 5.7 边缘钢筋布置（单位：mm）

（5）交叉处接缝

在相交道路加宽部分布置接缝,其目的是减小应力集中现象,避免出现或减少形成锐角和错缝。在加宽和宽度变化路段的终点,此处板宽不宜小于1m,如图5.9（a）所示。在次要道路弯道加宽横断面处的横向缝,采用胀缝形式,如图5.9（b）所示。在估计

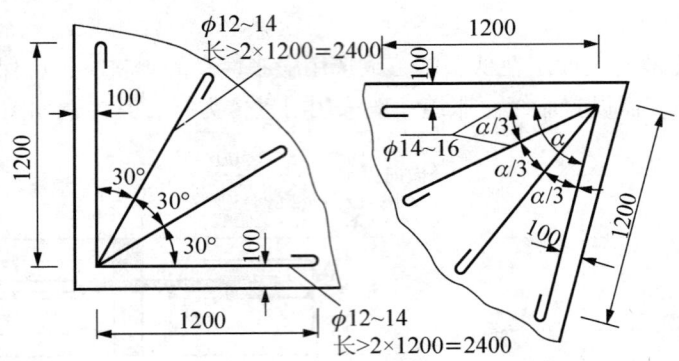

图 5.8 角隅钢筋布置（单位：mm）

膨胀量大时，应连续设置 2～3 条设滑动传力杆的胀缝。与胀缝相邻的 3 条横向缩缝应设置成设传力杆的假缝形式，如图 5.9（c）所示。

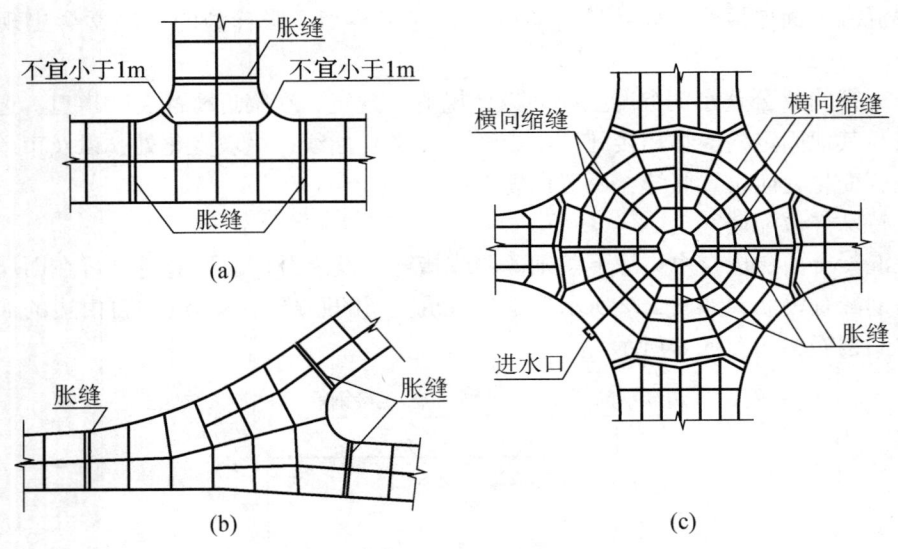

(a) T 形交叉；(b) Y 形交叉；(c) 十字交叉

图 5.9 交叉处接缝布置示意

（6）板端部处理

① 桥头搭板。

水泥混凝土面层板与桥梁连接时，若处理不好，往往容易形成错台，导致汽车在桥头行驶时产生跳车。道路与桥梁连接处应设置钢筋混凝土搭板，并在搭板与水泥混凝土面层板之间设置 6～10m 的钢筋混凝土面层过渡板。搭板一侧放在桥台上，并加设防滑锚固钢筋和在搭板上预留灌浆孔。

② 与其他路面相接。

在水泥混凝土路面与沥青路面相接时，由于沥青路面难以抵御水泥混凝土面层的膨胀推力，容易出现推移拱起，形成接头处的不平整，引起跳车，因此宜采用如图 5.10 所示的相接段处理方式。其间应设置至少 3m 长的过渡段。过渡段的路面采用两种路面呈阶梯状叠合布置的形式，其下面铺的变厚混凝土过渡板板厚不得小于 200mm。过渡段与水泥混凝土面层相接处的接缝内设置直径 25mm、长 700mm、间距 400mm 的拉杆。水泥混凝土路面与沥青路面相邻的 1~2 条横向接缝应设置胀缝。

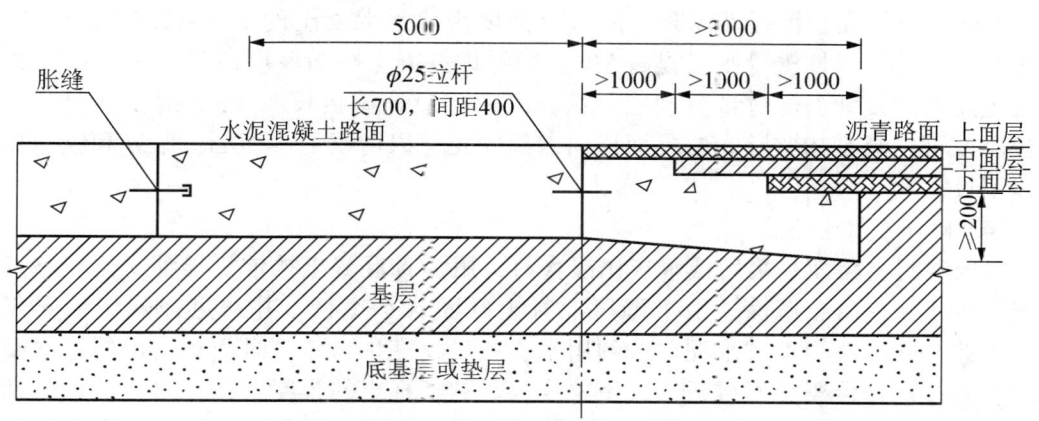

图 5.10　水泥混凝土路面与沥青路面相接段的构造（单位：mm）

4. 其他类型的水泥混凝土路面

（1）钢筋混凝土路面

钢筋混凝土路面是指混凝土板内配置有纵向、横向钢筋（或钢丝）网的水泥混凝土路面，其板内钢筋网的主要作用并非为增加板的抗弯强度，而是阻止板的裂缝张开，使板依靠断裂面上的集料嵌锁作用来保证板结构的整体强度。

钢筋混凝土板的横向缩缝间距较长，一般为 10~20m，但最大不超过 30m。为保证接缝具有传荷能力，横向接缝按横向缩缝形式设置，并设置传力杆，其他接缝构造与素混凝土路面相同。

（2）连续配筋混凝土路面

连续配筋混凝土路面是在面层板纵向配有足够数量的不间断连续钢筋（其作用是提高板的抗开裂能力）的水泥混凝土路面。该类型路面适用于特大交通量的高等级道路。

连续配筋混凝土路面

连续配筋混凝土路面的纵向、横向钢筋均应采用螺纹钢筋。由于很少设置横向接缝，水泥混凝土面层会在温度和湿度变化引起的内应力作用下产生许多横向裂缝。连续配筋混凝土面层的纵向配筋率按允许的裂缝间距（1.0~2.5m）、缝隙宽度（<1.0mm）和钢筋屈服强度确定，通常为 0.6%~0.8%。最小纵向配筋率，冰冻地区为 0.7%，一般地区为 0.6%。

施工中，连续配筋混凝土面层在浇筑中断时需设置施工缝。施工缝采用平缝形式，并设置长度为 1m 的拉杆增强。拉杆的直径与间距应与纵向钢筋相同，以使施工缝两侧的混凝土板块加固成连续的整体。

（3）钢纤维混凝土路面

钢纤维混凝土路面是在混凝土混合料中掺加一定数量钢纤维而压实形成的路面。它是一种性能优良的路面，由于在混凝土中掺入了一定数量的钢纤维，因此大大提高了混凝土的抗拉强度、抗弯强度、抗冻性、抗冲性、抗磨性、抗疲劳性，明显减小了混凝土板的厚度，改善了路用性能。但由于其造价比普通混凝土路面高，目前一般多用于地面高程受限制地段的路面和桥面铺装、停车场和旧混凝土路面的加铺层。它作为桥梁铺装层时，可以减小铺装厚度，减轻自重。

根据试验研究，钢纤维混凝土的弯拉强度为普通混凝土的1.5~2.0倍，且影响因素甚多，弯拉弹性模量则仅提高5%。钢纤维混凝土路面厚度的设计一般参照普通混凝土路面的设计，通过试算确定。试算时，一般计算板长取5m。钢纤维混凝土面层板厚度可以减小30%~50%，而横向缩缝间距可以增至15~30m，胀缝和纵向接缝可以不设。

(4) 碾压混凝土路面

碾压混凝土路面是采用低水灰比混合料，用沥青混凝土摊铺机摊铺，用压路机碾压成型的水泥混凝土路面。由于碾压混凝土路面含水率低，并通过强烈振动碾压成型，因此其强度高、节省水泥、节约用水、施工速度快、养护时间短。但碾压混凝土路面若直接用作混凝土面层板，其平整度很难达到理想的程度，此外路表的均匀性也很难满足要求。因此，碾压混凝土路面适用于次干路、支路的面层板，或作为快速路、主干路的刚性基层。

碾压混凝土面层板的厚度设计方法与普通混凝土路面相同，构造缝设置也基本相同，但板块长度一般为6~10m，宽度一般为8~13m，略大于普通混凝土面层板尺寸。

(5) 混凝土砌块路面

混凝土砌块的形状为六边形或矩形。当采用机械化方式铺砌时，砌块的尺寸根据设备的砌筑能力确定；当手工铺砌时，六边形砌块两对角线最大长度为300mm，矩形砌块平面尺寸为200mm×400mm。混凝土砌块的强度等级不低于C40。混凝土砌块路面两侧需设置路缘基座或路缘石。路缘基座或路缘石可用专用滑模摊铺机或现场立模浇筑，预制基座可用人工拼装施工。这种路面的施工流程为：路缘基座或路缘石施工→铺砂垫层→混凝土砌块铺砌→填灌填缝砂。

混凝土砌块路面具有结构简单，价格低廉，能承受较大的单位压力，可以铺筑成各种图案以美化道路，同时便于修复等优点，因此，较广泛地用于铺筑停车场、堆场、集装箱码头、城市人行道和街区道路等。

5. 水泥混凝土路面施工方式和机械选择

滑模铺筑

三辊轴机组铺筑

(1) 水泥混凝土路面施工方式

目前，我国水泥混凝土路面的施工方式有滑模铺筑、三辊轴机组铺筑、人工加小型机具铺筑、碾压混凝土路面铺筑4种。

① 滑模铺筑。

滑模铺筑是采用滑模摊铺机铺筑水泥混凝土路面的施工工艺。其特征是不架设边缘固定模板，在滑模摊铺机尾部两侧装有模板即可随机前进，能兼做摊铺、振捣、压入杆件、切缝、整面和刻划防滑小槽等作业。该工艺工序紧凑，施工质量高，且可分层摊铺，混凝土的铺筑厚度与宽度均具有可调性。

② 三辊轴机组铺筑。

三辊轴机组铺筑是采用振捣机、三辊轴整平机等机组铺筑混凝土路面的施工工艺。三辊轴整平机实质上属于小型机具的改造形式，是将小型机具施工时的振捣梁和滚杠合并安装在有驱动力轴的设备上,所以在高等级道路施工中,仅靠三辊轴整平机是不能保证混凝土面层板中下部振捣密实的,必须同时配备密集排式振捣机施工。其施工程序与小型机具相近,并推荐使用真空脱水工艺和硬刻槽来保证表面的耐磨性和抗滑性。

③ 人工加小型机具铺筑。

人工加小型机具铺筑是采用固定模板,人工布料,手持振捣棒、振捣板或振捣梁振实,棍杠、修整尺、抹刀塑平的水泥混凝土路面的施工工艺。它也是我国一直以来沿用的常规的施工方法。它主要依靠小型机具与人工操作,完成水泥混凝土路面的铺筑过程。难以实施高质量的施工管理,尤其漏振与欠振对水泥混凝土路面的弯拉强度、密实度和均质性影响很大,因此人工加小型机具铺筑的水泥混凝土路面在高等级道路上往往无法承受繁重的交通量。

④ 碾压混凝土路面铺筑。

碾压混凝土路面铺筑是采用特干硬性水泥混凝土拌合物,使用沥青摊铺机摊铺、压路机械压实成型的混凝土路面的施工工艺。其铺筑流程为:碾压混凝土拌和→运输→卸入沥青摊铺机→沥青摊铺机摊铺→打入拉杆→钢轮压路机初压→振动压路机复压→轮胎压路机终压→抗滑构造处理→养护→切缝→填缝。

此法一直较多用于下面层或基层贫混凝土的施工,与水泥稳定类基层施工相似,现用于面层混凝土施工,对其施工机械与作业要求更加规范。

(2) 施工机械选择

综上所述,水泥混凝土路面施工可分为人工加小型机具施工与机械化施工两类。改革开放以来,我国道路交通运输状况发生了质的变化,实践证明:水泥混凝土路面施工只有采用大型成套摊铺装备和依靠高新技术,才能铺筑出内在质量、表面行驶功能和耐久性均符合各项技术指标要求的路面。

水泥混凝土路面施工的机械化程度是保证路面质量的重要条件。在选择施工机械时,应根据道路等级要求,选用合适的机械装备。

由于我国幅员辽阔,各地经济发展不平衡,施工条件存在较大差别,不少地区受当地水泥混凝土路面施工技术水平、技术力量、机械设备及经济水平所限,仍在采用人工加小型机具铺筑的施工方法。滑模铺筑自动化程度高,不但提高了摊铺质量和施工效率,节省了工程投资,还提升了交通行业技术水平,是水泥混凝土路面施工技术的一大变革,具有其他方法不可替代的优越性,故在后述内容中仅对以上两种施工方式布置任务。

5.1.2 水泥混凝土路面施工现场准备

1. 选择混凝土拌和场地

拌和场地的选择首先要考虑使运送混合料的运距最短,同时拌和场地还应该接近水源和电源。此外,拌和场地应有足够的面积,以供堆放砂石材料和搭建水泥库房。根据施工路线的长短和所采用的运输工具,混凝土可集中在一个场地拌和,也可以在沿线选择几个场地,随工程进展情况迁移。

2. 进行材料试验和混凝土配合比设计

根据技术设计要求与当地材料供应情况，做好混凝土各组成材料的试验，进行混凝土各组成材料的配合比设计。

3. 基层的检查与整修

半刚性基层的整修时机很重要，过迟则强度已形成，难以修整且很费工。在旧砂石路面上铺筑水泥混凝土路面时，所有旧路面的坑洞、松散等损坏，以及路拱横坡度或宽度不符合要求之处，均应事先翻修并调整压实。基层的宽度、路拱、高程、表面平整度和压实度，均应检查其是否符合要求。如有不符之处，应予整修；否则，将使面层的厚度变化过大，而增加其造价，并且会减少其使用寿命。

混凝土摊铺前，基层表面应洒水润湿，以免混凝土底部的水分被干燥的基层吸去，变得疏松而产生细裂缝。有时，也可在基层和混凝土之间铺设薄层沥青混合料或塑料薄膜。

4. 水泥混凝土面层的施工放样

水泥混凝土面层的施工放样内容仍然是恢复中线、测量边线和放样高程，方法与基层相同。水泥混凝土面层的施工放样要求见表5-7。

表5-7 水泥混凝土面层的施工放样要求

序号	检查项目	允许偏差或规定值
1	中线平面偏位/mm	≤20
2	纵断高程/mm	±15
3	宽度/mm	0，-20
4	横坡度/%	±0.3 且不反坡

水泥混凝土面层正式铺筑前，多种方法需进行模板的安装，只有保证了模板本身的强度、刚度、尺寸合适，以及安装位置准确、稳固顺直、接缝紧密，才能保证水泥混凝土面层成型后的各项外形尺寸的准确和线形的美观，因此对模板的安装规范提出了相应的要求。

① 支模前应核对路面高程、面板分块、胀缝和构造物的位置。
② 模板应安装稳固、顺直、平整，无扭曲，相邻模板连接应紧密平顺，不得错位。
③ 严禁在基层上挖槽嵌入模板。
④ 模板安装完毕，应进行检验，合格后方可使用。模板安装质量应符合表5-8的规定。

表5-8 模板安装允许偏差

检测项目	允许偏差	
	三辊轴机组	小型机具
中线偏位/mm	≤10	≤15
宽度/mm	≤10	≤15
顶面高程/mm	±5	±10
横坡度/%	±0.10	±0.20

续表

检测项目	允许偏差	
	三辊轴机组	小型机具
相邻板高差/mm	≤1	≤2
模板接缝宽度/mm	≤3	≤3
侧面垂直度/mm	≤3	≤4
纵向顺直度/mm	≤3	≤4
顶面平整度/mm	≤1.5	≤2

拓展讨论

1. 城市道路未设围挡能施工吗？
2. 城市道路围挡设置有哪些要求？
3. 围挡或标识不清引起的事故及分析。

育人元素　爱岗敬业　专业能力　安全意识

能力训练及习题

能力训练

分小组讨论并回答以下问题。
(1) 水泥混凝土路面常见的破坏状态主要有哪几种？
(2) 水泥混凝土路面接缝的类型有哪些？
(3) 水泥混凝土路面施工前现场准备有哪些工作？

习 题

一、选择题
1. 水泥混凝土面层板的断裂是由于（　　）使板内应力超过混凝土强度。
   A. 混凝土板过厚　　　　　　　　B. 混凝土板平面尺寸过大
   C. 混凝土板平面尺寸过小　　　　D. 切缝时间太早
2. 汽车行经水泥混凝土路面接缝时，由缝内喷溅出细集料与水的现象称为（　　）。
   A. 碎裂　　　　　　　　　　　　B. 拱起
   C. 错台　　　　　　　　　　　　D. 唧浆
3. 水泥混凝土路面的设计指标是（　　）。
   A. 抗压强度　　　　　　　　　　B. 抗弯拉强度
   C. 抗剪强度　　　　　　　　　　D. 抗渗强度
4. 水泥混凝土路面横向缩缝的构造一般为（　　）。
   A. 平缝带拉杆形式　　　　　　　B. 假缝、假缝加拉杆形式
   C. 企口缝、企口缝加拉杆形式　　D. 假缝、假缝加传力杆形式
5. 水泥混凝土面层板缝中必须放传力杆的接缝是（　　）。
   A. 横向缩缝　　　　　　　　　　B. 横向施工缝
   C. 纵向施工缝　　　　　　　　　D. 以上都不是
6. 水泥混凝土路面的优点有（　　）。
   A. 稳定性好　　B. 耐久性好　　C. 养护费用少
   D. 开放交通早　　E. 噪声小
7. 水泥混凝土面层板一般长不超过（　　）m。
   A. 4　　　　　　B. 5　　　　　　C. 6　　　　　　D. 8
8. 防止水泥混凝土面层板出现横向位移的有效措施是（　　）。
   A. 设置传力杆　　　　　　　　　B. 设置拉杆
   C. 设置角隅钢筋　　　　　　　　D. 增强板下基础强度

二、判断题
1. 水泥混凝土路面施工时，一般优先选用强度等级为42.5级的普通水泥。（　　）
2. 水泥混凝土路面施工的机械化程度是保证路面质量的重要条件。（　　）
3. 快速路的水泥混凝土路面必须用人工加小型机具铺筑。（　　）

4. 水泥混凝土路面基层板体性好，透水性大，才能不易发生基层软化和唧浆等病害。（　　）

5. 水泥混凝土路面工程一直以抗压强度作为混凝土配合比设计和施工质量控制的强度指标。（　　）

6. 水泥混凝土路面纵缝中必须设传力杆。（　　）

7. 水泥混凝土路面与沥青路面相接处，一般不需要采取特殊处理措施。（　　）

在线答题

学习任务单

◆ **学习目标**

明确水泥混凝土面层施工准备工作。

◆ **学习地点**

实训室。

◆ **学习准备**

《城镇道路工程施工与质量验收规范》、互联网资源、多媒体设备等。

◆ **学习过程**

以小组为模拟项目部,讨论人工加小型机具铺筑水泥混凝土面层的物资准备、现场准备与其他结构层的区别。

任务 5.2　普通混凝土路面面层施工

本任务是要了解普通混凝土路面面层材料技术要求，掌握人工加小型机具施工及滑模施工两种方法，掌握施工规范对普通混凝土路面面层施工的相关规定和要求。

5.2.1　普通混凝土路面面层材料技术要求

用于道路普通混凝土路面面层的混凝土除应符合普通混凝土的材料要求外，在原材料的选择、普通混凝土混合料的技术要求方面应满足一些特殊要求。

1. 原材料的选择

① 在大多数情况下优先采用强度等级为 42.5 级以上的道路硅酸盐水泥或普通硅酸盐水泥，一般道路可使用强度等级为 32.5 级以上的矿渣水泥。采用机械化铺筑时，宜选用散装水泥。

② 为了改善混凝土的技术性能，降低成本，掺用粉煤灰时应满足分级和质量指标的要求，并采用散装灰。

③ 粗细集料均应质地坚硬、耐久且洁净，级配、压碎值、针片状颗粒含量均应符合要求。粗集料不得使用不分级的统料，应按最大公称粒径的不同采用 2~4 个粒级的集料进行掺配。卵石的最大公称粒径不宜大于 19.0mm，碎卵石的最大公称粒径不宜大于 26.5mm，碎石的最大公称粒径不宜大于 31.5mm。天然砂宜为中砂，也可使用细度模数为 2.0~3.5 的砂。

④ 接缝材料包括胀缝板和填缝料。胀缝板宜采用厚 20mm、水稳性好、具有一定柔性的板材制作，且经防腐处理。填缝料应与混凝土板壁粘接牢固、回弹性好、适应混凝土板收缩、不溶于水、不渗水、高温时不流淌、低温时不脆裂、耐老化。

2. 普通混凝土混合料的技术要求

普通混凝土混合料设计时应满足以下 3 项技术要求。

（1）弯拉强度（抗折强度）

弯拉强度是普通混凝土路面的强度控制指标，所以配制时应采用弯拉强度作为普通混凝土混合料配合比设计目标。根据道路交通等级确定 28d 设计弯拉强度标准值 f_r，同时满足其相应的抗压强度值，具体取值见表 5-9。

表 5-9　混凝土弯拉强度标准值（f_r）

交通等级	特重	重	中等	轻
弯拉强度标准值/MPa	5.0	5.0	4.5	4.0

（2）工作性

普通混凝土混合料工作性的要求因施工方法而异，不同摊铺方式的混凝土工作性及用水量要求见表 5-10。

表 5-10　不同摊铺方式的混凝土工作性及用水量要求

混凝土类型	项目	摊铺方式		
		滑模摊铺机	三辊轴机组摊铺机	小型机具摊铺
砾石混凝土	出机坍落度/mm	20~40	30~50	10~40
	摊铺坍落度/mm	5~55	10~30	0~20
	最大用水量/(kg/m³)	155	148	145
碎石混凝土	出机坍落度/mm	25~50	30~50	10~40
	摊铺坍落度/mm	10~65	10~30	0~20
	最大用水量/(kg/m³)	160	153	150

（3）耐久性

路面混凝土的耐久性包括抗冻性、抗滑性、抗磨性、抗冲击性、耐疲劳性，对混凝土 20~30 年的耐久性和使用寿命而言，仅满足混凝土的弯拉强度是远远不够的。理论研究与实践表明，混凝土的含气量、水灰比及水泥用量与混凝土的耐久性密切相关，应严格控制。路面混凝土含气量及允许偏差应符合表 5-11 的要求。最大水胶比和最小水泥用量也应满足规范规定的要求。

表 5-11　路面混凝土含气量及允许偏差

最大公称粒径/mm	无抗冻性要求/%	有抗冻性要求/%	有抗盐冻要求/%
19.0	4.0±1.0	5.0±0.5	6.0±0.5
26.5	3.5±1.0	4.5±0.5	5.5±0.5
31.5	3.5±1.0	4.0±0.5	5.0±0.5

其他类型的水泥混凝土面层的混合料也应满足规范具体规定的以上 3 项技术要求。

5.2.2　人工加小型机具施工

普通混凝土面板的施工程序为：施工放样→安装模板→设置传力杆→混凝土的拌和与运送→混凝土的摊铺和振捣→接缝的设置→表面整修→混凝土的养生与灌缝。

（1）模板的安装。

在摊铺混凝土前，应先安装侧模。模板应采用刚度足够的槽钢、轨模或钢制模板，不应使用木模板、塑料模板等易变形模板；钢模板应直顺、平整、接头拼装牢固、平顺、无扭曲，能承受摊铺、振实、整平设备的负载行进，冲击和振动时不发生位移，且装拆容易。每 1m 设置一处支撑装置，模板厚度应与混凝土面板厚度相同，模板的顶面与面板设计高程一致。模板安装、检查后，在模板内侧面均匀涂刷一薄层脱模剂（如废机油、肥皂液等），以便于脱模。

侧模按预先标定的位置安放在基层上，核对路面标高、面板分板、胀缝和构造物位置后两侧用铁钎打入基层以固定位置。纵横曲线路段应采用短模板，每块横板中点应安装在曲线切点上。模板顶面用水准仪检查其高程，不符合时予以调整。模板的平面位置和高程控制都很重要，稍有歪斜和不平都会反映到面层，使其边线不齐、厚度不准、表面呈波浪形。因此，施工时必须经常校验，严格控制。

(2) 传力杆与拉杆的设置。

当侧模安装好后，即可设置纵向接缝处的拉杆和胀缝处的传力杆。

① 纵向接缝处拉杆的设置。

把拉杆穿过模板上预留的圆孔，按长度对半大致稳住，混凝土浇筑振捣完后，校正拉杆位置。注意拉杆位置一定要安放准确。

② 传力杆的设置。

为了保证传力杆位置的准确性，宜采用前置支架法施工。预先在表面准确安装和固定支架，保证传力杆中部对准伸缩缝切割位置，且不会因布料、摊铺而导致推移。施工操作时，操作人员不能站在传力杆架上，不得在支架顶面直接卸料。传力杆以下的混凝土宜在摊铺前采用手持振捣棒振实。传力杆加固用的扎丝在插入式振捣器振捣后，平板式振捣器或振动梁振实前取出。施工缝传力杆可直接固定在带有圆孔的模板上，施工时应注意摆放平直，圆孔处不得漏浆，支架还可采用与锚固入基层的钢筋焊接等方法固定。

胀缝采用前置钢筋支架法施工，也可采用预留一块面板，高温时再铺封。前置法施工胀缝时，应预先加工、安装和固定胀缝补强钢筋支架、胀缝板和传力杆。传力杆一半以上长度的表面应涂防粘涂层，端部应戴活动套帽，套帽材料与尺寸应符合有关规定的要求。胀缝板应与路中心线垂直，缝壁垂直；缝隙宽度一致；缝中完全不连浆。

(3) 混凝土混合料的制备

为节约资源、保护生态环境、减少城市噪音和粉尘污染，保证混凝土的质量，混凝土宜在中心工厂集中制备。中心工厂集中制备混凝土应注意以下几点：

① 应采用强制性拌和机拌和

② 各种原材料计量设备的最大偏差应符合下列规定（按重量计）：胶凝总量（水泥、矿物掺合料等）±1%；外加剂±1%；粗细骨料2%；拌合用水±1%；

③ 搅拌时的投料顺序：先投骨料、水泥和矿物掺合料，搅拌均匀后，加水和液体外加剂，直至搅拌均匀为止。水泥的入机温度不应高于70℃；

④ 搅拌时间以全部材料装入搅拌机开始搅拌至搅拌结束开始卸料所用时计，混凝土连续搅拌时间应根据配合比和搅拌设备情况通过试验确定，但最短时间不宜少于2min。

(4) 混凝土混合料的运送

① 一般要求。

混凝土混合料一般用手推车、翻斗车或自卸汽车运送。运输车辆应洁净，运输过程中要防止漏浆、漏料和污染路面，途中不得随意耽搁。自卸车运输应减小颠簸，防止拌合物离析。车辆起步和停车应平稳。合适的运距视车辆种类和混凝土混合料容许的运输时间而定。运输的最长时间，以初凝之前并留有足够的摊铺操作时间为限。当不能满足此要求时，应使用缓凝剂。通常，夏季不宜超过30~40min，冬季不宜超过60~90min。

混凝土混合料运至浇筑地点时，如发生离析、严重泌水或坍落度不符合要求，应进行第二次搅拌，并不得任意加水。确有必要时，可同时加水和水

混凝土混合料的运送

泥，以保持水灰比不变。如二次搅拌仍不符合要求，应严禁使用。高温天气运送混凝土混合料时应采取覆盖措施，以防混凝土混合料中水分蒸发。运送用的车厢必须在每天工作结束后，用水冲洗干净。

② 运输设备的选择。

混凝土混合料的运输设备可参考表5-12选择。

表5-12 混凝土混合料的运输设备

类型	容许范围/m³	运输距离/m	通道宽度/m
单、双轮手推车	0.10~0.16	30~50	1.6~1.8
机动翻斗车	0.40~1.20	100~500	2.0~3.0
自卸汽车	2.0~4.0	500~2000	3.5~4.0
混凝土搅拌运输车	8.9~11.8	500~2000	2.5~3.5

③ 运输时间的具体规定。

若采用搅拌站拌制混凝土混合料，则从搅拌站至浇筑地点混合料的运输时间不宜超过表5-13的规定。

表5-13 混凝土混合料运输时间

气温/℃	无搅拌设施运输/min	有搅拌设施运输/min
30~35	15	45
20~30	30	60
10~20	45	75
5~10	60	90

不同摊铺工艺的混凝土混合料从出料到运输、铺筑完毕的允许最长时间应符合表5-14的规定。

表5-14 混凝土混合料从出料到运输、铺筑完毕的允许最长时间

施工气温/℃	到运输完毕允许最长时间/h		到铺筑完毕允许最长时间/h	
	滑模	三辊轴、小机具	滑模	三辊轴、小机具
5~9	2.0	1.5	2.5	2.0
10~19	1.5	1.0	2.0	1.5
20~29	1.0	0.75	1.5	1.25
30~35	0.75	0.50	1.25	1.0

④ 泵送混凝土混合料的要求。

a. 混凝土混合料的供应必须保证输送泵能连续工作。

b. 输送泵的输送管线尽量采用直管，弯管转弯要平缓，接头要严密。

c. 泵送前应先用适量的、与混凝土内成分相同的水泥浆润滑输送管内壁。泵送时间间隔不宜超过15min。

d. 在泵送过程中，料斗内应具有足够的混凝土混合料，以防止吸入空气产生阻塞。

(5) 混凝土混合料的摊铺

① 防止混凝土混合料发生离析现象。当运送混凝土混合料的车辆运达摊铺地点后，一般直接倒向安装好侧模的路槽内，并用人工找补均匀。自高处向模板内倾泻混凝土混合料时，应注意以下要点。

a. 直接倾泻时，其自由倾落高度不宜超过2m，以不发生离析现象为度。

b. 高度超过2m时，应通过串筒、溜管或振动管等辅助设施；高度超过10m时，应设置减速装置。

c. 在串筒等出料口下端，混凝土混合料堆积高度不宜超过1m。

② 有序浇筑。

混凝土混合料摊铺应与钢筋网、传力杆及边缘角隅钢筋的安放相配合，并按照一定厚度、顺序和方向浇筑。当分层浇筑时，应在下层混凝土混合料初凝或能够重塑前完成上一层混凝土混合料的浇筑。在倾斜面上浇筑时，应从底层开始逐层扩展升高，保持水平分层。

③ 摊铺厚度。

混凝土混合料摊铺时应考虑混凝土混合料振捣后的沉降量，松铺系数宜控制在1.10~1.25，使振实后的面层高程与设计相符。当摊铺厚度达到混凝土板厚的2/3时，应拔出模内钢钎，并填实钎洞。若分两次摊铺，上层混凝土混合料的摊铺应在下层混凝土混合料初凝前完成，且下层厚度宜为总厚度的3/5。

(6) 混凝土混合料的振捣。

浇筑混凝土混合料时，除少量塑性混凝土混合料可用人工捣实外，宜采用振捣器振实。混凝土混合料的振捣器具，应由平板振捣器（大于2.2kW）、插入式振捣器和振捣梁（各1.1kW）组成。混凝土路面板厚在0.22m以内时，一般可一次摊铺，用平板振捣器振实。平板振捣器振不到之处，如面板的边角部、窨井、进水口附近，以及设置钢筋的部位，用插入式振捣器振实，不得过振，且振动时间不宜少于30s，移动间距不宜大于50cm；当混凝土板厚较大时，可先用插入式振捣器振捣，然后再用平板振捣器振捣，以免出现蜂窝现象。插入式振捣器的插点要排列均匀，且应做到快插慢拔，逐一地均匀振实。

平板振捣器在同一位置停留的时间不少于15s，应重叠10~20cm，以达到表面振出浆水，混凝土混合料不再沉落为宜。平板振捣器行进速度应均匀一致。平板振捣器振捣后，用带有振捣器的、底面符合路拱横坡度的振捣梁，两端搁在侧模上，沿摊铺方向振捣拖平。拖振过程中，多余的混凝土混合料将随着振捣梁的拖移而刮去，低陷处则应随时补足。随后，再用直径100~125mm的无缝钢管，两端放在侧模上，沿纵向滚压一遍。

必须注意，在摊铺或振捣混凝土混合料时，当振捣靠近钢筋或侧模的混凝时，振动棒与钢筋或侧模之间的距离应控制在5~10cm范围内又不能碰撞模板和传力杆，以避免其移动变位。对每一振捣部位，必须确保该部位混凝土混合料振捣密实，但又不过振。密实的标志是：混凝土混合料停止下沉，不再冒出气泡，表面呈现平坦、泛浆。一块混凝土板应一次连续浇筑完毕。

（7）筑做接缝。

① 胀缝。

施工中用手持振捣棒振实胀缝板两侧的混凝土后再摊铺。在混凝土未硬化时，剔除胀缝板上部的混凝土，嵌入 20mm×20mm 的压缝板条，使用前应涂废机油或其他润滑油，在混凝土混合料振捣后，先抽动一下，随后最迟在终凝前将压缝板条抽出整平表面。抽出时为确保两侧混凝土不被扰动，可用木板条压住两侧混凝土，然后轻轻抽出压缝板条，再用铁抹板将两侧混凝土抹平整。缝隙上部应浇灌填缝料。留在缝隙下部的胀缝板采用沥青浸制的软木板或油毛毡等材料制成。

② 横向缩缝。

常用切缝法施工，即在结硬的混凝土中用切缝机（带有金刚石或金刚砂轮锯片）按设计位置、深度、形状切割出槽口。这种方法可保证缝槽质量，并且不会扰动混凝土结构，但要掌握好切割时间。过迟混凝土因过硬而使锯片磨损过大且费工，更主要的是可能在切割前出现收缩裂缝；过早混凝土因还未结硬，切割时槽口边缘易产生剥落。合适的时间视气候条件而定，炎热而多风的天气，或者早晚气温有突变时，混凝土板会产生较大的湿度或温度坡差，使内应力过大而出现裂缝。切缝在表面整修后 4h 即可开始。如天气较冷，一天内气温变化不大，切割时间可晚至 12h 以上。

③ 纵向接缝。

做平缝纵缝时对已浇混凝土板的缝壁，涂刷沥青，应避免涂在拉杆上，再浇筑相邻混凝土板；对于企口缝纵缝。模板内壁做成凸榫状，拆模后，混凝土板侧面即形成凹槽，浇筑相邻混凝土混合料前，先在凹槽壁上涂抹沥青，并靠缝壁浇筑。

（8）表面整修与防滑措施

混凝土终凝前必须用人工或机械抹平其表面。人工抹面拉毛等应在跳板上进行，抹面时严禁在板面上洒水、撒水泥粉。真空吸水完成后即可进行机械抹平，先用带有浮动圆盘的重型抹面机粗抹，再用带有振动圆盘的轻型抹面机或人工细抹一遍。混凝土抹面不宜少于 4 次，应先找平抹平，待混凝土表面无泌水时再抹面，并依据水泥品种与气温控制抹面间隔时间。为了满足机械抹平的要求，目前国产的小型电动抹面机有两种装置：装上圆盘即可进行粗光；装上细抹叶片即可进行精光。

为保证行车安全，混凝土表面应具有粗糙抗滑的特性。最普通的做法是用棕刷沿道路横向在抹平后的表面上轻轻刷毛；也可用金属丝梳子梳成深 1~2mm 的横槽。近年来，国外已采用一种更有效的方法，即在已硬结的路面上，用锯槽机将路面锯割成深 5~6mm、宽 2~3mm、间距 20mm 的小横槽。也可在未结硬的混凝土表面塑压成槽，或压入坚硬的石屑来防滑。

（9）养护与灌缝

① 养护。

混凝土面层成活后，为防止混凝土中水分蒸发过速而产生缩裂，并保证水泥水化过程的顺利进行，应及时养护。气温较高时，养护期不宜少于 14d；低温时，养护期不宜少于 21d。一般用下列两种养护方法。

a. 湿治养护法。

混凝土抹面 2h 后,当表面已有相当硬度,用手指轻压不现痕迹时即可开始养护。一般养护采用混凝土保湿布湿麻袋或草垫,覆盖于混凝土表面。每天均匀洒水数次,使其保持潮湿状态,至少延续 14d。

b. 塑料薄膜覆盖养护法。

当混凝土表面不见浮水,用手指按压无痕迹时,即可均匀喷洒塑料溶液,形成不透水的薄膜黏附于表面,从而阻止混凝土中水分的蒸发,保证混凝土的水化作用。

湿治养护法

② 灌缝。

灌缝工作宜在混凝土初步结硬后及时进行。灌缝前,首先将缝隙内的泥沙、凝结的泥浆等杂物清除干净,当缝内及缝壁清洁、干燥、擦不出水、泥浆或灰尘后,方可浇灌填缝料。

实践表明,填料不宜填满缝隙全深,最好在浇灌填料前先用多孔柔性材料填塞缝底,然后再加填料,这样夏天胀缝变窄时填料不致受挤而溢至路面。

灌缝

混凝土板在达到设计强度的 40% 以后,方可允许行人通行。面层混凝土弯拉强度达到设计强度,且灌缝完成后,方能开放交通。

5.2.3　滑模施工

1. 滑模施工准备

普通混凝土路面的滑模施工是一套复杂完整的大型机械化施工系统。由于其技术标准高、难度大,做好施工前的各项准备工作就显得尤为重要。滑模施工准备包括技术交底和施工组织设计,配备好各种滑模摊铺的施工机械,组织好检测施工人员队伍、人工施工机具和模板、接缝施工机具,准备好各种施工原材料,建好搅拌站,有足够的水电供应、良好和充足的运输车辆、基层滑模摊铺场地、运输道路等。充分做好滑模施工准备工作能达到事半功倍的效果。

滑模施工

(1) 施工前的组织与技术准备

① 施工单位应建立高效权威的施工指挥调度机构,确定指挥机构的负责人,对工程质量、人员、材料、机械、财务、安全等进行科学管理。

② 在滑模摊铺开始前,施工单位应对施工、试验、机械、管理等岗位的技术人员和各工种技术工人进行培训。未经培训的人员不得单独上岗操作。

③ 进行施工前技术交底,熟悉各种技术规范和相关标准。这不仅是对工程技术人员的要求,也能避免机械人员不懂工程的现象发生。让机械操作手充分熟悉施工要求,同时要求相关人员熟悉计算机、电、气等相关知识,不断摸索,反复优化,以取得最佳的施工效果。

④ 根据施工条件、工期要求、设计意图、合同文件,确定施工方案,编制施工工艺流程,施工组织设计方案。

⑤ 加强无线电通信系统，在施工现场、运输车辆、材料供应和搅拌站之间，由施工单位组织统一调度生产，保证整个系统高效运行，对存在的问题和困难，应及时调度、调整。

（2）施工现场的准备

① 解决施工现场的水电供应，确保运输道路畅通，还应对施工现场进行交通隔离。拌合料应做好进出场的登记、储存、保管、签发等管理工作，保证原材料品质合格。搅拌站供应拌合料应充足，以保证滑模摊铺机的施工能力。

② 下承层必须符合设计、施工和检查验收规范的技术要求，具有足够的水稳性和冰冻稳定性，并具有足够的强度和刚度。

③ 下承层必须提供足够的工作面，保证摊铺机不间断施工。

（3）现场试验室

滑模摊铺普通混凝土路面的施工工地应建立现场试验室。施工单位在备料和施工过程中，应对混凝土原材料调查取样、定期抽检和试验分析，提供符合要求的原材料和配合比试验报告，控制拌合物工作性，提供弯拉强度、钻芯劈裂强度、平整度、板厚、构造深度等自检结果。

（4）混凝土混合料

施工单位应对原材料调查取样，定期抽检和进行试验分析。水泥应检验出厂质量报告单，抽样检验水泥的细度、凝结时间、安定性及 3d 和 28d 的抗压强度，其中一项不满足设计要求的，则禁止使用。还应进行拌合物的配合比检验和调整：首先按实验室配合比确定的材料在拟采用的搅拌楼中试拌，测定拌合物的坍落度、含气量、损失及其偏差。再根据料场砂石含水率，调整实验室配合比，在调整过程中，水灰比、水泥用量不得减少，以满足工作性的要求。根据施工配合比的要求，制作混凝土抗压和抗弯拉试件，测定其 28d 的强度，或根据压蒸 4h 快速测定强度推算 28d 强度。如符合强度要求，则施工配合比视为试拌配合比；偏低时则可采取提高水泥强度等级、降低水灰比、改善集料级配等措施，来提高混凝土的强度。

（5）混凝土搅拌站的准备

一般情况，滑模混凝土的最大运输半径约为 20km，也可根据实际施工情况，测定最适宜的运输半径。所以应选择满足工程量、工期、混凝土质量要求并必须设置在需施工道路的两侧附近，最好是在施工线路中间位置的混凝土搅拌站。

（6）复桩

路面施工单位应根据设计文件，校核平面和高程控制桩，复测和恢复基层交出的路面中心线、边缘线等全部基本桩号，测量精度应满足相应道路等级路面施工测设规范的规定。

（7）摊铺位置

滑模摊铺机的摊铺宽度和位置应与车道、路肩宽度和画线位置相重合，并保证设置施工基准线所需的宽度。滑模摊铺机履带应行走在基层、底基层或压实稳固的垫层上，不得行走在积水的中央分隔带或湿软土基上。

2. 初设滑模摊铺机工作参数

摊铺开始前，应对滑模摊铺机进行全面的性能检查和正确的施工位置参数设定。这是滑模摊铺机操作技术中最关键的技术环节之一，也是摊铺机试调当中最重要的内容。实践已证明，工作参数设置不正确，无论如何也不可能摊铺出高质量的路面来。

3. 滑模摊铺机首次摊铺位置校准

首次摊铺前，应按照路面设计高程、横坡度或路拱测量设定2~3根基准线或4~6个桩，将6个传感器全部挂到两侧的基准线上，并检查传感器的灵敏度和反应方向，开动滑模摊铺机进入设好的桩位或线位，调整水平传感器立柱高度，使滑模摊铺机挤压底板恰好落在经精确测量设置好的木桩或基准线上，同时，调整好滑模摊铺机机架前后左右的水平度。令滑模摊铺机挂线自动行走，再返回校核1~2遍，正确无误后，方可开始摊铺。

4. 初始摊铺路面参数校正

在开始摊铺的5m内，必须对所摊铺出的路面高程、边缘厚度、中线、横坡度等技术参数进行复核测量。

① 注意检查中线，在设方向传感器的一侧，用钢尺测量基准线到滑模摊铺机侧模前后的横向距离，消除误差。

② 禁止停机及较大范围地调整高程、中线和横坡度等，以免严重影响平整度等质量指标。

③ 滑模摊铺机正常摊铺后，应将滑模摊铺机工作参数设置固定并保护起来，不允许非操作人员更改。

值得注意的是，中线误差的调整消除，应通过在行进中调整方向传感器横杆距离来实现，禁止停机调整，以防止路面出现大幅度调整的棱槽。

5. 拉杆的施工要点

摊铺单车道路面，应视路面的设计要求配置一侧或双侧打入纵向接缝拉杆的机械装置。侧向拉杆装置的正确插入位置应在挤压底板的中下或偏右部。拉杆打入分为手推、滚压、气打几种方式。压力应满足一次打（推）到位要求，不允许多次打入。同时摊铺2个以上车道时，除侧向打拉杆装置外，还应在假缝中间位置配置1个以上中间拉杆自动插入装置，该装置有机前插入式和机后插入式两种。当采用机前插入式时，应保证拉杆的设置位置；当采用机后插入式时，要保证其插入部位混凝土的密实度。带振动搓平梁和振动修复板的滑模摊铺机应选择机后插入式；其他滑模摊铺机可采用机前插入式。打入的拉杆必须处在路面板厚的中间位置。中间和侧向拉杆打入的高低误差不宜大于±3cm；倾斜及前后误差不宜大于±4cm。

6. 滑模摊铺机的摊铺操作要点

（1）摊铺过程

滑模摊铺机摊铺过程示意如图5.11所示。首先，用螺旋布料器把堆积在基层上的混凝土拌合物横向铺开，并用刮平器初步刮平；然后，用振捣器振捣密实，用刮平板整平，以形成密实、平整的表面，并用搓动式振捣板对混凝土面层进行振实和整平；最后用光面带对面层进行光面。

（2）摊铺操作要点

① 摊铺应缓慢、匀速、连续不间断地进行。

摊铺速度应根据拌合物稠度和设备性能，控制在0.5~2.0m/min，一般宜为1m/min左右。当拌合物的稠度发生变化时，应先调整振捣频率，后改变摊铺速度。不得拌合物多

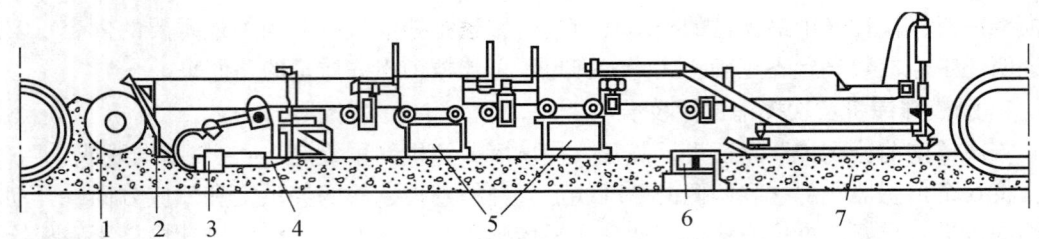

1—螺旋布料器；2—刮平器；3—振捣器；4—刮平板；5—搓动式振捣板；6—光面带；7—混凝土面层

图 5.11　滑模摊铺机摊铺过程示意

时追赶，然后随意停机等待、间歇摊铺。

② 保证进料要求。

a. 摊铺中，机手应随时调整松方高度控制板的进料位置，开始应略设高些，以保证进料。正常状态下应保持振捣仓内砂浆料位高于振捣棒 10cm 左右，料位高低上下波动宜控制在 ±4cm 之内。

b. 滑模摊铺机摊铺时，机前的最高料位不得高于摊铺机前松方控制板顶面，其正常高度应在螺旋布料器叶片最高点以下，并且不得缺料。

c. 机前缺料或料位过高时，宜采用装载机或挖掘机适当布料和送料，布料应与摊铺速度相协调。

d. 采用布料机施工，松铺系数应视坍落度大小由试铺确定。

当坍落度为 1~5cm 时，松铺系数宜为 1.08~1.15。

当坍落度为 3cm 时，松铺系数宜控制在 1.1 左右。晴天日照强、风大，取小值；阴天湿度大、无风，取大值。

采用布料机以外的布料方式摊铺钢筋混凝土路面、桥面或搭板时，禁止任何机械直接开上钢筋网。宜在钢筋网外侧使用挖掘机或吊斗均衡卸料布料，也可使用便桥板凳加汽车吊直接卸料，挖掘机布料，但均不得缺料。

③ 控制振捣频率。

滑模摊铺机以正常速度施工时，振捣频率可在 6000~11000r/min 范围内调整，宜采用 9000r/min 左右。应注意防止混凝土过振、漏振、欠振。操作机手应根据拌合物稠度的大小，随时调整振捣频率和摊铺速度。当拌合物显得偏稀时，应适当降低振捣频率（最小振捣频率不得小于 6000r/min），加快摊铺速度（最快不得超过 3m/min）；当拌合物偏干时，应提高振捣频率（最大振捣频率不得大于 11000r/min），减慢摊铺速度（最小速度宜控制在 0.5~1.0m/min）；滑模摊铺机起步时，应先开启振捣棒振捣 2~3min 后再行推进。滑模摊铺机脱离混凝土后，应立即关闭振捣棒。

操作机手应随时密切观察所摊铺的路面情况，注意调整和控制振捣频率、摊铺速度，以及夯实杆、振动搓平梁和刮平板的位置、速度和频率。软拉抗滑构造的表面砂浆层厚度宜控制在 4mm 左右，硬刻槽路面的表面砂浆层厚度宜控制在 2mm 左右。

7. 特殊条件下的摊铺施工

（1）坡面上摊铺的控制

摊铺纵坡较大的路面，上坡时，应将挤压底板前仰角适当调小，同时适当调小刮平板的压力；下坡时，应将挤压底板前仰角适当调大，同时适当调大刮平板的压力。刮平板合适的压力是当板底 3/4 的长度接触路面时的压力。

(2) 弯道与路拱摊铺时的控制

摊铺弯道和渐变路段路面时，单向横坡可使滑模摊铺机跟线摊铺，但应随时观察并调整刮平板内外侧的抹面距离，防止压垮边缘。摊铺中央路拱时，在计算机控制条件下，输入弯道和渐变段边缘及拱中几何参数，计算机自动控制生成路拱；手控条件下，操作机手应根据路拱消失和生成时的几何位置，在给定路段范围内分级逐渐消除或调成设计路拱。

(3) 连接摊铺的要点

连接摊铺时，滑模摊铺机一侧履带驶上前次路面的时间应控制在路面养护 7d 以后，最短不得少于 5d。同时，钢履带底部应铺橡胶垫或使用有挂挍履带的滑模摊铺机。纵向连接摊铺路面时，连接纵向接缝部位应人工进行整修，连接纵向接缝的横向平整度应符合相应的规定要求。用钢丝刷刷干净黏附在前幅路面上的砂浆，并刷出粗细抗滑构造。

(4) 平面交叉口变宽段和匝道路面的施工要点

对平面交叉口、收费站广场或匝道变宽路面，只要摊铺宽度小于滑模摊铺机固定宽度，即可采用滑模摊铺机跨一侧或两侧模板施工方式，模板顶面应粘贴橡胶垫，模板顶面高程应低于路面高程 3mm。滑模摊铺机的振捣仓在模板上部应加隔板，施工时应关闭隔板外侧的振捣棒。

项目5 市政道路水泥混凝土路面面层施工

能力训练及习题

能力训练

分小组交叉进行普通混凝土面层小型机具施工技术交底,并填写技术交底记录。

习题

一、选择题

1. 检验普通混凝土路面的强度标准是( )。
   A. 抗压强度   B. 弯拉强度   C. 抗剪强度   D. 以上都是

2. 平板振捣器振实混凝土时,同一位置停留时间一般不小于( )s。
   A. 10   B. 15   C. 8   D. 20

3. 普通混凝土路面施工中,混凝土面层板达到设计强度的( )以上时,方能开放交通。
   A. 50%   B. 80%   C. 90%   D. 100%

4. 普通混凝土面层板现场养护的方法有( )。
   A. 湿治养护   B. 塑料薄膜覆盖养护   C. 恒温养护
   D. 真空养护   E. 干法养护

5. 普通混凝土路面施工时,在同一位置振动的时间,以达到拌合物( )等状况时为准,防止过振。
   A. 停止下沉   B. 与模板齐平   C. 不离析
   D. 不再冒气泡   E. 表面平坦、泛出水泥浆

6. 普通混凝土混合料设计时应满足( )技术要求。
   A. 弯拉强度   B. 抗冻性   C. 耐久性
   D. 工作性   E. 耐疲劳性

二、判断题

1. 普通混凝土路面施工采用振捣器振捣混凝土时,时间越短越好。( )
2. 胀缝应与路面中线垂直,缝壁必须垂直,缝隙宽度必须一致。( )
3. 普通混凝土路面只有基层板体性好、透水性大,才能不易发生基层软化和唧浆等病害。( )
4. 切缝施工气温高时,切缝时间要迟后;温差大时,切缝时间也要迟后。( )
5. 滑模摊铺机铺筑普通混凝土路面无须架设模板。( )

在线答题

学习任务单

◆ **学习目标**
能编写水泥混凝土面层施工方案的关键环节。

◆ **学习地点**
实训室。

◆ **学习准备**
《市政工程施工图案例图集》《城镇道路工程施工与质量验收规范》、互联网资源、多媒体设备等。

◆ **学习过程**
以小组为模拟项目部,讨论完成人工加小型机具施工水泥混凝土面层施工方案的关键环节。

1. 人工加小型机具施工水泥混凝土面层的主要施工机具。

2. 人工加小型机具施工水泥混凝土面层的施工工艺和注意事项。

任务5.3 其他类型水泥混凝土路面面层施工

本任务是了解其他类型的水泥混凝土路面的材料组成、配合比设计、施工方法及程序。

5.3.1 钢纤维混凝土路面面层施工

目前世界各国都在广泛使用混凝土材料，混凝土是一种抗压强度很高的建筑材料，其主要缺点是具有脆性，抗拉、抗弯强度低，抗冲击性能差，混凝土一旦出现裂纹，整个结构就会遭到破坏。钢纤维混凝土的出现改善了混凝土的这个缺陷，提高了混凝土的抗折强度和抗压强度。钢纤维混凝土面层是指在混凝土中掺入钢纤维的水泥混凝土面层。

1. 材料要求

（1）钢纤维的要求

掺入混凝土中的钢纤维，按其制造方法可分为切断纤维、切削纤维、剪断纤维、熔抽纤维四种。按钢纤维的材质可分为低碳钢纤维和不锈钢纤维两种。用于市政道路混凝土路面和桥面的钢纤维，除应满足《混凝土用钢纤维》（YB/T 151—2017）的规定外，还应符合下列技术要求。

① 单丝钢纤维抗拉强度不宜小于600MPa。

② 钢纤维长度应与混凝土粗集料最大公称粒径相匹配，最小长度宜大于粗集料最大公称粒径的1/3，最大长度不宜大于粗集料最大公称粒径的2倍；钢纤维长度与标称值的偏差不得超过±10%。

③ 宜使用经防蚀处理的钢纤维，严禁使用带尖刺的钢纤维，不得使用表面磨损、前后裸露尖端导致行车不安全的钢纤维，不应使用搅拌易成团的钢纤维。

（2）水泥的要求

应采用水泥强度等级在42.5级以上的道路硅酸盐水泥或普通硅酸盐水泥。其他同普通混凝土路面的要求相同。

（3）其他材料的要求

钢纤维混凝土粗集料最大公称粒径不应大于19mm。细集料不得使用淡化海砂。处在海水、海风、氯离子、硫酸根离子环境或冬季洒除冰盐的路面中应掺阻锈剂，不得掺入氯盐类外加剂，其他粗集料、细集料、水、粉煤灰及外加剂的要求同普通混凝土路面的要求。

2. 配合比设计

钢纤维混凝土的配合比要求与普通混凝土基本一致。钢纤维的体积率为1.0%～1.2%，拌合物的稠度为6～12s，水灰比为0.5左右，单位用水量为185～195kg/m³，砂率采用45%～48%。

3. 施工方法

钢纤维混凝土路面的施工方法与普通混凝土路面基本相同，但钢纤维混凝土应采用强制式搅拌机械拌和。钢纤维混凝土路面的厚度、平面尺寸和钢纤维掺量等应符合设计规范及设计图纸的规定。钢纤维混凝土路面的布料与摊铺除应满足滑模和三辊轴机组摊铺普通混凝土路面的规定外，尚应符合下列规定。

① 无论采用何种机械布料与摊铺方式，均应保证面板内钢纤维分布的均匀性及结构的连续性，在一块面板内的浇筑和摊铺不得中断。

② 布料松铺高度应通过试铺确定。拌合物坍落度相同时，应比相同机械施工方式的普通混凝土路面松铺高度高 10mm 左右。

③ 当采用滑模、三辊轴机组摊铺钢纤维混凝土时，搅拌场配制的混凝土总拌和生产能力可按式(5-1) 计算，并按总拌和能力确定所要求的搅拌楼数量和型号。

$$M = 60\mu bhv_t \tag{5-1}$$

式中　M——搅拌楼总拌和能力，m^3/min；

　　　μ——搅拌楼可靠性系数一般取为 1.2~1.5，根据下述具体情况确定：搅拌楼可靠性高时，μ 可取较小值，反之，可取较大值；坍落度要求较低者，应取较大值；

　　　b——摊铺宽度，m；

　　　v_t——摊铺速度，m/min；

　　　h——面板厚度，m。

搅拌楼，应优先选配间歇式搅拌楼，也可选用连续式搅拌楼。

④ 钢纤维混凝土的拌和。

a. 应根据拌合物的黏聚性、均质性及强度稳定性试拌确定最佳拌和时间。

一般情况下，单立轴式搅拌机总拌和时间宜为 80~120s，行星立轴和双卧轴式搅拌机总拌和时间为 60~90s，全部材料到齐后的最短纯拌和时间不宜短于 40s，最长总拌和时间不应超过高限值的两倍。

b. 混凝土拌和过程中不得使用沥水、夹冰雪、表面沾染尘土和局部暴晒过热的砂石料。

c. 外加剂应以稀释溶液加入，其稀释用水和原液中的水量要从拌和加水量中扣除。使用间歇式搅拌楼时，外加剂溶液浓度应根据外加剂掺量、每盘外加剂溶液筒的容量和水泥用量计算得出。连续式搅拌楼应按流量比例控制加入外加剂。加入搅拌锅的外加剂溶液应充分溶解，并搅拌均匀。有沉淀的外加剂溶液，应每天清除一次稀释池中的沉淀物。

d. 拌和引气混凝土时，搅拌楼一次拌和量不应大于其额定搅拌量的 90%。纯拌和时间应控制在含气量最大或较大时。

e. 粉煤灰或其他掺合料应采用与水泥相同的输送、计量方式加入。

粉煤灰混凝土的纯拌和时间应比不掺掺合料的延长 10~15s。当同时掺用引气剂时，宜通过试验适当增大引气剂掺量，以达到规定含气量。

⑤ 拌合物的质量检验与控制。

a. 搅拌过程中，拌合物质量检验与控制应符合规范的规定。低温或高温天气施工时，拌合物出料温度应控制在 10~35℃，并应测定原材料温度、拌合物温度、坍落度损失率和凝结时间等指标。

b. 拌合物应均匀一致，有生料、干料、离析或外加剂、粉煤灰成团现象的非均质拌合物严禁用于路面摊铺。一个搅拌楼的每盘之间、各搅拌楼之间，拌合物的坍落度最大允许偏差为±10mm。拌合物坍落度应为最适宜摊铺的坍落度值与当时气温下运输坍落度损失值两者之和。

⑥钢纤维混凝土的拌和，除应满足上述规定外，尚应符合下列规定。

a. 当钢纤维体积率较高，拌合物较干时，搅拌楼一次拌和量不应大于其额定搅拌量的80%。

b. 钢纤维混凝土搅拌的投料顺序和方法应以搅拌过程中钢纤维不产生结团和保证一定的生产率为原则，并通过试拌或根据经验确定。可采用将钢纤维、水泥、粗细集料先干拌后加水湿拌的方法，也可采用钢纤维分散机在拌和过程中分散加入钢纤维。

c. 钢纤维混凝土的拌和时间应通过现场搅拌试验确定，并应比普通混凝土规定纯拌和时间延长20~30s；采用先干拌后加水的搅拌方式时，干拌时间不应少于1min。

d. 钢纤维混凝土严禁用人工拌和。零星工程使用少量的钢纤维混凝土时，可采用容量较小的搅拌机拌和，每种原材料应准确称量后加入，不得使用体积计量。钢纤维混凝土总拌和时间：采用小容量搅拌机拌和时，应比搅拌楼拌和时间延长1~2min；采用先干拌后加水的搅拌方式时，干拌时间不应少于1.5min。

e. 应保证钢纤维在混凝土中的分散性和均匀性，水洗法检测的钢纤维含量偏差不应大于设计掺量的±15%，检验方法见《公路水泥混凝土路面施工技术细则》（JTG/T F30—2014）。

⑦钢纤维混凝土拌合物的工作性要求。

a. 钢纤维混凝土的坍落度可比表5-10的规定值小20mm。

b. 钢纤维混凝土掺高效减水剂时的单位用水量可按规范用表初选，再由拌合物实测坍落度确定。

⑧钢纤维混凝土路面的振捣与整平。

a. 所采用的振捣机械和振捣方式除应保证钢纤维混凝土的密实性外，尚应保证钢纤维在混凝土中分布的均匀性。

b. 除应满足各交通等级路面平整度的要求外，整平后的面板还应满足以下要求：表面不得裸露上翘的钢纤维，表面下10~30mm深度内的钢纤维应基本处于平面分布状态。

c. 采用滑模摊铺机、轨道摊铺机铺筑钢纤维混凝土路面时，振捣棒组的振捣频率不应低于10000r/min，振捣棒组底缘要严格控制在面板表面位置，不得将振捣棒组插入路面钢纤维混凝土内部振捣。

d. 采用三辊轴机组摊铺纤维混凝土路面时，不得将振捣棒组插入路面钢纤维混凝土内部振捣，也不得使用人工插捣。可采用大功率平板振捣器振捣密实，再采用振捣梁压实整平，振捣梁底面应设凸棱以利于表层钢纤维和粗集料压入。然后用三辊轴整平机将表面滚压平整，再用3m以上刮尺、刮板或抹刀纵横向精平表面。

⑨钢纤维混凝土路面施工的特殊工艺要求。

a. 钢纤维混凝土拌合物从出料到运输、铺筑完毕的允许最长时间不应超过表5-14的规定。在浇筑和摊铺过程中严禁因拌合物干涩而加水，但可喷雾以防止表面水分蒸发。

b. 必须使用硬刻槽方式制作抗滑沟槽，不得使用粗麻袋、刷子和扫帚制作抗滑构造。

c. 钢纤维混凝土路面的板长应为6~10m，钢纤维掺量较大时可取大值，掺量较小时可取小值。面板长宽比应符合设计要求。
⑩ 钢纤维混凝土路面的养护应符合《公路水泥混凝土路面施工技术细则》的规定。

5.3.2 碾压混凝土路面面层施工

1. 适用条件

① 城市次干路和支路及有条件的街坊路，应使用碾压混凝土施工机械进行施工。
② 不得使用体积计量、小型自落滚筒式搅拌机，严禁使用人工控制加水量。
③ 碾压混凝土也可用于城市快速路、主干路复合式路面的下面层和贫混凝土基层。

2. 施工机具的选择

① 应选用预压密实度高的沥青摊铺机，根据路面摊铺宽度可选用1~2台。
② 自重10~12t振动压路机1~2台，15~25t轮胎压路机1台，12t小型振动压路机1台。
③ 双轴卧式混凝土搅拌机或强制式混凝土搅拌机、大吨位自卸汽车、铲车、洒水车、推土机等。

3. 施工组织

① 开工前，建设单位应组织设计、施工、监理单位进行技术交底。
② 施工单位应根据设计图纸、合同文件、摊铺方式、机械设备、施工条件等，确定混凝土路面施工工艺流程、施工方案，进行详细的施工组织设计。
③ 开工前，施工单位应对施工、试验、机械、管理等岗位的技术人员和各工种技术工人进行培训。未经培训的人员不得单独上岗操作。
④ 施工单位应根据设计文件，测量校核平面和高程控制桩，复测和恢复路面中心、边缘全部基本标桩，测量精度应满足相应规范的规定。
⑤ 施工工地应建立具备相应资质的现场试验室，能够对原材料、配合比和路面质量进行检测和控制，提供符合交工检验、竣工验收和计量支付要求的自检结果。
⑥ 各种桥涵、通道等构造物应提前建成，确有困难不能通行时，应有施工便道。施工时应确保运送混凝土的道路基本平整、畅通，不得延误运输时间或碾坏基层、桥面。施工中的交通运输应配备专人进行管制，保证施工有序、安全进行。
⑦ 摊铺现场和搅拌场之间应建立快速有效的通信联络，及时进行生产调度和指挥。

4. 搅拌场设置

① 搅拌场应设置在摊铺路段的中间位置。搅拌场内部布置应满足原材料储运、混凝土运输、供水、供电等使用要求，并尽量紧凑，减少占地。
② 搅拌场应保障搅拌、清洗、养护用水的供应，并保证水质。供水量不足时，搅拌场应配置与日搅拌量相适应的蓄水池。
③ 搅拌场应保证充足的电力供应。电力总容量应满足全部施工用电设备、夜间施工照明及生活用电的需要。
④ 应确保摊铺机械、运输车辆及发动机等动力设备的燃料供应。离加油站较远的工地应设置油料储备库。
⑤ 水泥、粉煤灰储存和供应要求。

a. 每个搅拌楼应至少配备 2 个水泥罐仓，如掺粉煤灰应至少配备 1 个粉煤灰罐仓。当水泥的日用量很大，需要两家以上的水泥厂供应水泥时，不同厂家的水泥应清仓再灌，并分罐存放。严禁粉煤灰与水泥混罐。

b. 应确保施工期间的水泥和粉煤灰供应。供应不足或运距较远时，应储备和使用袋装水泥或袋装粉煤灰，并准备水泥仓库、拆包及输送入灌设备。水泥仓库应覆盖或设置顶篷防雨，并应设置在地势较高处，严禁水泥、粉煤灰受潮或浸水。

⑥ 砂石料储备。

a. 施工前，应储备正常施工 10～15d 的砂石料。

b. 砂石料场应建在排水通畅的位置，其底部应做硬化处理。不同规格的砂石料之间应有隔离设施，并设标识牌，严禁混杂。

c. 在低温、雨天、大风天及日照强烈的条件下，砂石料应覆盖或在砂石料堆上部架设顶篷，数量不应少于正常施工一周的用量。

d. 原材料与混凝土运输车辆不应相互干扰。搅拌楼下应采用厚度不小于 20mm 的混凝土铺装层，并应设置污水排放管沟、积水坑或清洗搅拌楼的废水处理回收设备。

5. 摊铺前材料与设备检查

① 在施工准备阶段，应依据混凝土路面设计要求、工程规模，对当地及周边的水泥、钢材、粉煤灰、外加剂、砂石料、水资源、电力、运输等状况进行实地调研，确认符合铺筑混凝土路面的原材料质量、品种、规格，原材料的供应量、供给方式、运距等。通过调研优选，初步选择原材料供应商。

② 开工前，工地试验室应对计划使用的原材料进行质量检验和混凝土配合比优选，监理应对原材料抽检和配合比试验验证，报请业主正式审批。

③ 要按照路面施工进度安排，及时供给原材料技术指标规定的各种原材料，不合格原材料不得进场。所有原材料进出场应进行称量、登记、保管或签发。

④ 要将相同料源、规格、品种的原材料作为一批，分批检验和储存。

⑤ 施工前必须对机械设备、测量仪器、基准线、模板、机具工具及各种试验仪器等进行全面检查、调试、校核、标定、维修和保养。主要施工机械的易损零部件应有适量储备。

6. 路基、基层和封层的检测与修整

① 路基应稳定、密实、均质，为路面结构提供均匀的支撑。对软基、高填方、填挖方交界等处的路基段，应进行连续沉降观测，并采取切实有效的措施保证路基的稳定性。

② 垫层、基层除应符合《城镇道路工程施工与质量验收规范》的规定外，尚应符合下列技术要求。

a. 基层纵、横坡度一般可与面层一致，但横坡度可略大 0.15%～0.20%，不得小于路面横坡度。

b. 基层应具有足够的强度和稳定性，并且断面应正确，表面应平整。应根据不同的道路等级、当地的材料资源和经济情况等选择不同的基层材料。

c. 面层铺筑前，应至少提供足够机械连续施工 10d 以上的合格基层。

③ 面板铺筑前，应对基层进行全面的破损检查，当基层产生纵横向断裂、隆起或碾坏时，应采取下列有效措施进行彻底修复。

a. 所有挤碎、隆起、空鼓的基层应清除，并使用相同的基层料重铺，同时设胀缝板横向隔开，胀缝板应与路面胀缝或缩缝上下对齐。

b. 当基层产生非扩展性温缩、干缩裂缝时，应灌沥青密封防水，还应在裂缝上粘贴油毡、土工布或土工织物，其覆盖宽度不应小于1000mm；距裂缝最窄处不得小于300mm。

c. 当基层产生纵向裂缝时，应分析原因，采取有效的路基稳固措施根治裂缝，且应在纵向裂缝所在的整个面板内，距板底1/3高度增设补强钢筋网，补强钢筋网到纵向裂缝端部不应小于5m。

d. 基层被碾坏成坑或破损面积较小的部位，要挖除并采用贫混凝土局部修复。对表面严重磨损裸露粗集料的部位，应采用沥青封层处理。

④ 在城市快速路和主干路的半刚性基层表面，应喷洒热沥青和石屑做滑动封层，或做乳化沥青稀浆封层。沥青封层或乳化沥青稀浆封层的厚度不应小于5mm。

⑤ 在各等级道路有可能被水淹没浸泡路面的路段，可采用较厚的坚韧塑料薄膜或密闭土工膜覆盖基层防水。

⑥ 当封层出现局部损坏时，摊铺前应采用相同的封层材料进行修补，经质量检验合格，并由监理签认后，方可铺筑水泥混凝土面层。

7. 施工工艺流程

碾压混凝土路面施工

碾压混凝土路面的施工工艺流程为：混凝土拌合物的拌和与运输→摊铺机摊铺→碾压→养护→接缝施工。

由于碾压混凝土拌合物是单位用水量较少的干硬性混合料，为提高拌和质量和施工效率，应采用强制式搅拌机拌和。拌合物运到摊铺现场应立即摊铺整形，由于摊铺作业对碾压混凝土路面质量影响很大，所以摊铺应均匀、连续地进行，并在拌合物初凝前完成。摊铺完毕即开始碾压，碾压分初压、复压和终压3个阶段。初压用7~10t振动压路机不开振碾压2遍左右，使混凝土表面稳定。随后用振动压路机开振充分碾压，直至达到规定的密实度要求，此阶段为复压。用8~20t的轮胎压路机或振动压路机不开振进行修整碾压，称为终压，目的是消除碾压轮迹和表面出现的拉裂，使表面密实。

能力训练及习题

能力训练

分小组讨论并回答以下问题。
（1）对掺入混凝土中的钢纤维长度是如何规定的？
（2）碾压混凝土路面设置搅拌站时应考虑哪些方面？
（3）碾压混凝土路面的施工工艺流程是怎样的？

习题

一、选择题

1. 钢纤维混凝土用单丝钢纤维抗拉强度不宜小于（　　）MPa。
   A. 500　　　　　B. 550　　　　　C. 600　　　　　D. 650
2. 钢纤维混凝土粗集料最大公称粒径不应大于（　　）mm。
   A. 15　　　　　B. 19　　　　　C. 25　　　　　D. 31.5
3. 钢纤维混凝土路面必须使用（　　）制作抗滑沟槽。
   A. 粗麻袋　　　B. 刷子　　　　C. 扫帚　　　　D. 硬刻槽方式
4. 钢纤维混凝土拌合物与普通混凝土拌合物坍落度相同时，应比相同机械施工方式的普通混凝土路面松铺高度高（　　）mm 左右。
   A. 10　　　　　B. 15　　　　　C. 20　　　　　D. 25
5. 碾压混凝土路面摊铺完毕即开始碾压，碾压分（　　）3 个阶段。
   A. 先压、复压和后压　　　　　B. 初压、复压和终压
   C. 轻压、中压和重压　　　　　D. 初压、中压和终压
6. 碾压混凝土拌合物是（　　）混合料。
   A. 单位用水量较少的塑性　　　B. 单位用水量较多的塑性
   C. 单位用水量较少的干硬性　　D. 单位用水量较多的流动性

二、简答题

1. 掺入混凝土中的钢纤维有哪几种？
2. 碾压混凝土路面的适用条件有哪些？

在线答题

学习任务单

◆ **学习目标**

了解其他类型的水泥混凝土路面的特点。

◆ **学习地点**

实训室。

◆ **学习准备**

互联网资源、多媒体设备等。

◆ **学习过程**

每个小组上网收集其他类型的水泥混凝土路面图片3~5张,每张图片下标注该水泥混凝土面层的名称、施工方法、特点等相关信息。若水泥混凝土路面图片为照片形式,则应将照片以图片形式插入,并保证图片清晰度。

任务5.4　水泥混凝土路面面层施工质量控制与验收

路面工程施工质量的控制与检查是建成高质量路面的有效保证，除了控制原材料质量外，铺筑现场质量控制也很重要；在不利季节施工时，应采取保证施工质量的措施；面层完工后，由施工单位会同监理单位按设计文件和施工规范要求对水泥混凝土路面面层进行质量检验。

5.4.1　水泥混凝土路面面层季节性施工

水泥混凝土路面面层的施工质量受环境因素的影响较大，对高、低温季节及雨季施工应考虑其特殊性，确保工程质量。

1. 夏季施工

当混凝土拌合物的温度在30～35℃时，混凝土板的施工应按夏季施工的规定进行。混凝土板的夏季施工，应符合下列规定。

① 混凝土拌合物浇筑中应尽量缩短运输、摊铺、振捣、做面等工序时间，浇筑完毕应及时覆盖、洒水养护。

② 混凝土拌合物在运输过程中要加以覆盖，以免水分蒸发。

③ 搭建临时性遮光挡风设施，沈拌站应有遮阴棚，以避免浇筑的混凝土受到暴晒；同时应降低风速，以减少混凝土表面的水分蒸发，防止混凝土干缩而出现裂缝。

④ 在浇筑混凝土前，模板和基层表面应洒水湿润。

⑤ 当气温过高时，应避开中午施工，可在夜间进行施工。

⑥ 应注意天气预报，如果遇到阵雨，要暂时停止施工。

2. 冬季施工

混凝土强度的增长主要靠水泥的水化作用。当水结冰时，水泥的水化作用便会停止，而混凝土的强度也就不再增长，而且当水结冰时体积会膨胀，促使混凝土结构松散破坏。所以，施工现场连续5昼夜平均气温小于5℃，或最低气温低于-3℃时需要停止施工。由于特殊情况必须在低温（昼夜平均气温高于5℃，最低气温在-3℃以上时）条件下施工时，要采取以下措施。

① 提高拌合物温度，采用高强度等级（32.5级以上）快凝水泥，或掺入早强剂或促凝剂，或增加水泥用量；通常情况下不允许对水泥加热，砂石料可采用间接加热法，加热温度不能超过40℃。

② 混凝土拌和时，水灰比不大于0.45，坍落度不大于1cm，用水量不大于140kg/m³，并应扣除氯盐溶液和砂石料和的含水率。

③ 路面保温措施。混凝土整修完毕后，表面应覆盖蓄热保温材料，必要时还应加盖养护暖棚，在满足保温要求的同时，还要注意经济性。常用草包、麻袋、油毡、锯末覆盖混凝土。具体做法是在混凝土路面成活后，立即铺3mm以下细锯末，厚2～3cm，上面加较粗锯末或过筛的细土，厚5cm，再加盖草帘，4d后撤去草帘，换盖厚30cm以上的松干

土。需要特别注意混凝土板边角的覆盖养护，并要在模板外培土厚30cm左右。冬季养护时间要在28d以上，开放交通强度按照试验决定。

④ 通常可在路面成活3d后拆除模板，外界气温骤降或有大风时要再延长拆模时间；拆模后边角要继续培土，注意恢复覆盖养护。

⑤ 测定水泥、砂、石、水搅拌前的温度，以及混凝土的温度，每台班不少于3次；测定混凝土养护过程中的温度，浇筑最初2d内，每隔6h测一次，其余每日夜不少于2次；测温孔位置应设在路面边缘，深度大于10cm，温度计插入孔内3min以后读数；要将全部测孔编号并做好测温记录，以便估算混凝土强度。

⑥ 冬季水泥混凝土路面施工氯盐掺量应符合表5-15的规定。

表5-15 冬季水泥混凝土路面施工氯盐掺量

预估10d内室外大气平均温度	白天正温度，夜间-5℃以上	-5℃	-10～-5℃
氯盐掺量占水重/%	3	6	10
混凝土硬化最低温度	-2℃	-4℃	-7℃
说明	低温时期	初冬及冬末时期	严冬时期

3. 雨季施工

① 经常与气象部门联系，在雨季来临之前，要掌握降雨趋势的中期预报，特别是近期预报的降雨时间和雨量，充分利用不下雨的时间安排施工。

② 做好防雨准备，在搅拌场及砂石料堆场要设置排水设施，搅拌楼的水泥和粉煤灰罐仓顶部通气口、料斗等应有覆盖措施；雨天施工时，应备足防雨篷、帆布、塑料布或薄膜。

③ 在铺设现场，禁止下雨施工。倘若铺筑现场有水，要及时排除基层积水。

④ 摊铺中遭遇阵雨时，要立即停止铺筑混凝土路面，并紧急使用防雨篷、帆布或塑料布覆盖尚未硬化的路面；被阵雨轻微冲刷过的路面，可采取硬刻槽或先磨平再刻槽的方式处理；被暴雨冲刷后的路面，平整度严重劣化或损坏的部位，要尽早铲除重铺。

5.4.2 水泥混凝土路面面层施工质量控制与检查

对路面工程进行施工质量的控制与检查是建成高质量路面的有效保证，应贯穿整个施工过程，对每个施工环节严格控制把关，并对出现的问题立即进行纠正直至停工整顿。

1. 施工过程中的质量管理要求

① 水泥混凝土路面无论采用何种铺筑方式，首先都要建立健全质量检测、管理和质量保证体系，并按照铺筑进度制订出质检仪器和人员数量动态计划。施工中应按计划落实质检仪器和试验人员，对施工各阶段的各项质量指标做到及时检查、控制和评定，以达到所规定的质量标准，确保施工质量及其稳定性。

② 施工全过程的质量动态检测、控制和管理内容应包括施工准备，施工过程中的各项技术指标的检验，出现施工技术问题的报告、论证和解决方法等。

2. 施工过程中的质量控制

施工过程中除原材料质量外,铺筑现场主要应做好以下几项。

① 混凝土拌合物的和易性、均质性和各质量参数的稳定性。

② 现场铺筑的关键设备,如摊铺机、压路机、布料机、三辊轴整平机、刻槽机、切缝机操作应规范稳定。

③ 严格控制模板顶面高程,保证水泥混凝土面层板的厚度,注意模板底面与基层间的填塞,以防漏浆造成混凝土板侧面的蜂窝、麻面。

④ 按规范要求的数量制作抗压和抗弯拉试块,以保证混凝土面层板的强度。

⑤ 严格控制传力杆和拉杆的位置(尤其是传力杆的位置),以发挥接缝的作用。

确保水泥混凝土路面施工的各道工序在严格的控制和管理下进行,保证水泥混凝土路面的施工质量。

3. 施工质量检验评定标准

《城镇道路工程施工与质量验收规范》对水泥混凝土(包括预制混凝土)面层的质量检验做出下列规定。

(1) 主控项目

① 原材料质量符合规范规定。

② 水泥混凝土面层质量应符合设计要求,见表5-16。

表5-16 水泥混凝土面层质量要求

内容	要求	方法	数量
弯拉强度	符合设计规定	检查试件强度试验报告	每100m³的同配合比的混凝土,取样1次;不足100m³时按1次计。每次取样应至少留置1组标准养护试件。同条件养护试件的留置组数应根据实际需要确定,最少1组
面层厚度	符合设计规定,允许误差±5mm	检查试验报告、复测	每1000m²抽测1组(1点)
抗滑构造深度	符合设计要求	铺砂法	每1000m²抽测1点

(2) 一般项目

① 水泥混凝土面层应板面平整、密实,边角应整齐、无裂缝,并不应有石子外露和浮浆、脱皮、踏痕、积水等现象,蜂窝麻面面积不得大于总面积的0.5%。

检查数量:全数检查。

检验方法:观察、量测。

路面结构层厚度评定表

② 伸缩缝应垂直、直顺,缝内不应有杂物。伸缩缝在规定的深度和宽度范围内全部贯通,传力杆应与缝面垂直。

检查数量:全数检查。

检验方法:观察。

路面抗滑构造深度记录表

③ 水泥混凝土路面允许偏差应符合表5-17的规定。

表5-17 水泥混凝土路面允许偏差

项目		允许偏差与规定值		检验频率		检验方法
		城市快速路、主干路	次干路、支路	范围	点数	
纵断高程/mm		±15		20m	1	用水准仪测量
中线偏位/mm		≤20		100m	1	用经纬仪测量
平整度	标准差σ/mm	≤1.2	≤2	100m	1	用测平仪检测
	最大间隙/mm	≤3	≤5	20m	1	用3m直尺和塞尺连续量两尺,取较大值
宽度/mm		0 -20		40m	1	用钢尺量
横坡度/%		±0.30且不反坡		20m	1	用水准仪测量
井框与路面高差/mm		≤3		每座	1	十字法,用直尺和塞尺量最大值
相邻板高差/mm		≤3		20m	1	用钢板尺和塞尺量
纵缝直顺度/mm		≤10		100m	1	用20m线和钢尺量
横缝直顺度/mm		≤10		40m		
蜂窝麻面面积[①]/%		≤2		20m	1	观察和用钢尺量

① 每20m查1块板的侧面。

能力训练及习题

能力训练

分小组讨论并回答以下问题。
(1) 水泥混凝土路面夏季施工的措施有哪些?
(2) 水泥混凝土面层质量检验的主控项目有哪些?简述检查的方法和频率。
(3) 水泥混凝土面层质量检验的一般项目有哪些?简述检查的方法和频率。

习 题

1. ( ) 是水泥混凝土面层的主要质检项目。
   A. 强度与厚度   B. 平整度与弯沉
   C. 厚度与横坡度   D. 平整度与厚度
2. 水泥混凝土面层冬季养护时间要在 ( ) d 以上。
   A. 7   B. 14   C. 41   D. 28
3. 水泥混凝土面层抗滑构造深度用 ( ) 检验。
   A. 摆式仪   B. 铺砂法   C. 3m 直尺   D. 钢尺
4. 水泥混凝土面层平整度用 ( ) 检验。
   A. 摆式仪   B. 铺砂法   C. 3m 直尺   D. 钢尺
5. 水泥混凝土面层纵断高程用 ( ) 检验。
   A. 经纬仪   B. 投线仪   C. 水准仪   D. 钢尺
6. 水泥混凝土面层中线偏位用 ( ) 检验。
   A. 经纬仪   B. 投线仪   C. 水准仪   D. 钢尺
7. 冬季施工时,水泥混凝土拌合物的加热温度不应超过 ( )。
   A. 20℃   B. 35℃   C. 40℃   D. 60℃
8. 水泥混凝土面层的主要检查项目有抗压强度、抗折强度和 ( )。
   A. 平整度   B. 厚度   C. 宽度   D. 中线高程

在线答题

学习任务单

◆ **学习目标**

能对水泥混凝土面层进行质量检查和验收。

◆ **学习地点**

实训室、室外实训场。

◆ **学习准备**

《城镇道路工程施工与质量验收规范》、互联网资源、多媒体设备等。

◆ **学习过程**

以小组为模拟项目部,讨论并实施以下环节。

1. 若受工程进度限制水泥混凝土面层需在夏季施工,请项目部提出保证施工质量的具体措施。

2. 查阅《城镇道路工程施工与质量验收规范》,明确水泥混凝土面层的施工验收质量要求和具体指标。

3. 组织水泥混凝土面层质量验收并填写质量验收单。

水泥混凝土路面模板检验批质量检验记录表

编号：030301□□

工程名称		分部工程名称		分项工程名称		混凝土路面模板
施工单位		施工员		项目经理		
分包单位		分包项目经理		施工班组长		
工程数量		验收部位（或桩号）		项目技术负责人		
交方班组		接收班组		检查日期		年　月　日

检查项目	序号	检查内容	允许偏差		检查频率		检查结果/实测值偏差值或实测值											合格点数	合格率/%
			三辊轴机组	小型机具	范围	点数	1	2	3	4	5	6	7	8	9	10	应测点数		
主控项目	1	隔离剂	涂刷模板隔离剂不得污染钢筋和混凝土接搓处		全数	1													
	2	支模	模板及支撑不得有松动、跑模或下沉现象，接缝严密，不得漏浆，模内必须清洁																
一般项目	1	中线编位/mm	≤10	≤15	100m	2													
	2	宽度/mm	≤10	≤15	20m	1													
	3	顶面高程/mm	±5	±10	20m	1													
	4	横坡度/%	±0.1	±0.2	20m	1													
	5	相邻板高差/mm	≤1	≤2	每缝	1													
	6	模板接缝宽/mm	≤3	≤3	每缝	1													
	7	侧面垂直度/mm	≤3	≤4	20m	1													
	8	纵向顺直度/mm	≤3	≤4	40m	1													
	9	顶面平整度/mm	≤1.5	≤2	每两缝间	1													
施工单位检查评定结论											项目专业质量检查员：（签字） 项目专业技术负责人：（签字）								
监理（建设）单位意见											监理工程师：（签字）（或建设单位项目专业技术负责人：（签字） 年　月　日								

项目6 附属工程施工

能力目标

（1）能够进行路缘石和人行道铺装施工。
（2）能够进行路缘石和人行道铺装的质量控制与验收。

项目导读

本项目分别介绍市政道路路缘石的种类及规格、路缘石的施工方法及步骤、人行道材料种类及规格、人行道施工方法及步骤，以及附属工程质量控制与检验。

项目任务

（1）根据教材配套《市政工程施工图案例图集》中的路-8、路-9、路-12～路-16，对侧石和平石、铺砌式人行道施工工艺流程、保证施工质量与安全的施工技术措施和施工注意事项、施工质量控制和检验项目进行技术交底。
（2）根据规范要求提出该工程路缘石和人行道铺装施工的质量控制和检验项目并实施。
（3）项目成果为路缘石和人行道铺装施工技术交底记录一份。

任务6.1 路缘石和人行道铺装施工

本任务主要介绍路缘石和人行道铺装的施工方法,施工前应了解路缘石、人行道材料的种类及规格,掌握路缘石和人行道铺装的施工方法及步骤。

6.1.1 路缘石施工

路缘石是指铺设在路面边缘或标定路面界限的边界标石,也称道牙或缘石。路缘石主要有立缘石、平缘石、专用路缘石等。也可将立缘石和平缘石制作在一起,制成L形路缘石。

路缘石

(1) 立缘石又称侧石,是指顶面高出路面的路缘石。在市政道路中,侧石通常设置在沥青类路面的边缘,水泥混凝土路面边缘通常仅设置侧石,起到标定车行道范围及引导排除路面水的作用。

(2) 平缘石又称平石,是指顶面与路面平齐的路缘石,用以标定车行道路面范围,或设在人行道与绿化带之间用以整齐路容、保护路面边缘。

(3) 专用路缘石主要包括弯道路缘石、隔离带路缘石、反光路缘石、减速路缘石等。

路缘石还可以按材质分为水泥混凝土路缘石和天然石材路缘石;按结构形状分为直线型路缘石和曲线型路缘石。

(1) 混凝土路缘石

混凝土路缘石是指以水泥和集料为主要原材料,经加压、振动加压或其他成型工艺制成的预制混凝土。一般均由工厂生产,具有易加工、成型周期短、加工成本低、技术含量较低,易成型、价格较低等明显特点而广泛使用。直线型路缘石按截面尺寸分类为H型、T型、R型、F型、TF型立缘石和P型平缘石;最常用的H型、T型、R型的首选截面与规格见表6-1。其他形式的首选截面与规格参照规范《混凝土路缘石》(JC/T 899—2016) 附录G。

表6-1 H型、T型、R型路缘石规格尺寸

简图	型号	宽度 b/mm	高度 h/mm	长度 l/mm
	H_1	250	350	
	H_2	240	300	
	H_3	200	300	
	H_4	180	300	1 000
	H_5	180	250	750
	H_6	170	280	500
	H_7	150	300	
	H_8	150	300	
	H_9	150	350	

续表

简图	型号	宽度 b/mm	高度 h/mm	长度 l/mm
	T_1	150	350	1 000 750 500 150
	T_2	120	300	
	T_3	100	300	
	T_4	100	250	
	T_5	80	250	
	R_1	180	220	1 000 750 500
	R_2	150	350	
	R_3	150	220	

(2) 石材路缘石

花岗岩具有质地坚硬，强度高、不易折断，抗冲击能力好、耐候性好，使用寿命长、节能环保、美观实用有良好的整体效果等优点，越来越多的在道路工程中应用。由于目前尚未颁布实施专门的石材路缘石相关规范，花岗岩路缘石的截面形式与尺寸一般要根据设计图纸向石材厂家订制，质量标准满足国标《天然花岗石建筑板材》（GB/T 18601—2009）和业主的要求。

1. 侧石的种类及规格

（1）侧石种类

侧石分直线形及弧形两种，直线形用于直线及大半径曲线上，弧形用于小半径曲线上，如路口、分隔带端及小半径圆岛等。

侧石一般均由工厂生产，侧石混凝土强度主要考虑冻融损坏，其抗压强度不得低于C30级。

（2）侧石规格

① 直线形侧石。

高阶侧石 A 型：11/13cm×35cm×80cm。

高阶侧石 B 型：11/13cm×35 cm×40cm。

普通侧石 C 型：8/10cm×35cm×80cm。

普通侧石 D 型：8/10cm×35cm×50cm。

② 弧形侧石（表6-1）。

2. 路缘石的施工方法及步骤

（1）路缘石的施工工艺流程（图6.1）

路缘石的施工工艺

（2）路缘石的基础施工要求和测量放线

① 路缘石基础应与路基同时填挖和压实。

② 应按测量设定的平面与高程位置刨槽、找平、夯实后安砌路缘石。

③ 核对道路中线无误后，进行路面边界的放样，确定侧石顶面高程；路缘石安砌控制测设，直线段桩距为 10～15m、曲线段桩距为 5～10m、路口桩距为 1～5m；应用经纬仪、水准仪测设。

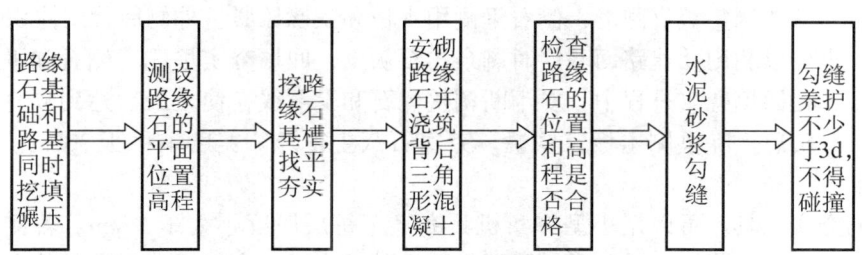

图 6.1 路缘石的施工工艺流程

④ 当道路进行改建时，道路改建翻排侧石和平石，应按新排砌的要求进行测量放样，做好原有雨水口的高程调整，并与原有侧石和平石衔接平顺。

（3）侧石的选用和施工

侧石长度在直线段采用 80～100cm；曲线半径大于 15m 时采用长度为 100cm 或 60cm 的侧石；曲线半径小于 15m 时或在圆角部分，可视半径大小采用长度为 60cm 或 30cm 的侧石。

侧石施工应根据施工图确定的平面位置和顶面高程所放出的样线执行，但对于人行道斜坡处的侧石，一般放低至比平石高出 2～3cm，两端接头（与正常侧石衔接处）则应做成斜坡连接。

（4）安砌路缘石

① 钉桩挂线后，沿基础一侧把路缘石依次排好。

② 侧石和平石的垫层用 1∶3 石灰砂浆找平，虚厚约 2cm，按照放线位置安砌路缘石。应采用 M10 水泥砂浆勾缝。

③ 曲线部分应按控制桩位进行安砌。

④ 路缘石调整块应用机械切割成型或以现浇同级混凝土制作，不得用砖砌抹面方式做路缘石调整块。侧石缘头与平石的安砌按图 6.2 执行。

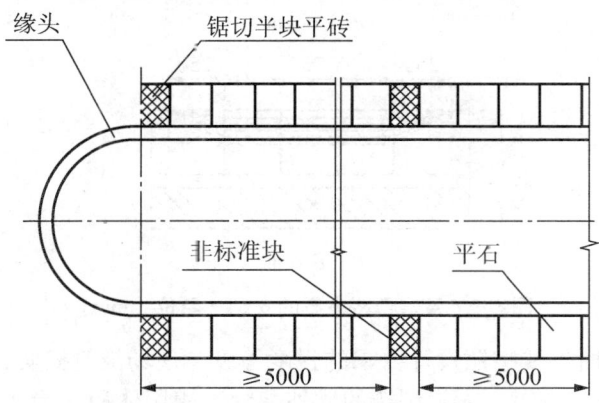

图 6.2 侧石缘头与平石的安砌（单位：mm）

⑤ 无障碍路缘石、盲道口路缘石应按设计要求安砌。盲道口路缘石设计无要求时，按图 6.3 安砌。

⑥ 雨水口处的路缘石应与雨水口配合施工。

（5）回填石灰土

① 侧石。在侧石安砌前要按照侧石宽度误差的分类分段砌筑，使顶面宽度统一、美

观。安砌后，按线调整顺直圆滑，侧石里侧用木板和铁橛压紧，外侧后背用体积比为2:8的石灰土，也可以利用修建路面基层时剩余的石灰土，回填夯实里侧。侧石和平石两侧同时分层回填，在回填夯实过程中，要不断调整侧石和平石线，使之最后达到顺直圆滑和平整的要求，夯实后拆除里侧木板及铁橛。夯实石灰土，外侧宽度不小于30cm，里侧与路面基层接上。

使用的夯实工具：可以用小型夯实机具夯实，每层厚度不大于15cm。若侧石里侧缝隙太小，可用铺底砂浆填实；如果侧石埋入路面基层太浅，夯填后背时易使侧石倾斜，此时靠路一侧可用体积比为1:3的石灰炉渣，加水拌和夯实成三角形，使侧石临时稳固。

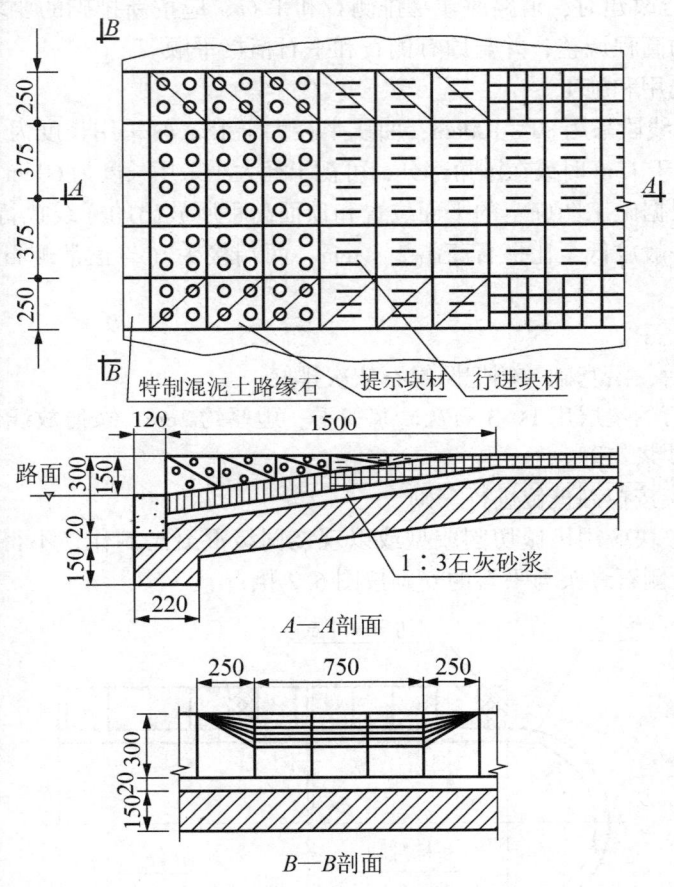

图6.3 盲道口路缘石的安砌（单位：mm）

设计采用混凝土时，要按照设计要求的强度等级，现场浇筑捣实，要求表面平整。

② 平石。在平石安砌时，人工刨槽的槽外一侧沟槽用体积比为2:8的石灰土分层填实，宽度不小于30cm，层厚不大于15cm，也可利用路面基层剩余的路拌石灰土填实。外侧经夯实后与路缘石顶面齐平，里侧用上述同样材料分层夯实，夯实后要比路缘石顶面低一个路面层厚度，待沥青路面铺筑后与路缘石顶面齐平。

使用的夯实工具，可以是洋镐头、铁扁夯等。石灰土含水率不足时，要加水夯实。在夯实两侧石灰土过程中，要不断调整路缘石线形，保证其顺直圆滑。

机械刨槽时，两侧用过筛体积比为2:8的石灰土夯实或用石灰土浆灌填密实。

（6）勾缝及养护

路面完工后安排侧石勾缝，勾缝前要先修整路缘石，调整至顺滑平整，其位置及高程符合设计要求后方可勾缝。可用M10水泥砂浆勾缝，勾缝要饱满密实，可为平缝或凹缝，平石不得阻水。路缘石勾缝养护期要在3d以上，养护期间不得碰撞。

6.1.2 人行道铺装施工

人行道为道路两侧、公园、里弄中供行人行走的设施。道路两侧的人行道为道路的组成部分，人行道与绿化带或土路肩相邻时，应按设计要求埋设路缘石或水泥砖。人行道按施工方法分为预制铺砌、现场浇筑两类；按常用材料分为水泥混凝土人行道、沥青混凝土人行道、料石人行道三种。其中水泥混凝土预制板（砖）的外形分为预制混凝土大方砖、导盲触感板（砖）、其他水泥混凝土预制板（砖）三种。

人行道

1. 人行道材料种类及规格

（1）预制混凝土大方砖的规格和适用范围（表6-2）

表6-2 预制混凝土大方砖的规格和适用范围

品种	长×宽×厚/mm	混凝土强度/MPa	用途
9格小方块	250×250×50	25	人行道（步道）
16格小方块	250×250×50	25	人行道（步道）
格方砖	200×200×50	20~25	人行步道、庭院步道
格方砖	230×230×40	20~25	人行步道、庭院步道
水泥花砖	200×200×18 单色、多色图案	20~25	人行步道、人行通道

（2）导盲触感板（砖）的种类和规格

导盲触感板（砖）有两种：一种称为行进块材，另一种称为提示块材。两种块材的规格尺寸见图1.62和图1.63。

（3）其他水泥混凝土预制板（砖）的规格

① 尺寸为490mm×490mm×65mm及490mm×245mm×65mm的表面滚花道板（砖）。

② 尺寸为250mm×250mm×60mm的混凝土压纹道板（砖）。

③ 尺寸为250mm×250mm×60（50）mm的混凝土彩色压纹道板（砖）。

④ 不同形状与尺寸的彩色连锁型人行道板（砖）等。

2. 料石石材的物理力学性能

料石石材的物理力学性能应符合设计规定。设计未规定时，可采用下列主要指标。

① 饱和抗折强度不小于9MPa。

② 饱和抗压强度不小于120MPa。

③ 抗冻性：冻融循环次数为50次，无明显损伤，耐冻系数K不大于75%。

④ 磨耗率：洛杉矶法小于25%或狄法尔法小于4%。

⑤ 坚固性：（硫酸钠侵蚀）质量损失 Q 不大于15%。
⑥ 吸水率小于1%。
⑦ 莫氏硬度不小于7.0。
⑧ 密度不小于2500kg/m³。
⑨ 孔隙率小于3%。

3. 人行道施工方法及步骤

（1）人行道施工的一般规定

① 对各类市政公用事业管线、地面设施，如消火栓、盖框等，应当按照人行道高程、横坡度予以调整，并且要固定好位置，保护好测量标志。

② 对沿街房屋有落水管或屋檐滴水路段，要采取防冲刷人行道面措施，按照设计要求设置落水管接地设施。

③ 对布置绿化建筑地段，要先将花坛墙体砌好，再进行人行道施工。

④ 要与斜坡、踏步、挡土墙等施工结合进行。

⑤ 人行道面层的施工，要以侧石顶面为基准，根据设计横坡度和宽度放样定线，靠近侧石处的人行道面应高出侧石顶面5mm。

（2）沥青混凝土面层的施工

① 一般规定。

a. 人行道、自行车道、非机动车道、公园道路、不通行重型车辆的行人广场、运动场地等的沥青面层要平顺、舒适，具有良好的排水性能。

b. 人行道、自行车道、公园道路可以铺筑单层细粒式或砂粒式沥青混凝土混合料面层、沥青表面处治面层或孔隙率大的沥青碎石混合料排水性面层。

c. 人行道沥青面层的材料要求应与车行道沥青面层相同，并要选择针入度较大的石油沥青或乳化沥青。人行道路面沥青用量应比车行道沥青用量增加0.3%左右。

d. 三幅路以上道路的非机动车道、行人广场，当采用拌和的沥青混合料时，应分双层铺筑，上面层要使用细粒式或砂粒式沥青混凝土混合料。铺筑沥青贯入式路面时应加铺拌和层。

e. 沥青混合料的技术指标应符合人行道设计的规定。

f. 浇洒沥青或铺筑混合料时应采用防止污染道路附属设施及其他构造物的措施，路缘石、阀门盖座、消防水栓、电杆等道路附属设施按照设计要求预先安砌，压路机碾压时不得损坏道路附属设施及其他构造物。使用大型压路机有困难的部位，可采用小型振动压路机或振动夯板压实。在不能采用压实机具的地方，应使用人工夯实。

② 施工步骤。

a. 准备工作。清除表面松散颗粒及杂物，覆盖侧石及建筑物以防污染，喷洒乳化沥青或煤沥青透层沥青一道。次要道路人行道也可以不用透层沥青。不用透层沥青时，要清除浮土杂物，喷水湿润，整平碾压一遍。与面层接触的侧石、井壁、墙边等部位应涂刷粘层沥青一道，以利于接合。

b. 铺筑面层。检查到达工地的沥青混合料种类、温度及拌和质量等，冬季运输沥青混凝土必须注意保温。人工摊铺时要计算用量，分段卸料，卸料要卸在钢板上，松铺系数为1.2~1.3。上料时要注意扣锹操作，摊铺时不要踩在新铺混合料上，注意轻拉慢推，搂平时注意粗细均匀，不使大料集中。

c. 碾压。用平碾纵向错半轴碾压，并随时用3m直尺检查平整度，不平处及粗麻处要及时修整或筛补，趁热压实。碾压不到处要用热夯或热烙铁拍平，或用振动夯板压实。

d. 接槎。接槎应采用立槎涂油热料温边的方法。

e. 低温施工。适当采取喷油皮、铺热砂措施，以确保人行道面越冬，防止掉渣。

预制水泥砖的铺装

(3) 水泥砖的铺装

① 复测高程。按照设计图纸复核放线，用测量仪器打方格，并以对角线检验方正，然后在桩橛上标注面层设计高程。

② 水泥砖装卸。水泥砖的规格为5cm×24.8cm×24.8cm及7cm×24.8cm×24.8cm，装运水泥砖时要注意强度和外观质量，要求颜色一致、无裂缝、不缺楞角。要轻装轻卸，以免损坏。卸车前应先确定卸车地点和卸砖数量，尽量减少搬运。砖间缝隙为2mm，用经纬仪、钢尺测量放线，打方格时要把缝宽计算在内。

③ 拌制砂浆。采用1:3石灰砂浆或1:3水泥砂浆，石灰粗砂要过筛，配合比要准确，砂浆的和易性要好。

④ 修整基层。挂线或用测量仪器检查基层竣工高程，对不大于$2m^2$的凹凸不平处，当低处不高于1cm时，可填1:3石灰砂浆或1:3水泥砂浆；当低处高于1cm时，应将基层刨去5cm，用与基层相同的混合料填平拍实，填补前应把坑槽修理平整、干净，表面适当湿润，高处应铲平，但如铲后厚度低于设计厚度的90%，则应进行返修。

⑤ 铺筑砂浆。在清理干净的基层上洒水一遍使之湿润，然后铺筑砂浆，厚度为2cm，用刮板找平。铺筑砂浆应随砌砖同时进行。

⑥ 铺砌水泥砖。

a. 按照桩橛高程，在方格内由第一行砖位纵横挂线绷紧，依线依标准缝宽砌第一行样板砖，然后纵线不动、横线平移，依次照样板砖砌筑。

b. 直线段纵线应向远处延伸，以保持纵缝直顺。曲线段砖间可以夹水泥砂浆楔形缝，也可按照直线段顺延铺筑，然后在边缘处用1:3水泥砂浆补齐并刻缝。

c. 砌筑时，砖要轻放，用皮锤（橡胶锤）轻击砖的中心。砖若不平，要拿起砖平垫砂浆重新铺筑，不得向砖底塞灰或支垫硬料，必须使砖平铺在满实的砂浆上稳定无动摇、无任何空隙。

d. 砌筑时砖与侧石应衔接紧密，若有空隙，要甩在临近建筑一边，在侧石边缘与井边有空隙处可用水泥砂浆填满镶边，并刻缝与水泥砖相仿，以保证美观。

⑦ 灌缝扫墁。用1:3（体积比）水泥细砂干浆灌缝，可以分多次灌入。第一次灌满后浇水沉实，再进行第二次灌满、墁平并适当加水，直至缝隙饱满。

⑧ 养护。水泥砖灌缝后应洒水养护。

⑨ 跟班检查。在铺筑整个过程中，班组应设专人不断地检查缝距、缝的顺直度、缝的宽窄均匀度及水泥砖平整度，发现有不平整的水泥砖，应及时进行更换。

⑩ 清理。每日班后，应将分散于各处的物料堆放在一起，保持工地整洁。

(4) 普通人行道板（砖）的铺装

普通人行道板（砖）一般采用放线定位法顺序铺砌，板底紧贴垫层，不得有翘动、虚空现象。

① 下承层准备摊铺垫层前应先将土方路基整平。人行道路基经检查合格后，方可测量放线，应用经纬仪测设纵横方格网，用钢尺丈量直线。人行道中线或边线，每隔5~10m安设一块方砖作为方向、高程控制点。

② 铺筑砂浆垫层采用水泥砂浆或石灰砂浆，摊铺宽度要大于铺装面5~10cm。砂浆随拌随用，水泥砂浆应在初凝前用完。

③ 铺筑普通人行板（砖）时，将其沿定位挂线顺序平放，用橡胶锤敲打稳定，不得损伤边角。经常用3m直尺沿纵、横和对角线方向检查安砌是否平整和牢固，并及时修整，不得采用向砖底部填塞砂浆或支垫等方法找平砖面。采用490mm×490mm的方砖时，铺砌与侧石垂直的拼缝称为通缝（横缝），与侧石平行的拼缝称为错缝（纵缝）。缝宽不大于1cm时，侧石接边线缝宽1cm，并做到缝隙均匀、灌缝饱满。采用橡胶带做方砖伸缩缝时，应将橡胶带放置平正、直顺、紧靠方砖，不得有弯曲或不平现象，缝宽应符合设计要求。铺盲道砖时，要严格区分行进块材与提示块材，不得混用。

④ 灌缝方砖铺砌完成，须经检查合格后，方可进行灌缝。灌缝应用干砂或水泥砂（水泥与砂的比例为1：10）干拌混合料，砖缝灌注后应在砖面上泼水，使灌缝料下沉，再灌料补足，直至缝内饱满为止。

⑤ 人行道板（砖）铺装后的养护期不得少于3d，养护期内要禁止通行。

（5）彩色道板（砖）和触感板（砖）人行道的施工

① 彩色道板（砖）要采用刚性或半刚性基层及干拌水泥砂浆粘接层。基层和粘接层的材料、厚度、强度应符合设计要求。基层的施工可按照规程的有关规定执行。彩色道板（砖）在铺砌之前基层和粘接层要浇水湿润。将彩色道板（砖）按照定位线逐块坐实于粘接层上，使之结成整体。相邻板块要贴紧，表面平整，线形直顺，铺砌后应浇水湿润养护。

② 触感板（砖）的行进、提示块材铺砌，要按照设计图形进行施工。

（6）水泥混凝土连锁砌块的铺装

① 由于连锁砌块条块狭小，因此对平整度的要求更高，块与块的连接必须连锁紧密、齐平，不得有错落现象。

② 铺砌不留缝，垫层用粗砂，使用专用的振平板振实，灌缝用细砂，其余操作均同一般水泥砖。

③ 完工后需要表面平整光洁、图案排列整齐、颜色一致，无麻面或者掉面、缺边现象，纵横坡度要符合设计要求。

（7）现场浇筑水泥混凝土人行道施工

现场浇筑水泥混凝土人行道施工，要依照以下规定。

① 在水泥混凝土人行道基层和面层施工中，可参考水泥混凝土基层和面层的要求。

② 当水泥混凝土人行道面层收水抹面后，应及时分块、滚花、压线。花眼边缘与压线平行，通常间距为5cm，滚花应清晰，花眼深度应一致（为

2~3mm），滚花时防止将砂浆带起。

③ 铺筑、振实、收水抹面、分块、滚花、压线等工序应尽量连续进行，工序间隔时间不宜过长，不得中断施工超过0.5h。

④ 面层成型后要覆盖洒水养护，当水泥混凝土达到设计强度的80%以上时可停止养护，养护期间应封闭交通。

（8）料石人行道的铺装

料石人行道应按设计要求选择料石（应选用花岗岩）。基层与路基施工应符合以下规定。

① 在检验合格的基层上测量放线：用经纬仪测设纵、横方格网，并用钢尺丈量直线；人行道中线或边线上，每隔5~10m要安设一块方砖作为方向、高程控制点。

② 铺砌时需平放，用橡胶锤敲打稳定，不得损伤料石的边角。

③ 铺砌中应随时检查料石是否安砌牢固平整，及时修整，修整要重新铺砌，不得采用在料石下部填塞砂浆或支垫等方法找平上表面。

④ 灌缝：料石铺砌完成后，需检查其稳固和平整度，全部合格后方可进行灌缝。应采用砂或水泥砂（水泥：砂=1:10）干拌混合料，缝灌砂后应在料石面上泼水，使灌缝料下沉，再灌料补足。

（9）曲线段人行道板（砖）的施工

曲线段人行道面铺砌，可采用直铺法或扇形铺法进行铺砌，其中彩色道板（砖）应采用直铺法进行施工。铺板（砖）后所形成的楔形空缺和边、角空缺可采用同强度等级的水泥混合料就地浇筑，彩色道板（砖）应按所需形状切割后拼砌，与预制板（砖）面齐平，并进行养护。

能力训练及习题

能力训练

分小组讨论并回答以下问题。
(1) 路缘石的分类及规格有哪些?
(2) 人行道材料种类及规格有哪些?

习 题

1. 路缘石勾缝养护期要在（　　）d 以上，养护期间不得碰撞。
   A. 1　　　　　　B. 2　　　　　　C. 3　　　　　　D. 4
2. 人行道面层的施工，要以侧石顶面为基准，根据设计横坡度和宽度放样定线，靠近侧石处的人行道面应高出侧石顶面（　　）mm。
   A. 2　　　　　　B. 3　　　　　　C. 4　　　　　　D. 5
3. 人行道混凝土面层成型后要覆盖洒水养护，当混凝土达到设计强度的（　　）以上时可停止养护，养护期间应封闭交通。
   A. 70%　　　　　B. 80%　　　　　C. 90%　　　　　D. 95%
4. （　　）是指铺设在路面边缘或标定路面界限的边界标石。
   A. 花岗石　　　　B. 大理石　　　　C. 人工石　　　　D. 路缘石
5. 人行道面层的施工，要以（　　）为基准，根据设计横坡度和宽度放样定线。
   A. 侧石顶面　　　B. 侧石底面　　　C. 侧石中间　　　D. 平石顶面
6. 普通人行道板（砖）的铺砌方法和要求一般采用（　　）。
   A. 放线定位法顺序铺砌　　　　　　B. 经验法铺砌
   C. 等高线法铺砌　　　　　　　　　D. 坡度线法铺砌
7. 排好侧石后，应先在侧石里侧（靠近人行道一边）（　　）。
   A. 用土方回填夯实　　　　　　　　B. 用石屑回填夯实
   C. 用水泥混凝土回填夯实　　　　　D. 不用回填夯实
8. 街坊里弄出入口处的侧石应降低，且（　　）。
   A. 与平石接平　　　　　　　　　　B. 高出平石 2cm 左右
   C. 高出平石 5cm 左右　　　　　　　D. 低于平石

在线答题

项目6　附属工程施工

学习任务单

◆ **学习目标**

能够读懂道路结构图，能编写预制块式人行道施工方案的关键环节并能进行技术交底。

◆ **学习地点**

实训室。

◆ **学习准备**

《市政工程施工图案例图集》《城镇道路工程施工与质量验收规范》、互联网资源、多媒体设备等。

◆ **学习过程**

一、阅读《市政工程施工图案例图集》中的路-8、路-9、说明及相关内容，填写以下工程相关信息。

1. 根据施工图描述本工程人行道的类型。

2. 以小组为模拟项目部，讨论完成本工程施工标段桩号_____ ~ _____人行道铺装施工方案的关键环节，并进行技术交底。

（1）小组讨论确定人行道铺装的施工方法。

（2）小组讨论确定人行道铺装施工的工具与材料。

（3）小组讨论确定人行道铺装的施工工艺和注意事项。

二、分小组进行人行道铺装操作实训。

347

任务6.2 附属工程质量控制与验收

本任务介绍路缘石安砌、人行道铺装质量控制与检验标准。

6.2.1 路缘石安砌质量控制与检验

1. 路缘石安砌质量控制

① 路缘石宜由加工厂生产,并应提供产品强度、规格尺寸等技术资料和产品合格证。

② 路缘石宜采用石材或预制混凝土标准块。路口、分隔带端部等曲线段路缘石,宜按设计弧形加工预制,也可采用小标准块。

③ 石质路缘石应采用质地坚硬的石料加工,强度应符合设计要求,宜选用花岗石。剁斧加工石质路缘石允许偏差应符合表6-3的规定。

表6-3 剁斧加工石质路缘石允许偏差

项目		允许偏差
外形尺寸/mm	长	±5
	宽	±2
	厚(高)	±2
外露面细石面平整度/mm		3
对角线长度差/mm		±5
剁斧纹路		应直顺、无死坑

机具加工石质路缘石允许偏差应符合表6-4的规定。

表6-4 机具加工石质路缘石允许偏差

项目		允许偏差/mm
外形尺寸	长	±4
	宽	±1
	厚(高)	±2
对角线长度差		±4
外露面平整度		2

④ 预制混凝土路缘石应符合下列规定。

a. 混凝土强度等级应符合设计要求。路缘石混凝土强度主要考虑冻融损坏。设计未规定时,直线形路缘石抗压强度等级不低于$C_f3.5$,曲线形路缘石、直线形截面L状路缘石、截面⊥状路缘石和非直线形路缘石抗压强度等级不低于C_c30。路缘石抗折与抗压强度应符合表6-5的规定。

表 6-5　路缘石抗折与抗压强度

直线形			曲线形及直线形截面 L 状等		
抗折强度/MPa			抗压强度/MPa		
强度等级 C_f	平均值	单件最小值	强度等级 C_c	平均值	单件最小值
C_f 3.5	≥3.5	≥2.8	C_c30	≥30.0	≥24.0
C_f 4.0	≥4.0	≥3.2	C_c35	≥35.0	≥28.0
C_f 5.0	≥5.0	≥4.0	C_c40	≥40.0	≥32.0

b. 路缘石吸水率应不大于 6%。有抗冻要求的路缘石经 50 次冻融试验（D50）后，质量损失率应不大于 3%，抗盐冻性路缘石经 ND28 次试验后，平均质量损失应不大于 1.0kg/m²。

c. 预制混凝土路缘石加工尺寸允许偏差应符合表 6-6 的规定。

表 6-6　预制混凝土路缘石加工尺寸允许偏差

项目	允许偏差/mm	项目	允许偏差/mm
长度（l）	+4 -3	高度（h）	+4 -3
宽度（b）	+4 -3	平整度	≤3
		垂直度	≤3

d. 预制混凝土路缘石外观质量允许偏差应符合表 6-7 的规定。

表 6-7　预制混凝土路缘石外观质量允许偏差

项目	允许偏差	项目	允许偏差
缺棱掉角影响顶面或正侧面的破坏最大投影尺寸/mm	≤15	贯穿裂纹	不允许
面层非贯穿裂纹最大投影尺寸/mm	≤10	分层	不允许
可视面粘皮（脱皮）及表面缺损最大面积/mm²	≤30	色差、杂色	不明显

e. 路缘石基础宜与相应的基层同步施工。

f. 安砌路缘石的控制桩，直线段桩距宜为 10~15m，曲线段桩距宜为 5~10m，路口处桩距宜为 1~5m。

g. 路缘石应以干硬性砂浆铺砌，砂浆应饱满、厚度均匀。路缘石应砌筑稳固、直线段顺直、曲线段圆顺、缝隙均匀；路缘石勾缝应密实，平石表面应平顺、不阻水。

h. 路缘石背后宜浇筑水泥混凝土支撑，并回填夯实。回填夯实宽度不宜小于 50cm，高度不宜小于 15cm，压实度不得小于 90%。

i. 路缘石宜采用 M10 水泥砂浆勾缝。勾缝后，常温期养护不应少于 3d。

2. 路缘石安砌质量检验

（1）主控项目

混凝土路缘石强度应符合设计要求。

检查数量：每种、每检验批 1 组（3 块）。

检验方法：查出厂检验报告并复验。

（2）一般项目

① 路缘石应砌筑稳固、砂浆饱满、勾缝密实，外露面清洁、线条顺畅，平石不阻水。

检查数量：全数检查。

检验方法：观察。

② 侧石、平石安砌允许偏差应符合表 6-8 的规定。

表 6-8　侧石、平石安砌允许偏差

项目	允许偏差/mm	检查频率 范围/m	检查频率 点数	检验方法
直顺度	≤10	100	1	用 20m 线和钢尺量①
相邻块高差	≤3	20	1	用钢尺和塞尺量①
缝宽	±3	20	1	用钢尺量①
顶面高程	±10	20	1	用水准仪测量

① 表示随机抽样，量 3 点取最大值。

注：曲线段路缘石安砌的圆顺度允许偏差应结合工程具体制定。

6.2.2　人行道铺筑质量控制与检验

1. 人行道铺筑质量控制

（1）一般规定

① 人行道应与相邻构筑物衔接平顺，不得反坡。

② 人行道的路基施工应符合规范有关规定。

③ 人行道的基层施工及检验标准应符合规范的有关规定。

④ 有特殊要求的人行道，应按设计要求及现场条件制定铺装方案及验收标准。

（2）料石与预制板（砖）铺砌人行道面层

① 料石应表面平整、粗糙，其色泽、规格、尺寸均应符合设计要求，抗压强度不宜小于 80MPa，且应符合表 6-9 的要求。

表6-9 料石物理性能和外观质量

项目		允许值	注
物理性能	饱和抗压强度/MPa	≥80	
	饱和抗折强度/MPa	≥9	
	体积密度/(g/cm³)	≥2.5	
	磨耗率（狄法尔法）/%	<4	
	吸水率/%	<1	
	孔隙率/%	<3	
外观质量	缺棱/个		面积不超过5mm×10mm，每块板材
	缺角/个	1	面积不超过2mm×2mm，每块板材
	色斑/个		面积不超过15mm×15mm，每块板材
	裂纹/条	1	长度不超过两段顺延至板边总长度的1/10（长度小于20mm不计），每块板材
	坑窝	不明显	粗面板材的正面出现坑窝

② 混凝土预制板（砖）的抗压强度应符合设计规定，设计未规定时，不宜低于30MPa。预制板（砖）应表面平整、粗糙、纹路清晰、棱角整齐，不得有蜂窝、露石、脱皮等现象；彩色道板（砖）应色彩均匀。

③ 料石与预制板（砖）宜由预制厂生产，并应提供强度、耐磨性能试验报告及产品合格证。

④ 预制人行道料石、板（砖）进场后，应经检验合格后方可使用。

⑤ 预制人行道料石、板（砖）铺装应符合有关规范的规定。

⑥ 盲道铺砌除应符合规范的有关规定外，尚应遵守下列规定。

a. 行进块材与提示块材不得混用。

b. 盲道必须避开树池、检查井、杆线等障碍物。

⑦ 路口处盲道应铺设为无障碍形式。

(3) 沥青混合料铺筑人行道面层

① 施工中应根据场地环境条件选择适宜的沥青混合料摊铺方式与压实机具。

② 沥青混凝土铺装层厚不应小于3cm，沥青石屑、沥青砂铺装层厚不应小于2cm。

③ 压实度不应小于95%。表面应平整，无明显轮迹。

2. 人行道铺筑质量检验

(1) 料石铺砌人行道面层质量检验

① 主控项目。

a. 路床与基层压实度应大于或等于90%。

检查数量：每100m查2点。

检验方法：环刀法、灌砂法、灌水法。

b. 砂浆强度应符合设计要求。

检查数量：同一配合比，每1000m²取1组（6块），不足1000m²取1组。

检验方法：查试验报告。

c. 石材强度、外观尺寸应符合设计及规范要求。

检查数量：每检验批抽样检验。

检验方法：查出厂检验报告及复检报告。

d. 盲道铺砌应正确。

检查数量：全数检查。

检验方法：观察。

② 一般项目。

a. 铺砌应稳固、无翘动，表面平整、缝线直顺、缝宽均匀、灌缝饱满，无翘边、翘角、反坡、积水现象。

b. 料石铺砌允许偏差应符合表6-10的规定。

表6-10 料石铺砌允许偏差

项目	允许偏差	检查频率		检查方法
		范围	点数	
平整度/mm	≤3	20m	1	用3m直尺和塞尺连续量取两尺，取较大值
横坡度/%	±0.3 且不反坡	20m	1	用水准仪测量
井框与路面高差/mm	≤3	每座	1	十字法，用直尺和塞尺量，取最大值
相邻块高差/mm	≤2	20m	1	用钢尺量3点
纵缝直顺度/mm	≤10	40m	1	用20m线和钢尺量
横缝直顺度/mm	≤10	20m	1	沿路宽甩线和钢尺量
缝宽/mm	+3 −2	20m	1	用钢尺量3点

(2) 混凝土预制板（砖）铺砌人行道（含盲道）质量检验

① 主控项目。

a. 路床与基层压实度应符合规范的规定。

b. 混凝土预制板（砖）（含盲道砌块）强度应符合设计规定。

检查数量：同一品种、规格、每检验批1组。

检验方法：查抗压强度试验报告。

c. 砂浆平均抗压强度等级应符合设计规定，任一组试件抗压强度最低值不应低于设计强度的85%。

检查数量：同一配合比，每1000m²取1组（6块），不足1000m²取1组。

检验方法：查试验报告。

d. 盲道铺砌应正确。

检查数量；全数检查。

检验方法：观察。

② 一般项目。

a. 铺砌应稳固、无翘动，表面平整、缝线直顺、缝宽均匀、灌缝饱满，无翘边、翘角、反坡、积水现象。

b. 混凝土预制板（砖）铺砌允许偏差应符合表6-11的规定。

表6-11 混凝土预制板（砖）铺砌允许偏差

项目	允许偏差	检查频率		检查方法
		范围	点数	
平整度/mm	≤5	20m	1	用3m直尺和塞尺连续量取两尺，取较大值
横坡度/%	±0.3且不反坡	20m	1	用水准仪测量
井框与路面高差/mm	≤4	每座	1	十字法，用直尺和塞尺量，取最大值
相邻块高差/mm	≤3	20m	1	用钢尺量
纵缝直顺度/mm	≤10	40m	1	用20m线和钢尺量
横缝直顺度/mm	≤10	20m	1	沿路宽用线和钢尺量
缝宽/mm	+3 −2	20m	1	用钢尺量

（3）沥青混合料铺筑人行道面层的质量检验

① 主控项目。

a. 路床与基层压实度应符合规范规定。

b. 沥青混合料品质应符合马歇尔试验配合比技术要求。

检查数量：每日、每品种检查1次。

检验方法：现场取样试验。

② 一般项目。

a. 沥青混合料压实度不应小于95%。

检查数量：每100m查2点。

检验方法：查试验记录（马歇尔击实试件密度，实验室标准密度）。

b. 表面应平整、密实，无裂缝、烂边、掉渣、推挤现象，接槎应平顺、烫边无枯焦现象，与构筑物衔接平顺，无反坡、积水现象。

检查数量：全数检查。

检验方法：观察。

c. 沥青混合料铺筑人行道面层允许偏差应符合表6-12的规定。

表6-12 沥青混合料铺筑人行道面层允许偏差

项目	允许偏差		检查频率		检查方法
			范围	点数	
平整度/mm	沥青混凝土	≤5	20m	1	用3m直尺和塞尺连续量取两尺，取较大值
	其他	≤7			

续表

项目	允许偏差	检查频率		检查方法
		范围	点数	
横坡度/%	±0.3且不反坡	20m	1	用水准仪测量
井框与路面高差/mm	≤5	每座	1	十字法，用直尺和塞尺量，取最大值
厚度/mm	±5	20m	1	用钢尺量

能力训练及习题

能力训练

分小组讨论并回答以下问题。
(1) 路缘石的质量标准有哪些?
(2) 人行道的质量标准有哪些?

习 题

一、选择题

1. 侧石、平石安砌的允许偏差,缝宽不得大于(　　)mm。
   A. ±1　　　　　B. ±2　　　　　C. ±3　　　　　D. ±4
2. 侧石、平石安砌的顶面高程允许偏差为(　　)mm。
   A. ±10　　　　B. ±20　　　　C. ±30　　　　D. ±40
3. 侧石、平石安砌的直顺度要求为(　　)mm。
   A. ≤5　　　　　B. ≤3　　　　　C. ≤10　　　　D. -5~20
4. 侧石、平石安砌允许偏差项目包括(　　)。
   A. 缝宽　　　　　　　　　　　　B. 顶面高程
   C. 路缘石强度　　　　　　　　　D. 相邻块高差
   E. 直顺度
5. 侧石、平石相邻块高差的检验,每(　　)m量测一点,取最大偏差值。
   A. 15　　　　　B. 20　　　　　C. 25　　　　　D. 30
6. 路缘石宜采用(　　)水泥砂浆勾缝。
   A. M5　　　　　B. M10　　　　C. M15　　　　D. M20
7. 铺砌人行道的砂浆平均抗压强度等级应符合设计规定,任一组试件抗压强度最低值不应低于设计强度的(　　)。
   A. 75%　　　　B. 85%　　　　C. 90%　　　　D. 95%

二、简答题

1. 料石铺砌人行道的外观要求是什么?
2. 侧石、平石安砌的外观要求是什么?

在线答题

学习任务单

◆ **学习目标**

能对各类人行道面层进行质量检查和验收。

◆ **学习地点**

实训室、室外实训场。

◆ **学习准备**

《城镇道路工程施工与质量验收规范》、互联网资源、多媒体设备等。

◆ **学习过程**

以小组为模拟项目部，讨论并实施以下环节。

1. 查阅《城镇道路工程施工与质量验收规范》，明确预制块人行道面层的质量要求。

2. 组织预制块人行道面层质量验收并填写质量验收单。

预制块人行道面层检验批质量检验记录表

编号：050002□□

工程名称		分部工程名称		分项工程名称		预制块人行道面层
施工单位		施工员		项目经理		
分包单位		分包项目经理		施工项目班组长		
工程数量		验收部位（或桩号）		项目技术负责人		
交方班组		接方班组		检查日期		年　月　日

	序号	检查内容	检验依据/允许偏差	检查频率		检查结果/实测点偏差值或实测值										应测点数	合格点数	合格率/%
				范围	点数	1	2	3	4	5	6	7	8	9	10			
主控项目	1	路床与基层压实度	≥90%	100m	2	检验报告编号：												
	2	砌块强度	强度符合设计要求	同批号、品种规格	1组	出厂试验报告编号：												
	3	砂浆抗压强度	平均值符合设计要求，任一组不低于设计值≥85%	同一配合比 1000m²	1组	试验报告编号：												
	4	盲道铺砌	应正确铺砌	全数检查														
一般项目	1	平整度/mm	≤5	20m	1													
	2	横坡度/%	±0.3 且不反坡	20m	1													
	3	井框与面层高差/mm	≤4	每座	1													
	4	相邻板高差/mm	≤3	20m	1													
	5	纵缝顺直度/mm	≤10	40m	1													
	6	横缝顺直度/mm	≤10	20m	1													
	7	缝宽/mm	+3；-2	20m	1													

施工单位检查评定结论	
监理（建设）单位检查意见	

施工单位专业质量检查员：（签字）　　　　　项目专业技术负责人：（签字）

监理工程师：（签字）　　　　　（或建设单位项目专业技术负责人）：（签字）

年　月　日

项目 7　市政道路养护

能力目标

（1）有识别市政道路路基、路面、附属设施常见病害和采取相应维修方法的能力。

（2）会查阅养护、施工技术、安全等相关规范资料，对市政道路工程有安全养护作业的能力。

项目导读

一条道路建成后，随着运营时间的推移、交通量的增长和各类设施使用频率的增加，道路和附属设施会出现不同程度的损坏，若不及时进行养护、维修，则会影响道路的安全、快捷、舒适、经济和美观。本项目从市政道路路基、路面、附属设施3个任务实施养护工程。

通过对3个项目任务相关知识的介绍，结合工程实例模拟训练，同时借助多媒体设备、实训设备、实训现场的实操训练，形成"做中学、学中做"理实一体化的教学过程。最后结合给出的实际道路工程，由学生完成学习任务单规定的内容，以确保达到项目能力目标。

项目任务

（1）组织学生对校园或附近某条道路进行沥青路面损坏调查。

（2）对检查出的各类病害提出相应的养护措施。

（3）项目成果为某道路沥青路面病害分析报告一份。

任务 7.1　市政道路路基养护

市政道路养护是市政道路管理的重要环节。本任务是要明确市政道路养护的目的和任务、市政道路养护的范围及等级划分，掌握市政道路路基养护的基本要求、路基常见病害及防治措施。

7.1.1　市政道路养护工程概述

市政道路养护质量的优劣，会直接影响交通安全、行车顺畅和运输效率，还涉及道路的使用年限，尤其对城市面貌和市容环境（包括投资环境）有重要影响。

1. 市政道路养护的目的和任务

市政道路养护应始终坚持"预防为主，防治结合"的原则，遵循"建养并重，协调发展；深化改革，强化管理；提高质量，保障畅通"的指导方针，把养护与建设提到同等重要的位置。

市政道路养护的主要目的和基本任务如下。

① 坚持日常保养，经常保持道路的完好状态，及时修复损坏部分，使道路及其沿线附属设施的各部分保持完好、整洁、美观，保障行车安全、舒适、畅通，以提高社会经济效益。

② 采取正确的技术措施，提高养护工作质量，延长道路的使用寿命，以节省建设资金。

③ 对原有技术标准过低的道路和构造物及沿线设施进行分期改建和增建，逐渐提高道路的使用质量、服务年限。

2. 市政道路养护的范围及等级划分

市政道路的养护应包括道路设施的检测评定、养护工程和技术档案管理。道路设施应包括车行道、人行道、路基、停车场、广场、分隔带及其他附属设施。

市政道路应分等级养护。根据各类道路在城镇中的重要性，将市政道路分Ⅰ、Ⅱ、Ⅲ三个养护等级，并根据工程性质和技术状况分为预防性养护、矫正性养护、应急性养护。其中矫正性养护依据评价单元（200～500m）内的道路养护目的、技术状况、工程量分为保养小修、中修、大修和改扩建工程。中修、大修和改扩建工程应进行专项设计。

3. 公路路基养护的原则与要求

公路路基养护应遵循规范管理、安全运行、预防为主、防治结合、因地制宜、经济适用、节约资源、保护环境的原则，并应符合下列要求。

（1）逐步建立路基管理系统，加强路基运营的动态管理，建立健全安全运行保障制度。

（2）加强路基技术状况的检测与评定，推进预防养护工作，及时对路基病害进行养护处治。（3）结合实际情况及路基病害特点，选用安全、耐久、经济、适用的养护技术，并积极稳妥采用新技术、新材料、新工艺和新设备。

(4) 宜充分考虑自然环境和地质条件，采取工程防治、植物防护及两者相结合的措施，并注重节能环保技术应用和材料循环利用。

4. 公路路基养护工程的内容

路基养护包括日常养护和养护工程。日常养护应包括日常巡查、日常保养和日常维修；养护工程包括预防养护、修复养护、专项养护和应急养护四种。路基养护工作内容了包括路况调查与评定、养护决策、日常养护、养护工程设计、养护工程施工、养护工程质量验收、跟踪观测和技术管理；路况调查与评定应包括病害调查、技术状况评定、安全性评估等内容。道路养护单位应定期进行路基病害调查、技术状况检测与评定，并对存在较大病害隐患路基的安全性进行评估。

7.1.2　市政道路路基养护的基本要求

路基是道路的重要组成部分，是路面的基础。路基质量的优劣，会直接影响道路路面的质量、使用年限和服务水平，因此，必须保证道路路基的密实度和稳定性，这也是路面坚实、平整和稳定的基本保证。

路基作为路面的支承结构物，必须具有足够的强度、稳定性、耐久性和环保性。

路基养护工作的对象包括道路用地范围内的路肩、路堤与路床、边坡、既有防护及支挡结构物、排水设施、特殊路基等。养护的质量要求应符合下列规定。

（1）路肩表面密实平整、清洁、无杂物、无杂草；宽度符合设计要求，边缘顺直、路缘石完好、无缺损；横坡符合设计要求，与路面衔接平顺，不阻挡路面排水。

（2）路堤与路床养护无明显不均匀沉陷、无开裂滑移、无冻胀、无翻浆。

（3）边坡坡面平整，无冲沟、无松散无杂物；坡度符合设计要求；边坡稳定。

（4）既有防护及支持结构物养护无沉陷、无开裂、无移位；沉降维、伸缩缝完好；表面平整、无脱空；排水孔无堵塞、无损坏。

（5）排水设施无杂物、无淤塞、无冲刷；纵坡适度、排水畅通；进出口状况完好，无积水。

7.1.3　路基常见病害及防治措施

1. 路基沉陷

路基沉陷

路基沉陷是指路基局部路段在垂直方向产生较大的沉落，形成坑洼和裂缝，或因地基沉降使路基整体下沉。

（1）预防措施

① 填筑前对基底进行彻底清理，挖除杂草、树根，清除表面有机土、垃圾等，对耕地和土质松软的基底进行压实处理。

② 宜选用级配较好的粗粒土作为填筑材料，当采用细粒土，且含水率超过最佳含水率2%以上时，应采取晾晒或掺入石灰、固化材料等技术措施进行处理。

③ 用不同填料填筑路基时，应分层填筑，在同一层均应采用同类材料，不应混填。土方路基应分层压实，每层的压实厚度不宜超过20cm，路床顶面最后一层的最小压实厚

度不应小于8cm，压实机具的功能及压实遍数应经过试验确定。

④ 软基的路面宜采用沥青混凝土路面或其他宜翻挖的路面，其横坡度应适当增大，防止出现倒坡现象。

（2）治理方法

① 对软基应视不同情况，采用不同的处理方法。

在表层软基较薄、数量较少的情况下，可采取"换填土层法"，即将湿软土部分挖除，换填强度较大的砂、碎石、灰土、素土等；软基较厚、含水率较大，且有较长施工期来预压的，可采取"竖向排水预压法"，即在软基中打入塑料排水板或采用砂井，然后堆载预压一段时间。软基有一定厚度且承载力较低，需要提高承载力时，可采用"挤密桩法"，即在软基中成孔后，在孔中灌入砂、碎石、石灰、钢渣等材料，捣实而形成直径较大的桩体，或采取加固土桩法。

② 在路面铺筑前产生路基下沉，如因路基压实度不够，可用以下方法治理。

a. 若填料不符合要求，则应挖出换土。

b. 对含水率过大的土，可采用晾晒或均匀掺入石灰粉来降低含水率；对含水率过小的土，则可洒水湿润后再进行压实。

c. 如压实厚度过大或压实机具压实功能不够，则应翻挖将压实厚度减薄后再进行压实或采用增大压实功能的机具来压实。

③ 若因地基沉降使路基下沉，可采用超载预压，待路基下沉稳定后再铺筑路面；若工期较紧，可以适当换填轻质材料，如粉煤灰、粉煤灰和石灰混合料、聚苯乙烯泡沫塑料砌块等。

2. 路堤失稳

路堤失稳是指路堤以下软基向两侧挤出，造成路堤坍塌或塌陷的现象。其防治措施有以下几种。

① 在路堤施工前，对软基进行处理。

② 控制填土速率。

③ 将失稳路基的松填料清除，然后对软基进行加固处理。常用的加固方法有置换土、注浆、碎石桩、砂桩、深层加固及钢管抗滑桩等。软基加固后再将路基分层填筑、分层压实，也可采用轻质路堤，以减轻压力。

3. 边坡的养护

边坡包括路堑边坡和路堤边坡，是保护路基的重要组成部分。边坡养护与维修的要求是坡面保持平顺、坚实、无冲沟，其坡度应符合设计规定。

① 对于石质路堑边坡，应经常观察坡面岩石风化情况，以及危岩、浮石的变动。发现问题，应及时采取适当的措施处理，如清除、抹面、喷浆、勾缝、嵌补、锚固、设置钢筋混凝土抗滑桩等，避免危及行车和行人安全、堵塞边沟、影响排水。

② 当土质路堑边坡出现冲沟时，应及时用黏土填塞捣实。如出现潜流涌水，可开沟隔断水源，将水引向路基以外。

③ 对于填土路堤边坡形成的冲沟和缺口，应及时用黏结性良好的土修补拍实。对较大的冲沟和缺口，修理时应将原边坡挖成台阶形，然后分层填筑压实，并注意与原坡面衔

接平顺。对路堤中间部分用粉煤灰填筑的路基，尤应注意加强边坡的养护，发现冲沟、缺口时应及时修理，以防止粉煤灰流失，影响路基的整体强度和稳定。

④ 对于易出现缺口、冲沟、沉陷、塌落或受洪水及边沟流水冲刷的边坡、碎落台、护坡道等，应根据水流、土质等情况，选用种草、铺草皮、栽灌木丛、铺柴束、篱格填石、投放石笼、干砌或浆砌片石护坡等措施，进行防护和加固。

⑤ 边坡上的植被对保护边坡大有益处，不能铲除，并禁止在边坡上割草、放牧。同时，严禁在边坡上、路堤坡脚及护坡道上挖土取料或种植农作物。

目前，土工合成材料的发展为边坡防护、加固提供了新材料、新技术和新方法。常用于防护与加固的土工合成材料有土工网、土工格栅、防老化的塑料编织布、土工膜袋等。使用上述材料进行边坡防护和加固的突出优点是：施工简便、进度快、造价低、效果好。

4. 挡土墙的养护

挡土墙的日常养护除经常检查其有无损坏外，每年还应在春秋两季定期进行检查。北方冰冻严重地区应特别注意检查挡土墙在冰冻融化后墙身及基础的变化情况，以及在冰冻前采取的防护措施的效果。另外，在发生反常气候、地震或重型车辆通过等特殊情况后，应及时进行检查。发现裂缝、断缝、倾斜、鼓肚、滑动、下沉、表面风化、泄水孔堵塞、墙后积水、周围地基错台、空隙等情况，应查明原因，并观察其发展情况，采取相应的措施进行修理加固，并设立技术档案备查。

对已停止发展的挡土墙裂缝，可将缝隙凿毛，清除碎渣和杂物，然后用水泥砂浆填塞。水泥混凝土或钢筋混凝土挡土墙的裂缝也可用环氧树脂黏合。挡土墙发生倾斜、鼓肚、滑动或下沉时，可选用下列加固措施。

① 锚固法。锚固法适用于水泥混凝土或钢筋混凝土挡土墙。采用高强钢筋作锚杆，穿入预先钻好的孔内，灌入水泥砂浆，固定锚杆，待砂浆达到一定强度后对锚杆进行张拉，并紧固锚头，以此来分担土压力，如图 7.1 所示。

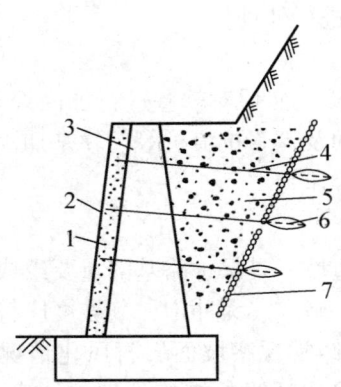

1—现浇混凝土；2—锚头；3—原墙体；4—预应力钢筋；5—墙后填土；6—灌入水泥浆；7—锚固岩基的推算线

图 7.1 锚固法

② 套墙加固法。用混凝土在原挡土墙外侧加宽基础、加厚墙身，如图 7.2 所示。

施工时，先挖除一部分墙后填土，减小土压力，同时要注意新旧基础和墙身的结合。可先凿毛旧基础和旧墙身，必要时设置钢筋锚栓或石榫，以增强连接。墙后回填土必须分层填筑并夯实。

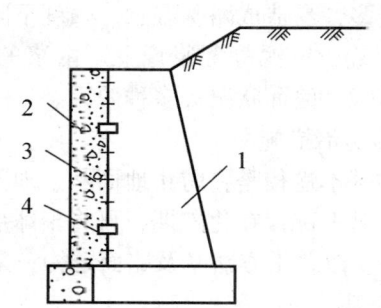

1—原挡土墙；2—套墙；3—钢筋锚栓；4—连系石榫

图7.2　套墙加固法

③ 增建支撑墙加固法。在挡土墙外侧，每隔一定的间距，增建支撑墙。支撑墙的基础埋置深度、尺寸和间距应通过计算确定，如图7.3所示。

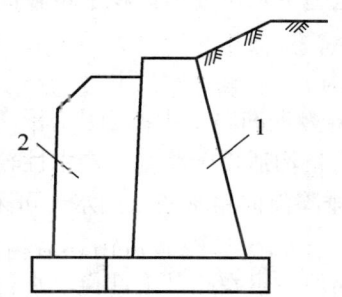

1—原挡土墙；2—支撑墙

图7.3　增建支撑墙加固法

④ 当原挡土墙损坏严重，采用以上加固方法不能达到设计强度要求时，则应考虑将损坏部分拆除重建。为防止不均匀沉降，新旧挡土墙之间应设置沉降缝，并应注意新旧挡土墙接头协调。

挡土墙的泄水孔应保持畅通。如有堵塞，应及时疏通；若疏通困难，应视墙后地下水情况选择适当位置增设泄水孔，或在墙背后沿挡土墙增做墙后排水设施。一般可增设盲沟将水引出路基以外，以防止墙后积水引起土压力增加或冻胀。

当挡土墙表面出现风化剥落时，立将风化表层凿除，露出新槎，再喷涂水泥砂浆保护层。当风化剥落严重时，应将风化部分拆除重砌。

对于锚杆式及加筋土挡土墙，如发现墙身变形、倾斜，或肋柱、挡板损坏、断裂等情况，应及时修理、加固或更换。对暴露的锚头、螺母、垫圈应定期涂刷防锈漆，锚头、螺母如有松动、脱落应及时紧固和补充。

对于浸水挡土墙，若受洪水冲刷，出现基础被掏空，但未危及挡土墙本身，可采取抛石加固或用块（片）石将掏空部分塞实并灌浆的方法。当挡土墙本身出现松动、下沉、倒塌、开裂等情况时，应按原样进行修复。

5. 路基翻浆

路基翻浆多发生在我国北方地区。路基在冰冻春融期，因地下水位高、排水不畅、土

路基翻浆

质不良、含水过多，易造成路基湿软、强度下降，在行车反复作用下，路基会出现弹软、裂缝、冒泥等翻浆现象。翻浆的影响因素有水分、温度、土质，以及行车荷载、路面状况等多种原因。

（1）翻浆的防治措施

防治翻浆的基本途径是：防止地面水、地下水或其他水分在冻结前或冻结过程中进入路基上部；在化冻期，可将聚冰层中的水分及时排除或暂时蓄积在透水性好的路面结构层中；改善土方路基及路面结构；采用综合措施防治。

① 做好路基排水，提高路基。

良好的路基排水可以防止地面水或地下水浸入路基。使路基土体保持干燥，从而减轻冻结时水分聚流的来源，这是预防和处理地面水类和地下水类翻浆的首要措施。

② 铺设隔离层。

隔离层设在路基顶面下 0.5~0.8m 处，其目的在于阻断毛细水上升通道，保持上部土方路基干燥，防止翻浆发生。当地下水位或地面积水位较高，又不宜提高路基时，可铺设隔离层。

③ 设置路肩盲沟或排水渗沟。

a. 路肩盲沟。为及时排除春融期间路基中的自由水，达到疏干路基上部土体的目的，可在路肩上设置横向盲沟。路肩盲沟适用于路基土透水性较好的地下水类翻浆路段。

b. 排水渗沟。为了拦截并排除流向路基的层间水，可采用排水渗沟。

④ 换土。

对因土质不良造成翻浆的路段，可在路基上部换填水稳性好、冰冻稳定性好、强度高的粗粒土，以提高土的强度和稳定性。

⑤ 改善路面结构层。

a. 铺设砂（砾）垫层。砂（砾）垫层是用砂砾、粗砂或中砂做成的垫层。它具有较大的空隙，能隔断毛细水的上升；化冻时能蓄水、排水；冻融过程中体积变化小，可减小路面的冻胀和沉陷。它还具有一定的强度，能将荷载进一步扩散，从而可减小路基的应力和应变。

b. 铺设水泥稳定类、石灰稳定类或石灰工业废渣类基（垫）层。这类基（垫）层具有较好的板体性、水稳性和冻稳性，可以提高路面的整体强度，起到减缓和防止路基冻胀和翻浆的作用。但在重冰冻地区潮湿路段，不宜直接采用石灰土，而需与其他措施配合应用，如在石灰土下铺设砂垫层等。

c. 设置防冻层。对于高等级道路结构层而言，其总厚度除应满足强度要求外，还应满足防冻层厚度要求，以避免路基内出现较厚的聚冰带，从而防止产生导致路面开裂的不均匀冻胀。

（2）翻浆路段的养护

翻浆现象是一个四季都在发生变化的过程。在各个季节里，应根据各自不同的现象，采取适当的养护措施，加强防治工作，以防止或减轻翻浆病害。

① 秋季养护。

秋季养护的中心内容是排水，尽可能防止水分进入路基，保持路基处于干燥状态，以减少冬季冻结过程中由于温差作用向路面下土层聚流的水分，这是一项最根本的措施。所以秋季养护工作要做好下列工作。

　　a. 随时整修路面、路肩、边坡。路面应维护好路拱和平整度，如有裂纹、松散、车辙、坑槽、搓板、纵向冲沟等病害，都应及时处理，避免积水。

　　b. 修整地面排水设施，保证地面排水通畅。

　　c. 检查地下排水设施，保证地下水能及时排出。

② 冬季养护。

冬季养护主要是采取措施减轻路基水分在温差作用下向路基上层聚积的程度，同时要防止水分渗入路基，所以冬季养护工作包括以下两方面。

　　a. 应及时清除翻浆路段的积雪。

　　b. 经常上路检查，发现路面出现裂缝、坑槽等要及时修补，融化雪水要及时排除。

③ 春季养护。

春季是翻浆的暴露时期，在天气转暖的情况下，翻浆发展很快，养护工作的中心内容是抢防。

　　a. 在两边路肩上，每隔 3~5m 交错开挖横沟，沟宽一般为 30~40cm，沟深按解冻情况，逐渐加深直到路面底层以下，沟的外口高于边沟沟底。

　　b. 路面坑洼严重的路段，除横沟外，还应顺路面边缘加修纵向小盲沟或渗水井。纵向小盲沟或渗水井的深度应至路面底层以下。如交通量不大，也可挖成明沟。

④ 夏季养护。

夏季是翻浆的恢复期，养护工作的中心内容是修复翻浆破坏的路基、路面，根治翻浆。

能力训练及习题

能力训练

分小组讨论并回答以下问题。
（1）路基发生沉陷的原因有哪些？
（2）路基沉陷的处理措施有哪些？
（3）春季路基翻浆如何处理？

习　题

1. 路基翻浆现象主要发生在（　　）。
   A. 秋季　　　　B. 冬季　　　　C. 春季　　　　D. 夏季
2. 下列不属于防治路基翻浆措施的有（　　）。
   A. 铺设隔离层　B. 换土　　　　C. 砂井　　　　D. 砸碎石桩
3. 在防治路基翻浆时，秋季养护工作的重点内容是（　　）。
   A. 抢防　　　　B. 修复　　　　C. 排水　　　　D. 防雾
4. 市政道路矫正性养护依据评价单元（200~500m）内的道路养护目的、技术状况、工程量包括（　　）四种
   A. 保养小修工程　　　　　　　B. 中修工程
   C. 大修工程　　　　　　　　　D. 改扩建工程
   E. 重点工程
5. 根据各类道路在城镇中的重要性，将市政道路分（　　）三个养护等级。
   A. Ⅲ、Ⅳ、Ⅴ　　　　　　　　B. Ⅰ、Ⅱ、Ⅳ
   C. Ⅱ、Ⅲ、Ⅳ　　　　　　　　D. Ⅰ、Ⅱ、Ⅲ
6. 根据市政道路养护工程的性质和技术状况分为（　　）。
   A. 日常性养护　　　　　　　　B. 预防性养护
   C. 重点性养护　　　　　　　　D. 矫正性养护
   E. 应急性养护
7. 下列说法正确的是（　　）。
   A. 粉性土的毛细水上升较高
   B. 砂性土的毛细水上升较高
   C. 粉性土含有腐殖质和易溶盐不容易形成翻浆
   D. 砂土一般不会发生翻浆
8. 冻胀、翻浆产生的主要原因是（　　）。
   A. 水源　　　　B. 温度　　　　C. 行车荷载　　D. 土质
9. 路基的沉陷往往是因为（　　）。
   A. 填料选择不当　　　　　　　B. 压实不足
   C. 原地面为软弱地基　　　　　D. 荷载较大

10. 路基沉陷产生的外因是指（　　）及人为因素。
A. 气温　　　　　　B. 水　　　　　　C. 地震　　　　　　D. 风力

11. 挡土墙发生倾斜、鼓肚、滑动或下沉时，可选用的加固措施有（　　）。
A. 锚固法　　　　　　　　　　　B. 增建支撑墙加固法
C. 套墙加固法　　　　　　　　　D. 全部拆除重建法
E. 加设排水沟法

在线答题

项目7 市政道路养护

学习任务单

◆ **学习目标**
能对路基常见病害分析原因提出处理措施。

◆ **学习地点**
实训室、室外实训场。

◆ **学习准备**
《城镇道路养护技术规范》(CJJ 36—2016)、互联网资源、多媒体设备等。

◆ **学习过程**
以小组为模拟道路养护队,利用网络资源或实际工程收集并讨论完成下表。

序号	路基病害名称	原因分析	处理措施	图片

任务7.2 市政道路路面养护

路面养护是道路养护工作的中心环节,是养护工作质量考核的首要对象。对路面采取预防性和经常性的养护、修理措施,可使路面保持一定的强度、刚度及稳定性,使路面结构具有足够的抗疲劳强度及抗老化和形变累积的能力,确保其耐久性,并使路面平整、完好,路拱适度,排水畅通,行车顺适、安全;同时,对原有路面有计划地进行改善,可提高其技术状况,以适应运输发展的需要。本任务的内容是掌握沥青路面的养护要求及常见病害成因分析与防治措施。

7.2.1 沥青路面养护要求

1. 沥青路面养护的一般规定

① 沥青路面的养护维修宜采用专用机械及相应的快速维修方法施工。

② 沥青路面养护维修材料及使用应符合现行行业标准《城镇道路工程施工与质量验收规范》的规定,不得采用水泥混凝土进行修补。

③ 沥青路面养护的凿边、铺筑、平整度、接搓、路框差、横坡度等质量应符合养护规范要求。

沥青路面养护

④ 采用节能环保养护技术,提高沥青路面铣刨旧料再生利用、资源节约、绿色环保养护水平。

⑤ 结合实际情况及沥青路面病害发展特点,采用性能可靠、适用耐久、易于实施的养护技术,并积极稳妥采用新技术、新材料、新工艺和新设备。

2. 沥青路面的预防性养护

① 沥青路面建成使用后应适时进行预防性养护。预防性养护措施应满足路面技术状况、交通量、道路等级等技术要求,材料应满足环境保护的要求。

② 采取预防性养护措施前,应对原沥青路面各种病害进行预处治,病害预处治技术应包括裂缝处治、坑槽修补和路面局部铣刨等。

③ 沥青路面预防性养护措施包括再生处治、含砂雾封层、碎石封层、稀浆封层、微表处、薄层热拌沥青混凝土罩面(厚度≤30mm)等。

7.2.2 沥青路面常见病害成因分析与防治措施

1. 裂缝

(1) 横向裂缝

① 现象。

裂缝与路中线基本垂直,缝宽不一,缝长有贯穿整个路幅的,也有贯穿部分路幅的。

② 原因分析。

沥青路面常见病害

a. 施工缝未处理好，接缝不紧密，结合不良。

b. 沥青未达到适合于本地区气候条件和使用要求的质量标准，致使沥青面层温度收缩或温度疲劳应力（应变）大于沥青混合料的抗拉强度（应变）。

c. 半刚性基层收缩裂缝的反射裂缝。

d. 桥涵或通道两侧的填土产生固结，引起地基沉降。

③ 预防措施。

a. 合理组织施工，摊铺作业连续进行，减少冷接缝。冷接缝的处理：应先将已摊铺压实的摊铺带边缘切割整齐、清除碎料，然后用热混合料敷贴接缝处，使其预热软化；铲除敷贴料，对缝壁涂刷 $0.3 \sim 0.6 kg/m^2$ 的粘层沥青，再铺筑新混合料。

b. 充分压实横向接缝。碾压时，压路机在已压实的横幅上，钢轮应伸入新铺层 15cm，每压一遍向新铺层移动 15~20cm，直到压路机全部在新铺层上为止，再改为纵向碾压。

c. 根据《公路沥青路面设计规范》的要求，按本地区气候条件和道路等级选取适用的沥青类型，以减少或消除沥青面层温度收缩裂缝。采用优质沥青效果更好。

d. 桥涵两侧填土充分压实或进行加固处理。

（2）纵向裂缝

① 现象。

裂缝走向基本与行车方向平行，裂缝长度和宽度不一。

② 原因分析。

a. 摊铺前后幅相接处的冷接缝未按有关规范要求认真处理，结合不紧密而脱开。

治理方法

b. 纵向沟槽回填土压实质量差而发生沉陷。

c. 拓宽路段的新老路面交界处沉降不一。

③ 预防措施

a. 采用全路幅一次摊铺，如分幅摊铺，前后幅应紧跟，避免前半幅混合料冷却后才摊铺后半幅，确保为热接缝。

b. 如无条件全路幅摊铺，上下层的施工纵缝应错开 15cm 以上。前后幅相接处为冷接缝时，应先将已施工压实完的边缘坍斜部分切除，切线须顺直，侧壁要垂直，清除碎料后，宜用热混合料敷贴接缝处，使之预热软化，然后铲除敷贴料，并对侧壁涂刷 $0.3 \sim 0.6 kg/m^2$ 的粘层沥青，再摊铺相邻路幅。摊铺时应控制好松铺系数，使压实后的接缝结合紧密、平整。

c. 沟槽回填土应分层填筑、压实，压实度必须达到要求。当符合质量要求的回填土来源或压实有困难时，需做特殊处理，如采用黄砂、砾石砂或有自硬性的高钙粉煤灰或热闷钢渣等。

d. 拓宽路段的基层厚度和材料需与老路面一致或稍厚。土方路基应密实、稳定。铺筑沥青面层前，老路面侧壁应涂刷 $0.3 \sim 0.6 kg/m^2$ 的粘层沥青。沥青面层应充分压实。新老路面接缝宜用热烙铁烫密。

（3）网状裂缝

① 现象。

裂缝纵横交错，缝宽 1mm 以上，缝距 40cm 以下，面积 $1m^2$ 以上。

② 原因分析。

a. 路面结构中夹有软弱层或泥灰层，粒料层松动，水稳性差。

b. 沥青与沥青混合料质量差，延度低，抗裂性差。

c. 沥青层厚度不足，层间黏结差，水分渗入，加速了裂缝的形成。

③ 预防措施。

a. 沥青面层摊铺前，应对下卧层认真检查，及时清除泥灰，处理好软弱层，保证下卧层稳定，并宜喷洒 0.3~0.6kg/m² 的粘层沥青。

b. 原材料质量和混合料质量应严格按现行沥青路面设计规范和施工规范的要求进行选定、拌制和施工。

c. 沥青面层各层应满足最小施工厚度的要求，保证上下层的连接良好；并从设计、施工、养护上采取措施，有效地排除雨后结构层内的积水。

d. 路面结构设计应做好交通量调查和预测工作，使路面结构组合与总体强度满足设计使用期限内的交通荷载要求。上基层必须选用水稳性良好的有粗粒料的石灰、水泥稳定类材料。

（4）反射裂缝

① 现象。

基层产生裂缝后，在温度和行车荷载作用下，裂缝将逐渐反射到沥青面层，路面裂缝的位置、形状与基层裂缝基本相似。半刚性基层以横向裂缝居多；对于在柔性路面上加罩的沥青结构层来说，其裂缝形式不一，主要取决于下卧层。

② 原因分析。

a. 半刚性基层收缩裂缝的反射。

b. 在旧路面上加罩沥青面层后，原路面上已有裂缝（包括水泥混凝土路面接缝）的反射。

③ 预防措施。

（1）采取有效措施减少半刚性基层收缩裂缝。

（2）在旧路面加罩沥青面层前，可铣刨原路面后再加罩，或采用铺设土工织物、玻纤网后再加罩，以延缓反射裂缝的形成。

（5）裂缝的治理方法

裂缝处治采用灌缝、贴缝、带状挖补方式，或组合使用。灌缝材料采用密封胶；贴缝材料采用热粘式贴缝胶和自粘式贴缝胶，按工艺可分为直接贴缝和灌缝后贴缝；密封胶和贴缝胶的技术要求应符合规范的有关规定。裂缝处治应在施工环境温度应高于5℃，并在路面表面干燥状态下施工。

① 灌缝处治。

a. 用开槽机、灌缝机、清干机等专用灌缝设备，按开槽、清洁、干燥、灌缝与养生工艺流程进行作业。

b. 根据路面裂缝的具体情况确定开槽灌缝的尺寸，用开槽机开出宽度为 12~15mm，深度为 12~20mm 的槽缝。

c. 用清干机进行槽缝清洁，做到槽缝内无废料、无泥土杂物、污染物，待槽缝壁干燥后用灌缝机进行灌缝，对于细裂缝（2~5mm）可用改性乳化沥青灌缝。对大于5mm的粗裂缝，可用改性沥青（如SBS改性沥青）灌缝。

d. 灌缝成型应饱满，灌缝材料性能稳定后才可开放交通。

② 贴缝处治。

a. 裂缝修补前24h路面保持干燥，先将裂缝处松散、破损的壁面材料清除掉，直至露出坚实部分；裂缝两侧各20cm表面范围内的泥土杂物、污染物、散落物等清理干净，无凸起、凹陷、松散，保证裂缝作业面平整。若清洁不彻底会在贴缝带和裂缝间形成隔离层，大大降低贴缝带和裂缝的黏结强度，容易造成贴缝带的脱落。

b. 剥离贴缝胶背面的离型纸，注意不要一次性全部剥离，将贴缝胶置于裂缝中间部位，从裂缝一端开始粘贴，边粘边剥离型纸，边用工具碾压已粘部位，长度不小于整条裂缝长度；如遇不规则裂缝，将贴缝胶断开，按裂缝的走向跟踪粘贴；贴缝胶结合处形成80~100mm的重叠。

c. 贴缝完成后再用贴缝机、铁滚等进行碾压，达到贴缝无气泡、皱褶，保证贴缝胶与路面充分结合、黏结紧密，检查确认后开放交通。

③ 带状挖补。

如裂缝处治后出现明显变形、唧泥等破坏，采用带状挖补方法进行彻底处理，对损坏的基层采用大粒径透水性沥青混合料进行回填处理，面层应采用与原沥青面层相同的材料进行修补，并做好纵、横向排水处理措施。

④ 局部整体处治。

重度局部块裂、网（龟）裂进行局部整体彻底处理即坑槽修补方法进行。

2. 车辙

（1）现象

路面在行车荷载作用下，轮迹处下陷，轮迹两侧往往伴有隆起，如图7.4所示，形成纵向带状凹槽。这种现象在实施渠化交通的路段或停车制动频率较高的路段较易出现。

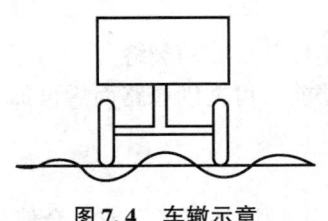

图7.4 车辙示意

（2）原因分析

① 沥青混合料热稳定性不足。矿料级配不好，细集料偏多，集料未形成嵌锁结构；沥青用量偏高；沥青针入度偏大或沥青质量不好。

② 沥青混合料面层施工时未充分压实，在行车荷载反复作用下，继续压密或产生剪切破坏。

（3）预防措施

① 粗集料应粗糙且有较多的破碎裂面。密级配沥青混凝土中的粗集料应形成良好的骨架作用，细集料充分填充空隙，沥青混合料稳定度及流值等技术指标应满足规范要求，高等级道路应进行车辙试验检验，动稳定度要求为：对高速公路和城市快速路不小于800次/mm，对一级公路和城市主干路不小于600次/mm。

② 根据当地气候条件按《公路沥青路面设计规范》选用合适标号的沥青，针入度不宜过大。

③ 施工时，必须按照有关规范要求进行压实，使基层和沥青混合料面层的压实度达到相应要求。

④ 对于通行重车比例较大的道路，或起动和制动频繁、陡坡路段，必要时可采用改性沥青混合料，提高抗车辙能力。但在选用时，必须兼顾高低温性能。

⑤ 道路结构组合设计时，沥青面层每层的厚度不宜超过混合料集料最大粒径的 4 倍，否则较易引起车辙。

（4）治理方法

① 如仅在轮迹处出现下陷，而轮迹两侧未出现隆起，则可先确定修补范围，一般可目测或将直尺架在凹陷上，与长直尺底面相接的路面处可确定为修补范围的轮廓线，沿轮廓线将 5~10cm 宽的面层完全凿去或用机械铣刨，使槽壁与槽底垂直，并将凹陷内的原面层凿毛，清扫干净后，涂刷 0.3~0.6kg/m^2 的粘层沥青，用与原面层结构相同的材料修补，并充分压实，与路面接平。

② 如在轮迹的两侧同时出现条状隆起，应先将隆起部位凿去或铣刨，直至其深度大于原面层材料最大粒径的 2 倍，使槽壁与槽底垂直，将波谷处的原面层凿毛，清扫干净后涂刷 0.3~0.6kg/m^2 的粘层沥青，再铺筑与面层相同级配的沥青混合料，并充分压实，与路面接平。

③ 若因基层强度不足、水稳性不好等原因引起车辙，则应对基层进行补强或将损坏的基层挖除，重新铺筑。新修补的基层应有足够的强度和良好的水稳性，坚实平整；如原为半刚性基层，可采用早期强度较高的水泥稳定碎石修筑，但其层厚不得小于 15cm。修补时应注意与周边原基层衔接良好。

④ 对于受条件限制或车辙面积较小的街坊道路，可采用现场冷拌的乳化沥青混合料修补。其矿料级配和沥青用量可参照现行《公路沥青路面设计规范》确定。

3. 波浪、拥包

（1）现象

沿行车方向或横向出现局部隆起。拥包较易发生在车辆经常起动、制动的地方，如停车站、交叉口等。

（2）原因分析

① 沥青混合料的沥青用量偏高或细集料偏多，热稳定性不好。在夏季气温较高时，不足以抵抗行车引起的水平力。

② 面层摊铺时，底层未清扫或未喷洒（涂刷）粘层沥青，致使路面上下层黏结不好；沥青混合料摊铺不匀，局部细集料集中。

③ 基层或下面层未经充分压实，强度不足，发生变形位移。

④ 在路面日常养护时，局部路段沥青用量过多，集料偏细或摊铺不均匀。

⑤ 陡坡或平整度较差路段，面层沥青混合料容易在行车作用下向低处积聚而形成拥包。

（3）预防措施

① 在沥青混合料配合比设计时，要控制细集料的用量，细集料不可偏多。选用针入

度较低的沥青，并严格控制沥青的用量。

② 在摊铺沥青混合料面层前，下层表面应清扫干净，均匀洒布粘层沥青，确保上下层黏结。

③ 人工摊铺时，由于料车卸料容易离析，应做到粗细集料均匀分布，避免细集料集中。

（4）治理方法

① 当拥包峰谷高差不大于 15mm 时，可采用机械铣刨平整。

② 当拥包峰谷高差大于 15mm 且面积大于 $2m^2$ 时，应采用铣刨机将拥包全部除去，并应低于路表面 30mm 及以上，清扫干净后按坑槽的处理方法继续处理。

③ 基础变形形成的拥包，应更换已变形的基层，再重铺面层。

④ 当采用就地热再生修补方法时，应先沿加热边线退回 100mm，翻松被加热面层，喷洒乳化沥青，加入新的沥青混合料，整平压实。

4. 泛油

（1）现象

沥青表面处治和沥青贯入式路面的表面基本上被一薄层沥青覆盖，未见或很少看到集料，路表光滑，容易引起行车滑溜导致交通事故。

（2）原因分析

① 沥青表面处治和沥青贯入式路面，使用的沥青标号不适当，针入度过大。

② 沥青用量过多或集料撒布量过少。

③ 冬季施工，面层成型慢，集料散失过多。

（3）预防措施

施工前，需根据本地区气候条件参照规范选定合适标号的沥青。

（4）治理方法

在热天气温较高时进行处理最为有效。如轻微泛油，可撒布粒径 3～5mm 的石屑或粗黄砂，撒布量以车轮不粘沥青为度；如泛油较严重，可先撒布粒径 5～10mm 的集料，经压路机压实稳定后再撒布粒径 3～5mm 的石屑或粗黄砂嵌缝。使用过程中，散失的集料需及时回扫或补撒集料。

5. 坑槽

（1）现象

表层局部松散，形成深度 2cm 以上的凹槽。在水的侵蚀和行车的作用下，凹槽进一步扩大，或相互连接，形成较大、较深的坑槽，严重影响行车的安全性和舒适性。

坑槽

（2）原因分析

① 面层厚度不够，沥青混合料黏结力不佳，沥青加热温度过高，碾压不密实，在雨水和行车等作用下，面层材料性能日益恶化，面层松散、开裂，逐步形成坑槽。

② 摊铺时，下层表面泥灰、垃圾未彻底清除，使上下层不能有效黏结。

③ 路面罩面前，原有的坑槽、松散等病害未完全修复。

④ 养护不及时，当路面出现松散、脱皮、网状裂缝等病害时，或被机械行驶刮铲损坏后未及时养护修复。

（3）预防措施

① 沥青面层应具有足够的设计厚度，特别是上面层，不应小于施工压实层的最小压实度，以保证在行车荷载作用下有足够的抗力。沥青混合料配合比设计宜选用具有较高黏结力的较密实的级配。若采用孔隙率较大的抗滑面层或使用酸性石料，宜使用改性沥青或在沥青中掺加一定量的抗剥落剂，以改善沥青和石料的黏附性能。

② 沥青混合料拌制过程中，应严格掌握拌和时间、沥青用量及温度，以保证沥青混合料的均匀性，严防温度过高导致沥青焦枯现象发生。

③ 在摊铺沥青混合料面层前，下层应清扫干净，并均匀喷洒粘层沥青。面层摊铺后应按有关规范要求压实。如在老路面上罩面，原路面上的坑槽必须先行修补之后，再进行罩面。

④ 当路面出现松散、剥落、脱皮、轻微网状裂缝等可能使雨水下渗的病害，或路面被机械行驶刮铲受损时，应及时修补以免病害扩展。

（4）治理方法

坑槽治理方法包括就地热修补、热料热补、冷料冷补等三种方式。按"圆洞方补、斜洞正补"的原则，确定路面坑槽破损的边界。坑槽修补轮廓线与行车方向平行或垂直，并超过坑槽破损边界 10～15cm。坑槽挖治至损坏的最底部，修补后新填补部分应略高于原沥青路面。雨季和多雨地区应对路面坑槽修补接缝处进行封缝处理。

① 就地热修补方式。

沥青混合料就地热再生具有节能、环保、快速、优质等优点，近年来在我国迅速发展与应用。当坑槽深度小于6cm并有热修补养护车等专用设备时采用就地热修补方式。这种治理方式采用的原材料、沥青混合料及施工技术要求应符合现行《公路沥青路面再生技术规范》（JTG/T 5521—2019）的有关规定。

a. 按路面坑槽修补轮廓线，将加热板调整到合适的位置，加热沥青面层至可耙松的状态。

b. 将加热的沥青面层耙松、切边，并铲除不可利用的旧沥青混合料，坑槽表面和周围喷洒乳化沥青等黏结材料，加入新的热料，并充分摊铺、整平。

c. 用压路机由边部向中间反复压实，达到要求的压实度，压实完成后新修补路面喷洒适量乳化沥青。

② 坑槽热料热补方式。

局部铣刨热料热补是应用最多的沥青路面治理方式，适用范围广。热料热补原材料、沥青混合料及施工技术要求与沥青面层相同。

a. 沿坑槽修补轮廓线切割开挖或铣刨至坑底的不渗水稳定处，深度大于坑槽的最大深度，坑槽较深时按原沥青面层分层开挖，层间形成阶梯搭接，搭接宽度不小于20cm。

b. 清理掉路面坑槽内的松散沥青混合料，达到底部平整、坚实，壁面与道路平面垂直，坑槽底面和壁面清洁、完全干燥、无松散料。

c. 路面坑槽底面和壁面喷洒、涂覆乳化沥青等黏结材料，黏结材料应具有较高的黏结性、黏附性、弹性和延展性。

d. 采用专用设备对热料进行保温加热，并按开凿的层次分层填入热料，逐层整平、压实，保证修补质量。

③ 坑槽冷料冷补方式。

冷料冷补方式具有对施工无季节要求，无需加热，材料可按所需用量随取随用，工序简单、操作方便等特点；坑槽冷补材料技术要求应符合现行《沥青路面坑槽冷拌修补材料 SBS 沥青液》（JT/T 530—2004）的有关规定。

a. 清理掉坑槽内的松散沥青混合料，必要时沿坑槽修补轮廓线同热料热补工艺进行开挖、清理，路面坑槽底面和壁面喷洒、涂覆乳化沥青等黏结材料。

b. 向坑槽内填入冷补材料，并摊铺、整平均匀，保证坑槽周边材料充足，采用平板夯、夯锤或振动式压路机进行压实，使其达到要求的压实度。

6. 松散、剥落、脱皮

（1）现象

面层集料之间或各层之间的黏结不良，路表面集料松散移动，局部明显不成整体而形成麻面，甚至上面层呈块状、片状剥落或大片脱落（即脱皮）。

（2）原因分析

① 沥青混合料中的沥青针入度偏大，黏结性能不良；沥青混合料中的沥青用量偏少；矿料潮湿或不洁净，与沥青黏结不牢；拌和时温度偏高，沥青焦枯；沥青老化或与酸性石料间的黏附性能不良，造成路面松散，在行车荷载作用下，继而造成剥落等病害。

② 摊铺时，沥青混合料温度偏低，碾压不密实；下层表面潮湿或被泥土灰尘污染。

③ 基层强度不足，或呈湿软状态时摊铺沥青混凝土，在行车荷载作用下可造成面层松散。

④ 在旧路面上加罩沥青面层时，原路表面未凿毛，未喷洒粘层沥青，造成新面层与原路面黏结不良而剥落、脱皮。

（3）预防措施

① 使用酸性石料拌制沥青混合料时，须在沥青中掺入抗剥落剂或在填料中掺用适量的生石灰粉等材料，以提高沥青与酸性石料的黏附性能。

② 在沥青混合料生产过程中，严格控制沥青混合料的原材料和生产条件符合规范要求，保证沥青混合料的质量。

③ 在铺设沥青面层前，应彻底清除下层表面的泥土、杂物、浮尘等，并保持表面干燥，喷洒粘层沥青后，立即摊铺沥青混合料，使上下层黏结良好。

④ 沥青混合料运到工地后应及时摊铺、及时压实。摊铺温度及压实温度偏低会降低沥青混合料面层的压实质量。摊铺后应及时按照有关施工技术规范要求压实到规定的压实度，压实结束时温度应不低于 70℃；应避免在气温低于 10℃时或雨天施工。

⑤ 在旧路面上加罩沥青面层时，原路面应用风镐或十字镐凿毛，有条件时，应采用铣刨机铣刨，经清扫、喷洒粘层沥青后，再加罩面层。

（4）治理方法

① 对已呈松散状态的面层，应将松散部分全部挖除，重铺面层，或喷洒 $0.8 \sim 1.0 kg/m^2$ 的沥青，撒布石屑或粗砂进行处治。

② 对沥青面层因不贫油而出现的轻微麻面，应在高温季节撒布适量的沥青嵌缝料处治。

③ 大面积麻面应喷洒沥青，并应撒布适当粒径的嵌缝料处治，或重设面层。

④ 对封层的脱皮，应清除已脱落和松动的部分，再重新做上封层。

⑤ 对沥青面层层间产生的脱皮，应将脱落和松动部分清除，在下层沥青面上涂刷粘层沥青，并应重铺沥青层。

7. 路面与收水井、检查井衔接不顺

（1）现象

收水井、检查井井盖框高程比路面高或低，汽车通过时有跳车或抖动现象，行车不舒适，路面容易损坏。

（2）原因分析

① 施工放样不仔细，收水井、检查井井盖框高程偏高或偏低，与路面衔接不齐平。

② 收水井、检查井基础下沉。

③ 收水井、检查井周边回填土及路面压实不足，交通开放后逐渐沉陷。

④ 井壁及管道接口渗水，使路基软化或淘空，加速下沉。

（3）预防措施

① 施工前，必须按设计图纸做好放样工作，高程要准确，收水井、检查井中所在位置的高程与道路纵向高程、横坡度相协调，避免出现高差。

② 收水井、检查井的基础及墙身结构应合理设计，按规范施工，减少或防止下沉。

③ 井周边的回填土、路面结构必须充分压实。回填土压实有困难时，可采用水稳性好、压缩性小的粒状材料或稳定类材料进行回填。

④ 在铺筑沥青混合料前，需先在井壁涂刷粘层沥青再铺筑面层，压实后，宜用热熔铁烫密封边，以防井壁渗水。

（4）治理方法

① 当收水井、检查井低于路面造成衔接不顺时的处理方法和步骤，在 7.3.2 节的"利用超快硬混凝土进行检查井维修步骤"中有详细介绍。

② 当井座基础底板强度不足或井顶砖块碎裂散失造成衔接不顺时，宜更换安装改良型卸载大盖板；当井座周边路面下陷造成衔接不顺时，应修补周边路面。

▌拓展讨论

1. 沥青路面养护的新材料有哪些？
2. 沥青路面养护的新机械、新方法、新工艺有哪些？

育人元素　现代化　终身学习　创新意识

能力训练及习题

能力训练

沥青路面病害识别与分析：分小组对校园或校园附近的沥青路面存在的各类病害进行识别并进行成因分析，提出相应的处理措施。

习题

一、选择题

1. 为防止雨水由裂缝渗透至沥青路面结构，对于细裂缝（＜5mm）可用（　　）灌缝。
   A. 细粒式沥青混凝土　　　　B. 沥青砂
   C. 改性乳化沥青（如SBS改性沥青）　　D. 改性沥青

2. （　　）是沥青路面的一种主要损坏形式，多半发生在实行渠化交通的高等级道路上。
   A. 车辙　　　　B. 拱起　　　　C. 泛油　　　　D. 波浪

3. 沥青路面的坑槽按（　　）方法修补。
   A. 原来形状修补　　　　　　B. 圆洞方补
   C. 圆形修补　　　　　　　　D. 菱形修补

4. 沥青路面的坑槽是路面破坏成坑洼深度大于（　　）cm，面积在0.04m² 以上的情况。
   A. 1　　　　B. 2　　　　C. 3　　　　D. 4

5. 在沥青路面的常见病害中，路面的封面上下脱开，大块脱落属于（　　）。
   A. 龟裂　　　　B. 麻面　　　　C. 脱皮　　　　D. 啃边

二、简答题

1. 预防沥青路面反射裂缝的措施有哪些？
2. 沥青路面仅在轮迹处出现下陷，而轮迹两侧未出现隆起时的车辙病害如何维修？

在线答题

项目7　市政道路养护

学习任务单

◆ **学习目标**

能对沥青路面常见病害分析原因,并提出处理措施。

◆ **学习地点**

实训室、室外实训场。

◆ **学习准备**

《城镇道路养护技术规范》、互联网资源、多媒体设备等。

◆ **学习过程**

以小组为模拟道路养护队,利用实际工程或网络资源收集并讨论完成下表。

序号	沥青路面病害名称	原因分析	处理措施	图片

任务 7.3　附属设施养护

市政道路除了路基、路面养护外，还有人行道、检查井、路缘石、广场停车场及道路沿线设施等附属设施的养护，各附属设施均有相应的养护要求。本任务选取了市政工程养护单位附属设施养护中主要的养护内容——人行道和检查井的养护做重点介绍。

7.3.1　人行道养护

人行道养护范围包括人行道基层、面层，以及人行道无障碍设施、人行道路缘石、树池和台阶等。

1. 人行道养护的基本要求

① 表面平整，无障碍物，无积水，砌块无松动、残缺，相邻块高差应符合要求。
② 路缘石和台阶稳定牢固，不得缺失。
③ 树池边框不得拱起或残缺。
④ 人行道上的检查井不得凸起或沉陷，检查井井盖不得缺失。
⑤ 路名牌和指示牌等公用设施应设置在人行步道的设施带范围内。
⑥ 无障碍坡道及盲道设置应符合现行国家标准的规定。

2. 人行道养护的主要内容

① 经常保持块料铺装人行道砌块的稳定，发现砌块填缝料散失或松动应及时补充嵌缝材料，填充稳固。若因基（垫）层不平引起人行道砌块松动，应将砌块挖出，整修基（垫）层重新铺筑。
② 人行道路面出现破损、错台、凸起或凹陷应及时进行维修；盲道砌块缺失或损坏应及时修补；提示盲道的块型和位置应安装正确。
③ 路缘石应保持稳固、直顺。发生挤压、拱胀变形应调整并及时勾缝。
④ 对损坏或歪斜的侧石及平石，应及时调整或更换，更换的路缘石规格、材质应与原路缘石一致。
⑤ 树池边框应与人行道相接平顺，若混凝土树池出现剥落、露筋、翘角或拱胀变形，铸铁类和再生塑料类的树池出现断裂或缺失，应及时维修更换。
⑥ 台阶破损或失稳应及时维修，台阶每阶高度应一致，顶面应具有防滑性能。

3. 人行道的修理

① 修复因接修管线挖掘沟槽而破损的人行道，应按挖掘沟槽的土方路基回填规定进行，并应执行以下规定。
a. 整体铺筑的人行道，要采用机械或人工裁边，按线形开挖。铺砌式的人行道，应按线形，结合预制块料接缝开挖。
b. 现场要保持整洁，方便行人，便利交通。
② 人行道的修理，应针对破损原因（如排水不良、道面树根部的发育、集中堆放重型物资或机动车辆驶入等）采取相应措施进行修理。修复时应符合下列规定。

a. 处理部位要比损坏边缘扩大 10cm 以上,开挖前应清除尘土、杂物。

b. 要按照修理时画出的轮廓线开挖,边缘应垂直整齐。如果修理砌块面层,则应按砌块接缝线留 10cm 进行画线开挖。

c. 人行道路面损坏需修整并更换侧石和平石时,必须在更换侧石和平石后再修整路面。

d. 人行道结构组合应按原人行道结构恢复,回填土及基层压实度应符合规定。

e. 修理部位要将四周边缘接合至密实平整,检查井的周围要细致地修复。沥青混合料铺筑的人行道结构,槽壁要涂胶粘剂并浇沥青,水泥混凝土人行道按原规格、原花纹恢复。

f. 侧石和平石移位,应刨起重新卧浆铺设,产生的空隙要用水泥砂浆灌填,接缝要填充饱满、平整。侧石背后填土要筑紧、稳固。侧石、平石表面若有风化剥落,或有少量缺损,可将其表面凿毛、洗刷干净、刷水泥浆底层后,再用水泥砂浆罩面抹干,使其粘贴牢固,表面平整美观。

g. 新开人行道应根据道口宽度、侧石设置、转弯半径等采用不同形式,并要考虑行人行走方便。

h. 各类人行道的养护修理质量应符合规范要求。

拓展讨论

1. 人行道质量事故与原因分析。
2. 为什么会发生这样的事故?列举类似的事故。
3. 如何处理并避免同类事故的发生?

育人元素　专业能力　安全意识　人文关怀

7.3.2　检查井养护

检查井是为了便于管道系统做定期检查、清通和其他特殊检查及检修功能而设置的。雨水管一般布置在主干道中线上。道路建成通车一段时间后,会普遍出现检查井凹陷或突出路面、检查井周围沥青混凝土破损等现象。检查井出现的井周破损、沉降、响动等病害不仅会影响道路美观,使行驶的舒适性下降,也潜藏着一定的安全隐患。

1. 检查井养护的基本要求

① 路面上的检查井井盖应安装牢固并保持与路面平顺相接。检查井及其周围路面 1.5m×1.5m 范围内不得出现沉陷或凸起。

② 检查井井座出现松动或发现井座、井盖、井箅断裂丢失,应立即维修补装完整。

③ 在路面上设置的其他种类的检查井应符合国家现行标准。

2. 检查井沉陷处理的基本要求

① 井筒腐蚀、损坏或井墙坍塌,应拆除到完好界面,重新砌筑。

② 砌筑材料宜采用页岩砖建筑砌块或采用预制混凝土检查井。

③ 整平调整井口高度时,不得使用碎砖、卵石或土块支垫。

④ 检查井井座采用的细石类混凝土坐浆或灌浆强度不应小于 30MPa。

⑤ 检查井井座与路面的安装高差，应控制在±5mm范围内。
⑥ 维修后的检查井在养护期间应设置围挡和安全标志加以保护。
⑦ 维修后的检查井在修补路面以前，井座周围、面层以下道路结构部分应夯填密实，其强度和稳定性不应小于该处道路结构的强度。

3. 检查井沉陷维修方法

目前常用的检查井沉陷维修方法主要有3种：一是利用超快硬混凝土维修，二是加装预制混凝土加强圈维修，三是采用自调式防沉降窨井维修。

（1）利用超快硬混凝土维修步骤

① 用铣刨机或切割机破碎清除沉陷检查井井盖周围深度约40mm的沥青混合料，至露出检查井井座，如图7.5所示。

图7.5 破碎清除沉陷检查井井盖周围结构层材料

② 把整个井盖及井座抬起后放置于一边，将井座周围清理干净；对井口进行清理整修，清除黏附的泥土、沥青混合料等碎渣。

③ 在井口处倒入现场搅拌均匀的超快硬混凝土，放入清理干净的井座，采用纵横坡度拉线或3m直尺找平，在沉降严重处置入小块坚硬的水泥砂浆或花岗岩以固定井座高度，待放平调整好高度后在井座四周浇筑超快硬混凝土，如图7.6~图7.8所示。

图7.6 放上井座调整高度

④ 约30min后，待超快硬混凝土达到设计强度的80%后，对沥青面层四周进行整齐切割，破除清理多余的沥青面层混合料后，在原沥青混合料顶面涂刷粘层沥青，铺设4cm厚与原路面相同的沥青混凝土混合料，并用压实机具压实，如图7.9、图7.10所示。

⑤ 完成施工15min后开放交通。

图 7.7　浇筑超快硬混凝土

图 7.8　调整井座高度

图 7.9　混凝土养护

图 7.10　沥青混合料修补完成

（2）加装预制混凝土加强圈维修步骤

在加装预制混凝土加强圈维修步骤中，第②步和第⑤步与超快硬混凝土维修相同。不同之处在于以下 3 点。

① 井周清除开挖的范围较大，一般为井周约 50cm，如图 7.11、图 7.12 所示。

图 7.11　检查井周围结构层材料挖除

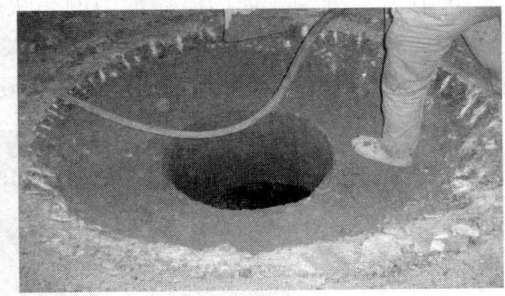

图 7.12　人工清除结构层材料

② 在井筒顶面倒入少量现场搅拌均匀的超快硬混凝土后，先放入预制混凝土加强圈，将预制混凝土加强圈进行调平，如图 7.13 所示。调整好高度后在预制混凝土加强圈四周浇筑超快硬混凝土。

③ 再在预制混凝土加强圈与井座相接部位填入超快硬混凝土，放入井座，采用纵横坡拉线或 3m 直尺找平，待放平调整好高度后在井座四周浇筑超快硬混凝土，如图 7.14～图 7.16 所示。

图 7.13 预制混凝土加强圈

图 7.14 超快硬混凝土浇筑

（3）采用自调式防沉降窨井维修步骤

自调式防沉降窨井维修步骤与加装预制混凝土加强圈技术基本一致，只是在第③步不再安装原有的井座和井盖，而是安装自调式防沉降井座和井盖，如图 7.17、图 7.18 所示。自调式防沉降窨井井盖框主要是通过减少窨井砖墙立面的受力，使窨井井盖框与路面面层形成一个整体，并使其与路面保持在同一水平面上。这样一来，来自上部的压力被分散到路面，使窨井所承受的压力负荷减少 80% 以上，从而改变因窨井沉降而引起的窨井井盖框同步下沉的状况。自调式防沉降窨井维修步骤如图 7.19～图 7.22 所示。

图 7.15 超快硬混凝土养护

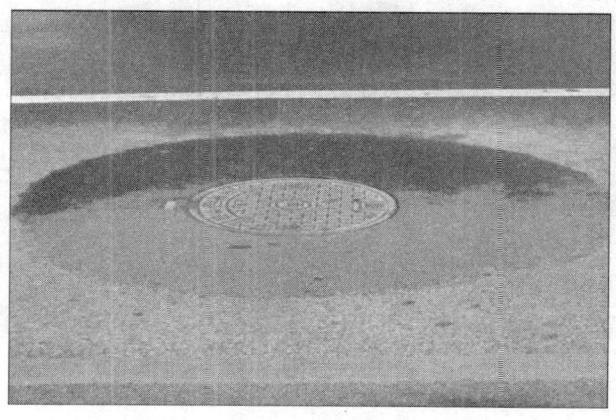

图 7.16 沥青路面结构层铺筑完成

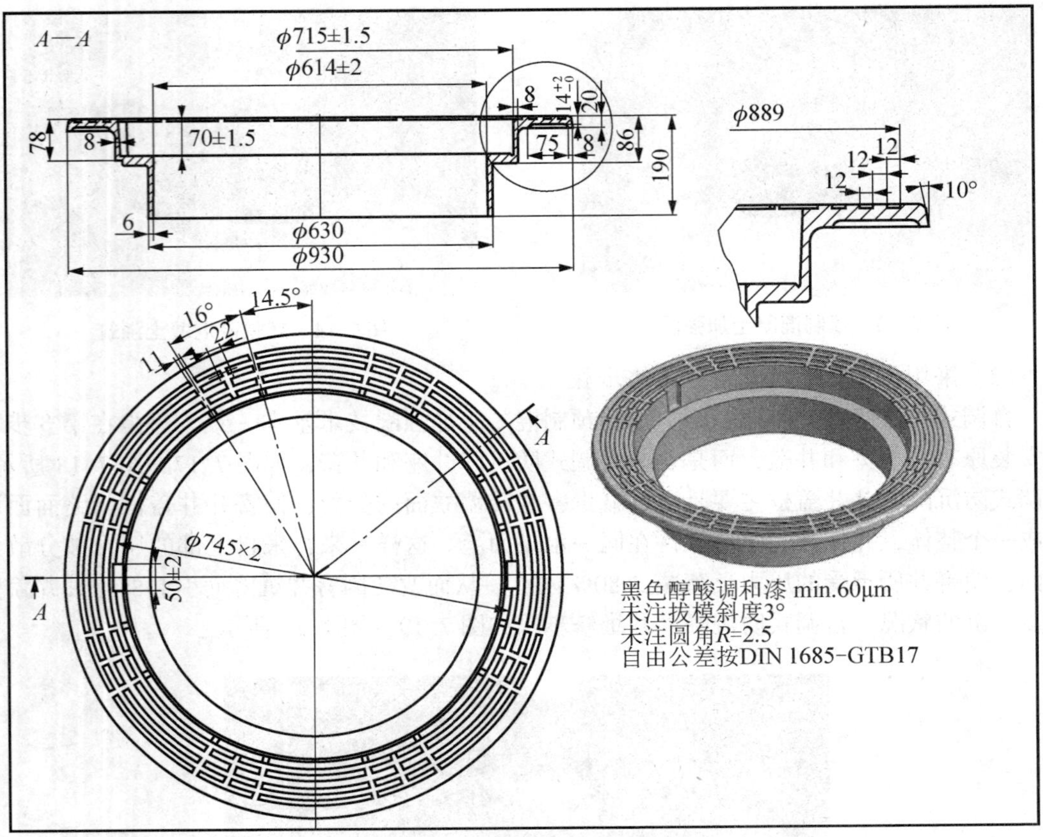

图 7.17 自调式防沉降井座尺寸图（单位：mm）

图 7.18 自调式防沉降窨井井盖剖面图

图 7.19 混凝土调节环安装

图 7.20 自调式防沉降井座位置

图 7.21 取出安装框并放入自调式防沉降井座

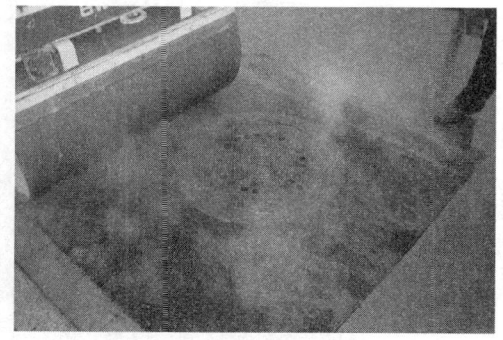
图 7.22 轧平压实井盖及沥青路面

能力训练及习题

能力训练

（1）人行道病害识别与分析：分小组对校园或校园附近的人行道存在的病害进行调查整理，提出处理的措施。

（2）检查井维修和防沉陷技术的调查：分小组收集整理国内外检查井维修和防沉陷技术的现状，了解各种方法的应用情况。

习 题

一、选择题

1. 检查井的井座采用的细石类混凝土坐浆或灌浆强度不应小于（　　）MPa。
   A. 10　　　　B. 15　　　　C. 20　　　　D. 30
2. 检查井的井座与路面的安装高差，应控制在（　　）mm 范围内。
   A. ±3　　　　B. ±5　　　　C. ±8　　　　D. ±10
3. 检查井维修整平调整井口高度时可以使用（　　）支垫。
   A. 碎砖石　　　B. 碎卵石　　　C. 花岗岩　　　D. 土块
4. 人行道损坏处理部位要比损坏边缘扩大（　　）cm 以上，开挖前应清除尘土、杂物。
   A. 5　　　　B. 10　　　　C. 15　　　　D. 20
5. 侧石和平石移位，应刨起重新卧浆铺设，产生的孔隙要用（　　）灌填。
   A. 水泥砂浆　　B. 石灰砂浆　　C. 混合砂浆　　D. 水泥混凝土
6. 路面上的检查井井盖应安装牢固并与路面保持平顺相接。检查井及其周围路面（　　）范围内不得出现沉陷或凸起。
   A. 0.8m×0.8m　　　　　　B. 1.0m×1.0m
   C. 1.5m×1.5m　　　　　　D. 2.0m×2.0m
7. 整平调整井口高度时不得使用（　　）支垫。
   A. 碎砖　　　　B. 卵石　　　　C. 土块
   D. 水泥垫块　　E. 花岗岩

二、简答题

1. 人行道养护的基本要求有哪些？
2. 检查井沉陷维修方法主要有哪些？

在线答题

项目7　市政道路养护

学习任务单

◆ 学习目标

能对检查井、平侧石、人行道常见病害分析原因,并提出处理措施。

◆ 学习地点

实训室、室外实训场。

◆ 学习准备

《城镇道路养护技术规范》、互联网资源、多媒体设备等。

◆ 学习过程

以小组为模拟道路养护队,利用实际工程或网络资源收集并讨论完成下表。

序号	附属设施病害名称	原因分析	处理措施	图片

参 考 文 献

邓学钧, 2008. 路基路面工程 [M]. 3 版. 北京：人民交通出版社.
刘雨, 2012. 道路工程技术 [M]. 北京：北京大学出版社.
王连威, 2017. 城镇道路与市政工程 [M]. 3 版. 北京：人民交通出版社.
姚昱晨, 2018. 市政道路工程 [M]. 3 版. 北京：中国建筑工业出版社.
张乐飞, 2008. 城市道路工程 [M]. 北京：人民交通出版社.
浙江省交通工程建设集团, 2011. 公路工程专项施工方案参考范本 [M]. 北京：人民交通出版社.